国家社科基金
后期资助项目
GUOJIA SHEKE JIJN HOUQI ZIZHU XIANGMU

U0720528

多维视角下的高校图书馆
延伸服务理论创新与实践探索

罗亚泓 著

科学出版社

北 京

内 容 简 介

　　本书基于延伸服务、嵌入式服务、"第三空间"等理论视角,以及虚拟/增强现实技术的视角,对高校图书馆延伸服务的理论进行创新阐释。同时,对国内外相关实践进行调查与研究,归纳得出相关实践的现状、特点和发展方向,并提出可行的建议。本书前三章为理论研究部分,包括对图书馆延伸服务的溯源,对相关研究现状和主要观点的归纳,并构建高校图书馆延伸服务理论体系和分析框架;后三章为实践探索部分,对国外和国内高校图书馆延伸服务的实践进行了跨时代、深层次、多角度的探索与研究。

　　本书主要为图书情报领域相关专业的教学研究人员提供教研参考,并为图书馆从业人员提供实践指导。此外,对图书馆事业发展或校园文化活动感兴趣的读者,也可将本书视作通识读物。

图书在版编目(CIP)数据

多维视角下的高校图书馆延伸服务理论创新与实践探索 / 罗亚泓著.
北京 : 科学出版社, 2025.6. -- ISBN 978-7-03-082016-7

Ⅰ. G258.6

中国国家版本馆 CIP 数据核字第 2025JM1194 号

责任编辑:王丹妮 / 责任校对:张亚丹
责任印制:张　伟 / 封面设计:有道文化

科学出版社 出版
北京东黄城根北街 16 号
邮政编码:100717
http://www.sciencep.com

北京中石油彩色印刷有限责任公司印刷
科学出版社发行　各地新华书店经销
*
2025 年 6 月第　一　版　　开本:720×1000　1/16
2025 年 6 月第一次印刷　　印张:19 1/2
字数:350 000
定价:218.00 元
(如有印装质量问题,我社负责调换)

国家社科基金后期资助项目
出版说明

后期资助项目是国家社科基金设立的一类重要项目，旨在鼓励广大社科研究者潜心治学，支持基础研究多出优秀成果。它是经过严格评审，从接近完成的科研成果中遴选立项的。为扩大后期资助项目的影响，更好地推动学术发展，促进成果转化，全国哲学社会科学工作办公室按照"统一设计、统一标识、统一版式、形成系列"的总体要求，组织出版国家社科基金后期资助项目成果。

全国哲学社会科学工作办公室

前　言

图书馆延伸服务最早可追溯至 17 世纪，其真正起始是 19 世纪初，于 20 世纪得以蓬勃发展，进入 21 世纪以来则更加多元化、广泛化地发展。图书馆延伸服务的实质内涵是对基础服务和常规业务的延伸、突破和创新，这个渐进式过程是持续不断、与时俱进的，因此，本领域对这一主题的思考和探索将永无止境。

本书从实践起源和法理来源对图书馆延伸服务进行溯源，对国内外相关研究和实践进行考察，从相关理论与案例中展开研究与归纳，凝练得出高校图书馆延伸服务理论体系。同时，从概念、对象、手段、方向等方面对高校图书馆延伸服务进行探讨，建构了高校图书馆延伸服务的理论分析框架。在理论研究基础之上，本书对高校图书馆延伸服务的实践进行探索。其中，对国外高校图书馆延伸服务的实践研究，分别从留学生延伸服务、应用社交媒体开展延伸服务、嵌入教学科研的延伸服务、空间及服务的延伸这几个主题进行探讨。对国内高校图书馆延伸服务的实践研究，分别从新生延伸服务、毕业生延伸服务、虚拟延伸服务、交流平台延伸服务这几个主题进行探讨。2020 年突发公共卫生事件的暴发，给本领域实践工作带来了诸多变化。此外，还出现了一些新技术和新现象，推动作者进行新的思考，相关思考和观点分别融入了以上主题研究中，并得出相应的研究结论和建议，以供参考。

对于高校图书馆延伸服务的愿景，本书认为高校图书馆服务的社会化延伸是必然的。其中，向大学校友、青少年倾斜是高校图书馆社会化延伸服务的着力点和重要方向；向社区、社会组织延伸可以更好地体现高校图书馆的社会价值。此外，图书馆是一个生长着的有机体，馆藏、读者、馆员在不断地生长，图书馆空间及服务也在持续延伸，因此，高校图书馆延伸服务也在不断地生长、持续延伸。

本书的撰写得到了霍建梅、植素芬、曾瑞三位老师的大力支持，作者在此特别予以感谢！由于社会进步发展和科技日新月异，以及作者水平有限，本书难免存在一定的局限性和不足之处，敬请同行、专家及读者批评指正。

目　　录

第一章　图书馆延伸服务的溯源

流动图书馆（travelling libraries/bookmobiles）又称移动图书馆、巡回图书馆（itinerating libraries）等，是图书馆延伸服务最早的、最重要的实践起源之一，传统的流动图书馆定期或者不定期地为馆外的读者提供送书上门的服务，这种方式具有主动、节约、灵活、便捷等特点，在一定程度上弥补了交通不便、经济不发达、文化落后等原因造成的偏远地区图书馆普及率不高、图书出版发行覆盖面窄等不足之处。同时，流动图书馆的方式还具有传播知识、普及文化、提供学习参考资源等积极意义。数字时代的到来以及互联网的逐渐普及，使得流动图书馆所提供的服务不再局限于图书，而是增加了多媒体资源、信息技术和通信设备等。流动图书馆的形式、内容都有所变化，在丰富人们生活、满足求知欲、促进交流等方面起到了重要的作用。

随着图书馆服务持续不断地延伸，相关领域对图书馆及其延伸服务的问题开始更多地从义务、责任等层面进行审视，并力图构建图书馆延伸服务的法理支撑。在国际社会层面，图书馆延伸服务的合理性和合法性获得相关组织、机构的支持，这在部分较知名的宣言、声明类官方文件中有所体现。在国家层面，从部分国家制定的图书馆相关法律、法规中，也可以找到图书馆延伸服务的法律依据和支持。这些国际社会层面的官方文件和国家层面的法律法规，构成了图书馆延伸服务的法理来源。

第一节　图书馆延伸服务的实践起源

世界上第一个流动图书馆出现的具体日期尚不明确，不过，已有相关资料显示，出现于 17 世纪英国的"流动图书箱"可能是最早的流动图书馆形式之一，这种图书箱在英国和欧洲其他国家的皇室、贵族、上层阶级、富人之间流转，往往收藏价值大于传播、流通的价值，因此，还不具备真正意义上的流动图书馆的作用和特征。不过，以此为雏形，在 19 世纪初的英国、19 世纪末的美国等国家先后出现了图书箱式的巡回图书馆，并在这个基础之上慢慢发展，演变出了流动图书马车（book wagon）、汽车流动图书馆、流动图书船等形式，这些巡回图书馆是近代流动图书馆的开端。20 世纪见证了流动图书馆的蓬勃发展，全世界范围内很多国家，先后出现了各种形式的流动图书馆，将图书馆的资源和服务延伸至世界的各个角落。

进入 21 世纪以来，流动图书馆为用户提供的资源和服务更加丰富，各国的图书馆业界人士也更加重视相互学习和经验交流。2002 年，在苏格兰的格拉斯哥（Glasgow）举办了由大约 50 个流动图书车组成的"移动集会"（mobilemeet），这次集会由国际图书馆协会联合会（International Federation of Library Associations and Institutions，IFLA，简称国际图联）主办，吸引了来自欧洲多国的流动图书车，以及来自世界各国的 4500 名代表。集会上展示的流动图书车宽敞明亮，内设电脑、互联网、在线系统、复印机、空调、音响系统和显示器等设备，以及卫生间、冰箱、微波炉和咖啡机等设施[①]，今时的流动图书车早已不同于往日的流动图书马车，流动图书馆的服务也在随着时代变迁而与时俱进。

一、欧美及其他国家流动图书馆服务的实践

由流动图书箱演变而成的以流动图书马车、汽车流动图书馆、流动图书船等形式为主的流动图书馆，早期主要在英国、美国、加拿大、芬兰、俄罗斯、法国、新西兰、挪威等经济和文化发达的欧美国家。然而，由于各国的国情不同，流动图书馆以及相关延伸服务的形式、发展轨迹则有所不同。

（一）英国的流动图书馆服务

已知的早期流动图书馆是英国詹姆斯一世（James I，1566—1625）时期的四个款式相近的流动图书箱，这些图书箱现在分别藏于美国加利福尼亚州圣马力诺（San Marino）市的亨廷顿图书馆（Huntington Library）、英国利兹大学（University of Leeds）的布劳瑟顿图书馆（Brotherton Library）、伦敦大英图书馆（British Library）、美国俄亥俄州（Ohio）托莱多（Toledo）艺术博物馆。这些流动图书箱装饰华丽，箱内装有图书 40～60 本，主要有神学、哲学和历史学三种类型的图书。据相关研究的推断，这四个流动图书箱作为礼物被制作出来，其制作者可能是名为威廉·哈克维尔（William Hakewill，1574—1655）的古董商和藏书家[②]。

---

① Stringer I. 2002. A large welcome to the new mobile libraries section. IFLA Mobile Section Newsletter：4-5.

② Nixon H M，Jackson W A. 1979. English seventeenth-century travelling libraries. Transactions of the Cambridge Bibliographical Society，7（3）：294-321.

17~18 世纪，这种象征高贵、富裕的文化财富形式并不仅存于英国，在欧洲还出现了体积更大、藏书量更多的图书箱。制作于 18 世纪下半叶、现藏于梅希莱维茨基宫（Myślewicki Palace）皇家浴场博物馆（Royal Baths Museum）的巴托斯卡女伯爵（Countess Dorota Batowska）的流动图书箱，箱内图书量达到 210 册，主要有历史、旅游、戏剧、道德、数学、心理、化学、物理、经济、植物、诗歌、医药等学科类型的图书，其中包括 62 卷法语文学、哲学类的书籍，显示出图书箱主人较高的文化水平和较广的阅读爱好。

这些流动图书箱对图书的传播价值和流通意义仅限于皇室、贵族、上层阶级、富人等，也就是接受过良好教育的、有一定文化水平的、上层社会阶级的人，才可能获取并使用图书箱资源。对于普通大众而言，由于经济水平、受教育程度、文化水平等方面的限制，使用图书箱是无法奢望的。因此，早期的流动图书箱不具备真正意义上流动图书馆的作用和特征。不过，这种以木箱为载体，装载图书以便于携带、传播的方式，为之后在英国出现的流动图书馆提供了参考模式，因此，流动图书箱可以被看作流动图书馆的早期雏形。

此外，18 世纪英国书商和出版商开辟了一种被称为"流通图书馆"（circulating library）的经营方式，其主要目的是通过租借图书盈利，并向读者推销新书。同时，也作为社区活动中心服务于公益需求[①]。然而，这种图书馆规模小、经营分散，作为书商和出版商的副业，仅仅服务于部分读者群体，其流动图书馆的价值和作用比较有限。

1817 年，苏格兰哈丁顿（Haddington）的慈善家塞缪尔·布朗（Samuel Brown）开创了"巡回图书馆"的形式，他以流动图书箱的方式，每箱约 50 册图书，在 4 个城镇进行流通，到 1836 年，这些地方图书馆的馆藏增加到 3850 册，包含宗教、道德、旅行、农业、机械艺术和科普类型的图书，并覆盖了 47 个村庄流通点。同一时期，让·弗雷德里克·奥伯林（Jean Frédéric Oberlin）在他的瓦尔德斯巴克（Waldersbach）教区创立了巡回图书馆，为信众提供书籍。1878 年，牛津大学（University of Oxford）和剑桥大学（University of Cambridge）先后设立流动图书馆，服务于大学的远程课程教育，开创了高校图书馆延伸服务的先河。19 世纪出现于英国的流动图书馆相关的尝试持续时间不长、推行范围不广、规模和影响力有限，在当时并未得到完全的、大规模的发展。不过，作为流动图

---

①　萧莎. 2014. 小说有毒：19 世纪的流动图书馆与大众阅读. 中国图书评论，（12）：93-100.

书馆的萌芽形式，流动图书箱和巡回图书馆为后来的流动图书馆实践提供了良好的先例和有益的启发。

1990 年，英国的流动图书馆数量为 719 个，达到了史上最高水平。不过，随着电子阅读时代的深化，流动图书馆的数量在逐步减少。2003 年，英国流动图书馆的数量为 656 个。尽管如此，流动图书汽车在一些地区还是很受欢迎，有的图书车被打造成"移动娱乐室"，深受儿童、老人的欢迎。现在，英国很多公共图书馆仍在开展流动图书馆服务，例如，萨默塞特郡（Somerset Co.）图书馆的流动图书车有 152 个站点，为 128 个社区的居民提供图书、有声书、DVD 等资源[①]。其他开展流动图书服务的图书馆还有肯特郡（Kent Co.）图书馆、剑桥郡（Cambridgeshire Co.）图书馆、诺福克郡（Norfolk Co.）图书馆、伯明翰（Birmingham）市图书馆、利兹（Leeds）城市图书馆、朴次茅斯（Portsmouth）市图书馆等，这些图书馆大多在其主页上发布流动图书车的巡回路线、站点位置和停留时间段，流动图书馆服务在英国公共图书馆领域早已成为常规的延伸服务。

（二）美国的流动图书馆服务

1839 年，哈珀兄弟（Harper & Brothers）出版社发行了名为"美国学派图书馆"（American School Library）的流动图书箱，这可能是美国最早的流动图书馆形式，美国国家历史博物馆（National Museum of American History）收藏了现存仅有的一套完整原件[②]。19 世纪末和 20 世纪初在美国东北地区一些州的农村出现了流动书车[③]。1892 年，在梅尔维尔·杜威（Melvil Dewey）的带领之下，纽约州立图书馆（State Library in New York）发起了由州政府赞助的流动图书馆体系。在邮局、商店，甚至志愿者家庭等地点设立流动图书站，每个站点放置 30～100 本图书，并每隔 6 个月进行图书交换。1895 年，密歇根州（Michigan）也发起了类似的流动图书馆体系。艾奥瓦州（Iowa）和威斯康星州（Wisconsin）于 1896 年开始推行流动图书馆服务[④]。

这种图书馆藏的巡回流通，是早期美国流动图书馆的形式之一。据统计，1898 年位于奥尔巴尼的纽约州立图书馆（New York State Library in Albany）一共推出了 534 个流动图书馆。1892 年至 1900 年，美国密歇根

① "Mobile services"，https://somersetlibraries.co.uk/redesign/mobile-services/，2024 年 11 月 28 日。
② Olmert M. 1992. The Smithsonian Book of Books. Washington D C：Smithsonian Books：128-136.
③ 杨威理. 1988. 西方图书馆史. 北京：商务印书馆：225.
④ Nix L T. 2009. Traveling libraries. https://www.libraryhistorybuff.com/traveling-us.htm[2019-05-06].

州、艾奥瓦州、俄亥俄州、明尼苏达州（Minnesota）、缅因州（Maine）等地区的立法机关相继为流动图书馆规定金额为 2000～5000 美元的专项拨款，以推动这项事业。截至 1899 年 5 月，美国的 30 个州内，一共出现了约 2500 个流动图书馆，这些流动图书馆的馆藏总数约 115000 册[①]。这一时期美国的流动图书馆已经开始面向大众，作为公共图书馆资源和服务的延伸，免费供所有人使用。

　　1905 年 4 月，美国华盛顿县免费图书馆（Free Library）的馆长玛丽·莱姆斯特·蒂科姆（Mary L. Titcomb）派出了由两匹马拉动的载有 250 册图书的流动图书马车，为当地公众提供送书上门服务，该项服务一直开展至 1910 年左右。到 1912 年，这辆流动图书马车被特制的卡车所替代，所载图书的数量达到 300 册。从 1910 年至 1924 年，美国的俄亥俄州、印第安纳州（Indiana）、伊利诺伊州（Illinois）、明尼苏达州、俄勒冈州、加利福尼亚州（California）和亚拉巴马州（Alabama）等地区出现了更多的各类流动图书馆，有些流动图书车的载书量达到 700 册，流动图书馆服务渐渐成为美国全国各地公共图书馆体系中的重要组成部分，使图书馆的资源和服务延伸到偏远地区，是早期以流动图书馆为主要形式的图书馆延伸服务较为成功的实践，具有重要的历史意义与深远的影响。

　　20 世纪 30 年代美国陷入大萧条，以及 20 世纪 30 年代爆发第二次世界大战，美国联邦政府对公共图书馆的财政投入不断缩减或者延迟，该国的图书馆事业发展受到严重阻碍，图书馆延伸服务的开展也受到影响，而几近停滞。第二次世界大战之后，美国国内的社会意识、互助精神、文化重建等思想得到复苏，为了应对当时的社会问题、满足研究需求、促进教育体系、扩大选民知情权等，图书馆及其服务开始逐渐得到重视。美国国会逐渐以立法的形式开创并资助各种社会项目，图书馆及其服务成为这个过程中的重要部分[②]。1956 年 6 月 19 日，美国颁布《图书馆服务法案》（Library Services Act，LSA），在政府的立法及资助下，美国图书馆延伸服务得到较快发展，1956 年至 1961 年间，美国农村地区总共增加了 500 万册图书和其他信息教育资料，大约有 200 辆新的流动图书车向偏远地区开展延伸服务。到 1966 年，超过 375 辆流动图书车作为图书馆补充资源，为农村读者提供延伸服务，图书和其他信息资料的馆藏总数约为 1400 万册[③]，造就了该国纸质媒介资源时代图书馆资源与服务最大化的延伸。

① Hutchins F A. 1902. A Traveling Libraries. Boston：Houghton，Mifflin & Company：2-5.

② Low E. 1972. Federal consciousness and libraries. American Libraries，7（3）：717-724.

③ Fry J W. 1975. LSA and LSCA，1956-1973：a legislative history. Library Trends，24（1）：7-26.

　　进入 21 世纪以来，美国流动图书馆呈现出规模缩小、分散发展的趋势，提供流动图书服务的主体除了公共图书馆之外，还有各种其他非营利组织或个人。2011 年，一家名为"街边书"（Street Books）的非营利图书服务组织在俄勒冈州开展服务，为城市流浪人员、穷人、边缘群体等读者提供图书服务。2013 年，西雅图公共图书馆启动了一项"骑行图书"（Books on Bikes）计划，用自行车拖车的形式为社区提供流动图书馆服务①。2020 年，美国自行车图书馆及延伸服务协会（Association of Bookmobile and Outreach Services）举办自行车图书馆周（Book Bike Week），颂扬自行车图书馆项目并表彰提供相关服务的个人②。此后，更多图书馆尝试开展自行车图书馆服务。2022 年，奥兰塔公共图书馆（Olanta Public Library）推出自行车图书馆服务，每周两次向当地居民提供递送式服务③。2023 年，奥兰治县图书馆系统（Orange County Library System）购买了第一辆自行车图书馆，将图书馆服务向市集、社区延伸④。橡树园公共图书馆（Oak Park Public Library）从 2015 年开始推行自行车图书馆服务，2024 年该馆又添置电动自行车来发展相关服务⑤。2024 年，科拉维尔公共图书馆（Coralville Public Library）开始实施自行车图书馆工作计划⑥。自行车流动图书服务风靡的原因一方面是出于环保、节能的理念，另一方面也是流动图书馆服务分散化发展的体现。

（三）加拿大的流动图书馆服务

　　1900 年，加拿大安大略省（Ontario）教育部推行了一项实验，为该省北部的伐木工、煤矿工和铁路工等人群提供"读书营"（reading camps）和流动图书箱，并由此催生了边疆大学（Frontier College）和安大略省流动图书馆体系。在加拿大，最早提出构建图书馆延伸体系的是阿尔弗雷德·菲茨帕特里克（Alfred Fitzpatrick），他从各方获取支持，与政府行动一致，

---

① Spitzer G. 2013. 'Books on Bikes' helps Seattle librarians pedal to the masses. https://www.npr.org/2013/08/11/210248982/books-on-bikes-helps-seattle-librarians-pedal-to-the-masses[2019-08-11].

② Fernandez M J. 2021. Library book bikes gaining in popularity. https://publiclibrariesonline.org/2021/08/library-book-bikes-gaining-in-popularity/[2024-11-28].

③ Bilyeu J. 2022. New book bike takes the Olanta Public Library on the road. https://www.wbtw.com/news/pee-dee/florence-county/new-book-bike-takes-the-olanta-public-library-on-the-road/[2024-11-28].

④ Pasternak K. 2024. National library week: OCLS book bike. https://ocls.org/ocls-blog/national-library-week-ocls-book-bike/[2024-11-28].

⑤ "The Oak Park book bikes"，https://www.oppl.org/use-your-library/the-oak-park-book-bike/，2025 年 4 月 20 日。

⑥ "Book bike schedule"，https://coralvillepubliclibrary.org/book-bike/，2024 年 11 月 28 日。

专注于图书供应体系化、降低文盲率、非正式成人教育方法等问题的研究①。加拿大有关政府部门和有识之士共同推行的读书营是较具特色的，读书营的主要功能是为偏远地区的工人提供基础读物，鼓励其终身学习。并且，读书营还兼具娱乐功能，为分散在附近区域的工人提供一个聚会、交谈的场所。同时，还有流动图书箱作为补充，进一步将图书馆资源延伸。读书营逐渐演变出边疆大学，作为远程成人教育的手段之一，对工人文化素质的提高、社会整体的进步起着更加重要的作用。

20 世纪初期，加拿大的流动图书馆已形成较为完备、较为理想的体系。由于加拿大国土幅员广阔，其流动图书馆得以成为主要的文化传播方式之一，为偏远的乡村地区或城市社区提供各类延伸服务。1920 年至 1930 年间，加拿大的大部分城市都有流动图书车，最常见的是校车型或城市公交车型流动图书车。但是，由于资金减少和实体图书馆的增加，1970 年至 1980 年间，流动图书车的数量减少，到 1990 年左右，大部分此类服务被淘汰，流动图书车转化成为专门面向残障人士的延伸服务，为他们提供有声读物或盲文读物。此外，也有部分流动图书车经过改造，装上了电脑、各类软件、合成器键盘、电子书等设备，为提高用户的数字素养提供资源。并且，流动图书车也提供讲故事、阅读俱乐部等活动②。

加拿大各省的语言、文化、经济等情况差异非常大，因此，流动图书馆的发展历程也非常不同，有些省已经完全淘汰了流动图书馆服务。然而，多伦多（Toronto）、蒙特利尔（Montreal）和渥太华（Ottawa）等地区仍在使用移动图书服务的发表声明，读者数量和使用该服务的人数有所增加。多伦多公共图书馆的梁雪（Michelle Leung）指出，流动图书馆已经适应了不断变化的社区需求③。

（四）芬兰的流动图书馆服务

1913 年，在弗里索夫·温伯格（Frithiof Winberg）法官的倡议下，芬兰的第一辆流动图书马车在万塔（Vantaa）出现，但是，第一次世界大战迫使其业务中断。第二次世界大战结束后，芬兰议会讨论恢复流动图书馆

① Bruce L D. 2014. Reading camps and travelling libraries in new Ontario，1900-1905. Historical Studies in Education/Revue d 'histoire de l' éducation，26（2）：71-95.

② Mackey L. 2000. Mobile library service in Canada：bookmobiles at the crossroads. https://origin-archive.ifla.org/IV/ifla66/papers/161-116e.htm[2000-08-22].

③ Kelly-Canning E. 2014. Mobile libraries adapt with changing communities. http://spacing.ca/national/2014/08/27/mobile-libraries/[2019-08-27].

服务，图书馆委员会建议将流动图书车作为几个城市的联合项目，并将其纳入省级图书馆的工作。20 世纪 50 年代，在赫尔辛基（Helsinki）及其他城市的周边农村地区进行流动图书车试点运行，受到了用户的好评。所以，市政当局开始加大流动图书车的发展，1965 年只有 5 辆流动图书车，而到 1970 年就增至 89 辆，并且还在持续增长，到 1975 年已经有 209 辆，1980 年则达到了 224 辆。由于发展太快，加上国家财政困难，芬兰的流动图书车数量增速放缓，到 1991 年，流动图书车有 234 辆，达到高峰。此后，流动图书车的数量开始下降。芬兰流动图书车的经营开始朝着多样化发展。20 世纪 90 年代之后，用户从流动图书车可以获取 IT 服务，此外，还可获得邮政、影印等服务。

此外，芬兰有 4 辆流动图书车服务于特殊群体，其中的 3 辆是儿童流动图书车，分别在埃斯波（Espoo）、赫尔辛基和拉赫蒂（Lahti）。赫尔辛基的儿童流动图书车，每天到近 40 个服务点为学校和幼儿园的小读者提供服务，流动图书车的图书、光盘等资源特别受欢迎，因为有些小读者通过图书馆网站事先预定好了自己想借阅的资源，所以，每次流动图书车到来的时候，小读者们在家长的陪同下迫不及待地登上书车，翻阅和查找自己喜爱的图书资料①。拉赫蒂则有 1 辆只为老年人服务的流动图书车，也颇受其用户的欢迎。

进入 21 世纪以来，芬兰当局对图书馆服务质量的建议是："图书馆和信息服务应确保覆盖城市常住人口的 80%，覆盖范围为 2 千米。并且，在人烟稀少的地区，应考虑特殊功能，服务距离不应超过 30 分钟车程。"②没有流动图书车就无法实现这些目标，所以，该国教育部计划继续购买新的流动图书车，2004 年至 2007 年增加了 34 辆流动图书车。总之，芬兰的流动图书车业务将继续存在，并根据当地的需要调整服务方式。

（五）俄罗斯的流动图书馆服务

20 世纪 40 年代至 50 年代，苏联一些地区已经形成了规模较大、范围较广的流动图书馆网络。由于该国地跨欧亚大陆、国土幅员辽阔、农村人口较多，将图书推广到最遥远的地方，成为其流动图书馆当时的重要任务。例如，吐拉斯克省的伊甫列莫夫斯基区图书馆，建立了约 6500 册的书籍和

---

① 赖雪梅，姜火明. 2014. 瞧，那些知名的海外图书馆. 北京：海洋出版社：78-79.

② Kyöstiö K A. 2014. Suomen kirjastoautotoiminnan historia. https://www.kirjastot.fi/kirjastoautot/kirjastoautohistoria/[2019-09-06].

小册子的流动书库，为 33 个流动图书馆、21 个农村阅览室及一些农场和企业的阅览室的读者提供图书流通服务[①]；坡列协省的卡利可菲契区图书馆也附设了流动书库，通过 33 个流动图书馆，在居民点、学校、机关企业、农村图书馆和农庄阅览室等地点，形成了范围较广的图书馆网，为读者提供图书流通服务[②]。

苏联作为第二次世界大战后的超级大国之一，在当时可列入发达国家，在军事领域、科学研究、国际影响力等方面，苏联可与美国相抗衡。但是，由于其发展的不平衡，苏联的经济——尤其是农村经济并不发达，并且，农民人数众多，文化水平不太高。因此，政府对流动图书馆较为重视，并有意大力发展，以提高广大农村人口的文化素质。同时，由于历史、文化和政治等原因，苏联一度被视为众多社会主义国家的榜样，该国的流动图书馆服务发展模式也为其他发展中国家图书馆相关工作实践提供了一些先行经验。

在苏联近 70 年的社会主义时期，图书馆事业发展迅猛，为现在俄罗斯图书馆事业的发展奠定了基础。2015 年的一项研究显示，俄罗斯共有 13 万个图书馆，包括联邦文化部直接管理的图书馆、俄罗斯科学院图书馆系统、教育系统图书馆、行业部门图书馆、各行政主体图书馆、基层图书馆等类型。数量众多的各类图书馆使得俄罗斯平均每 3000 名居民就拥有一个常设图书馆[③]。

即便如此，流动图书车在俄罗斯也并未消亡。2003 年，俄罗斯伏尔加格勒（Volgograd）首次出现"流动信息和图书馆中心"（Mobile Information and Library Center），其是升级版的流动图书车，此后，这种多功能的流动图书车开始出现在俄罗斯其他地区。2011 年 8 月，在莫斯科（Moscow）地区的德米特罗夫镇（Dmitrov）举办了首届"俄罗斯移动图书馆节"（The First Russian Mobile Library Festival），吸引了俄罗斯国内和周边其他国家的 20 多辆各种类型的流动图书馆，这次集会的任务是介绍各种流动图书馆服务、分享经验。与会人员还讨论了有趣的合作伙伴关系和网络项目，了解了针对流动图书馆专家的网络研讨会培训计划，讨论了流动图书馆的绩效指标等问题。

此外，俄罗斯图书馆业界在探索更主动的服务方式，他们提出"人可

---

① 帕瓦列夫，张耀华. 1953. 我們是怎樣領導流動圖書館：伊甫列莫夫斯基區立圖書館的工作經驗. 文物参考资料，(8)：137-141.
② 勉利尼契諾克，周折. 1953. 流動圖書館組織經驗. 文物参考资料，(8)：133-136.
③ 王鸿雁，郑小芳，黄秋凤. 2015. 俄罗斯历史文化研究. 北京：新华出版社：203-215.

以不走进图书馆，但图书馆一定要走近人"。于是图书馆直接进入了地铁车厢，地铁沿线和每个站点都安装上了自助借书柜。此外，在莫斯科大街建立了"新理念图书馆"，该图书馆除了提供纸质书、电子书以外，还提供 3D（three-dimensional，三维）影院、展览馆、录音棚和儿童活动室等形式的服务[①]。总之，俄罗斯流动图书馆也在与时俱进，其表现形式处于变化之中。

（六）其他一些国家流动图书馆服务的实践

法国在 1921 年建立了第一个汽车流动图书馆。1981 年，法国每一个省都购置了流动图书车，使图书馆服务的触角延伸到偏远的农村、山区和牧区。并且，在法国还出现了婴幼儿图书资料流动图书馆——为 6 岁以下的婴幼儿及其母亲提供的画册、连环画、杂志、音像制品等；艺术流动图书馆——将艺术品运送到边远的村镇进行巡回展览，让分散在各地的居民享受艺术文化生活；音像流动图书馆——为村镇居民巡回送去故事片和文献资料片的录像带等[②]。这些流动图书馆的资源类型不同，丰富了流动图书馆传播的内容，同时，将汽车作为流动图书馆的主要载体，大大延伸了图书馆的服务范围，惠及广大农村和偏远地区。

1930 年，新西兰流动图书馆服务作为农村成人教育计划的一部分开始出现。1938 年，新西兰国家图书馆发起了更多的汽车图书馆服务。20 世纪40～50 年代，新西兰流动图书馆十几年以来的发展取得了很好的成效，为偏远地区民众文化素质的提高做出了较大的贡献。因此，流动图书馆在新西兰公共图书馆服务中长期占据着重要的地位[③]。

挪威的海岸线较长，有许多岛屿和小岛，沿着峡湾有许多偏远的地方，因此，很多社区以船舶为主要交通工具，于是霍达兰（Hordaland）的图书馆员构想并提出了"海上图书馆"的概念，1959 年 9 月，第一艘图书船"阿卜杜拉"（Abdullah）号开始运行，受到民众欢迎，在一个半月之内，它访问了 150 个村庄，借出了约 7000 册图书。"阿卜杜拉"船体空间较小，无法提供文化课程，所以在 1962 年被名为"峡湾指南"（Fjord Guide）的船取代。自此，用户可以在流动图书船观看电影、欣赏简单的表演，或者与作者见面。1963 年，一艘名为"史诗"（Epos）的流动图书船开始在挪威

---

① 马骊. 2016-03-25. 日新月异的海外流动图书馆. 新华书目报，（3）.

② 罗志勇. 1998. 法国富有特色的汽车流动图书馆. 图书馆论坛，（2）：54-55.

③ Hawke B，Jenks F. 2005. On the move: mobile library services in New Zealand. Australasian Public Libraries and Information Services，18（3）：93-105.

西海岸航行并提供服务。直至 2005 年，该船平均每年运转 126 天，借阅量为 53300 册①。岛屿、深海湾和高山环境导致交通不便、通信困难，流动图书船为居住分散的人们提供图书借阅服务，还有读书会、电影、木偶戏等各类延伸服务，发挥了独特的作用。

1938 年至 1939 年，西班牙正处于战争中，加泰罗尼亚（Catalonia）政府租用了一辆流动图书车，为前线士兵共分发 15000 多本书籍，但这项服务因战事被迫中断。1953 年，在马德里（Madrid）出现了第一辆流动图书车，为用户提供约 1500 册书籍、唱片及播放器等，同期共有 6 辆流动图书车在西班牙主要城市运转，如马德里、萨拉戈萨（Zaragoza）、奥维耶多（Oviedo）等。1973 年，托莱多首次启用 2 辆流动图书车。20 世纪 80～90 年代，西班牙流动图书馆兴起，并呈体系化发展。1995 年，巴塞罗那省（Barcelona）议会通过第一个流动图书馆计划，共添置 9 辆流动图书车。1997 年，西班牙文化部成立流动图书馆工作组，为相关实践提供指南。1998 年，西班牙第一个流动图书馆协会诞生，2007 年发展成为“流动图书馆专业人员协会”（Asociación de Profesionales de Bibliotecas Móviles，ACLEBIM），将相关专业人员集聚在一起，共同推进流动图书馆事业的发展。至 2014 年，西班牙全国共有 82 辆流动图书车，用户人数为 11284843 人，占图书馆读者总数的 25%②。

在匈牙利，大型图书馆为了使偏僻地区的读者能看到本年度的热门读物，从 20 世纪 50 年代开始经常组织流动图书馆开往乡村地区，全国各地许多读书爱好者组织的读书俱乐部、书籍之友这些类型的组织，也通过流动图书馆定期交换读物、推荐好作品等③。这些基于流动图书馆而开展的活动得到了多样化的延伸。

早期的流动图书馆较多地出现在欧美国家，这是由于这些国家图书馆事业起步较早，其图书馆体系在逐渐地完善当中，流动图书馆正是在图书馆服务慢慢地完善过程中出现的，因此，流动图书馆在相当程度上是在图书馆服务的延伸过程中产生的。20 世纪 80～90 年代，欧美一些国家的流动图书馆得到蓬勃的发展，并达到顶峰状态。进入 21 世纪以来，流动图书馆在各国的实践情况存在较大差异，有些国家的流动图书馆服务已经成为

---

① Busche C. 2017. Epos: the library boat. https://unusuallibraries.wordpress.com/2017/04/21/epos-the-library-boat/[2024-11-28].
② Arranz R S. 2016. Historia de los bibliobuses en España. Cuadernos de literatura infantil y juvenil, 272: 28-34.
③ 曾媛. 2001. 国内外流动图书馆概况. 图书馆杂志，（8）：20-22.

常规延伸服务，有些国家的流动图书馆则开始分散化发展，有些国家的流动图书馆处于徘徊不前的发展状况，有些国家的流动图书馆则已经完全被淘汰。

二、亚非及其他国家流动图书馆服务的实践

从 20 世纪 50 年代开始，随着识字率的提高、图书馆意识的逐渐普及，一些亚非国家也开始出现流动图书馆，并得到更加广泛、更加多元化的发展。作为亚洲发展中国家的代表，中国较早地出现了流动图书馆，这些流动图书馆的主要服务对象为广大农民和偏远地区的居民。韩国、日本的流动图书馆服务的用户则以城市社区居民为主，也有偏远小岛居民用户，这两国以汽车流动图书馆为主要形式，并发展出多样的延伸服务活动方式。

此外，在亚洲、非洲、北美洲、太平洋等地区的其他一些国家也有流动图书馆的实践，亚非及其他国家流动图书馆服务发展的水平、规模和形式不尽相同、各有特色。

（一）中国的流动图书馆服务

有关研究显示，1891 年，上海图书馆开展的巡回文库（又称"巡回书库"）是我国最早的流动图书馆，民国初年，政府兴办的巡回文库有 30 多所。因此，我国近代流动图书馆的萌芽和早期发展时期是晚清至民国[①]。20 世纪 20 年代巡回文库得到了一些发展，作为当时推行通俗教育的途径之一，在历史上起到了一定的积极作用，除当局政府兴办以外，也包括个人和社会组织的推动。例如，韦隶华在武昌创办"文华公书林"，积极推行巡回文库服务，推广公共图书馆服务。同时，现代著名的教育家晏阳初在河北省定县（1986 年定县升级为定州市）组织巡回文库，为当地村民提供图书阅览、借还服务[②]。1921 年成立的中国华洋义赈救灾总会，在农村实行合作教育，举办巡回书库等活动，送书下乡，并为农民举办识字班，尝试缩小城乡之间的"知识鸿沟"[③]，在当时起到了提高农民文化素质和促进社会进步的作用，产生了积极的影响。此外，成立于 1932 年冬天，但于 1934 年 3 月 12

① 张书美，刘劲松. 2008. 近代中国巡回文库与平民教育思想探析. 图书馆研究与工作，（2）：61-63，75.
② 黄悦深. 2007. 中美流动图书馆服务比较研究. 图书馆学研究，（12）：5-7，4.
③ 秦亚欧. 2011. 民国时期中国华洋义赈救灾总会巡回书库实践活动研究. 图书馆学研究，（10）：34-38，33.

日被查封的"武乡流通图书馆"，在革命战争年代中曾绽放过短暂而耀眼的光芒，其历史意义在于：以公开活动场所为中共武乡地下党的秘密活动提供掩护，吸引了一批进步学生和小学教师走上革命道路，为八路军总部在武乡开辟抗日根据地打下了基础[①]。早期的巡回文库和流通图书馆是中国流动图书馆的雏形，不过，囿于交通工具的不发达和当时社会环境的不稳定，尚未形成较大范围或者较有规律的流动图书馆服务。

新中国成立之后，20世纪50年代至60年代，国内部分公共图书馆设立了图书流通站，作为公共图书馆服务的延伸站点。此外，成立于1976年的九龙流动图书馆和1978年的香港流动图书馆，为人口密集但附近没有公共图书馆的屋村或者偏僻区域提供暂时性的图书借阅服务[②]。这些都可以被视为中国流动图书馆在其初期发展阶段中所做的有益尝试。

直到20世纪80年代，中国第一辆汽车图书馆的出现，流动图书馆的服务和图书馆意识才得以持续发展和全面推广。武汉图书馆的第一台"汽图车"于1984年正式驶出，为当时文化极其匮乏的远郊乡村带去书籍。1985年，在相关部委的支持与鼓励下，武汉图书馆与原飞达汽车改装厂共同研制了全国第一台专用汽车图书馆并开赴旧街进行流动图书馆服务，在当时国内图书馆界引起了巨大反响。1986年，这辆专用汽图车获得"全国文化科技成果展览暨技术交易会"技术评奖四等奖，文化部订购了65辆汽图车，派发至全国推广使用[③]。此后，全国各地许多公共图书馆相继开展流动图书馆服务，中国的流动图书馆服务日益延伸、渐成体系。并且，流动图书馆服务的对象也从最早的偏远地区村民或者城郊居民扩展到其他各种类型的读者，例如，部队官兵、厂矿职工、中小学生、农民工、医院病患，甚至监狱内关押的犯人等。

20世纪20年代至90年代，我国的流动图书馆服务历经了革命战争时期的零散实践雏形、新中国成立初期尝试推广、改革开放之后的大力发展并逐渐成熟这样一个漫长的过程，流动图书馆的发展过程伴随着中国政治、经济、文化的由弱变强，成为特别的历史见证产物之一。

21世纪以来，中国的流动图书馆呈现出多元发展、遍地开花的状态，流动图书馆的运营主体、表现形式、用户类型等都发生了变化。首先，流动图书馆的运营主体不再局限于公共图书馆，许多非营利机构也参与

① 边江，梁霞.1993."武乡流通图书馆"功标青史.晋图学刊，(3)：63-64.
② 光文.1986.流动图书馆.图书馆理论与实践，(3)：16.
③ 殷博先，伍萍.2014-06-23.流动服务三十载 惠及城乡千万人：武汉图书馆流动汽车图书馆三十年服务纪实.中国文化报，(5).

到类似的实践中，另外，还有图书出版社、自助设备商、公共交通设施管理部门等企事业单位也有所贡献。其次，流动图书馆的表现形式变得丰富多彩。除流动图书车之外，还有流动农家书屋[①]、智能流动图书馆[②]、地铁图书馆[③]、公交车流动书屋[④]等形式。最后，流动图书馆的用户类型也发生了变化，不再局限于儿童、老人、残障人士、农民、边防战士等这些弱势人群或特殊群体，而是无限扩大了用户类型，流动图书馆服务已覆盖全社会所有群体。总之，流动图书馆的资源和服务正在以各种方式向各种人群无限延伸。

（二）日本的流动图书馆服务

日本滋贺县（Shiga-ken）图书馆于 20 世纪 50 年代开始就设有汽车流动图书馆，在县以下的城镇乡村巡回，并且，向乡村图书馆、文化馆、妇女组织、青年团体等外借图书，还举办各种传统节日活动和读书会、研究会等促进读书事业的活动[⑤]。

然而，由于预算不足，日本图书馆事业的发展在 20 世纪 60 年代处于停滞状态，流动图书馆服务也被压缩，当时日本各地的移动图书馆活动的主要内容是普及读书活动，向集体提供借阅服务，在特定的地方放置十数册书等。这种情况下，日野市立图书馆却作为"仅拥有 1 辆移动图书馆、没有建筑物"的图书馆于 1965 年诞生，它的服务口号是"不管什么情况，不管在哪里，不管是对谁"，该馆由于积极响应读者需求而深得人心。实际上，在日野市立图书馆开馆当初，就设想了从流动图书馆逐渐到分馆再到中央馆的发展路线。该馆的发展计划实施得非常顺利，1966 年成立了第一所分馆，此后又陆续发展了几所分馆，到 1980 年形成了中央图书馆、7 家分馆和 2 辆流动图书馆的大系统[⑥]。

20 世纪 70 年代以后，日本图书馆的设置开始复苏，并逐年增长，流动图书馆服务也逐渐蓬勃。日本下关图书馆于 1971 年 11 月开通流动图书馆服务，为市民提供送书到街巷的服务，同时还在流动书车上设置"旧书交

① 周小敏. 2010. 建设"流动的农家书屋"：图书漂流、流动图书馆、农家书屋"三合一"服务模式探析. 当代图书馆,（4）：32-34.
② 吴秀珊. 2013. 智能流动图书馆与弱势群体服务. 图书馆理论与实践,（4）：110-112.
③ 邹薇. 2014. 地铁图书馆：城市地下的流动图书馆. 图书馆,（3）：113-115.
④ 刘冉冉. 2019-10-17. 边走边看！广州公交车上也有"图书馆"了. 广州日报,（3）.
⑤ 施金炎. 1985. 滋贺县立图书馆基本规则. 图书馆,（2）：36-37.
⑥ 李霞, 川崎良孝. 2011. 有关对日本公立图书馆开展整个地区服务的历史研究. Lifelong Education and Libraries,（11）：101-108.

换角"，鼓励市民交换书刊、图书资料共享①。在 20 世纪 70～80 年代，日本有很多这类由公共图书馆开展的流动图书馆服务。

到 2018 年，松山市图书馆的历史已达 45 年，它的流动图书车每次装载约 2800 册图书，从人口稀少的山区乘渡轮到岛上，将书籍送给偏远地区和小岛上的居民，其流动图书车服务用户数量一直在增加，用户中不乏一些十几年的老用户②。

此外，目前活跃在日本的流动图书馆也有个人开办的，一辆名为"水文库"（みず文庫）的面包车流动图书馆于 2014 年开始活动，这辆流动图书车以福岛县（Fukushima-ken）天容村为中心，每天开到不同的地方，为当地居民创造交流沟通的场所，为孩子们带去绘本，举办读书会，深受大家的喜爱。总之，日本的流动图书馆服务数量减少，并逐渐分散化。

（三）肯尼亚和津巴布韦的流动图书馆服务

1996 年 10 月，肯尼亚国家图书馆（Kenya National Library）开展了骆驼流动图书馆服务，旨在帮助该国东北地区的牧民，尤其是儿童，解决借阅图书难的问题。因为交通道路设施的落后，骆驼成为流动图书馆的载体，该馆的骆驼流动图书馆在各个偏远的村落间巡游，每个村子停留一天，无论多么恶劣的环境，也从不间断。由于东北地区属于肯尼亚最为偏远落后的地区之一，不但交通不便、尚未通水通电，而且，当地的教育资源也贫乏，学校少、课本少、课外读物几乎没有，截至 2005 年，文盲率高达 85.3%，这使得骆驼图书馆显得尤为重要，越来越多的慈善组织和个人关注骆驼流动图书馆，并为其捐赠图书。到 2006 年，骆驼流动图书馆从最初的 3 头骆驼增加至 12 头，提供英语、索马里语和斯瓦希里语的 7000 多种图书。在此基础之上，一位作家创办了"骆驼图书驱动力"（Camel Book Drive）网站③，进一步拓宽图书募集渠道，让全世界各地的人都可以参与非洲落后地区的"扫盲"事业。从"骆驼流动图书馆"到"骆驼图书驱动力网站"，体现了非洲贫瘠土地上的落后以及人们对知识文化的渴望和改变现状的努力。

国际图联 2002 年的一份专业报告中描绘了津巴布韦的"毛驴流动图书馆"（Donkey Drawn Libraries）案例。该国西北地区的恩卡伊（Nkayi）的偏远社区识字率约为 86%，略高于其他地区，这在很大程度上归因于

---

① 徐家骏，曲玲. 2002. 日本下关图书馆. 山东图书馆季刊，（2）：110-113.

② 《迎着海风，跨越岛屿，日本移动图书馆了解下？》，https://www.sohu.com/a/235047497_274646，2018 年 6 月 11 日。

③ "Camel Book Drive"，https://camelbookdrive.wordpress.com/，2020 年 11 月 8 日。

已建立和正在兴起的图书馆服务。除了作为一个拥有书籍和其他印刷作品的流动图书馆，"毛驴流动图书馆"还是一个电子通信中心，包括收音机、电话、传真、电子邮件、互联网、卫星天线等资源，并且以太阳能充电的电池作为电子数据和存储设备的电能。"毛驴流动图书馆"的服务被证明是一项意义深远的活动，因为其弥补了道路、通信等基础设施不完善地区的图书馆服务的欠缺，为广袤而贫瘠的非洲大地民众提供了图书、多媒体资源、信息服务。

由于地理环境、经济状况、基础设施等方面条件的制约，肯尼亚和津巴布韦两国的流动图书馆还在使用畜力拉动的原始方式运行。然而，流动图书馆的资源对其用户却十分重要。流动图书馆提供的资源也逐渐丰富，在纸质图书的基础上，增添了多媒体资源和电子通信资源，对用户的作用更大。尽管如此，这种流动图书馆的可持续性还是令人十分担忧。

（四）其他一些国家流动图书馆服务的实践

韩国顺天市图书馆（Sunchon City Library）建成于 1968 年，该馆在 1991 年设立了一个分馆，以及一辆汽车流动图书馆，后来又增加了一辆汽车流动图书馆。这两辆汽车流动图书馆每周定时定点出现在公寓群、社区、学校和广场等地，为市民提供图书流通及其他服务[1]。韩国《全国图书馆统计调查》显示，韩国公共图书馆的数量每年呈增长趋势，截至 2013 年，公共图书馆总数达到 865 家，每个图书馆覆盖 5.9 万人。此外，为了满足社会快节奏的需求，韩国在 2017 年左右掀起了一阵兴建微型移动图书馆的热潮。首尔创意园中的老旧建筑物被改造成阅读空间，或举办展览、交流活动等。其中，名为"盒子图书馆"、"管道图书馆"、"梦幻图书馆"和"薄膜图书馆"的 4 座形态各异的图书馆，与创意园的环境形成反差，同时又相互融合，产生视觉冲击，吸引了很多的访客[2]。

20 世纪 90 年代，泰国曼谷大都市图书馆（Bangkok Metropolitan Library）每天都安排空调大巴改装的汽车图书馆向一些基础设施较差的社区提供服务，除了图书借阅，还进行一些讲故事、游戏、小测验、表演等宣传推广活动。此外，还有将 10～25 本书捆扎成一个包裹并送到汽车开不进的小村庄的包裹流动图书馆；将图书装在篮子里，向集贸市场的商人们提供图书借阅的篮子流动图书馆；主要为水上流动居民提供图书借阅、视听资料、

---

① 赖雪梅，姜火明. 2014. 瞧，那些知名的海外图书馆. 北京：海洋出版社：102-104.
② 李忠东. 2017. 微型图书馆：因陋就简别样新. https://ykt.clcn.net.cn/news/1726.html[2024-11-28].

玩具、游戏等服务的摩托艇图书馆或者游艇图书馆；为社区居民提供普及读物的街头图书馆；为无家可归的少年流浪儿提供图书、玩具和其他教育资料的流浪儿火车图书馆①等。此外，泰国的"非正规教育大象运送项目"（Non-formal Education Elephant Delivery Project）通过大象运送志愿者和学习材料到偏远地区，获得联合国教育、科学及文化组织（简称联合国教科文组织）2002 年野间扫盲奖（Noma Literacy Prize）②。这些根据不同的对象、不同的环境、有针对性的流动图书馆服务受到当地民众的欢迎。从汽车图书馆、包裹流动图书馆、篮子流动图书馆、摩托艇或者游艇图书馆、街头图书馆、流浪儿火车图书馆到大象图书馆，泰国流动图书馆方式和相关延伸服务活动的多样，既适应了该国国情，也体现了流动图书馆的丰富多样性。

位于北美洲的多米尼加共和国是该区域较早出现流动图书馆服务的国家之一。1999 年，该国启动全国性的流动图书馆项目，由 2 部大篷车和 3 个巡回服务队组成，分赴全国各地的贫穷地区，每一个地方停留一周。当时，在一年中，到流动图书馆借书的大约有 10 万人次，流动图书馆不但配备有图书、杂志，还配有录放机、卡式录音机，深受贫民读者的欢迎。该项目的组织者希望这个项目最终能覆盖全国，从而能说服更多的人民积极参加读书活动，提高全民文化素质③。这是同一时期北美洲地区不多见的流动图书馆实践案例。

在太平洋岛国中，斐济于 1962 年在国家社会福利部下设立图书馆局，管理主要城市的公共图书馆事务，并设置了两辆流动书车和"书箱计划"，这个计划一共有 90 个服务点，为市民提供图书流通服务④，该国是较早发展流动图书馆服务的太平洋岛国之一。

21 世纪以来，更多类型的流动图书馆在全世界各国——无论发达国家还是发展中国家都陆续出现，并且随着时代变迁在不断地发展、演化。流动图书馆为居住在偏远地区的人们提供阅读材料、多媒体资源和互联网信息，使人们享受阅读的乐趣、获得知识和希望。同时，也使其用户增强了

---

① 何战. 2002. 泰国流动图书馆对广西图书馆建设的启示. 东南亚纵横，（Z1）：109-110.

② United Nations Educational，Scientific and Cultural Organization. 2002. International Reading Association Literacy Award, Noma Literacy Prize, King Sejong Literacy Prizes. https://unesdoc.unesco.org/ark:/48223/pf0000218235?posInSet=2&queryId=7cf005c4-f274-48df-86fb-6c2084c9340a [2024-04-15].

③ 爱琳娜·加南·努雷司. 2000. 图书大篷车深受欢迎：记多米尼加全国流动图书馆项目.科技潮，（10）：94.

④ 赖雪梅，姜火明. 2014. 瞧，那些知名的海外图书馆. 北京：海洋出版社：13.

与世界的联系。总之，流动图书馆有助于提高居民文化素质，甚至可以促进人类文明的发展，具有广泛和深远的意义。

三、流动图书馆是图书馆延伸服务的实践起源

从 17 世纪的萌芽，到 20 世纪的广泛发展，出现在各个国家、地区的流动图书馆为这些国家人民文化水平的提高做出了不可磨灭的贡献。流动图书馆不仅仅是图书馆资源的扩散，同时也是图书馆延伸服务的重要实践方式。流动图书馆极大地促进了图书信息资源的流动性和图书馆服务活动的延展性，因此，各类流动图书馆是图书馆延伸服务的实践起源。

（一）流动图书馆的性质与特点

从流动图书馆的出现和发展来看，已知的、最早的流动图书馆大约出现于 17 世纪初期，从 20 世纪初开始流行于多个国家并得到了较好的发展，无论是在发达国家还是发展中国家，也无论其发展程度高低、规模大小，从相关的研究和报道中，可以归纳得出所有流动图书馆的相关实践具有如下一些共同的性质与特点。

1. 流动图书馆具有公益性

为了给交通不方便、通信不发达、文化生活贫乏等地区的人们提供图书馆服务而发展起来的流动图书馆，绝大多数都不以营利为目的。其中，大部分流动图书馆是当地政府推动或倡导的，政府拨款是开展流动图书馆服务的最有力保障之一。当然，也有部分流动图书馆是由公益性组织，甚至个人发起并资助的，其目的也是促进落后地区的文化教育、丰富人们文化生活等。此外，出现在战乱地区、灾害救助等地方的流动图书馆，是本着人道主义救援精神的图书馆延伸服务。因此，各类流动图书馆具有明显的公益性质。

2. 流动图书馆具有公共性

流动图书馆不仅具有公益性质，由于其用户类型广泛，婴幼儿、儿童、成年人、老人、残障人士等都可以成为其用户，并且大部分流动图书馆本身就是在大型公共图书馆服务向偏远地区、落后地区、社会角落等地方不断延伸的过程中产生的，是公共图书馆服务的延伸，所以，流动图书馆和有固定建筑场所的图书馆一样，具有明显的公共性质。此外，活跃于全世界各地的中小型流动图书馆，他们的服务对象可能是所有人，也可能是某一特殊类型的人，如儿童、盲人、犯人等。流动图书馆服务的群体对象不

是封闭的、专属的，不具备排他性。同时，为特殊人群提供流动图书馆服务，正是对普通大众图书馆服务的一种补充和延伸，有助于充实、完善图书馆服务的公共属性。

3. 流动图书馆的载体、方式多样

从流动图书馆的早期出现和发展进程来看，开展流动图书馆服务的载体形式、方式方法多种多样。已知的相关实践显示，流动图书馆的载体大致有人力、畜力、车船等种类。早期的流动图书馆载体较常见的是马车，后来出现于泰国的流动图书篮、在非洲沙漠地带出现的骆驼流动图书馆等，这些都是以人力、畜力作为载体的流动图书馆；更多的案例则是以汽车、卡车、游船、轮船、自行车等交通工具为载体的流动图书馆，各个国家与地区因地制宜，采取适合当地的交通工具作为流动图书馆的载体，来开展流动图书馆服务，使得流动图书馆的载体形式不拘一格、灵活多变。除此之外，在志愿者家庭、商店、车站、集市、街道、学校等场所设置的流动图书站点，使流动图书馆服务方式更加丰富多样，使其可以延伸至社会的各个角落，并提供有规律的、细致入微的图书馆服务。

4. 流动图书馆的资源种类丰富

除了较为常见的图书、杂志等类型的资源之外，流动图书馆的馆藏中还有画册、连环画、音像制品、艺术品等。活跃于全世界各国的流动图书馆，有着丰富多样的馆藏种类，可以满足不同读者和用户的需求。作为图书馆服务的延伸，流动图书馆的服务为其用户提供了学习与交流、丰富文化生活、提升艺术欣赏水平的材料。此外，有些类型的流动图书馆在图书资料的基础上还增加了网络、移动终端以及多媒体资源等服务，将早期流动图书馆以图书资料流通为主的服务，向互联网信息的获取与传播等方向延伸，更好地满足信息化时代的读者需求。

（二）流动图书馆服务的多元化延伸

随着时代的变迁和用户需求的变化，流动图书馆服务的资源逐渐突破传统的以纸质为主的馆藏资源，其人力资源的构成也日益多元化。同时，流动图书馆服务的形式也不再拘泥于实体图书馆的延伸，而是以更多的诸如文化传播平台、人道救援、技术服务等形式为用户提供服务。此外，流动图书馆的技术手段也受到各类新技术的影响，逐渐变得更加多元化。总之，流动图书馆的资源、服务形式、技术手段等都朝着多元化持续延伸。

1. 流动图书馆的资源向多元化延伸

经过长期的实践发展，流动图书馆的馆藏资源和人力资源正逐渐多元化：一方面，流动图书馆的馆藏资源从最早的纸质图书资料发展到各类数字媒介资源，其传播的广泛性得到大大增强；另一方面，流动图书馆服务的人力资源的构成也逐渐多元化，在以图书馆员为主的基础上，渐渐吸纳了更多的其他专业或非专业人才，共同向用户提供资料、数据、信息、咨询等相关服务。

2. 流动图书馆的服务形式向多元化延伸

流动图书馆的服务形式主要是向读者提供图书资料借阅类型的服务，此后，逐渐出现了为读者提供音像制品播放、艺术品欣赏、戏剧、音乐会、故事会等形式的文化传播类型的服务。同时，有的流动图书馆还以读书俱乐部、书友会之类的形式，为读者开创沟通渠道、搭建交流平台，提供交流平台性质的延伸服务。除此之外，在受灾区、战乱区、争端区等地方出现的流动图书馆及其相关服务，具有一定程度上的人道主义救援意义，进一步提升了传统图书馆服务的社会价值和意义。并且，有些流动图书馆不再局限于为读者提供资源服务，还进一步为用户提供网络接口、移动终端等网络信息技术服务。流动图书馆服务形式的转变，既是读者需求变化导致的，也是图书馆功能有所转向、价值有所提升、意义更为深远的体现。

3. 流动图书馆的技术手段向多元化延伸

流动图书馆实现的技术手段正越来越受到各类新技术、新设备的影响，日渐成熟的数字存储与获取技术、日新月异的移动通信技术、更新换代的移动设备等，都使流动图书馆的实现技术手段变得更加多元化。时至今日，在这些技术、设备的支持之下，大多数人可以构建自己的"移动图书馆"，正如 17 世纪的"流动图书箱"一样，个人可以永久收藏、随身携带自己喜欢的资源，不同之处在于数字资源的数量、种类的极大丰富，以及其具备的可以编辑、复制、转发的功能。

到 20 世纪末，受到社会变迁、科技发展、用户需求改变等因素的影响，一些国家和地区的流动图书馆服务逐渐突破传统模式，这使得流动图书馆服务的发展具有无限可能性，世界各地的实践情况体现了流动图书馆服务多元化延伸的态势。

流动图书馆是图书馆延伸服务的重要外在形式和实现手段，这是由流动图书馆的性质与特点决定的。同时，由于大多数流动图书馆的出现与发展是基于公共图书馆馆藏与服务的不断拓展与延伸，因此，早期的流动图书馆及相关服务是图书馆延伸服务的重要组成部分和主要实践来源。

第二节　图书馆延伸服务的法理来源

图书馆延伸服务的实践起源和主要表现形式为流动图书馆，一般来说，图书馆延伸服务主要是基于人道主义，即道德层面的考虑和需要。然而，随着图书馆延伸服务实践工作的持续发展，相关领域开始更多地从义务、责任等层面对图书馆及其延伸服务的问题进行审视。在形成一定的社会规约、行业规范的同时，图书馆服务的延伸也已经逐渐被国际社会所倡导。在相关的国际官方机构和国际组织发布的一些国际文件中，体现出对图书馆延伸服务的支持。此外，在部分国家不同历史时期的图书馆相关立法中，也体现了对图书馆延伸服务的要求。

在这些国际层面、国家层面的官方文件和法律法规中，倡导、规定了图书馆的责任与义务，以及图书馆服务的对象、内容等，不但明确提出了为某些特殊群体提供延伸服务的要求，也包含一些非传统图书馆服务的内容。这些国际的官方文件和国家的法律法规，构成了图书馆延伸服务的国际、国家两个层面的法理来源。

一、国际机构与国际组织相关文件的支持

在国际社会层面，图书馆延伸服务经过多年的发展，其实践意义日益被普遍认可，在有关国际机构与国际组织的引领下，相关领域赋予图书馆延伸服务较高层次的、统领性的法理支持。其中，由联合国教科文组织、国际图联等官方机构或国际组织提出的一些宣言、声明等国际文件，虽不具有硬性法律效果，不具备强制执行效力，但是由于其具有高度的权威性和指导性，这些国际文件已经成为国际公认的、必须尽可能遵照的指示安排，因此具有一定的法理作用，各国应本着善意履行的原则，尽可能地达成这些国际文件的倡议。本书从《公共图书馆宣言》（Public Library Manifesto）、《国际图书馆员协会和图书馆联合会因特网宣言》（IFLA Internet Manifesto，简称《因特网宣言》）、《IFLA 关于数字素养的声明》（IFLA Statement on Digital Literacy）三个文件中提到的有关理念、定义或倡导，对图书馆延伸服务的法理来源进行探讨。

（一）《公共图书馆宣言》对图书馆延伸服务的法理支持

1949 年 5 月 16 日，联合国教科文组织颁布的《公共图书馆：大众教育的生力军》（*The Public Library: A Living Force for Popular Education*），强调公共图书馆的理念是"成为大众教育及国际互谅的生力军，进而推动和平"，公共图书馆的作用主要是社会教育，并由此达到保障社会民主、维护世界和平的深层功能。

1972 年，《公共图书馆宣言》被修订之后，较上一版的宣言，其对公共图书馆理念和角色的描述有了一些变化，其中，对公共图书馆的服务群体进一步延伸，读者"不论其种族、肤色、国籍、年龄、性别、宗教、语言、社会地位或教育程度的差异"①，都有权获得免费的图书馆服务，并特别规定应该如何向儿童、学生和身心障碍读者提供服务，这个变化明确地要求公共图书馆对特殊人群提供必要的延伸服务。

1991 年，国际图联于莫斯科召开年会并决定修订宣言，要求公共图书馆常务委员会负责起草。1994 年 10 月 29 日，联合国教科文组织通过了修订后《公共图书馆宣言》。现行的《公共图书馆宣言》声明："公共图书馆应不分年龄、种族、性别、宗教、国籍、语言或社会地位，向所有的人提供平等的服务。还必须向由于种种原因不能利用其正常的服务和资料的人，如语言上处于少数的人、残疾人或住院病人及在押犯人等提供特殊的服务和资料"②。这可以被看作最权威的、普遍认可的图书馆延伸服务的理论来源。图书馆对"因故不能使用常规服务和资料"的用户提供特殊服务和资料是图书馆延伸服务的重要方向。图书馆是体现人类文明的场所，关注弱势群体成为其不可推卸的责任和义务。因此，图书馆对弱势群体的延伸服务是一种人文关怀，是对弱势群体提供有关知识、信息的社会援助。

《公共图书馆宣言》被大部分国家和地区所接受或认可，虽不具备强制执行的国际法律效力，但属于具有一定约束力的国际文件，很多国家的图书馆都在遵照宣言的指引来发展事业、开展服务。因此，该宣言为图书馆延伸服务提供了普遍认可的法理支持。

---

① 周旖，于沛. 2014. 公共图书馆的基本立场与社会角色：对《公共图书馆宣言》1949 年版、1972 年版和 1994 年版的分析. 图书馆论坛，34（5）：1-7.

② 《教科文组织公共图书馆宣言 1994》，https://unesdoc.unesco.org/ark:/48223/pf0000112122_chi，2024 年 11 月 28 日。

（二）《因特网宣言》对图书馆互联网相关延伸服务的法理支持

　　21 世纪初，随着国际互联网的出现及迅猛发展，信息的搜集与传播、知识的存储与扩散有了更快捷、更高效的方案。相关研究领域敏锐地意识到互联网的性质与作用，并对图书馆和信息机构在互联网环境下应注重的责任与义务、权力与限制等问题进行了研究与探讨。2002 年 3 月，国际图联制定了《因特网宣言》并于当年 5 月 1 日公布，2002 年 8 月 23 日在格拉斯哥第 68 届国际图联大会上通过。该宣言阐明了图书馆服务的核心精神是促进知识自由（intellectual freedom）。宣言指出：在互联网时代，图书馆和信息机构应该为所有人服务，不论他们的年龄、种族、国籍、宗教信仰、文化背景、政治倾向、身体状况、性别、性倾向和社会地位等。该宣言还指出："全球因特网使全世界的所有个人和社区，不论是最小和最偏远的村庄，还是最大的城市，都拥有了平等机会去获得信息，以实现个人发展、接受教育、接触外界刺激、丰富文化生活、参与经济活动，以及在了解情况的基础上参与民主进程。所有人都可以展示出自己的兴趣、知识和文化，供世人前来了解。""图书馆和信息服务机构提供了上因特网的主要途径。对一些人来说，图书馆和信息服务机构给予他们方便、指导和帮助，而对另一些人来说，这里是他们上网的唯一地方。它们提供了一种机制，以克服因资源、技术和培训的差异而带来的障碍。"[①]这里的"另一些人"指的是较为弱势的群体，可能是无法负担电脑设备及网络费用的人，或者是文化素质不高、技术水平低的人，图书馆有义务为他们开展延伸服务。

　　此外，该宣言还提出：图书馆和信息机构还应该承担起帮助用户选择网络信息的责任。除了有价值的信息，还有一些不正确的、误导的甚至是攻击性的信息。图书馆员应该提供相应的信息和资源，从而使用户能够学会有效地使用因特网上的电子信息资源（他们应该主动为所有用户，特别是儿童和青年人，提供获取高质量网络信息的服务）[②]。这对于图书馆员的信息甄别、筛选能力提出了较高的要求，并且主动为用户提供获取高质量网络信息的服务，更是明确鼓励图书馆为用户提供更高效、更精准的延伸服务。

　　为了使图书馆服务能够适应、引领互联网时代的发展，《因特网宣言》应运而生，尽管其不具备国际法律强制效力，但是，该宣言在第 68 届国际图联大会上得到全票通过，证明世界图书馆领域对该宣言持赞同的态

---

①　《国际图书馆员协会和图书馆联合会因特网宣言》，https://www.ifla.org/wp-content/uploads/2019/05/assets/faife/publications/policy-documents/internet-manifesto-zh.pdf，2024 年 11 月 28 日。

②　赵俊玲，陈兰杰. 2003. 解读《IFLA 因特网宣言》. 图书馆杂志，（6）：73-74.

度。2014 年 8 月，国际图联委员会通过了《国际图联因特网宣言（2014 年版）》（Internet Manifesto 2014），指出自由获取信息和自由发表意见对于生活质量、全球共识与和平至关重要，以及在网络不断深化的时代图书馆和信息服务机构的作用和职责[①]。

国际图联的《因特网宣言》对 21 世纪图书馆及其服务提出了更高的要求，阐明了图书馆在网络化时代的新类型延伸服务（如技术型延伸服务、虚拟世界延伸服务等）的必要性。

（三）《IFLA 关于数字素养的声明》为图书馆指出更多的延伸服务方向

伴随着互联网时代的不断深入发展，资源信息的数字转化与存储受到越来越多的关注与重视。图书馆、信息机构和用户个人等各方都意识到了数字文献资源的优势与劣势，因此，在进行相关资源的建设、利用与传播的过程中，对相关问题的探讨与研究从未曾停止。

2017 年 8 月 18 日，国际图联发布《IFLA 关于数字素养的声明》，用"数字素养"（digital literacy）来形容掌握数字工具的能力，将其定义为：能够高效能、高效率、正当地运用技术，以满足个人的、市政的和专业的各方面信息需求的能力。不过，数字素养的定义是广泛的，包含以下几个方面。①基础技巧：操作电脑进行文字处理、表格填写、检索、电子银行和电子政务的使用；②网络知识：数据（含个人数据）传输与利用的方法，尤其是网络安全及隐私的意识和安全防护工具的利用；③有创意地使用技术：从撰写博客、编辑维基百科到网站设计、写代码，以及运用博客、视频等多媒体工具，来实现自我，迎接职业的和企业的机遇；④非技术要素：法律和道德知识，以及全球公民权利与义务，即线上线下行为标准一致、尊重他人的人权，以及跨越国境、语言障碍、文化和宗教差异的开放心态；⑤其他能力：尤其是多媒体与信息素养，一些可以自主学习的技巧，以及一些需要帮助才能掌握的技巧[②]。

数字素养培育是一个终身学习的过程，随着技术的变化，人们需要不断更新知识。在知识的传播与应用中、在人们的终身学习过程中，图书馆一直起着至关重要的作用。因此，《IFLA 关于数字素养的声明》建议图书馆应为用户提供数字素养方面的服务，馆员需要加强学习、提升

---

① IFLA. 2014. Internet Manifesto 2014. https://repository.ifla.org/items/3ea941d6-38e6-4ab9-a851-fff19914cb48[2020-04-15].

② IFLA. 2017. IFLA Statement on Digital Literacy，18 August 2017. https://repository.ifla.org/items/f47dc600-7bbb-4ae4-b59e-646cc154ba47[2020-04-10].

技能，使自己能够为用户提供数字素养培训类的服务，或寻求外部力量建立合作关系，共同为用户提供服务。该声明还鼓励各类图书馆根据需求，为用户提供网络空间与相关设备，进行数字素养方面的培训，将数字素养教育嵌入大学的学习管理系统，促进社区或企业的数字素养等，这些建议就是图书馆在数字时代中新的工作内容。该声明阐明了图书馆服务在互联网、数字化等方面进行延伸与发展的必要性，并为图书馆指出了更多的延伸服务发展方向。

二、部分国家的相关法律法规的支撑

在国家层面，一些国家以法律条文、制度规定等形式建立、规范图书馆事业，在不同历史时期促进了图书馆的发展，并明确了图书馆服务延伸的方向。英国最早进行全国性的图书馆立法，首次提出"免费服务"原则，并促使图书馆建立成为持久机构和大众讲座举办的场所。美国也较早地以立法形式推进图书馆事业，推出了第一部公共图书馆法，但该法只是地方性立法。此后，美国通过了一系列联邦级别的图书馆相关法案，引导并资助图书馆服务向农村、向弱势群体延伸。我国颁布的《中华人民共和国公共图书馆法》明确规定了公共图书馆服务的对象、内容等，以及应向少年儿童、老年人和残疾人等群体提供服务，推广全民阅读等要求。通过考察这些国家不同历史时期的相关法律法规，可得出图书馆延伸服务国家层面的法理支持。

（一）英国的《公共图书馆法案》和《公共图书馆与博物馆法案》

1850 年《公共图书馆法案》（Public Libraries Act）是英国议会的一项法案，它首次赋予地方自治市建立免费公共图书馆的权力。该法案可能是全世界最早致力于将图书馆建立成为永久机构的立法，其意义在于确立了免费公共图书馆的原则，并规定图书馆为大众提供自由获取信息和文献的机会的责任，这一立法体现了图书馆在道德、社会和教育方面的关联性。但是，由于涉及征税的问题，1850 年该法案在推行过程中受到了一些阻碍和质疑，加上位于城镇的公共图书馆在设置、管理上经验不足所导致的一些混乱，使得公共图书馆向农村地区提供服务十分困难。1855 年，该法案得到修订，规定了一所图书馆的建立（无论其隶属于自治市议会，还是隶属于教区教堂），至少需要覆盖 5000 人，这个规定为建立图书馆设置了门槛，因此法案备受诟病。1866 年，《公共图书馆法案》修正案得到通过，取消了图书馆覆盖人口数量的限制，允许小城镇或教区建立公共图书馆①。19世纪，尽管英国公共图书馆和小型图书馆的资金筹集较为困难，但是各类图书馆的建立和运转对城市普通居民和偏远地区农民存在重要的意义和作用。此后，《公共图书馆法案》确立的各种图书馆原则得到后续相关立法的继承与发扬，21世纪英国现存公共图书馆的建立与发展均可追溯到该法案。

1964年，英国议会通过了《公共图书馆与博物馆法案》（Public Libraries and Museums Act），规定地方政府有义务为当地所有人提供全面、高效的图书馆服务，也可以提供更广泛的图书馆服务，如出借设备、开展活动等，或提供书籍和其他印刷品、照片、唱片、电影等其他材料，从数量、范围和质量上满足来自成人和儿童的任何一般需求和特殊需求②。《公共图书馆与博物馆法案》的条款是英国更具现代意义的相关立法，除规定了图书馆的基本义务之外，该法案还明确提出了图书馆服务应该尽量朝着用户广泛化、馆藏资源多样化、服务内容多样化的方向延伸，因此，该法案具有一定的时代进步意义。

（二）美国的《图书馆服务法案》和《图书馆服务与建设法案》

1848年美国马萨诸塞州（Massachusetts）议会通过在波士顿建立公共图书馆的法案是世界上第一部公共图书馆法③，该法案是地方级立法，效力范围有限。20世纪下半叶，美国通过了几项联邦法案，这些国家层面的法案对支撑其图书馆事业的发展以及图书馆服务的延伸产生了积极影响。

1956年，美国国会通过了《图书馆服务法案》（Library Services Act），其目的是通过联邦资金促进农村地区公共图书馆的发展，美国第34任总统艾森豪威尔（Eisenhower）于1956年6月19日签署该法案。该项立法对改善美国农村地区的图书馆服务有显著的影响。从1956年到1961年，农村地区图书馆增加了500多万册图书和其他信息与资料，大约200个新的流动图书车向偏远地区的人们提供了延伸服务。来自多地的图书馆报告声称，图书流通量增加了40%或更多，例如，佛罗里达州图书馆际互借量上升了32%，新罕布什尔州（New Hampshire）购买了四辆新流动图书车，图

① Kelly T. 1973. A History of Public Libraries in Great Britain, 1845-1965. London: The Library Association: 107.

② "Public Libraries and Museums Act 1964", http://www.legislation.gov.uk/ukpga/1964/75/section/7, 2019年12月3日。

③ 唐晓艳，柯平. 2018. 关于图书馆法学的几个理论问题. 上海高校图书情报工作研究，（2）：11-12，15.

书借阅量增加了47%[①]。总之，在《图书馆服务法案》的执行下，美国各类图书馆得到迅猛发展，并逐渐建立起公共图书馆体系和网络。1960 年 5 月 26 日，该法案的五年延长计划得到美国参议院投票表决通过。

之后，美国国会于 1964 年 2 月 11 日通过了《图书馆服务与建设法案》（Library Services and Construction Act），该法案由美国第 36 任总统林登·约翰逊（Lyndon B. Johnson）颁布，成为正式法律。受 20 世纪 60 年代民权运动的影响，《图书馆服务与建设法案》的主要目标是为设立基金以资助图书馆，促进图书馆更积极地为"图书馆服务不足的"（underserved）社区或"处境不利"（disadvantaged）的群体提供服务，这些群体包括残障人士、低收入家庭、老年人和少数民族等[②]。虽然，该法案于 1995 年被《图书馆服务与技术法案》（Library Services and Technology Act）代替，但许多图书馆计划和服务都是由《图书馆服务与建设法案》设立的基金所发起，并继续依赖这些基金维持其存在。

《图书馆服务法案》的历史意义在于其推进了美国图书馆体系的发展，并大大推进了图书馆服务向农村的延伸。《图书馆服务与建设法案》则使民权运动的精神渗透进图书馆领域，为图书馆向弱势群体提供延伸服务提供了法律依据和支持。

（三）中国的《中华人民共和国公共图书馆法》

新中国成立以来，我国图书馆界经过长期发展，逐渐形成了"两个行业共识"[③]，一是 2002 年发布的《中国图书馆员职业道德准则（试行）》，为图书馆员指明了必须遵守的道德规范和职业操守；二是 2008 年推出的《图书馆服务宣言》，宣告了图书馆业界对社会所做的服务承诺。这两个文件是国内图书馆领域制定的准则和宣言，虽然不具备严格意义上的法律效力，但是对于行业规范和标准起到了一定的指导性作用。

2017 年 11 月 4 日，第十二届全国人民代表大会常务委员会第三十次会议通过了《中华人民共和国公共图书馆法》，该法自 2018 年 1 月 1 日起生效并施行，体现了本领域的行业共识、职业规范最终上升到法律的层面，即以国家立法的形式，规定图书馆领域的有关设立、运营、责任、义务等问题。《中华人民共和国公共图书馆法》共有总则、设立、运行、服务、法律责任、

---

① Fry J W. 1975. LSA and LSCA，1956-1973：a legislative history. Library Trends，24（1）：7-26.

② Daniels B E. 1989. On my mind: in defense of LSCA. American Libraries，20（8）：741-743.

③ 金武刚. 2017. 公共图书馆服务：从行业共识到法律规定：《中华人民共和国公共图书馆法》解读. 图书馆杂志，36（11）：15-19.

附则六章,其中,第三十一条:"县级人民政府应当因地制宜建立符合当地特点的以县级公共图书馆为总馆,乡镇(街道)综合文化站、村(社区)图书室等为分馆或者基层服务点的总分馆制,完善数字化、网络化服务体系和配送体系,实现通借通还,促进公共图书馆服务向城乡基层延伸。"明确提出了公共图书馆服务应当向城乡基层延伸的要求。该法第三十三条列出了公共图书馆服务项目,其中第三项是"公益性讲座、阅读推广、培训、展览",在第三十六条则具体指出"公共图书馆应当通过开展阅读指导、读书交流、演讲诵读、图书互换共享等活动,推广全民阅读。"第三十四条还规定了图书馆为少年儿童、老年人、残疾人等群体提供服务的义务[①]。

从这些相关法律法规中可以归纳得出,图书馆服务的延伸方向主要如下。①向城乡基层延伸,即公共图书馆要将其服务的触角延伸至城镇、乡村等地,让基层人民享受到图书馆服务。这既是延伸服务的起源,也是延伸服务的实质和最主要的内容。②向弱势群体延伸,包括未成年人、老年人、残疾人等,这也是图书馆延伸服务的初衷之一,向弱势群体倾斜是用"特殊对待"的方式实现图书馆"平等服务"的原则。③向多元化活动延伸,图书馆应开展各类有益于阅读、交流、共享类型的服务和活动,这实际上是促使图书馆发挥交流平台的作用,并且在方式、方法、内容上可以不拘一格,向着多元化延伸。

相较于国际层面的有关图书馆的官方文件,国家层面的图书馆相关立法的法律效力、执行力更强,因此,国家的相关立法为图书馆事业及服务的延伸提供的法理支撑更强。目前,世界上大多数国家都有公共图书馆立法,有些国家还具备州、县、市等地方层级的相关立法,或者针对不同类型图书馆的法规,其图书馆法律体系更为完善。一般情况下,国家层面的公共图书馆立法,对于下一级立法或者专业领域立法,具有指导作用。因此,有关公共图书馆的法律规定,为整个图书馆领域的从业人员开展业务提供着引领,这些法律法规的一些条款,对图书馆服务的延伸也指明了方向,并且成为图书馆延伸服务的重要法理来源。

---

① 《中华人民共和国公共图书馆法》,https://zwgk.mct.gov.cn/zfxxgkml/zcfg/fl/202012/t20201204_905426.html,2017 年 11 月 4 日。

第二章　图书馆延伸服务研究现状

图书馆延伸服务具有较长历史的实践起源和法理来源，相关的实务工作因而得到长足的发展。同时，相关领域对延伸服务的研究也在持续进行中。以英国、美国等国家为主的国外研究在 20 世纪 60～70 年代对延伸服务的概念与定义等问题进行了深入讨论。此后 20 年间，相关领域对延伸服务的讨论更加丰富，不再局限于规范其概念或者为其下明确的定义，而是更多地探讨图书馆延伸服务的性质、意义、对象、方向、内容、运营等问题。自 21 世纪以来，图书馆服务的延伸成为相关领域的重要研究议题之一。

国内研究较晚于国外，20 世纪 70～80 年代，大量的实践使得图书馆延伸服务的报道、纪实类的文献成果较多，20 世纪 90 年代以后，相关的理论性研究成果开始增多，研究角度多样。进入 21 世纪以后，相关研究在 2006 年至 2016 年间保持较高的研究热度，2017 年至今，相关研究则有所"降温"，图书馆延伸服务研究呈现出趋于成熟、主题分散的态势。尽管如此，国内相关领域也获得了一些共识性的观点，为图书馆延伸服务的持续实践和研究奠定了理论基础。

与此同时，国外、国内的相关研究都涉及高校图书馆延伸服务的问题。高校图书馆延伸服务是整个行业相关实践的重要组成部分，但其实践的广泛程度和受关注度明显低于公共图书馆。对此，国外相关领域的研究数量较多，并且由于国外部分高校图书馆延伸服务的社区化、社会化发展，高校图书馆和公共图书馆职能界限的模糊，相关研究的界限也慢慢模糊，呈现出逐渐一体化的趋势。作为相关主题研究的分议题之一，国内对有关高校图书馆延伸服务的讨论并不十分充分，相关研究存在视角不广、体系化欠缺、理论支撑不强等不足之处，有待更加细致、深入地探讨和多维度、体系化地研究。

第一节　图书馆延伸服务的概念与定义

图书馆延伸服务的实践起源于早期公共图书馆为弱势群体、特殊人群提供的递送式服务。图书馆延伸服务的实践起源最早可以追溯至 17 世纪。不过，这一时期的巡回图书馆服务，具有更多的宗教文化传播上的意义，流动图书馆作为西方文艺复兴之后的产物之一，伴随着宗教改革与启蒙运动而逐渐得到发展。

从 19 世纪末 20 世纪初最先在发达国家出现的流动图书车，可以被视为近现代图书馆延伸服务的开端。20 世纪 90 年代以来，伴随着图书馆延伸服务实践在很多国家的出现、发展、成熟，相关领域开始逐渐重视对图书馆延伸服务工作的管理，以及有关问题的归纳与研究。其中，国外与国内研究人员对图书馆延伸服务的概念、定义、内容等问题做了大量的探索，相关的表述比较丰富。

一、国外相关研究的主要观点

以英、美等国为主的国外学者对图书馆延伸服务相关问题的研究较为关注，从 20 世纪 60 年代开始，出现了较多的相关研究成果，其中大多数为案例研究、项目报告等偏向于实践的研究成果，有的文献中则包含作者对延伸服务的概念、定义等相关问题的思考及论述，其中不乏一些较具参考价值的观点，按照研究历程可大致分为两个阶段，并形成主流观点。

（一）20 世纪 60 年代至 80 年代的主要观点

这一阶段的主要观点是：延伸服务是向弱势群体、特殊人群延伸的服务。威廉·马丁（William J. Martin）在一篇名为《向弱势群体延伸》（Reaching out to the disadvantaged）的文章中从道义的角度，提到图书馆在日益复杂的社会中应该更加积极地提供公共服务——尤其是对弱势群体读者服务。他认为在对待老人、失业者、文盲、移民、少数族裔、被拘留犯人、独居者等弱势群体的时候，延伸作为一种"哲学"才能有确切的作用[①]。作为较早关注图书馆延伸服务的学者，马丁对延伸服务的重要群体进行了归纳，并指出了图书馆延伸服务的基本哲学，阐明了延伸服务的出发点、作用与意义。

1984 年，马丁在其发表的另一篇论文中详细探讨了图书馆延伸服务的概念，他对"延伸"的解释是：走出图书馆，到人群中去，打破传统图书馆的思维和实践，延伸服务是一个双重概念，既具有象征性又是真正的行动。延伸服务包括向未受到足够教育的人或者少数族裔的社区延伸，这些

---

① Martin W J. 1973. Reaching out to the disadvantaged. New Library World，74（6）：126-127.

人通常物质贫乏，信息渠道也缺乏。延伸服务的象征性意义在于反对传统图书馆的、基于社会公平名义的"中立"的概念①，这里他提出的是延伸服务的倾向性，马丁对图书馆延伸服务的深入探讨与持续研究，使其对相关问题的理解逐渐加深、透彻，他对延伸服务问题的思考显然已经上升到哲学意义的层面。图书馆"中立""平等服务"等概念本身所具备的"不平等"性质是一个悖论，在此之前，相关领域的研究人员较少关注这一问题。直至今日，图书馆延伸服务促进"平等"与否仍然是一个受到争议、需要继续探讨的问题。

对于图书馆延伸服务的问题，早期其他学者的理解不尽相同，他们对延伸服务的定义、解释也不尽相同。阿尔弗雷德·艾耶尔（Alfred J. Ayer）曾经指出，与其给延伸服务下定义，不如用具体的工作内容来解释这个概念，因此，他主张用实际行动来诠释图书馆延伸服务②。由于延伸服务的界限不清楚，在无法为其做出准确定义的时候，用具体的工作内容来诠释延伸服务的概念，也不失为一种明智的理解方式。

有关延伸服务的定义，被引用较多的一种解释是劳伦斯·艾伦（Lawrence Allen）和芭芭拉·康罗伊（Barbara Conroy）提出的：延伸服务是公共图书馆超越传统模式服务的延伸③。这里强调的是公共图书馆的延伸服务，是因为从其实践起源来看，延伸服务最早且最多地出现于公共图书馆的工作当中。同时，他们也提出了延伸服务是相对于传统服务的一种模式上的超越，从服务模式的角度理解延伸服务，与同时期其他研究人员略为不同。同时，指出延伸服务所具备的"超越"性，较早地点明了延伸服务相较于传统图书馆服务在属性上的不同。

克莱尔·利普斯曼（Claire Lipsman）对延伸服务的定义是：图书馆是针对弱势人群开展的、除日常服务以外的活动或者项目④。文森特·朱利亚诺（Vincent E. Giuliano）认为自由图书馆这个道德规范一直驱使馆员向未享受图书馆服务的人延伸⑤。这两位学者更确切地指出，图书馆延伸服务的对象人群是弱势群体、未享受图书馆服务的人，这是从延伸服务的主要服务对象的角度而做出的定义。

① Martin W J. 1984. Outreach. Library Review，33（1）：22-28.
② Ayer A J. 1955. Studies in Communication. London：Seeker & Warburg：11.
③ Allen L，Conroy B. 1972. Outreach librarianship，is it for you？. Wisconsin library bulletin，68：389-390.
④ Lipsman C K. 1972. The Disadvantaged and Library Effectiveness. Chicago：American Library Association：141-142.
⑤ Giuliano V. 1979. A manifesto for librarians. Library Journal，104（15）：1837-1842.

　　凯斯琳·韦贝尔（Kathleen Weibel）的理解似乎更需要仔细推敲，她指出延伸意味着：面对而不是回避重要社会问题；强调可行性而不是单个图书馆程序化的项目；承担义务去往有需求的地方而不是消极退缩的态度①。她对延伸服务的理解更多的是从社会责任的方面，并且延伸服务不应该是单个的、片面的个案，而应该是具有高度可行性的、普遍意义的行业规范。同时，她也指出了图书馆延伸服务"积极""主动"的性质。

　　此外，20世纪70年代中期，美国的图书馆延伸服务出现了两个变化：①区别对待并满足特殊用户群的特殊需求，尤其是因为某些原因未享受图书馆服务的人；②读者教育与信息服务方面的延伸服务越来越受到重视。相较于以往的实践工作，这些变化反映了图书馆延伸服务在倾向弱势群体的同时，更向着精细化和专业化的方向发展。

　　这些20世纪70年代和80年代早期研究的观点有共同的倾向，即图书馆延伸服务是针对弱势群体的、超越传统图书馆服务的、具有社会援助性质的主动服务，这些观点是对图书馆延伸服务最早实践起源的承袭和理论起源的解读，同时，也为此后图书馆延伸服务相关实践与研究的发展奠定了一定的基础。

（二）20世纪90年代以来的主要观点

　　这一阶段的主要观点是：延伸服务是超越常规的、不断拓展的递送式服务。从20世纪90年代开始，图书馆延伸服务得到了较全面的发展，公共图书馆重视这种类型的服务工作，持续推动这项工作，使其体系化和规模化。同时，高校图书馆的相关实践也越来越多，在不断尝试向校内外用户提供各类延伸服务。国外相关领域的研究人员对图书馆延伸服务的概念与定义，在认同以往研究共识的基础之上，慢慢地超越了早期学者由时代、思潮等因素导致的倾向性，产生了更深广的理解和更多样的解释。

　　1993年，林恩·韦斯特布鲁克（Lynn Westbrook）和罗伯特·沃尔德曼（Robert Waldman）在其论文中给图书馆延伸服务下的定义是："图书馆在馆舍之外提供的所有服务。"②另一位持类似观点的学者斯科特·波因顿（Scott

① Weibel K. 1982. The Evolution of Library Outreach 1960-75 and its Effect on Reader Services: Some Considerations. Champaign: University of Illinois at Urbana-Champaign, Graduate School of Library and Information Science: 22.

② Westbrook L, Waldman R. 1993. Outreach in academic libraries: principle into practice. Research Strategies, 11 (2): 60-65.

E. Pointon）认为：将图书馆主建筑物画一个圈，所有在这个圈之外开展的图书馆服务、节目和相关的活动就是延伸服务。他还指出，图书馆延伸服务将最大化满足公众诉求，是最具增长潜力的一种服务递送模式①。

这三位学者的理解是纯粹基于图书馆物理空间范围的角度，具有一定的时代局限性，不过也概括了图书馆延伸服务最早出现的常见形式，强调延伸服务是馆员走出图书馆的递送式服务，反映出研究者对以往相关研究主流观点的认同。并且，从图书馆的空间出发，对延伸服务进行探讨，始终是相关研究的主要路径之一。不过，图书馆的空间并不局限于物理空间，而应该还包括网络虚拟空间、"第三空间"等方面。

美国研究图书馆协会（Association of Research Library，ARL）于 1998 年从高校图书馆服务的角度，将延伸服务定义为：图书馆为高校社区之外的用户（包括附属和非附属的远程用户）提供的服务，是由图书馆员提供的超越了教学、研究和本职工作任务范围之外的延伸服务。图书馆延伸服务包括远程教学，也包括资源、技术、馆藏方面的服务，以及向大学社区外的用户——市民，甚至全球社区提供服务②。这个定义非常广泛，模糊了高校图书馆和公共图书馆的职能界限，扩大了高校图书馆延伸服务的对象、手段和范围，为图书馆延伸服务的社会化提供了理论支持。

芭芭拉·福特（Barbara J. Ford）认为延伸服务是一种体系化尝试，旨在为社会特定群体提供超越常规限制的服务。"延伸"（outreach）即向非传统图书馆用户递送图书馆服务和活动③。此外，作为对"延伸"概念的补充，她又提出了"向内延伸"（reaching in）的观点，强调各类型的图书馆、信息服务机构、其他相关机构等之间的合作与交流，共同提升相关工作的作用与影响，以及关注相关从业人员自身素质的提高，以应对不同用户的需求，更好地推动延伸服务事业。这些想法更加丰富了延伸的概念，将图书馆延伸服务的一些理论观点体系化，具有一定思想高度，为此后的研究提供了图书馆"内外双向"延伸的思路。

艾米莉·福特（Emily Ford）则提出"延伸服务就是营销"，是指向那些没有主动寻求图书馆帮助的人提供服务，尽管这种服务不具备经济效益④。

① Pointon S E. 2009. Library outreach is the future. Public Libraries，48（2）：5，24.
② Lee T，Jenda C. 1998. The Role of ARL Libraries in Extension/Outreach：A SPEC Kit. Washington DC: Association of Research Libraries，Office of Leadership and Management Services：2.
③ Ford B J. 2000. Libraries，literacy，outreach and the digital divide: 2000 Jean E. Coleman library outreach lecture. http://www.ala.org/aboutala/offices/olos/olosprograms/jeanecoleman/00ford[2020-05-13].
④ Ford E. 2009. Outreach is（Un）dead. http://www.inthelibrarywiththeleadpipe.org/2009/outreach-is-undead/[2020-05-15].

福特认为波因顿对延伸服务的定义是基于"图书馆是一个场所"这个概念的，如果仅仅将突破图书馆物理建筑界限的服务定义为延伸服务，则无法体现诸如远程在线服务、移动终端服务等类型的图书馆服务。因此，福特认为延伸服务还应该包括在图书馆内提供的服务，她将图书馆服务比作产品，认为图书馆的社区参与以及营销至关重要，延伸服务就是将图书馆服务推销给潜在用户。她指出了将图书馆延伸服务仅从物理馆舍的角度来探讨的局限性，并且其从营销的角度理解延伸服务，突出图书馆的主动性，具有一定的新意。

布莱恩·多赫蒂（Brain Doherty）和艾莉森·派珀（Alison Piper）认为延伸服务是图书馆为适应社会发展及读者需求的变化，探索为读者提供各类服务的新机制、新模式和新领域，不断提高服务能力、拓展服务覆盖面，为读者提供多样化、个性化的服务[①]。这种观点已经将图书馆延伸服务的界限进一步推进，阐明延伸服务的实质即图书馆服务在各方面的创新，专业化、全面化、多样化、个性化等都是延伸服务的发展方向。

国外研究对图书馆延伸服务的理解和观点逐渐得到拓展，从最初强调图书馆物理空间的突破、倾向弱势群体等，到现在对图书馆延伸服务更广泛的阐释。图书馆延伸服务的概念、定义本身就一直处于不断发展、不断延伸的过程中。

此外，公共图书馆延伸服务和高校图书馆延伸服务的职能界限逐渐变模糊，这是部分高校图书馆服务向社区延伸、逐渐社会化带来的影响。公共图书馆和高校图书馆的从业人员、相关领域研究人员对于图书馆延伸服务的理解已经越来越趋同。

二、国内相关研究的主要观点

国内相关领域对图书馆延伸服务问题的研究起步略晚，这是由于图书馆延伸服务相关实践起步较晚。从相关研究文献成果来看，国内学者对相关问题的研究大致可分为20世纪90年代至21世纪、进入21世纪以后这两个阶段，且各阶段分别形成了具有代表性的观点共识。

（一）20世纪90年代至21世纪的代表性观点

这一阶段的代表性观点是：延伸服务是在原有服务基础上的延伸。国内早期相关研究的数量不多，仅有数篇相关的论文成果。其中，何鼎富和

---

① Doherty B，Piper A. 2015. Creating a new organizational structure for a small academic library：the merging of technical services and access services. Technical Services Quarterly，32（2）：160-172.

唐永堂提出"延伸"对图书馆服务来说有两个方面的含义：一方面是图书馆事业在布局上"点、线、面"的扩展，图书馆在空间上的发展和数量上的增长；另一方面是在服务功能和服务水平上，扩大项目，提高效益[①]。谷秀洁认为公共图书馆的延伸服务是指"在原有读者服务的基础上延伸服务时空、延伸流通工作、延伸信息服务的范围和手段"，"原有服务是延伸服务的基础，它决定延伸服务的质量；延伸服务是原有服务功能的拓展，它们内容相近，本质相同，目标一致"[②]。

两位学者的研究表明，2000年以及此前的国内研究中的代表性观点具有较高的概括性。相关研究数量虽然不多，但是准确把握了图书馆延伸服务的本质，为国内相关研究奠定了基础。进入21世纪以后，互联网逐渐得到普及，在对图书馆延伸服务的理解中，不可避免地出现了更多的网络技术、虚拟空间方面的元素。

（二）进入21世纪以后的观点共识

这一阶段的观点共识是：延伸服务是基础性、常规性服务的全方位拓展和深化。进入21世纪以后，随着相关实践工作的长足发展，图书馆延伸服务的研究也得到了更多的发展，国内学界逐渐形成了一些观点共识。刘进将延伸服务分为服务内容的延伸、服务空间的延伸、网络服务的延伸、文化产业的延伸和服务理念的延伸，并提出公共图书馆应充分利用各种设施和技术条件，延伸图书馆的服务广度与深度，提高公共文化服务能力[③]。他提出图书馆延伸服务是在内容方面、空间方面及其他方面的延伸，探讨该问题的角度较之前相关研究更为全面。李果提出：公共图书馆延伸服务工作是在公共图书馆体系之外，以馆外设点、建立分馆或流动服务为主要形式，以传统借阅服务方式与现代网络技术为支撑的虚拟空间服务方式相结合的，在外延上扩大服务范围，在内涵上强化服务功能和提升服务能级的拓展性服务[④]。他阐明了公共图书馆延伸服务的起源和重要表现形式是流动图书馆，并且还提出了虚拟空间服务作为延伸服务的方式，这一观点在网络发展初期十分有远见。

国内相关研究基本上达成了一个共识，即图书馆延伸服务是对基础性、

① 何鼎富，唐永堂. 1996. 图书馆服务延伸论：我国图书馆事业走向新世纪的思考. 中国图书馆学报，（2）：43-49.
② 谷秀洁. 2000. 试论公共图书馆的延伸服务. 当代图书馆，（4）：40-42.
③ 刘进. 2008. 公共图书馆延伸服务的实践与思考. 图书馆杂志，27（12）：38-39.
④ 李果. 2010. 延伸服务：界定·意义·创新. 图书馆理论与实践，（1）：75-77.

常规性服务的延伸，以下几位学者的研究成果中都有所述及。同时，部分学者也提到图书馆延伸服务有助于图书馆形象、社会影响力的树立。

黄唯认为图书馆延伸服务是指图书馆在做好常规性的服务工作的基础上，充分利用图书馆的专业优势和技术优势，延长图书馆服务的触角，通过提高人员素质、加强服务的广度和深度，力求建立一种高效运转、全员参与、涉及全过程及全方位的服务体系，将文献资源、多功能服务、方便快捷的信息传递等优势发挥到最佳效果。延伸服务成为图书馆了解读者需求的主要渠道，是树立图书馆形象的重要途径①。

吴汉华指出图书馆服务分为基础服务和延伸服务，基础服务是图书馆为读者提供的常规性服务，是实现图书馆基本功能的服务，如借阅、参考咨询、馆际互借等，而延伸服务是与基础服务相对的外延性服务，就是在实现基本知识服务功能的基础之上，利用本馆的文献、馆员、设备、馆舍、品牌影响力等优势资源，为读者提供外延性的服务②。彭素云认为图书馆服务可分为基础服务和延伸服务，基础服务是图书馆职责要求的、图书馆界长期形成的常规性服务，延伸服务是图书馆职责要求之外的外延性的服务③。图书馆外延性的服务，强调延伸服务的非基础性和非常规性，这也是其区别于普通图书馆服务的所在。

另外，国内学者对高校图书馆延伸服务的理解与国外较为接近，都认为高校图书馆延伸服务的最主要、最重要的对象是大学的学生、教师和科研人员。肖永英和孙晓凤认为，高校图书馆延伸服务有广义和狭义之分。广义的高校图书馆延伸服务是高校图书馆在原有服务的基础上开展的所有新型服务的总称。狭义的高校图书馆延伸服务则是指高校图书馆在原有服务的基础上，冲破图书馆物理围墙的束缚，主动为本校师生提供的拓展式服务，其目的是使本校师生享受到基础服务之外的更多服务④。将延伸服务的概念分别从广义上的创新意义和狭义上的突破意义两个方面来诠释，较之以往的对高校图书馆延伸服务概念的理解，显然更加全面，且具有更强的概括性。

总体而言，国内研究吸收了部分国外研究的成果，并且根据国内的相关实践工作，进行了较多的有关图书馆延伸服务的概念、定义的多角度、多层次的研究，国内对于延伸服务的概念、定义的研究已经取得了较多的

① 黄唯. 2008. 高校图书馆延伸服务的思考. 河南图书馆学刊，（5）：90-92.
② 吴汉华. 2010. 图书馆延伸服务的含义与边界. 大学图书馆学报，28（6）：21-26.
③ 彭素云. 2011. 图书馆开展延伸服务的思考. 图书情报工作，55（S2）：190-191.
④ 肖永英，孙晓凤. 2013. 美国高校图书馆延伸服务及其对我国的借鉴意义. 大学图书馆学报，31（1）：15-20.

共识，也为相关研究的持续性和体系化奠定了基础。

不同时期的国内学者对图书馆延伸服务概念的理解以及相关的观点大部分具有高度概括性，角度也较为多样，其中，多数研究对图书馆延伸服务的共同理解在于：延伸服务是对基础、常规服务的全方位的拓展和深化。同时，国内相关研究总结得出：图书馆延伸服务具有外延性、流动性、创新性等特点。

然而，国内的相关概念研究中没有明确、突出延伸服务的实践和法理来源，即图书馆延伸服务的初衷是倾向弱势群体的服务。实际上，国内图书馆，尤其是公共图书馆的实践中，包含了很多的倾向偏远地区、弱势群体的延伸服务的案例。国内相关的案例报道、实践研究也较多，但是在有关延伸服务概念的研究中，却没有得到充分体现。

第二节　国外图书馆延伸服务的研究现状

通过运用 Emerald、Ebsco ASP、Elsevier（爱思唯尔）、Web of Science、ScienceDirect 等国外综合数据库和百度学术公共搜索引擎，对 "library ∗ outreach" "library ∗ extension" "library outreach service" "library service extension" "extending library" 等关键词进行检索，可得出大量相关的文献，总数超过 3000 篇（检索时间为 2019 年 10 月 12 日）。为了确保研究的相关性，本书主要考察文献题名中含有 "library ∗ outreach" 关键词的英文文献，进行文献浏览、查重、筛选和分类，将部分具有一定价值的文献挑选出来进行分析、归纳和述评，可得出以英国、美国、新西兰、澳大利亚、加拿大等国家为主的国外公共图书馆延伸服务和高校图书馆延伸服务相关的实践和研究概况。

一、国外公共图书馆延伸服务的研究现状

本书第一章中有关图书馆延伸服务的实践起源部分列举的案例，是来自一些国家的流动图书馆相关实践案例及历史发展概况。除这些实践案例之外，本书还从检索到的大量相关研究文献中抽取了部分最具相关性的成果，经过细致的分析，可对国外公共图书馆延伸服务实践和研究情况有更深的理解。

（一）国外公共图书馆延伸服务的部分案例及研究观点

马丁对英国公共图书馆延伸服务在 20 世纪 70 年代初期至 80 年代中期

的发展进行了回顾,从延伸服务的角度评价公共图书馆的服务效果,同时,评述了有关社区图书馆延伸服务的研究和实践。论文中提到了赫特福德郡(Hertfordshire Co.)图书馆向智力缺陷者、中风患者、盲人等群体延伸的案例和米德尔斯伯勒(Middlesbrough)图书馆与当地贫困社区紧密合作的案例,以此来说明社区图书馆的发展和作用[①]。公共图书馆将服务延伸至社区图书馆,是英国有关业界在当时较为常见的服务方式,将延伸服务的对象定位于残障人士、贫困群体,也符合公共图书馆延伸服务的宗旨,马丁的多篇论文为相关领域的实践和研究提供了具体的案例和理论基础,具有较高的价值。

由于在语言、文化、社会、经济等方面的差异,少数族裔可能游离于主要群体之外,因此,他们是特殊群体。汉娜·卡普斯(Hanna Kappus)认为图书馆可以帮助少数族裔重新获得民族认同,保护他们的生活方式,承认他们的社会身份。她探讨了德国图书馆对土耳其族裔提供的延伸服务,包括有关读写水平、土耳其语文献,以及将图书馆作为咨询信息中心等[②]。将少数族裔列入图书馆延伸服务的对象,在多元文化的国家尤为必要。图书馆在促进社会融合、保障多元文化传承、提升公民素质等方面的作用,是通过延伸服务体现的。

总之,这些早期国外公共图书馆延伸服务的具体案例,以及对这些实践工作的探讨为此后的相关实践与研究提供了先例和基础。

20世纪80~90年代,国外公共图书馆延伸服务的实践和研究较多地集中在对弱势群体如残障人士、少数族裔、有色人种等开展的延伸服务,是对图书馆延伸服务早期实践起源和理论起源的直接继承。进入21世纪以来,由于人类文明的进步和社会的变迁,公共图书馆延伸服务的实践和研究逐渐变得更加多元化。不过,对流动图书馆、弱势群体延伸服务的实践和研究仍然是主流方向。

凯里·本斯特德(Kerry Benstead)等通过调查英国公共图书馆对农村社区提供的汽车图书馆服务,列举了大量图表和数据,说明汽车图书馆公共服务加强了政府政策对农村社区的影响,同时,公共图书馆对农村社区的服务也产生了各种不同的影响[③]。伯尼·霍克(Bernie Hawke)和菲

---

① Martin W J. 1984. Outreach. Library Review,33(1):22-28.

② Kappus H. 1987. Library service for the unemployed, socially disadvantaged and minorities in Hamburg. New Library World,88(12):224-225.

③ Benstead K,Spacey R,Goulding A. 2004. Changing public library service delivery to rural communities in England. New Library World,105(11/12):400-409.

奥娜·詹克斯（Fiona Jenks）叙述了新西兰流动图书馆的发展历程，早在 1930 年，流动图书馆服务作为农村成人教育计划的一部分开始出现，1938 年，新西兰国家图书馆发起了更多的汽车图书馆服务。他们通过对新西兰流动图书馆十几年以来的成就进行详细的调查，说明了流动图书馆在新西兰公共图书馆服务中的长期、重要的地位①。

流动图书馆作为公共图书馆经历了长期实践的发展，从最初的马车、自行车、小汽车，到现代的卡车、大巴车，变化的只是运载工具的大小、图书的数量等外在表现，不变的却是图书馆的人文情怀、人道主义等内在表现。流动图书馆作为公共图书馆的延伸服务方式之一，占据了重要地位。

芭芭拉·威尔（Barbara H. Will）发表的《图书馆服务面向所有的人》（Library services for all），探讨了社区图书馆为残障人士服务的重要性，以及美国加利福尼亚州立图书馆发出的倡议，即公共图书馆为残障人士如有视觉或听觉缺陷的人提供延伸服务。她建议公共图书馆可以尝试争取财政补助或者捐款，用以发展此类延伸服务②，指出公共图书馆延伸服务的发展离不开财政补助或者捐款。由于非营利的性质，大多数公共图书馆的运转仰仗财政补助或捐款，在基础服务之外还要尝试提供更多的延伸服务，图书馆必须要争取更多的运营经费，相关的尝试和探索尤为重要，此类研究也具有较强的现实指导意义。

弗朗西丝·道斯（Frances M. Dowse）和芭芭拉·森（Barbara Sen）阐述了图书馆延伸服务在医疗领域的价值，通过案例分析，她们认为图书馆延伸服务的目的是在社区内有需要的时候，针对目标用户群开展的一系列的服务和培训③。该研究表明，将图书馆的服务和培训延伸到社区，而不是仅仅将资源递送出图书馆，是图书馆延伸服务的重要方向之一。

大卫·欧文（David Owen）总结了自 1989 年英国政府倡导的志愿者与公共图书馆共同实施的"共享视力"（Share the Vision）项目，指出该项目帮助了大量视力有障碍的公民，同时也提升了图书馆延伸服务，收到了良好的效果，建议英国政府扮演更加积极的角色，在已有的成绩基础上为视力障碍者制订和实施更加完善的规划④。该研究中提到的图书馆参与政府专

①　Hawke B，Jenks F. 2005. On the move：mobile library services in New Zealand. Australasian Public Libraries and Information Services，18（3）：93-105.

②　Will B H. 2005. Library services for all. Library Journal，130（19）：47.

③　Dowse F M，Sen B. 2007. Community outreach library services in the UK：a case study of Wirral Hospital NHS Trust（WHNT）. Health Information and Libraries Journal，24（3）：177-187.

④　Owen D. 2007. Sharing a vision to improve library services for visually impaired people in the United Kingdom. Library Trends，55（4）：809-829.

项项目,共同提供服务,这种实践方式为图书馆延伸服务的开展提供了不同的思路。

对各种弱势群体在医疗保健领域开展延伸服务,始终是公共图书馆的重要工作之一,甚至成为公共图书馆的社会责任,来自全世界各地的、大量的实践案例使得有关的研究一直未中断。研究反过来又指导实践,相关从业者、研究人员就是在不断地沟通、交流之下,将图书馆延伸服务工作不断地推进。

杰奎琳·尔德曼(Jacquelyn Erdman)的研究视角比较新颖,基于图书馆必须随着技术的发展而前进、不断探索与公众新的沟通方法这样的观点,她把一款名为“第二人生”(Second Life)的网络3D游戏引入延伸服务的研究中,认为此类具有沟通功能的网络游戏,对图书馆员而言,既是机会也是挑战,馆员如果熟练掌握游戏中的各种工具,可以在游戏中建立图书馆员的角色,在虚拟世界提供参考咨询相关的延伸服务,同时,也能为那些不能到访现实世界中图书馆的人提供延伸服务。不过,她也提到,对虚拟社区提供图书馆延伸服务是一个新出现的发展方向,并不会影响现实世界图书馆对社区服务的总体目标[1]。

馆员直接进入到虚拟世界——网络游戏中来开展工作,从工作效率、相关性、便捷性等这些因素来考虑,其必要性和可行性还有待商榷。从目前的发展来看,为虚拟读者、虚拟社区用户提供延伸服务的实践开始逐渐增多,不过较多的表现形式是使用更普及的社交媒体或者手机APP(application,应用)等即时沟通工具,以及虚拟图书馆、数字图书馆等形式。

詹妮弗·麦克丹尼尔(Jennifer McDaniel)等分析了三个不同的美国公共图书馆保健信息延伸服务项目案例,每个案例都强有力地说明了图书馆延伸服务项目对社区需求的响应,以及图书馆开创了与现代社会新的关联性。她论述道,面对美国经济环境的挑战,公共图书馆仍在持续寻求新的解决方案,来满足逐渐多元化的公众群体的信息需求。从提供相关指导和在线资源到协调社区保健活动,公共图书馆的保健信息延伸服务一直在致力于为公众提供可靠、权威的保健信息[2]。

保健信息延伸服务是非常受公众欢迎的服务之一,不过从空间距离、

---

[1] Erdman J. 2007. Reference in a 3-D virtual world: preliminary observations on library outreach in "Second Life". The Reference Librarian,47(2):29-39.

[2] McDaniel J,Babcock-Ellis A,Hernandez J. 2011. Bridging health information services gaps through community outreach programs at the public library. World Library and Information Congress:77th IFLA General Conference and Assembly:2.

群体关系等因素来考虑，开展此类工作，地点选在社区图书馆似乎更为合适，此外，寻求专业医疗机构、专业人士的合作也非常重要，国外的相关实践也大多如此。

皮特·威里特（Peter Willett）和瑞贝卡·布罗德里（Rebecca Broadley）通过研究文献中的案例，以及对英国约克郡南部和西部一些图书馆馆员的采访，分析公共图书馆对流浪者延伸服务的实践策略，并提出了一系列的建议，例如，与有关机构发展合作关系、取消进入图书馆的身份证明要求、宣传相关工作项目的成果、使用馆藏和图书馆流动站、馆员相关问题意识的培训、与目标读者建立信任、对不同流浪者群体提供定制化服务、对项目有效性进行评估等[①]。

图书馆为流浪者提供延伸服务在国外并不鲜见，馆舍外延伸服务似乎可操作性高一些，而为流浪者提供馆内服务则要再斟酌，因为国外曾有相关新闻报道，流浪者把图书馆当作"避难所"，吃住都在图书馆内，引起了争议。从人道主义角度考虑，图书馆似乎不应该把流浪者拒之门外，但是如果不管其进入图书馆的目的而无条件接受流浪者，这可能会导致图书馆管理上的麻烦，不利于维护图书馆正常秩序和高雅洁净的环境，甚至可能侵犯其他读者的权益，因此需要慎重考虑、精心安排。

（二）国外公共图书馆延伸服务研究述评

纵观国外各个时期对公共图书馆延伸服务的实践和研究，最明确、最重要、最长期的主题之一就是针对弱势群体的延伸服务。这是由公共图书馆的社会责任、使命决定的，也是由图书馆的公共属性和公益性质决定的。

1. 公共图书馆延伸服务的先决条件和必要性

公共图书馆主要是为市民提供服务，在此基础之上开展延伸服务必须具备资源、技术、经费等条件，大量的案例和研究表明，这是开展延伸服务的先决条件。此外，图书馆开展延伸服务的目的是扩大受益人群，让更多的人得到学习的机会，这也可以增加图书馆在社会上的影响力、凝聚力、号召力。因此，公共图书馆开展延伸服务是非常有必要的。

2. 公共图书馆延伸服务的对象

随着时代的发展，公共图书馆延伸服务的对象从数量上和类别上都在

---

① Willett P, Broadley R. 2011. Effective public library outreach to homeless people. Library Review, 60 (8): 658-670.

增加，尤其是在读者类别上，公共图书馆的对象从最早期的居住在偏远地区、不能到访图书馆的人，发展到各阶层弱势群体：独居者、残障人士、医院病人、拘留犯、儿童、受教育水平低的人甚至文盲、有色人种、移民、少数族裔、流浪者、难民等。

3. 公共图书馆延伸服务的内容

相关的实践案例及研究表明，公共图书馆延伸服务的内容逐渐多样化和个性化，一些比较特别的延伸服务案例，如文化遗产保护、女权运动专题、虚拟游戏世界等，表明公共图书馆延伸服务在方向上可以向很多领域延伸，延伸服务的内容具有很多可能性。

4. 公共图书馆延伸服务的合作机构

大量的案例研究都论及公共图书馆与其他机构合作，共同开展延伸服务。其中，与社区图书馆合作开展服务的实践数量可能最多，一方面，由于同属于图书馆体系，甚至属于同一行政管辖区，不同类型图书馆开展工作合作是十分自然而然的；另一方面，社区图书馆规模小，资源有限，但是位于社区，与社区读者的距离更近，公共图书馆则一般规模较大，通常位于城市中心区域，与一些社区读者的距离较远，双方的合作正是各取所长，公共图书馆通过与社区图书馆合作，能更加有效地开展延伸服务。此外，公共图书馆也经常与其他的专业机构和专业人士合作，开展各类专业性较强的延伸服务。

此外，在相关的实践和研究中，也涉及在新的环境之下诞生的新型图书馆，一些"图书馆类型的组织"或"图书馆相关的组织"，开展的活动和公共图书馆延伸服务的目的、意义、方式等相同，都是基于人道主义援助、消除文盲、鼓励阅读和创造等宗旨或目标，为弱势群体提供文献和信息服务。例如，创立于2005年的国际非营利组织——无国界图书馆员（Librarians Without Borders，LWB）组织，由梅勒妮·塞勒（Melanie Sellar）和乔治·契姆比纳（Jorge Chimbina）在英国西安大略大学图书馆学院（The University of Western Ontario's Library School）创办，其宗旨是与各种发展中地区的社区组织形成伙伴关系，致力于促进获取信息资源的机会，无论语言、地理或宗教的差异。该组织也经常寻求与当地人和当地图书馆员的合作，来开展相关工作。截至2013年，LWB成员遍布75个国家，其中大多数人位于加拿大和美国。该组织开展的第一个项目是为安哥拉万博（Huambo）建立一座可持续发展的图书馆，为急需护理、医疗信息资源的家庭提供服务。这个项目的工作内容和模式与公共图书馆分馆或者社区图书馆十分接近，可以把它理解成公共图书馆延伸服务的新形式。

二、国外高校图书馆延伸服务的研究现状

除上文述及的国外公共图书馆延伸服务相关的实践案例之外，通过文献检索，我们还获得了较多的国外高校图书馆延伸服务相关的案例及研究文献，本书选取了一些具有研究意义的文献，进行探讨和归纳，提炼相关的实践经验和理论观点。

（一）国外高校图书馆延伸服务的部分案例及研究观点

国外有关高校图书馆延伸服务的案例及研究大多数来自美国，也有少量来自其他英语国家，本书抽取部分具有代表性的案例及研究，以时间为序逐一进行探讨。

苏珊·钱伯林（Susan B. Chamberlin）等介绍了美国新墨西哥大学（The University of New Mexico）医学中心图书馆开展的遍及全州的综合性延伸服务计划，该计划针对新墨西哥州多样的、分散的居民提供医疗保健信息。图书馆与保健系统、社区图书馆和消费者群建立联系，并与不同的组织开展合作项目，例如，纳瓦霍（Navajo）地区印第安人保健服务、新墨西哥州医学会、公共图书馆、孕产妇保健项目组、新墨西哥州药物信息中心、保健信息规划组以及其他专业的机构。延伸服务项目活动包括：挑选、获取、加工并分发试听和印刷材料；协调各组织和机构之间的保健信息和资源；针对特定科研项目的需求提供公共图书馆核心馆藏；为不同群体举办研讨会；等等[1]。

高校医学图书馆开展社会化延伸服务具有一定的专业资源优势，相关实践和研究也较早并逐渐增多。但是，高校图书馆延伸服务的实践，较多集中在大学相关用户和附近社区用户。不具备专业资源优势的高校图书馆开展此类延伸服务较为困难，也不十分必要。随着实践案例的增加，国外高校图书馆延伸服务研究的角度逐渐呈现出多样性和多元化。

梅尔巴·贾德森（Melba Jesudason）以威斯康星麦迪逊大学（University of Wisconsin-Madison）图书馆的延伸服务项目作为案例，解释了高校图书馆对新生入学前延伸服务的必要性，以及新生入学前延伸服务项目如何

---

[1] Chamberlin S B. 1982. The University of New Mexico Medical Center Library's Health Information Services Outreach Program. Atlanta: Raven Systems & Research Inc.: 29-88.

对新生提供帮助[1]。这是较早的以新生、少数族裔学生作为特殊群体开展延伸服务的案例研究，为高校图书馆延伸服务提供了思路。

图书馆延伸服务需要营销，才能提高能见度和影响力，进而促进相关工作的开展。艾琳·洛克曼（Ilene F. Rockman）提出大学图书馆应该寻找机会与各种组织、个人等建立成功的伙伴关系，例如，校园书店、家长组织、建筑师、募捐者、运动员、艺术家和作家等，共同在图书馆开展文化活动，促进学习氛围、丰富文化生活、激发学术讨论，提高图书馆的能见度及其在大学社区的不可或缺性[2]。乔恩·考索恩（Jon E. Cawthorne）认为在互联网的冲击下，读者正在远离图书馆，图书馆需要通过营销手段找回读者，提供延伸服务满足读者的需求，如图书馆可开设远程教育课程吸引读者[3]。两位研究人员都重视延伸服务作为提升图书馆影响力，或者作为一种营销手段的作用，不但提供了多种实现的方式和方法，更是阐明了高校图书馆延伸服务的作用与影响。

住在校外的用户也可以作为高校图书馆延伸服务的对象群体，因为这类用户距离图书馆更远，相较于住在校内的用户，对图书馆资源的获取更为不易。西尔维亚·塔戈（Sylvia G. Tag）等介绍了西华盛顿大学（Western Washington University）图书馆为住在校园外的学生提供的延伸服务，他们开展了一些成功的项目，包括新生服务和家访、学术用户技术服务、住宿生活引导等，并建立了图书馆延伸服务数据库，以帮助跟踪、评估延伸服务工作[4]。这些实践案例一方面体现了"走出图书馆，走近读者"的延伸服务理念，另一方面还提供了开展延伸服务后续工作的办法，具有一定的创新思维。

亨德瑞（J. D. Hendry）在一篇评论中提到，尽管延伸服务一直是公共图书馆的"特权"（prerogative，此处比喻公共图书馆是开展延伸服务的主力），但美国高校图书馆也开展了一系列的延伸服务。通过对 12 篇有关论文的研究，他发现并探讨了三个比较特别的案例，分别是伊利诺伊斯消防学院图书馆（Illinois Fireservice Institute Library）为当地的消防员提供信息

---

① Jesudason M. 1993. Academic libraries and outreach services through precollege programs: a proactive collaboration. Reference Services Review, 21 (4): 29-96.

② Rockman I F. 2002. Establishing successful partnerships with university support units. Library Management, 23 (4/5): 192-198.

③ Cawthorne J E. 2003. Integrating outreach and building partnerships: expanding our role in the learning community. College & Research Libraries News, 64 (10): 666-669.

④ Tag S G, Buck S, Mautino M N. 2005. Creating connections: library instruction across campus. Research Strategies, 20 (4): 226-241.

服务；科罗拉多州立大学图书馆的双语网站，目的是为西班牙裔高中生提供研究和分析技巧方面的信息，为他们入读大学做准备；康奈尔大学图书馆（Cornell Unirersity Library）的"青年研究计划"（Junior Fellows Programme），旨在向有色人种高中生介绍大学图书馆，并吸引少数族裔进入图书馆工作①。这些探讨提供了不同角度开展延伸服务的实例，为高校图书馆开展延伸服务提供了开阔的思路。

约翰·格雷汉姆（John B. Graham）重点研究中型高校图书馆对社区的延伸服务，通过调查，他发现住在大学社区以外的读者确实需要高校图书馆在其继续教育的过程中提供更多的主动服务。他以位于美国亚拉巴马州东北地区的杰克逊维尔州立大学（Jacksonville State University）的休斯敦科尔图书馆（Houston Cole Library）作为例子，除了满足大学校内读者的需求，该馆的延伸服务目标还有向大学社区外的读者提供信息服务；促进当地商业机构、企业、教育工作者使用亚拉巴马虚拟图书馆资源；发挥亚拉巴马东北地区图书馆资源中心的作用等。这项研究的结论是：大学社区外的用户同样需要大学图书馆的帮助，其中，最大的帮助之一是为这些用户提供诸如数据库资源培训类型的服务②。该研究不但讨论了大学图书馆延伸服务在服务对象方面延伸的必要性，还提出了信息类延伸服务和虚拟图书馆服务的作用，具有一定的时代意义。

同一时期，黛安·科特尔哈特（Diane Ketelhut）等联合发表了题为《新兴互动媒体时代的图书馆延伸服务》（Extending library services through emerging interactive media）的论文，探讨了通过整合数字资源（如设立虚拟图书馆员）等手段来开展图书馆延伸服务③。这些研究说明了高校图书馆虚拟延伸服务的出现和实现方式，在当时尚属创新的尝试，为此后虚拟延伸服务提供了早期样本。

科林·博夫（Colleen Boff）等通过研究 1970 年至 2004 年部分高校图书馆和图书馆发布的有关延伸服务的新闻内容，在整理和分析之后，将这一时期的高校图书馆延伸服务分为了三大类：远程教育、多元文化服务和特殊服务，并归纳得出了高校图书馆延伸服务的地位在显著提高，只有多

---

① Hendry J D. 2005. Outreach services in academic and special libraries. Library Review，54（9）：537-538.

② Graham J. 2005. Outreach programs beyond the immediate university community. Library Management，26（3）：113-122.

③ Ketelhut D，Clarke J，Dede C，et al. 2005. Extending library services through emerging interactive media. Knowledge Quest，34（1）：29-32.

元文化服务增长的速度比较稳定这一结论①。搜集图书馆发布的有关新闻和通知，进行整理和分析，是一种较为高效的研究方法，可以得出一段时期内有关工作的总体轮廓。该研究还指出了基于多元文化的服务作为高校图书馆延伸服务的重要发展方向。

梅根·纳尔森（Megan S. Nelson）探讨了何谓"卫星式"咨询（"satellite" reference）延伸服务，以及这种工作方式用于对工程类专业学生的延伸服务。他把其他文献中提到的图书馆将服务延伸到校园学术中心、学生会、实验室、院系办公室等地的相关案例作为例子，说明"卫星式"咨询延伸服务是向大学校园教师、学生中特别的读者群提供的延伸服务。他认为已有的文献显示，高校图书馆针对目标学生读者群提供了各种富有创意的、成功的延伸服务②。劳拉·康明斯（Lara U. Cummings）总结了华盛顿州立大学（Washington State University）图书馆的延伸服务工作，该馆成立的公共关系和营销工作组（Public Relations and Marketing Task Force，PRMTF）对本科生开展了系列延伸服务，例如，张贴各种图书馆服务广告和寒假阅读书单，以及将要举办的图书馆集市、秋季聚会、协助获得本科生科研优秀奖等通告。这些以前从未涉及的延伸服务提升了图书馆在大学校园的影响力③。这些研究为实践提供了有益经验。

经费预算是高校图书馆开展延伸服务的重要问题，阿曼达·葛路易比兹（Amanda K. Gluibizzi）认为图书馆开展延伸服务的困难在于缺乏合作方、经费限制，以及用统一方式对待读者（a monolithic approach to the patron，此处意指缺乏个性化的方式对待读者），她以俄亥俄州立大学美术图书馆为例，讨论其以用户为中心同时兼顾预算的延伸服务策略④。在她的研究中，寻求合作、争取经费这些方面的重要性得到了再次论证，她还提出了以用户为中心的延伸服务策略，这符合图书馆工作宗旨。

相较于公共图书馆服务，高校图书馆的信息素养教育服务更具重要性，对有关工作实践的深入探讨也尤为重要。约书亚·芬内尔（Joshua Finnell）和沃特·冯塔内（Walt Fontane）在麦克尼斯州立大学（McNeese State

① Boff C，Singer C，Stearns B. 2006. Reaching out to the underserved: more than thirty years of outreach job ads. The Journal of Academic Librarianship，32（2）：137-147.

② Nelson M S. 2007. Initiating engineering outreach reference services: background and practice. Reference Services Review，35（2）：265-284.

③ Cummings L U. 2007. Bursting out of the box: outreach to the millennial generation through student services programs. Reference Services Review，35（2）：285-295.

④ Gluibizzi A K. 2009. The world of outreach: one art librarian's perspective. Library Review，58（2）：116-123.

University）进行研究，该大学的弗雷泽纪念图书馆（Frazar Memorial Library）在过去开展了很多信息素养指导类的延伸服务。在完成信息素养教学工作的基础上，他们还分析学生的作业、班级、参考问题和发现模式、困难、倾向以及未来行动计划，并将所有研究型的问题记录下来，通过对这些数据进行挖掘分析，来帮助实现三个工作目标：学习指南创新、教学延伸和发展馆藏，并帮助更系统地开展延伸服务[①]。他们将图书馆信息素养教育及相关延伸服务的实践与研究上升到了体系化的层次。

"走出图书馆，走近读者"是图书馆延伸服务的基本理念和重要方式，莫利·施特罗特曼（Molly Strothmann）和凯伦·安特尔（Karen Antell）介绍了俄克拉荷马大学（The University of Oklahoma）图书馆员作为入驻学生宿舍的轮值教职工，将图书馆服务延伸进学生宿舍，为住在同宿舍楼的学生提供了大量图书馆服务和教育服务，她们细致描绘了这些服务，并总结了进入学生宿舍开展延伸服务的成功要素[②]。该案例和前文提到的"卫星式"咨询服务接近，入驻学生宿舍提供图书馆服务也符合图书馆嵌入式服务理论的观点。

图书馆延伸服务的方向之一是将图书馆打造成交流平台，为各类用户沟通、交流、互相学习提供机会。凯瑟琳·汉纳（Kathleen A. Hanna）等总结了印第安纳大学与普渡大学印第安纳波利斯联合分校（Indiana University-Purdue University Indianapolis，IUPUI）图书馆的延伸服务工作经验，认为美国大学的学生、教师及研究人员等具有社会、族裔的多样性，所以图书馆工作要具有多样性、创新性。他们提出大学图书馆应构建市民与大学师生的沟通新途径，为政府决策部门提供理论依据，并为周边社区居民提供必要的知识[③]。

托尼·卡特（Toni M. Carter）和普里西拉·希曼（Priscilla Seaman）探讨了一系列的图书馆延伸服务相关问题，尤其是图书馆的管理、资源、设备及营销工作。通过对 100 多所大学图书馆的延伸服务工作进行调查，他们发现延伸服务工作的管理多数是不规范、临时性的，只有少数图书馆对延伸服务设置了专项经费或者有明确的工作宗旨。校园和图书馆活动无疑

① Finnell J，Fontane W. 2010. Reference question data mining: a systematic approach to library outreach. Reference & User Services Quarterly，49（3）: 278-286.

② Strothmann M，Antell K. 2010. The live-in librarian: developing library outreach to university residence halls. Reference & User Services Quarterly，50（1）: 48-58.

③ Hanna K A，Cooper M M，Crumrin R A. 2011. Diversity Programming and Outreach for Academic Libraries. Oxford: Chandos Publishing: 6-15.

是最受欢迎的延伸服务，其次是博客和其他 Web 2.0 工具相关的服务[①]。他们指出了图书馆延伸服务的不确定性和零散性，同时也强调了专项经费的重要性。并且，探讨了最受欢迎的延伸服务，其中提到的虚拟空间类型的服务，为相关研究提供了重要参考。

搭建各类交流平台是高校图书馆开展延伸服务的方向之一，米歇尔·马龙尼（Michelle M. Maloney）介绍了美国太平洋大学（University of the Pacific）图书馆开展的基于馆藏图书展示、展览的延伸服务，她认为馆藏书展可以为学生提供学习多元化和包容性的机会，也可以为校园合作搭建平台，提高图书馆的显示度[②]。目前越来越多的高校图书馆开展各类展览类型的延伸服务，有时候甚至与馆藏的关联性不大。但是，这种实践的意义在于图书馆的"平台"性质的体现，以及提升图书馆在大学校园，甚至是社会上的显示度。

国外相关成果中不乏覆盖几十个图书馆的抽样调查，这种实证调查研究具有较高的参考价值。梅丽莎·丹尼斯（Melissa Dennis）通过对来自美国21 个大学图书馆的延伸服务项目进行调研，认为开展延伸服务在高校图书馆工作中越来越重要，高校图书馆应该继续分享和讨论在小预算情况下实现延伸服务大目标的措施[③]。该研究提供了较多实践案例，并且重视预算这个实际问题，对于高校图书馆开展延伸服务的具体措施提出了建议。

高校图书馆服务向网络虚拟世界延伸是必然趋势之一。柯林·迈耶斯-马丁（Coleen Meyers-Martin）和林恩·兰珀特（Lynn D. Lampert）讨论了在线模式下的高校图书馆延伸服务的实践方式，认为高校图书馆延伸服务将继续向数字平台转变，以满足日益增长的网络在线用户的需求[④]。该研究重申了虚拟延伸服务的重要发展方向是数字馆藏和数字平台。

将图书馆延伸服务嵌入科研团队，是实现高校图书馆服务学科化、专业化的有效方式之一。艾米莉·麦肯齐（Emily Mackenzie）认为高校图书馆需要加强探索支持科研人员的服务，科研工作经常以团队的形式开展，但是很少见到图书馆服务于科研团队的报道，理解科研团队的特性并掌握

①　Carter T M，Seaman P. 2011. The management and support of outreach in academic libraries. Reference & User Services Quarterly，51（2）：163-171.

②　Maloney M M. 2012. Cultivating community，promoting inclusivity：collections as fulcrum for targeted outreach. New Library World，113（5/6）：281-289.

③　Dennis M. 2012. Outreach initiatives in academic libraries，2009-2011. Reference Services Review，40（3）：368-383.

④　Meyers-Martin C，Lampert L D. 2013. Mind the gap：academic library outreach and EOP. Reference Services Review，41（2）：219-232.

其动态，有助于图书馆对其开展延伸服务[①]。该研究强调了嵌入科研团队这种工作方式的重要性和必要性。

（二）国外高校图书馆延伸服务研究述评

大多数美国高校图书馆员认为，高校图书馆延伸服务主要是针对大学社区成员（尤其是高校师生）而开展的服务[②]。以上各个时期的实践和研究显示，国外高校图书馆延伸服务的重要对象依旧是大学教师和学生。国外高校图书馆相关的实践和研究有以下重点内容。

1. 国外高校图书馆延伸服务对象的多元化

大部分国外高校图书馆主要针对大学校内用户或者所在社区的读者开展延伸服务，但是，大学用户的逐渐多元化，致使图书馆延伸服务的对象也变得多元化，从上文的研究中可以看出，国外高校图书馆延伸服务的对象有少数族裔师生、有色人种师生、未入学的新生、附近社区用户、虚拟世界用户、远程教育用户、科研团队等。这些用户当中，有些可能由于语言、肤色等原因，存在一定的弱势，需要图书馆的特别帮助；有些则是由于其专业性的原因，较普通读者而言，需要图书馆提供更多的、专业化的延伸服务。

2. 国外高校图书馆延伸服务的内容、方式、地点等呈现多样化

大量相关实践和研究表明，国外高校图书馆开展延伸服务的内容、方式、地点等呈现出多样化的特征。与公共图书馆开展延伸服务一样，高校图书馆开展延伸服务可以不拘一格、各显神通。在内容上，图书馆可以向远程教育、信息素养延伸指导、学习指南等方面延伸；在方式上，图书馆可以采取集会、舞会、各类研讨会、馆藏书展或其他展览等方式；在地点上，图书馆可以提供"卫星式"咨询、网络咖啡馆、学生宿舍延伸服务等。

3. 国外高校图书馆开展延伸服务涉及的经费、预算等实际问题

一些国外研究提到，在高校图书馆开展延伸服务的过程中，对于争取经费、控制预算等问题应该特别注意，部分研究还提出了策略和建议，例

---

① MacKenzie E. 2014. Academic libraries and outreach to the sciences: taking a closer look at research groups. Science & Technology Libraries, 33（2）：165-175.

② Courtney N. 2009. Academic Library Outreach: Beyond the Campus Walls. Westport: Libraries Unlimited: 1.

如，通过寻求合作方、争取赞助或捐款等方式解决经费问题。另外，也有研究提出设置专项经费、尽量举办小成本的活动以控制预算等建议。这些研究立足实际问题，直面图书馆延伸服务在经费上面可能遇到，或者正在面临的问题，并尝试进行细致的、先行性的论述和分析，具有相当的现实指导意义。

4. 国外高校图书馆延伸服务的社会化发展方向

国外相关实践显示，高校图书馆延伸服务发展到一定程度，可能向社会化延伸服务发展。国外高校图书馆已经做了一些有益的实践探索，他们不仅为附近社区的用户提供延伸服务，也在尝试为更多的用户提供更广泛的延伸服务。不过，这种探索和高校图书馆的规模、地位、特色等因素相关。地处经济文化中心区域的大型高校图书馆，或者有某种特殊馆藏、专业资源的图书馆，才有能力将其服务扩展至更多的用户。而对于中小型高校图书馆而言，则以本校师生的需求为主要工作方向，其延伸服务的开展暂时还无法完全实现社会化。

综上所述，国外公共图书馆和高校图书馆开展延伸服务的对象都在逐渐多元化，相关实践工作的内容则是多样的，并且没有固定的模式、方法，图书馆延伸服务的方向存在很多可能性和不确定性。不过，有一点是确定无疑的，即图书馆开展延伸服务的终极目的是"走近读者和用户"，让更多的人享受到图书馆的资源和服务，最大化地、最有效地发挥图书馆的作用和价值。

第三节　国内图书馆延伸服务的研究现状

运用中国知网（China National Knowledge Infrastructure，CNKI）数据库检索关键词"图书馆　延伸服务"，得出"主题"中含有"图书馆　延伸服务"的文献总数为1879篇。此外，CNKI数据库收录的"篇名"中含"图书馆　延伸服务"的文献总数为526篇（检索时间为2020年1月16日）。其中，2006年以后，国内有关图书馆延伸服务的研究成果发文量每年都超过50篇，图2-1是CNKI数据库收录的"主题"中含关键词"图书馆　延伸服务"的发文量示意图，印证了图书馆延伸服务相关研究的稳定性和持续性，尤其是2008年至2016年间，相关论文成果的数量较多，年发文量保持在150篇左右，说明图书馆延伸服务相关主题已经在国内引起了较多的探讨，该研究得到了较广泛的重视。

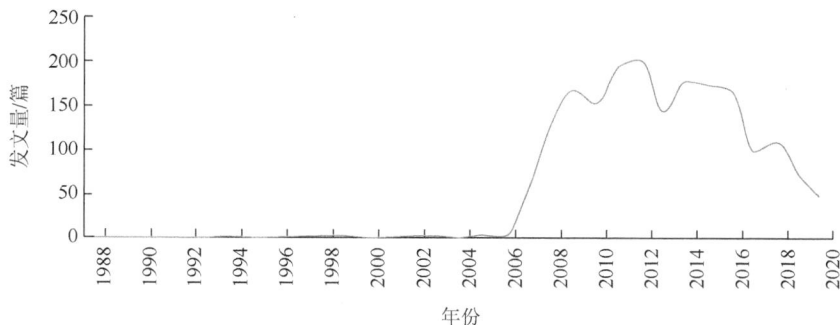

图 2-1　CNKI 文献库收录的"篇名"中含关键词"图书馆 延伸服务"的发文量

文献总数：1879 篇；检索条件：（（主题＝中英文扩展（图书馆 延伸服务，中英文对照））或者（题名＝中英文扩展（图书馆 延伸服务，中英文对照））或者（v_subject＝中英文扩展（图书馆 延伸服务，中英文对照））或者（title＝中英文扩展（图书馆 延伸服务，中英文对照）））（模糊匹配）；数据库：文献 跨库检索

图 2-1 显示，2017～2020 年，图书馆延伸服务主题论文的发文量较往年有所减少，年发文量 100 篇左右，说明相关研究的热度有所降低，文献成果数量较往年有所减少。此外，国内相关研究的讨论逐渐分散，如图 2-2 所示，图书馆延伸服务相关论文成果的关键词主要有公共图书馆、图书馆、高校图书馆、读者服务、图书馆服务、服务、少儿图书馆等，也包含阅读推广、信息服务、服务创新、创新、弱势群体、全民阅读、公共文化服务体系等关键词，说明图书馆延伸服务的研究涉及范围较广，本领域对这一问题相关研究的角度较为多样。

图书馆在保持基础服务和常规业务的同时，必须努力进取、开拓思路，为读者提供各种延伸服务，这已经成为图书馆业界和图书情报研究领域的共识。过去几十年以来，国内已经积累了大量的图书馆延伸服务的实践案例与研究成果。

本书在此基础上进行文献浏览、筛选、分类，提炼出较具参考意义的相关文献，归纳、分析、评述其中的内容和观点，分别得出国内公共图书馆延伸服务和高校图书馆延伸服务的研究概况。

一、国内公共图书馆延伸服务的部分案例研究

从 20 世纪 80 年代开始，国内就有关于公共图书馆开展延伸服务的案例报道，以流动图书馆为主，公共图书馆延伸服务的对象十分广泛，涉及社会的各种群体。进入 21 世纪以来，公共图书馆的延伸服务从工作理念、服务内容、实现方式等各个层面较之以往均有所发展。总之，公共图书馆延伸服务已经逐渐呈现出体系化、多元化、个性化持续发展的态势。

关键词（纵轴）

关键词	延伸服务	公共图书馆	图书馆	高校图书馆	读者服务	图书馆服务	服务	少儿图书馆	阅读推广	信息服务	服务创新	创新	弱势群体	全民阅读	公共文化服务体系	县级图书馆	免费开放	创新服务	基层图书馆	服务模式
延伸服务																				
公共图书馆	187																			
图书馆	121	2																		
高校图书馆	80	3	2																	
读者服务	31	41	9	13																
图书馆服务	16	22	2	3																
服务		21	22	2																
少儿图书馆	20				5		3													
阅读推广	3	19	10	5	2		2													
信息服务	5	8	10	9																
服务创新	6	8	8	5			3													
创新	13	8	12	2	2	3	9	3												
弱势群体	11	29	3				11													
全民阅读	5	14	12									6								
公共文化服务体系	8	11	8	4			2													
县级图书馆	13						4													
免费开放	4	21																		
创新服务	5	6	5	3																
基层图书馆	4						2													
服务模式	4	8	4	5	3		2													

关键词（横轴）

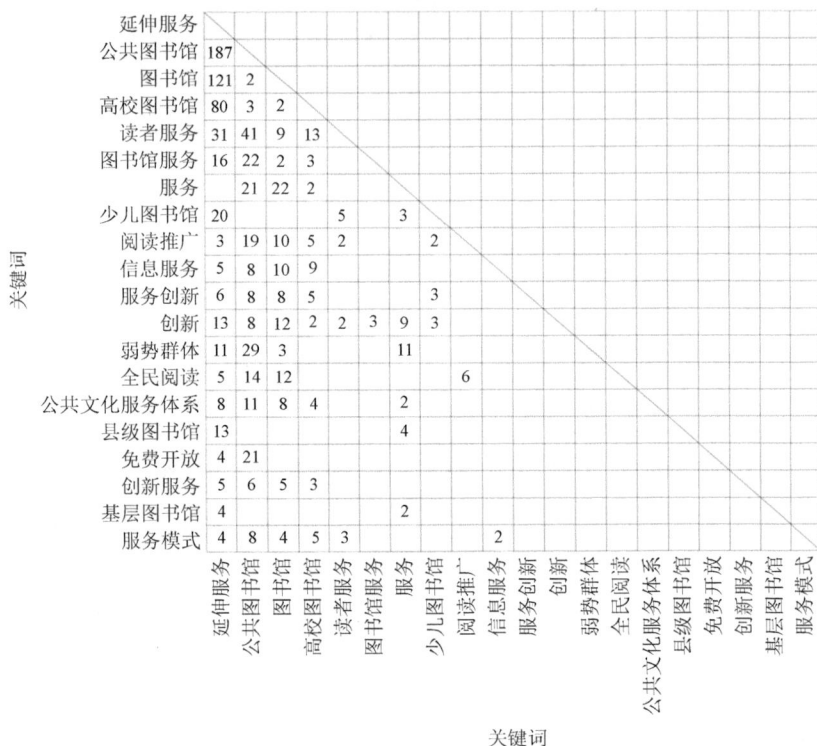

图 2-2　CNKI 文献库收录的"图书馆 延伸服务"相关文献的关键词分布及共现矩阵分析图

（一）20 世纪 80～90 年代图书馆延伸服务的案例研究

根据作者对国内文献的检索推测，现有资料表明，国内最早的图书馆延伸服务相关案例应该是武汉市图书馆的"汽车图书馆"。1987 年，徐容在《图书馆理论与实践》期刊中发表了一篇名为《"图书馆"概念在这里延伸 中外图书馆创新服务一瞥》的文章，描述了当时武汉市图书馆的"从封闭型转向开放型"的一个创新服务项目，武汉市图书馆的工作人员用汽车图书馆将图书运送到 100 公里外的县城，现场就吸引了 300 多人借阅图书①。这辆汽车图书馆装载的图书种类是"文艺与农业实用技术"，针对农村地区读者的实用性较强，在农业生产方面可以起到指导作用，为当时、当地的读者提供了将知识技术转化为生产力的可能。

20 世纪 90 年代，随着国内改革开放政策的实施和市场经济的复苏，工农业生产领域、领导决策阶层和科技工作人员等对文化、知识和信息的

---

① 徐容. 1987. "图书馆"概念在这里延伸 中外图书馆创新服务一瞥. 图书馆理论与实践，（2）：79.

需求越来越强烈，促使部分图书馆把服务与市场经济建设结合起来，开展具有创新意义的延伸服务。

辽宁省图书馆为锦州黑龙制药厂提供馆内珍藏的中国古代医学、药学及宫廷秘方等书籍，还代为聘请 15 位中医药专家、征集祖传秘方，在挖掘文献信息和专家智力的帮助下，开发出 30 多种新药品，成为当时"图企联合体"的优秀案例。"图企联合体"是图书馆与企业签订协约，馆员深入到企业的生产中，及时提供有关的文献或信息，企业则给图书馆一定的补偿或资助。这种方式不仅有利于图书馆开发馆藏文献信息，也有利于企业的新产品开发和外向型经济的发展[①]，是国内最早出现的图书馆对企业延伸服务的方式之一，20 世纪 90 年代初这样的案例屡见不鲜，相关实践促进了图书馆和企业的共赢。

云南省大理白族自治州图书馆 1993 年将图书开架率从 17%增加到41.6%，增设了电话服务、送书上门服务，还扩大了借书证种类，联合高校、工会系统办理通用借书证，还采取办讲座、作者交流会等方式吸引读者。该馆自 1992 年以来先后组建了 12 个农村流通点，利用汽车图书馆将馆藏的农业类图书全部投入 4 个民族县中流通，有的农民根据农业技术图书的指导进行农业生产，直接产生经济效益。同时，该馆还与当地毛纺厂、啤酒厂、烟厂、部队签订共建协议，建立了 11 个流通服务点，跟踪服务、上门服务。此外，该馆还专门编纂参考资料《商情咨询》下发给厂矿企业，协助乡镇企业搞市场调研，预测发展，提供决策参考等服务[②]。该馆针对市场经济发展，尝试组建跨地区、跨系统的，城乡结合、厂矿企业结合的服务流通网，是当时公共图书馆主动服务社会的思维转变和服务方式全方位延伸的优秀案例。

1996 年 12 月 28 日，佛山市图书馆与佛山邮电局数据通信分局达成合作协议，建立了全国第一家公共图书馆网络信息阅览室[③]，是国内图书馆服务向网络信息和虚拟世界延伸的开端。

江西省德兴市图书馆可能是国内最早将服务延伸到监狱的公共图书馆，从 1996 年初，该馆就主动与市局看守所联系，定期为服刑犯人送上法律、农业科技、专业技术方面、自学考试学习资料等种类的图书和期刊，用书刊帮教的方式教育、感化、挽救犯人，充分发挥了图书资料作用，取

---

① 张树华. 1995. 市场经济下图书馆读者服务工作的开拓与延伸. 图书馆学刊, (2): 30-34.

② 杨锐明. 1994. 读者服务模式、方法视野转向与延伸: 图书馆工作滑坡论与挑战机遇的思考. 四川图书馆学报, (6): 6-9.

③ 杨河源. 1998. 佛山市图书馆延伸服务及创新服务实例（摘编）. 情报资料工作, (4): 30.

得了社会效益，提高了图书馆的社会知名度和美誉度[①]。

在物资匮乏、信息闭塞的年代，"汽车图书馆""图企联合体""定点流通""商情咨询""书刊帮教"等图书馆延伸服务方式及内容给人们带去的不仅仅是图书、技术和信息，更多的是图书馆传播文化知识、开展信息服务的概念和形象。尽管已经时过境迁，但是早期的图书馆延伸服务对当时的社会经济文化的发展而言，具有非凡的意义。

（二）21 世纪以来新闻报道的图书馆延伸服务案例研究

进入 21 世纪以来，由于思想的进一步解放、科技的逐渐发展，国内图书馆对社会经济、文化、教育等各方面的延伸服务案例渐渐增多，相关的各类文献数量大幅增加。除期刊论文、学位论文、会议论文等之外，CNKI数据库还收录了大部分国内出版的新闻报纸文章，为了研究当时具有一定社会影响力的图书馆延伸服务的案例，本书重点考察这一时期出现在新闻报道中的相关案例。

有关图书馆延伸服务的新闻报道有以下几个。2004 年，《联合时报》报道了上海市中心图书馆服务体系向全市街道延伸的新闻，介绍了成立于 2001 年 6 月的上海市中心图书馆在不到三年的时间里吸引了 30 多个分馆加盟，其中包括 21 家公共图书馆、7 家大学图书馆和 2 家专业图书馆，为上海市 19 个区县的所有一卡通读者提供异地借还的服务，并且致力于向全市 215 个街镇图书馆继续延伸[②]。这是国内大型公共图书馆分级延伸服务较为典型的案例。2006 年，《中山日报》报道了中山市图书馆筹建汽车流动图书馆，将服务延伸到农村的新闻[③]。这个案例说明进入 21 世纪之后，汽车图书馆还是图书馆向农村地区延伸的主要方式，相关的案例有增无减。

互联网技术、信息技术的普及使用户获取信息资源的渠道更多，导致公共图书馆资源的利用率有所下降，图书馆延伸服务的重要性在当时尤为凸显。2007 年 5 月 15 日至 16 日，全国公共图书馆延伸服务经验交流会在天津召开，时任文化部副部长的周和平作了"大力推进图书馆延伸服务，为构建社会主义和谐社会做贡献"的讲话，他指出，面对新的形势和任务，必须改变传统的服务模式，拓展图书馆服务方式和内容，扩大服务受众，

① 叶淦林. 1998. 送书服务到监狱，协同帮教促转化：德兴市图书馆把读者服务工作延伸到监狱. 江西图书馆学刊，（3）：29.

② 顾定海. 2004-02-27. 将上海图书馆服务体系向街道延伸. 联合时报，（1）.

③ 赵伟，叶常州. 2006-08-20. 农民看书足不出村. 中山日报，（A01）.

提高资源的利用率和服务水平，将有限的资源发挥最大效益①。这为当时图书馆大力发展延伸服务提供了政策性指向，将国内图书馆延伸服务的发展推向了新的高度。

2007 年前后，有关图书馆延伸服务的新闻报道较多，相关案例较多。例如，2007 年，《人民日报》报道的"文献网上阅览、图书送到身边，天津图书馆将服务延伸到馆外"，介绍了天津图书馆提供的延伸服务有网络数据库服务、社区分馆、行业分馆、"图书大篷车"等方式②。2007 年，《天津日报》更详细地报道了天津图书馆延伸服务的具体数据和社会意义：已在全市建立社区和行业分馆 123 个，流动汽车服务点 36 个，网上阅览用户达 6324 个，数字化资源库 15 个，数据量 260 GB，每年举办公益讲座 50 多场，为丰富群众文化生活，提高市民文化素质，构建和谐社会做出了积极的贡献③，该馆成为当时公共图书馆开展延伸服务的典范。

2007 年，《湖南日报》报道了湖南图书馆举办"湘图"讲座以及开展其他的延伸服务，如带动基层图书馆发展、邮寄借书服务、汽车图书馆、"联合在线"互联网服务等，还有对特殊群体开展的延伸服务，如对儿童的"红孩子读书俱乐部"、对残障人士的送书上门服务、盲人图书馆等④。此类延伸服务表明公共图书馆一直没有忽视对残障人士的帮助。

2007 年，《中国文化报》综合报道了当时几年内涌现的全国各地图书馆延伸服务的一些优秀案例，除了上文提到的上海市中心图书馆和天津图书馆之外，还有其他的案例。例如，浙江省图书馆在农村建立分馆和流通站，贵州省图书馆对农村开展的送书下乡、科技赶场、农户培训等延伸服务，内蒙古自治区图书馆的"消夏电影晚会"，辽宁省的沈阳市少儿图书馆举办"未成年人电脑爱好者俱乐部"，鞍山市少儿馆开展的"盲人文化家园"等⑤。这说明 2007 年前后几年，全国各地公共图书馆普遍都在开展延伸服务。

此后两年，有关图书馆延伸服务的报道还有如下几个。2008 年，《辽宁日报》报道了阜新市图书馆的延伸服务情况，如为偏远地区农民设立书刊流动站和农家书屋，为城市社区和街道设立图书流动网点，为小学建立

---

① 《我国公共图书馆公共文化服务能力得到有效提升》，https://www.gslib.com.cn/gsstsgxh/ztbd/content_5486，2017 年 5 月 21 日。

② 傲腾.2007-04-09. 天津图书馆将服务延伸到馆外. 人民日报，（3）.

③ 张建新，周凡恺，李川. 2007-05-17. 延伸公共文化服务，加强图书馆服务工作. 天津日报，（1）.

④ 段涵敏，朱永华. 2007-06-01. 让更多百姓沐浴公共文化的阳光. 湖南日报，（1）.

⑤ 赵凤兰.2007-06-16. 静悄悄的图书馆"热热闹闹"地开：全国公共图书馆积极开展延伸服务. 中国文化报，（3）.

分馆和少儿读书基地、各类读书活动、科普信息发布会、书展、读书征文、电影数据库等①。2008 年，《黑龙江日报》报道了黑龙江图书馆把公共文化服务延伸形成体系，采用总分馆办馆模式，形成区域中心分馆、区馆、社区分馆三级服务体系，实行一体化管理，通借通还，资源共享，服务互动②。2009 年，《泸州日报》题为《让更多人享受读书乐趣》的新闻，报道了泸州市图书馆面对信息社会的挑战，将服务向具有知识内涵、科技内涵、多元服务拓展③。2010 年，《贵阳日报》报道了贵阳市图书馆将公益性讲座作为图书馆延伸服务的一部分，在农村、城市举办各类讲座的新闻④。总之，这一时期有关公共图书馆延伸服务的报道时常见诸报端。

综上所述，21 世纪以来，国内开展延伸服务的主体为各类公共图书馆，相关实践案例较多，媒体相关报道主要聚焦于公共图书馆，也有一些公共图书馆与高校图书馆合作开展延伸服务的实践案例。国内研究总体偏向于案例报道或实践研究，鲜有从社会道德、图书馆"平等服务"原则的矛盾、延伸服务的倾向性等角度深入探讨图书馆延伸服务相关理论问题。

二、国内高校图书馆延伸服务研究现状

从研究文献成果来看，国内有关图书馆延伸服务的研究成果较为丰富，如前文所述，截至 2020 年，CNKI 数据库收录的图书馆延伸服务主题文献总数 1800 多篇，在这些成果中，包含一部分有关高校图书馆延伸服务的文献成果。实际上，国内高校图书馆也在努力探索开展延伸服务，只是由于国内高校图书馆延伸服务的社会化程度不高，因此获得的媒体关注较少，所以相关的新闻报道不多，现有文献成果以学术性论文类为主。经过缩小检索范围，仔细浏览、筛选等步骤，获取有关高等院校、研究所、高职高专等各类高校图书馆延伸服务的文献成果 160 余篇，通过对这些文献的阅读与分析，形成国内高校图书馆延伸服务的概况，并归纳得出不同时期相关研究的主要观点。

（一）20 世纪 90 年代相关研究及主要观点

国内高校图书馆延伸服务研究比公共图书馆延伸服务研究晚 10 年左右，20 世纪 90 年代有三篇较具价值的研究：张生福和杨文诰较早地

---

① 张雁凌，杨竞.2008-07-21.图书馆如何延伸服务.辽宁日报，（5）.

② 马智博，戚泥莲.2008-06-03.哈图由"静止"到活跃.黑龙江日报，（1）.

③ 黄善容，胡晓燕.2009-04-10.让更多人享受读书乐趣.泸州日报，（2）.

④ 王蕾.2010-12-01.借力公益讲座参与城市文明建设.贵阳日报，（B01）.

意识到了图书馆与教学的脱节问题，提出图书馆服务应该延伸到课堂中去，深入到教学的每一个环节，这不仅可以使读者需求研究准确，服务有的放矢，还可以带动图书馆工作的高效、顺利开展[①]。该项研究较早地提出了图书馆服务延伸至大学教学环节的重要性，与图书馆嵌入式服务的理念趋同，这也是高校图书馆延伸服务的最重要组成部分。胡玮初次探讨了医学院校图书馆服务功能的延伸，对基层医院提供医学文献资料、医疗信息、虚拟医学图书馆等延伸服务，以及对在校医学生的文献检索教育[②]。他是国内较早提出医学图书馆延伸服务的必要性，并且阐述了医学院校图书馆可开展的延伸服务内容的学者之一。这说明国内相关领域的研究也注意到，对于专业性较强的高校图书馆而言，在开展延伸服务时可以尽量地发挥其专业资源的优势。朱翠华和程川生是最早提出"在线服务"延伸方式的学者之一，认为高校图书馆可以充分利用电话及网络资源，直接或间接地满足读者需求，指出开展在线服务的内容包括电话咨询、信息浏览、信息推送、信息公告栏等方面[③]。当时，互联网还未完全发展起来，这些研究观点可被视作图书馆延伸服务的创新思维，具有一定的前瞻性。

　　总之，这三篇 20 世纪 90 年代的研究文献分别从课堂教学、基层医院、在线服务的角度论述了高校图书馆延伸服务的方向，是国内早期相关研究中视角比较新颖的代表作。

（二）21 世纪初相关研究及主要观点

　　进入 21 世纪以后，高校图书馆延伸服务的研究开始得到国内相关领域更多的关注。邓佩珍是国内最早探讨高校图书馆服务向社区延伸这个问题的学者之一，她认为高校图书馆具有藏书量大、专业性强、文献系统完整、地理位置接近社区、设施与服务先进、人才优势明显、现代化设备日趋完善等优势，向附近的社区开展延伸服务可以扩大读者范围、提高文献信息资源的利用率、扩大图书馆的影响、促进高校图书馆事业的发展等[④]。她对延伸服务的意义有精准的把握，但是该研究提出的一些大胆的、创新的想法，即使是现在，对于国内大多数高等院校图书馆而言，也是比较难以实

①　张生福，杨文浩.1998. 高校图书馆服务应延伸到课堂中去. 青海师专学报，(1)：92-94.
②　胡玮.1999. 医学院校图书馆服务功能的延伸：浅谈医学院校图书馆为基层医院服务. 井冈山医专学报，(3)：75-76.
③　朱翠华，程川生.1999. 高校图书馆服务功能的延伸：在线服务. 图书馆建设，(5)：46-47.
④　邓佩珍.2000. 高校图书馆服务应向社区延伸. 当代图书馆，(3)：14-16.

现的。尽管如此，随着高校图书馆服务社会化的慢慢推进，图书馆从为本校教职工家属、校友用户、合作单位的读者等人群提供服务开始，将慢慢延伸至更多的社会人群。

前文述及的医学院校图书馆延伸服务相关研究，在 21 世纪也得到了更多的回应。国内相关领域对医学院校图书馆延伸服务的实践和研究较早、数量也较多。例如，李立宏等首次报道了吉林大学医学图书馆和第三临床医学院在向本单位的医学教研提供信息服务的同时，对社区全科医师提供延伸服务的案例，探讨了大学医学院图书馆对社区全科医师提供转型培训、疾病预防、妇幼保健、老年疾病防治以及处理医疗纠纷等方面的延伸服务[①]。在当时全科医学教育模式尚不完善的情况下，该研究的观点具有一定的前瞻性，为医学院校图书馆向社区延伸的方向提供了先行探索资料。此外，彭骏和惠朝阳提到了高校图书馆开展延伸服务的意义和优势，并以医科大学图书馆为例阐述了高校图书馆开展延伸服务的措施有：借助网络开展延伸服务、发挥专业优势开展深层次信息服务、依托高校延伸信息教育培训服务等[②]。该研究提出了新的建议，尤其是有关借助网络开展延伸服务，以及深层次的信息类延伸服务的建议，为专业性较强的高校图书馆延伸服务的实践工作提供了具体的思路。

葛敏首次阐述了军队院校图书馆面向部队延伸服务的时代意义和服务内容，认为军队院校图书馆面向部队延伸服务包括面向基层部队的信息传送、远程的信息咨询服务、培养官兵的信息素质、支持指挥决策的信息保障、公开军事情报服务等方面[③]。这是具有较强专业性的大学图书馆开展延伸服务的案例。图书馆要开展此类延伸服务，除了必须具备相应的馆藏资源，同时也要具备人力资源储备和培养专业人才的意识。

黄小玲是为数不多的将"阅读疗法"作为高校图书馆延伸服务进行探讨的学者之一，她认为高校图书馆需要关注大学生心理健康问题，可以从打造阅读疗法阅览室、培养合格的阅读疗法馆员、利用网络提供全天候服务等方面开展相关的服务[④]。阅读疗法类型的延伸服务多见于公共图书馆或者社区图书馆的工作中，从高校图书馆的角度，探讨其为学生读者提供阅

① 李立宏，徐桂香，鲁毅巍. 2006. 大学医学图书馆面向社区全科医师延伸服务的实践与探索. 中华医学图书情报杂志，(6)：31-32.

② 彭骏，惠朝阳. 2009. 高校图书馆开展延伸服务的几点思考. 中华医学图书情报杂志，18 (2)：45-47.

③ 葛敏. 2009. 军队院校图书馆面向部队的延伸服务. 高校图书馆工作，(1)：40-43.

④ 黄小玲. 2009. 高校图书馆服务的延伸：阅读疗法. 学理论，(15)：144-145.

读疗法相关延伸服务，具有一定的可行性和创新意义。

　　总之，21 世纪的前 10 年，高校图书馆延伸服务相关研究较以往有所增加，其中尤以专业性较强的院校图书馆为主。并且，对高校图书馆延伸服务的探讨大多聚焦于实践层面。

（三）2010 年以后的相关研究及主要观点

　　2010 年以后，由于公共图书馆延伸服务的实践、研究的带动，同时也受到时代变迁、读者需求变化、信息技术发展和互联网普及等大环境的影响，高校图书馆延伸服务的研究逐渐开始增多，国内相关研究角度更广，也出现了一些新的研究和观点。

　　高校图书馆信息服务方面的延伸吸引了部分学者的关注，他们从信息服务、嵌入式学科服务等方面对图书馆服务的延伸进行探讨，形成了一些较具代表性的研究和观点，例如，李佩等介绍了上海交通大学图书馆推出的"科研团队信息专员网络"计划，阐明了在学科服务工作中培养信息专员可以提高科研团队整体信息能力，使图书馆学科化服务得以有效地延伸和深度地嵌入[①]。该研究首次将高校图书馆嵌入式学科服务的理论和延伸服务的观点做了有机的融合，既推进了嵌入式学科服务的研究，也为延伸服务的实践和研究提供了新方向。

　　强化图书馆工作向舆情、情报工作的延伸，是提升图书馆信息服务的重要途径，值得重视。李灿元认为图书馆开展校园舆情信息服务工作是延伸服务的新亮点，包括做好校园舆情的收集、分析、传输、引导以及加强信息道德教育方面的工作[②]。陈茁新认为高校图书馆的信息服务可以向外延伸——开展社会化服务，也可以在内拓展——开展深层次服务，并从制定法规保障服务、加强图书馆联盟、建设高素质信息服务队伍、宣传和推广信息服务、强化情报服务意识等方面探讨了信息服务的拓展延伸[③]。此外，他还探讨了延伸服务在舆情、情报方面发展的可能性，具有一定的新意。陈茁新提出的信息类延伸服务可以向外延伸，也可以在内拓展，作为国内率先提出这一理念的学者，其研究显著提升了高校图书馆延伸服务的广度和向度。此外，"在内拓展"还可以包括图书馆服务专业队伍的扩大，即图

　　① 李佩，范秀凤，王琏嘉. 2011. 图书馆学科化服务的有效延伸和嵌入：记"科研团队信息专员网络"建设. 图书馆杂志，30（6）：65-67.
　　② 李灿元. 2012. 开展校园舆情信息服务：高校图书馆延伸服务的新亮点. 图书馆工作与研究，（1）：93-95.
　　③ 陈茁新. 2012. 高校图书馆信息服务的拓展延伸研究. 图书情报工作，（S2）：167-169，163.

书馆可以吸纳一些其他专业领域的个人或者团队，以合作的方式共同开展延伸服务。

对于高校图书馆数字化服务的延伸，国内相关领域的研究也早有关注。宋琳指出读者阅读习惯逐渐由数字化阅读转变为手机阅读，这种变化带来的高校图书馆服务延伸方向之一就是数字化建设拓展移动信息服务[①]。她指出数字化延伸的重要方向之一，是向移动终端发展。实际上，目前高校图书馆的服务已经越来越多地向手机、平板等移动终端延伸，这个明显的发展趋势，已经印证了该研究的观点。随着智能手机功能的持续进化，以及相关软件的不断优化，人们将越来越乐于用手机实现更多的信息获取与交流分享，高校图书馆开展依托于移动终端的延伸服务将越来越重要。

刘楠认为高校图书馆可以为学校开展创业教育提供全方位服务，包括创业资讯搜集与分析、开展创业信息专题教育、建立与其他创业指导网站的链接、开展创业信息咨询、建立就业创业信息数据库五个方面[②]。大部分高校设有"学术创业指导中心"类型的机构，图书馆与此类机构开展合作，为学生读者提供相关延伸服务，不但有助于提升大学的创业指导职能的作用，还可以有效扩大图书馆的影响力。

高校图书馆开展延伸服务面临着不少的问题和难处，肖红经过实证分析，认为高校图书馆延伸服务面临的主要问题是激励机制的缺失，包括治理结构不完善、所有者缺位、组织目标不清晰、委托代理结构复杂、工资制度僵化等方面，并提出激励机制构建的一般原则，包括以人为本与以效益为中心相结合、公平性与差异性相结合、选择较灵活的激励方式、建立完善的监督评价体系[③]。该研究正视图书馆延伸服务所面临的问题，指出其中的一些缺失，并从激励机制的角度，为相关的实践工作提供了有益的、建设性的意见。

包祖军等探讨了高职院校图书馆构建学科服务平台和班级服务平台、开展多元化延伸信息服务的实践经验和建议[④]。该研究以高职院校图书馆延伸服务作为研究对象，提出以构建多种类平台实现图书馆信息服务的延伸，较早地提出了平台类型延伸服务这一方向，在当时具有一定的创新意义和较高的参考价值。

① 宋琳. 2013. 阅读习惯变迁催化高校图书馆服务延伸. 图书馆工作与研究, (5)：123-125.

② 刘楠. 2013. 大学生创业教育：图书馆服务功能的新延伸. 辽宁行政学院学报, 15 (4)：157-158.

③ 肖红. 2013. 试论高校图书馆延伸服务的激励机制. 新世纪图书馆, (4)：37-40.

④ 包祖军, 蔡小红, 崔倩, 等. 2014. 高职院校图书馆多元化延伸服务探索与实践：以苏州卫生职业技术学院为例. 大学图书馆学报, (1)：119-122.

　　国内专门研究高校图书馆延伸服务的学位论文不多，研究的角度集中在重点大学图书馆开展的部分延伸服务。段欣然对"985 工程"[①]高校图书馆进行了科研服务、信息共享空间服务、信息素养教育服务三个部分的延伸服务现状的调查分析，并对存在的问题分别从服务理念、服务内容以及服务方式三个方面进行阐述，最后提出高校图书馆延伸服务的优化路径[②]。该研究具有一定的系统意义。此外，该研究还较早地探讨了"共享空间"这一理念以及相关延伸服务。

　　相关的研究成果中包括一些综述类研究。张伟庆梳理了国内外高校图书馆延伸服务的形成和发展历程，认为国内高校图书馆的延伸服务在理论深度上研究不足，实践中对基于学科的延伸服务、基于个体的延伸服务均有待提高和突破。他建议高校图书馆结合服务的主体、对象、方式、手段、时间及空间等方面，在延伸服务内容上进行细化和深入挖掘[③]。该研究有助于相关领域对于国内外高校图书馆延伸服务的整体性把握，提出的建议也较为全面，对于高校图书馆开展延伸服务具有较高的指导意义。

　　在对国外高校图书馆延伸服务进行的案例研究中，具有代表性的是：肖永英和孙晓凤以案例分析的方式介绍美国高校图书馆面向不同用户群，如大学新生、少数民族生、住校生和专门院系的师生开展的延伸服务。该研究认为美国高校图书馆延伸服务的借鉴意义体现在四个方面：拓展高校图书馆延伸服务的内容、合理安排高校图书馆延伸服务的空间和时间、采用灵活多样的宣传方式、加强同高校其他部门的合作[④]。高校图书馆面向不同读者群体开展延伸服务是十分必要的，这也是本书进行相关研究的基本观点之一。

　　从不同用户群的角度展开高校图书馆延伸服务相关研究的还有：刘慧敏认为面向校友服务是高校图书馆社会化服务的延伸点，为校友提供延伸服务的内容有提供纸质资源、数字资源、信息咨询及个性化服务[⑤]。这是国内最早关注校友延伸服务和高校图书馆社会化服务相关问题的研究之一，在校友服务方面进行延伸，以此作为高校图书馆社会化服务的延伸点，具有一定的开拓性。在普遍服务的基础上，针对不同的用户个人或者群体

①　2019 年 11 月 28 日，教育部官网发布声明：已将"211 工程"和"985 工程"等重点建设项目统筹为"双一流"建设。

②　段欣然. 2016. 高校图书馆延伸服务调查研究. 哈尔滨：黑龙江大学：3.

③　张伟庆. 2016 国内外高校图书馆延伸服务研究现状及展望. 大学图书馆学报，34（5）：78-83.

④　肖永英，孙晓凤. 2013. 美国高校图书馆延伸服务及其对我国的借鉴意义. 大学图书馆学报，31（1）：15-20.

⑤　刘慧敏. 2013. 面向校友服务：高校图书馆社会化服务的延伸点. 科技信息，（11）：60.

开展多种多样的延伸服务，体现了高校图书馆服务的精细化、个性化、多元化和以人为本的精神。

（四）国内高校图书馆延伸服务相关研究的不足之处

通过对国内已有相关研究成果的考察，发现有关领域对高校图书馆延伸服务展开了一定程度的讨论，其中不乏观点鲜明、论述合理的研究成果，为后续的实践和研究奠定了基础。然而，相关研究成果的数量不多、较为零散，欠缺体系化的研究。并且，本领域对相关问题讨论的延续性不强，存在研究视角不广、缺乏多样性、理论深度不够等不足之处。

1. 国内有关高校图书馆延伸服务的研究成果数量不多

相较于公共图书馆相关研究成果，国内高校图书馆延伸服务相关研究成果数量不多。这一方面是高校图书馆开展延伸服务的时间滞后于公共图书馆，相关的实践案例在数量、类型、方式等方面也不及公共图书馆延伸服务，导致相应的案例、理论研究成果不多；另一方面，高校图书馆的服务更强调对大学教学研究的作用，在资源、技术与服务等方面具备较强的学科倾向，而延伸服务的核心观念是针对弱势群体，或有特殊需求的用户，这种理念和高校图书馆工作重心不相符，为有特殊需求的用户提供延伸服务尚未得到高校图书馆的充分重视。因此，有必要对高校图书馆的用户进行再思考，对用户的特殊需求进行更多分析。

2. 现有的相关研究比较零散，体系化的研究尚为欠缺

随着大学用户需求的多样化，高校图书馆延伸服务的必要性日益明显，大多数高校图书馆都在尝试开展各类延伸服务，进行相关研究。但由于多数相关的实践工作还未形成常态，也尚未规模化，导致高校图书馆延伸服务的案例研究比较零散，未形成全面的、体系化的研究。此外，图书馆延伸服务的概念逐渐泛化，任何突破基础服务、常规业务的，具有创新意义的工作尝试，都可被纳入延伸服务的研究范畴，这将导致相关主题研究逐渐分散，因此，更需要体系化研究的尝试。

3. 国内的相关研究视角不广，缺乏多样性

高校图书馆用户的构成相对简单，读者需求也相对具备更高的趋同性，大学图书馆的常规用户可以分为教师、学生两大类，如果对这两大类读者提供无差别服务（借阅权限除外），那么高校图书馆延伸服务的角度将十分狭窄。因此，有必要将高校图书馆用户进行更细的划分，为用户群进行细

致的画像，挖掘不同用户的不同需求，并提供相应的延伸服务，这样能够促进高校图书馆延伸服务的多样性，相关的理论研究也将更具多样性。

4. 高校图书馆延伸服务研究的理论支撑不强

多数高校图书馆正在尝试开展不同类型的延伸服务，因此出现了一些相关研究成果。然而，这些成果较为零散、研究视角有限，理论性较强、体系化的研究比较欠缺。现有的高校图书馆延伸服务研究的理论深度不够，不足以诠释、支撑相关实践工作的开展。因此，有必要从图书馆延伸服务的起源、概念、对象、内容、方向等各个方面进行深入探讨，并基于具体情况进行具体分析，结合有关的理论观点，构建高校图书馆延伸服务的理论体系。

综上所述，通过对实践案例和理论研究等相关成果的考察，可得出国内相关研究的不足之处。本书旨在综合以上国外、国内不同时期相关理论研究的观点，并且在结合大量实践案例的同时，采取更广的研究视角，应用图书情报、信息科学、社会学等领域的相关理论观点，对高校图书馆延伸服务的理论与实践进行细致、深入、多维度、体系化的探讨。

第三章　高校图书馆延伸服务的理论研究

图书馆延伸服务起源于为偏远地区居民、弱势群体和特殊群体提供的递送式服务，其最初的形式是各类流动图书馆，公共图书馆是开展延伸服务的重要主体。随着时代的变迁，图书馆延伸服务的概念、性质、范围、形式、主体和客体都在慢慢改变。第一，延伸服务的概念逐渐泛化，不再局限于突破图书馆物理围墙的递送式服务，而需要从时间、空间、内容三个层面的维度进行立体交叉的考量；第二，延伸服务的性质发生变化，不仅强调基于道德、责任与义务的外延性服务，还强调图书馆为用户提供的突破性的、创新性的服务；第三，图书馆延伸服务的范围不断扩大，从文献递送发展到各类资源与服务的延伸；第四，延伸服务的形式从最早的流动图书馆扩展到各种形式的服务，其中网络化、信息化的形式日益重要；第五，延伸服务的主体不再只是公共图书馆，各类图书馆、相关组织和个人，都可开展图书馆延伸服务工作；第六，延伸服务的客体不再只是偏远地区居民、弱势群体和特殊群体，而是扩大到各类群体。总之，图书馆延伸服务的实践和研究是一个内涵丰富、与时俱进的课题。

作为分议题之一，高校图书馆延伸服务在实践上略滞后于公共图书馆，有关理论研究相对较为薄弱。不过，随着越来越多高校图书馆对延伸服务实践工作的探索，对该问题的理论研究也十分必要。基于对相关实践工作的观察与思考，本章从概念、对象、手段、方向等方面对高校图书馆延伸服务进行探讨，尝试建构高校图书馆延伸服务的理论分析框架。并且，从嵌入式视角、虚拟现实（virtual reality，VR）和增强现实（augmented reality，AR）技术的视角以及空间视角对相关问题进行研究，充实高校图书馆延伸服务的理论体系。

第一节　高校图书馆延伸服务的概念与内涵

国内外研究对图书馆延伸服务的概念做了大量的探讨，虽然不同的研究人员对图书馆延伸服务的理解和阐释有所差异，然而，回顾不同历史时期、不同学者的主要观点，可以归纳得出对图书馆延伸服务概念的三个要素。①图书馆延伸服务是向偏远地区居民、弱势群体、特殊群体的延伸服务。②延伸服务是主动的、递送式的图书馆服务。③图书馆延伸服务是对基础的、常规的服务进行的全方位拓展和深化。从以上三个要素来看，高校图书馆延伸服务的概念与公共图书馆延伸服务的概念本质上是一致的。但是，由于服务对象的差异、工作重心的不同，高校图书馆延伸服务与公共图书馆延伸服务存在差异，需要对其概念与内涵进行深入分析，这是构建高校图书馆延伸服务理论体系过程的重要起点。

一、高校图书馆延伸服务的概念

对高校图书馆延伸服务的概念进行考察，可以部分参考公共图书馆延伸服务的概念，但是两者之间也有明显的区别，这种区别应在高校图书馆的概念中得到体现。此外，对高校图书馆延伸服务的概念进行分析，可以从狭义的角度和广义的角度进行，因此，高校图书馆延伸服务的概念分为狭义的延伸服务和广义的延伸服务。鉴于图书馆延伸服务具有的外延性、流动性、创新性等特点，本书倾向于从广义的角度考察高校图书馆延伸服务，并对高校图书馆延伸服务的概念做出简明扼要、综合性的诠释。

（一）高校图书馆延伸服务和公共图书馆延伸服务的区别

高校图书馆是图书馆中的重要类型之一，从实践发展过程中可以看出，高校图书馆延伸服务和公共图书馆延伸服务存在共同点，即两者都是在基础服务和常规业务之上，根据不同用户的特殊需求开展外延性、创新性的服务。但是，高校图书馆延伸服务和公共图书馆延伸服务也存在区别，这种区别最主要体现在以下三个方面。

1. 对象不同

公共图书馆延伸服务的对象范围较广，其用户从最早的居住在偏远地区、不能到访图书馆的人，发展到现在各阶层弱势群体、特殊群体：独居者、残障人士、医院病人、拘留犯、儿童、受教育水平低的人，甚至文盲、有色人种、移民、少数族裔、流浪者、难民等。高校图书馆延伸服务的对象主要是其相对稳定的读者，目前，大多数高校图书馆社会化程度并不高，其延伸服务的用户主要是大学的学生、教师、研究人员，以及与大学有关的人或者群体，如即将入学的新生、已毕业的校友、附近社区用户等。

2. 宗旨不同

公共图书馆延伸服务大多致力于为弱势群体、特殊群体提供一种人文关怀和人道主义救援，其宗旨是鼓励阅读、消除文盲、传播知识、精神慰藉、医疗保健、鼓励社会参与等，体现公共图书馆服务的公益性、多元化。由于高校图书馆的重要职责是服务大学的教学、科研，因此，高校图书馆延伸服务的宗旨主要是丰富校园文化氛围、促进大学不同群体之间的交流、助力教学与科研等，体现高校图书馆服务的专业性、个性化。

3. 内容不同

公共图书馆延伸服务内容以通识阅读、亲子阅读、文化讲坛类为主，倾向大众文化普及、市民素质提高以及其他文化娱乐的服务和活动，延伸服务的内容相对更加多元化、不拘一格。高校图书馆延伸服务内容则围绕大学教学、科研、学习等，倾向更加专业化的知识传播、信息素养提升以及其他师生感兴趣的服务和活动，延伸服务的内容相对而言不太多元，不过，现在高校图书馆也开展较多阅读推广、交流平台等类型的活动，高校图书馆延伸服务在逐渐变得更加丰富多彩。

（二）狭义的高校图书馆延伸服务和广义的高校图书馆延伸服务

有研究认为,狭义的高校图书馆延伸服务是指高校图书馆在原有服务的基础上，冲破图书馆物理围墙的束缚，主动为本校师生提供的拓展式服务；广义的高校图书馆延伸服务是高校图书馆在原有服务的基础上开展的所有新型服务的总称[①]。这个定义具有一定的合理性，但是，值得深入推敲。

狭义的高校图书馆延伸服务是从"突破物理围墙"的角度理解高校图书馆延伸服务的，受到早期图书馆延伸服务研究总体倾向的影响，只突出了延伸服务的主动、递送的性质。随着目前图书馆在服务内容、工作方式上的与时俱进，这种狭义角度的理解，已经有所不适应，高校图书馆的情况亦然如此。高校图书馆延伸服务早已突破图书馆的围墙，甚至已突破大学校园的围墙。

广义的高校图书馆延伸服务是所有新型服务的总称，这个定义突出的是延伸服务具有的创新性。实际上，图书馆的创新服务和图书馆延伸服务

---

① 肖永英，孙晓凤. 2013. 美国高校图书馆延伸服务及其对我国的借鉴意义. 大学图书馆学报，31（1）：15-20.

是两个不同的，但有所交叉的概念。首先，两者是不同的概念，创新服务的重点在于其创新性，而延伸服务的初衷则是向弱势群体的倾斜，强调其外延性，因此，两者概念的起源和倾向有所不同；其次，两者有所交叉，创新服务和延伸服务都需要创新的思维和不拘一格的方式，因此，这是两个部分交织、有所交叉的概念；最后，延伸服务是创新服务的过程之一，延伸服务强调在原有服务的基础上的延伸，随着实践工作的持续延伸，最终将促成服务的创新。因此，从某种意义上而言，延伸服务与创新服务是过程与结果的关系。

（三）高校图书馆延伸服务的概念及意义

图书馆延伸服务的重要特质之一是其具备的外延性，这种外延性不仅指突破图书馆的物理围墙，还指延伸服务有特别的用户指向。综合国内外现有的相关概念性研究观点，本书认为高校图书馆延伸服务是面向"特定用户"的具有外延性质的服务，是对基础服务和常规业务的延伸、突破与创新。

其中，"特定用户"主要是相对应于公共图书馆延伸服务用户中的弱势群体和特殊群体而提出的用户群体分类。高校图书馆用户群体大致分为教师科研人员、各类学生读者两大类，如果对这两大类用户提供无差别、平等的服务，体现不出高校图书馆服务的多样性和多元化，因此，在这两大类用户中，可以进行更细致的用户画像和分类，也可从中归纳出具体的、抽象的用户个人或群体。并且，高校图书馆延伸服务是由图书馆员提供的超越了教学、研究和本职工作任务范围之外的服务，包括远程教学的延伸服务，也包括资源、技术、馆藏方面的相关服务，因此，高校图书馆延伸服务的发展方向之一是充分发挥各种资源优势，为大学以外的社区，甚至全球用户提供延伸服务。总之，高校图书馆延伸服务的外延性不仅仅体现在对图书馆物理围墙，甚至是校园围墙的突破，更体现在对基础用户中不同类型的读者或用户群，以及部分校外非常规用户进行专门的需求分析和特殊安排。

同时，延伸、突破、创新是一个递进式的过程，意味着高校图书馆延伸服务可能会突破以往的工作，其最终结果和目标是服务创新。并且，延伸服务是一个相对的概念，一项图书馆服务经过尝试得到一定的延伸，在当时具有一定的新意，但是，经过一段时间的运行，它可能被模仿、被超越，或者成为业界的普遍做法，也就是成为基础服务、常规业务。此时，则需要对现有服务尝试新的工作内容和工作方法，即继续延伸、突破、创新，这正是图书馆延伸服务的意义所在。

二、高校图书馆延伸服务的内涵

高校图书馆延伸服务的概念有狭义、广义的不同理解，本书认为高校图书馆延伸服务是面向"特定用户"的具有外延性质的服务，是对基础服务和常规业务的延伸、突破与创新。基于这个概念，高校图书馆延伸服务的内涵应该从图书馆服务的对象开始进行分析，因为延伸服务的对象既是一般读者，又具有一定的特殊性，有必要对其进行专门的定义与分类。此外，高校图书馆延伸服务的内涵还可以从内容、特点、方向等方面进行理解。总之，高校图书馆延伸服务具有丰富的、多维的内涵。

（一）高校图书馆特定用户的定义及分类

图书馆延伸服务起源于对弱势群体和特殊群体的递送式服务，在高校图书馆的服务对象中，弱势群体读者数量相对较少，所以需要对延伸服务的对象做出引申含义的理解。因此，高校图书馆延伸服务的对象更多地倾向"有特殊需求的群体"。为此，本书提出高校图书馆延伸服务必须以"特定用户"作为主要对象，为不同的用户提供有针对性的、个性化的、具有创新意义的延伸服务。

高校图书馆特定用户虽然是所有普通读者中的一员或一群，但是因为具有某种特质，高校图书馆特定用户又有别于其他普通读者。本书将高校图书馆面临的所有特定用户分为两大类，在此分类基础上，分别指出图书馆延伸服务面临的不同特定用户个人或群体。

图 3-1 是高校图书馆特定用户分类的简明示意图，高校图书馆特定用户可大致划分为具体的特定用户和抽象的特定用户两大类。

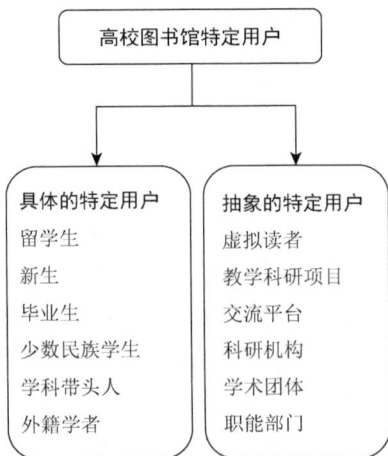

图 3-1　高校图书馆特定用户分类的简明示意图

1. 具体的特定用户

在高校图书馆延伸服务特定用户中，具体的特定用户是指有具体概念、实际存在的、身份特殊的个人或群体，一般是以身份、层次、年级、国籍、族裔等作为考虑因素进行分类，包括留学生、新生、毕业生、少数民族学生、学科带头人、外籍学者等用户类别，这一类特定用户是具有生物特征的个人或群体，并且具有较高的显像性和辨识度，他们的图书馆需求特征比较容易归纳和分析。

（1）留学生。作为延伸服务的特定用户，其特殊性在于语言障碍、文化适应、图书馆知识和经验，甚至宗教信仰、生活习惯的区别，图书馆对留学生开展延伸服务可以从这些角度来考虑。对留学生的延伸服务重点在于帮助这类学生融入当地文化、适应大学氛围、顺利完成学业、提高学术水平等方面。

（2）新生。大学一年级新生的特殊性比较明显，从中等教育过渡到高等教育会遇到各种新鲜和困惑的事物，大学图书馆可能成为新生面临的新事物，也可能为新生带来一些困惑。因此，图书馆对新生的服务一直比较重视，不过在现有的新生服务工作内容和方式上继续延伸、突破，非常有必要，新生入馆教育和专项服务需要更多地尝试和实践，因为这关乎大学生在整个大学阶段对图书馆资源和服务的利用情况。

（3）毕业生。大学四年级学生的特殊性就在于该类读者即将离校，除了常规化的办理离校手续的工作，高校图书馆可能更加需要重视毕业生离校前的情感表达，并以此为图书馆延伸服务的着重点，拉近毕业生与母校的感情。并且，尝试为毕业生提供部分资源的远程使用权限，以促进其终身学习的行为习惯。另外，毕业生即将成为校友，对其开展服务有助于促进高校图书馆服务社会化延伸的发展。

（4）少数民族学生。这类用户的特殊性有时候容易被忽视，因为大部分少数民族学生都接受了普通中等学校教育，他们也是普通大学生读者群体，基本没有特殊性。但是，有些来自偏远地区、民族特色鲜明的少数民族学生，如新疆、西藏、内蒙古等地区的学生，他们在语言文化、行为方式、阅读习惯上，以及受教育的模式和水平等方面具有一定的特殊性，需要图书馆多一些关注和帮助。此外，图书馆对少数民族学生读者开展延伸服务也可以上升到促进各民族之间相互理解和相互融合的高度，从而助力高校多元文化的构建。

（5）学科带头人。这是高校图书馆延伸服务的特定用户之一，其特殊性在于该类用户在大学的学科建设和科学研究中占据举足轻重的地位，图书馆对学科带头人需要格外重视，从单纯的学科资源建设上的倾斜，到较深层次的嵌入式学科服务，各高校图书馆应该意识到对学科带头人提供延伸服务的重要性和必要性，尽可能地为这类用户提供各类延伸服务。

（6）外籍学者。这类用户的特殊性与留学生比较相近，但是因为外籍学者大多属于研究人员，可能对高层次信息服务的需求更大，图书馆的延伸服务可以从帮助外籍学者克服语言和文化的障碍、提供更多外文信息参考、帮助外籍学者融入本国的科研体系、项目申报信息、课题合作、学术成果的发表与出版等方面开展。

对待以上具体的特定用户，高校图书馆开展延伸服务的方向相对比较明确，在持续的实践工作当中可形成较为规范的，并具备专业化、个性化的延伸服务实施策略。

2. 抽象的特定用户

在高校图书馆延伸服务特定用户中，抽象的特定用户是指概念抽象、表征笼统的、虚拟存在的个体、组织或机构，抽象的特定用户是不具有生物特征的个体、组织或者机构，包括虚拟读者、教学科研项目、交流平台、科研机构、学术团体、职能部门等用户类别。但是，抽象的特定用户是由现实世界的个人或群体构成的，这些个人或群体是图书馆延伸服务的实施对象。

（1）虚拟读者。本书认为虚拟读者泛指利用各种终端设备，通过互联网与图书馆产生联系，在线检索图书馆文献、获取数字资源和使用读者服务等，以及在图书馆各种网络平台与馆员或其他读者进行交流的人。图书馆在虚拟世界的用户，既包括其常规注册用户，也包括网络"游客"，对虚拟读者提供延伸服务，图书馆不仅要考虑官方网站、手机图书馆等现有平台的维护和升级，更要考虑各种新兴的网络媒体、社交媒体、智能终端及信息技术的充分利用。此外，数字图书馆的构建、提升和拓展，也是虚拟延伸服务的重要发展方向之一。

（2）教学科研项目。对教学科研项目的延伸服务实际上是指图书馆围绕教学、研究的项目为教师、研究人员提供的嵌入式学科服务，这种服务可以是系列追踪式服务，也可以是单项的某个环节、某个阶段的服务。例如，教学的准备阶段、进行之中、考核阶段、课后反馈等各个环节，以及研究的选题、申报、研究、结题、成果评价和成果转化等各阶段。从具体的工作实践来看，目前高校图书馆对教学、研究的某个环节实施嵌入式服务，比较容易实现。以此为基础，图书馆还可以尝试嵌入教学与研究的全过程，进行各种延伸、突破和创新。

（3）交流平台。交流平台类延伸服务是指图书馆为具有相同兴趣、相同需求的读者搭建交流与分享的平台，并以交流平台为基础提供各类延伸服务，这类延伸服务主题多元、形式灵活，而且不拘泥于某类型的读者。搭建各类交流平台的目的在于丰富校园文化，将读者吸引到图书馆来，充分发挥图书馆"第三空间"的作用，让用户体验非常规的图书馆功能，从而构建图书馆多元化空间的形象。

（4）科研机构。对科研机构的延伸服务，类似于对科研项目的延伸服务，图书馆工作的着力点也应该在学科化服务上。但是，与围绕科研项目开展延伸服务的不同之处在于，图书馆延伸服务针对的对象是某科研机构，可以采取"组织嵌入"（organizational embedding）的方式进行，即学科馆员运用"驻点服务"的工作办法，定期到科研机构进行现场办公，深入了解读者需求和问题，并提供帮助和解决方案。

（5）学术团体。对学术团体开展延伸服务指的是高校图书馆为以高年级学生或研究生为主的学术性社团开展个性化延伸服务，这种延伸服务形式灵活、内容多样，既可突出学术性，又可兼顾兴趣培养，目的在于帮助学术团体的创办、发展、成熟、延续等。同时，也可以挖掘图书馆的丰富资源，提高用户对图书馆资源和服务的关注度和更深层次的利用。

（6）职能部门。本书将一些职能部门作为高校图书馆延伸服务的特定用户，主要是指高校的科研处、教务处、人事处、教师发展规划部门、研究生管理部门等，图书馆为职能部门提供延伸服务，关键在于主动性和持续性，可以从科研成果认定与评估、信息素养教育、咨询参考等方面考虑。当然，对职能部门提供延伸服务的前提是双方的相互认可和充分沟通。

图书馆对抽象的特定用户提供延伸服务的方向和内容具有不确定性和零散性，相关实践要求较高的主观能动性，是高校图书馆服务专业化、个性化和多元化的表现。

（二）高校图书馆延伸服务的内涵及考量

图书馆延伸服务的基本特质之一是其具备的外延性，有一项研究将这种外延性诠释为时间延伸、空间延伸和内容延伸三个维度的外延[①]，这一诠

---

① 吴汉华. 2010. 图书馆延伸服务的含义与边界. 大学图书馆学报，28（6）：21-26.

释可应用于高校图书馆延伸服务的概念研究当中。基于此，本书绘制了延伸服务的三维模型（图 3-2），立体展现延伸服务的几大构成，高度概括图书馆延伸服务的方向、性质和范畴。本书认为高校图书馆延伸服务的具体内涵，可以从三个方面作跨维度的、综合的考量。

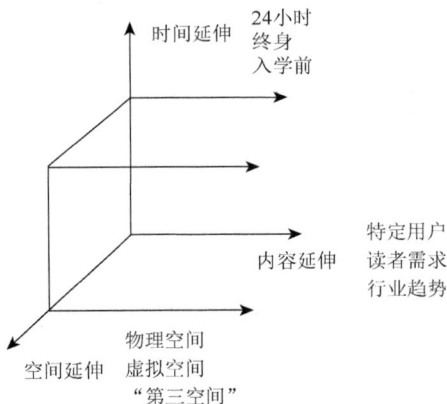

图 3-2　高校图书馆延伸服务的三维模型

1. 时间延伸

24 小时、终身无疑是最大化的时间延伸，还有入学前服务也延长了高校图书馆服务的时间维度。目前部分高校图书馆已经采取 7×24 小时不间断开放、假期照常开放等形式。同时，大部分高校图书馆倡导校友终身学习，并为校友提供各种类型的延伸服务，其享受图书馆服务的时间得到无限延长。此外，有的高校图书馆正在尝试为高中毕业生开展入读大学之前的延伸服务，使大学生享受图书馆服务的时间有所提前。这些高校图书馆相关实践尝试都是其延伸服务在时间维度上的最大化体现。

2. 空间延伸

空间的概念是延伸服务最初的重要参考度量，突破图书馆物理空间的服务是图书馆延伸服务的重要起源。随着时代的变迁，图书馆空间及相关服务的延伸包括更多层面的意义：一是图书馆物理空间的扩容，通过扩建原有馆舍，或者另建新馆等方式增加图书馆的物理空间，还包含对图书馆空间的创新利用或者部分空间的功能转向，实现对用户服务的延伸和多元化；二是图书馆虚拟空间的扩展，通过对服务器、存储、网络覆盖等硬件的升级扩展虚拟空间，以及利用最新的技术和服务理念在网络虚拟空间为更多读者提供更多的新服务；三是从"第三空间"的角度思考高校图书馆空间的作用与价值，以及基于这一观点的图书馆服务的持续延伸、演化。

3. 内容延伸

内容延伸指的是具体的延伸服务的工作内容，各高校图书馆可根据自身情况制定其延伸服务项目，可以从特定用户、读者需求、行业趋势等方面发展。特定用户包括具有生物特征的个人或群体，以及不具有生物特征的个体、组织或机构，这些是高校图书馆延伸服务指向的对象；读者需求意味着图书馆需要经常分析、挖掘高校读者的需求，设置、发展相应的延伸服务；行业趋势意即从图书情报、信息技术等领域的发展中获得启示和支持，将其应用于图书馆工作中，为用户提供与时俱进的服务。总之，图书馆延伸服务的内容是丰富多彩、不拘一格的，并随着技术进步、环境变迁等不断改进和调整。

时间、空间和内容三个维度的延伸服务不是相互割裂的，而需要做相互交叉、立体的考量，其中，以内容延伸这个维度为主要的考察对象，因为图书馆服务的时间延伸和空间延伸这两个方面，最终将在延伸服务的内容上得到具体的体现。同时，由于图书馆空间越来越具备的多样化和创新性，从空间的角度对图书馆延伸服务进行尝试和探讨，将不再局限于馆舍物理空间、网络虚拟空间上的延伸，而增加了"既是真实的，又是想象的第三空间"的延伸方向，因此，有关高校图书馆空间的延伸服务的实践尝试和理论探索将持续深化。

第二节　基于嵌入式视角的高校图书馆延伸服务

图书馆嵌入式服务是指图书馆为专业用户群提供的专业服务，即嵌入式学科服务，是学科化的、专业性较强的图书馆服务；而图书馆延伸服务泛指对图书馆基础服务和常规业务的延伸、突破与创新。因此，延伸服务的概念包含且超越了嵌入式服务的概念。

本书运用图书馆嵌入式服务的理论视角，探讨高校图书馆在教学、科研两个方面提供专业化、学科化嵌入式延伸服务的相关问题，并对嵌入式延伸服务理论、虚拟读者概念的延伸与虚拟延伸的概念、数字图书馆虚拟延伸等方面进行理论探索。

一、嵌入式延伸服务理论初探

"嵌入性"（embeddedness）概念可运用于图书馆服务相关理论的研究，

该理论主要应用于对高校图书馆面向教学、科研提供的学科服务相关的实践与研究中。将嵌入式服务的观点应用于高校图书馆延伸服务的理论研究，有助于理解高校图书馆对大学教学与科研提供的延伸服务。

（一）从"嵌入性"概念到图书馆嵌入式服务

"嵌入性"概念最早由经济史学家卡尔·波兰尼（Karl Polanyi）于1944年提出，如今，该概念被广泛运用于传播学、管理学、信息科学、经济学、社会学等各学科领域的研究。1993年，托马斯·达文波特（Thomas Davenport）和劳伦斯·普鲁萨克（Lawrence Prusak）在《图书馆联合体大爆发》（Blow up the corporate library）一文中，提出图书馆员应该走出图书馆，积极融入用户环境，评价用户需求，为用户提供信息服务，该研究首次将"嵌入式"（embedded）概念引入图书情报学领域的研究。此后，图书馆学界向这个方向不断发展，逐渐探索得出图书馆嵌入式服务的理论观点。

芭芭拉·杜威（Barbara I. Dewey）于2004年首次在图书情报领域提出嵌入式服务，成为最早研究图书馆嵌入式服务的学者之一，她认为嵌入式服务是与用户的全面协作，嵌入式馆员（embedded librarian）应融入、体验和观察主要用户群体的日常活动[1]。2009年，美国专业图书馆协会（Special Libraries Association，SLA）发布研究报告，将嵌入式图书馆服务（embedded librarianship）定义为"为专业用户群提供专业服务"[2]。同时，有学者认为，通过实地探访的方式或者先进的电脑技术，图书馆员可成为用户文化生活中的一部分[3]。时至今日，嵌入式图书馆服务和嵌入式馆员在图书情报领域的研究中已经得到更多的关注。

国外大部分相关实践和研究以嵌入式馆员为主体进行，其中较具代表性的观点有：大卫·舒梅克（David Shumaker）认为，嵌入式馆员是在可扩展的一段时间内，在用户区域，专门为某一用户（群体）服务的馆员；盖瑞·福莱尔霍格（Gary Freihurger）和桑德拉·克雷默（Sandra Kramer）认为嵌入式服务是图书馆个性化、分散化服务的一种模式，嵌入式学科馆

① Dewey B I. 2004. The embedded librarian: strategic campus collaborations. Resource Sharing & Information Networks，17（1/2）：5-17.

② Shumaker D，Talley M，Miervaldis W. 2009. Models of embedded librarianship: final report. Special Libraries Association：1.

③ Drewes K，Hoffman N. 2010. Academic embedded librarianship: an introduction. Public Services Quarterly，6（2/3）：75-82.

员是图书馆服务最成功的营销工具[①]；杰拉尔丁·德兰尼（Geraldine Delaney）
和杰西卡·贝茨（Jessica Bates）认为嵌入式服务是学科馆员在科研和教学
中新的角色定位，通过嵌入式服务可以强化高校图书馆的作用[②]。

　　国内嵌入式服务研究大多与学科服务相结合，其中，刘颖和黄传惠认
为嵌入式学科服务就是通过将服务融入用户的环境来支持用户科研学习的
信息服务[③]。陈廉芳和许春漫认为，嵌入式学科服务是指高校图书馆为适应
新的信息环境和知识创新的需要而把服务融入用户环境来支持用户科研、
教学、学习的集约化的参与式信息服务[④]。初景利提出嵌入式服务是"融入
一线，嵌入过程，用户到哪，服务到哪"的新信息环境下的学科化服务[⑤]。
并且，他认为嵌入式服务重新定义了图书馆的概念与性质，颠覆了图书馆
"中介论"的理论基础，开创了对图书馆学的新认知[⑥]。

　　国外和国内相关领域对图书馆嵌入式服务的实践和研究成果数量较
多，逐渐形成趋于成熟的理论。对于嵌入式服务的工作理念、方式、性质
等都有比较明确的理论观点。此外，嵌入式服务有较高的专业要求，需要
走学科化发展方向，得到很多相关的论证与证实。

（二）嵌入式延伸服务的含义

　　图书馆嵌入式服务理论视角和观点可以运用到图书馆延伸服务的研究
中，因为两种服务的目标和方式趋同，都强调以用户为中心的服务理念，
为用户提供"点对点"（ad-hoc）、"一对一"的专业化和个性化图书馆服务。
但是，两者也有明显的区别，图书馆嵌入式服务多指的是嵌入式馆员向学
院、科研人员或者学生提供嵌入式学科服务，倾向于学科化的、专业性较
强的图书馆服务；而图书馆延伸服务则起源于对弱势群体和特殊人群提供
的帮助，随着时代变迁和互联网的普及，延伸服务的范围更趋于广泛，泛
指对图书馆基础服务和常规业务的延伸、突破与创新。因此，本书认为，
延伸服务的概念包含且超越了嵌入式服务的概念。

---

① Freiburger G，Kramer S. 2009. Embedded librarians: one library's model for decentralized service. Journal of the Medical Library Association，97（2）：139-142.
② Delaney G，Bates J. 2015. Envisioning the academic library: a reflection on roles，relevancy and relationships. New Review of Academic Librarianship，21（1）：30-51.
③ 刘颖，黄传惠. 2010. 嵌入用户环境：图书馆学科服务新方向. 图书情报知识，（1）：52-59.
④ 陈廉芳，许春漫. 2011. 嵌入式学科服务的信息伦理问题探析. 国家图书馆学刊，20（2）：61-63，68.
⑤ 初景利. 2012. 学科馆员对嵌入式学科服务的认知与解析. 图书情报研究，（3）：1-8，33.
⑥ 初景利. 2013. 嵌入式图书馆服务的理论突破. 大学图书馆学报，31（6）：5-9.

　　嵌入式教学是高校图书馆学科服务的重要组成部分，在进行嵌入式教学的基础之上，可以通过嵌入教学系统的方式，对教学全过程各环节进行延伸，实现图书馆服务在高校教学方面的进一步延伸。此外，图书馆延伸服务意味着服务对象的多元化，本书将教学科研项目作为高校图书馆延伸服务的特定用户之一，有必要引入嵌入式服务的视角，这样才能凸显对教学与研究提供延伸服务的专业性和学科性。

　　为了更好地论述高校图书馆向教学、科研的延伸这一问题，本书将嵌入式服务的视角与延伸服务的视角相结合，提出"嵌入式延伸服务"这一理论观点，嵌入式延伸服务是指高校图书馆开展的嵌入教学过程或科研项目的延伸服务。嵌入教学过程的延伸服务是图书馆在常规嵌入式教学的基础上，在教学的准备阶段、进行之中、考核阶段、课后反馈等各个环节提供相应的延伸服务。其中，通过大学的教学系统，如学习管理系统（learning management system，LMS）或课程管理系统（course management system，CML）开展延伸服务是集成式的，且较为便捷的方式之一。嵌入科研项目的延伸服务是图书馆融入特定科研项目的环境，围绕科研项目的选题、申报、研究、结题、成果评价和成果转化等各个阶段，在为项目组提供常规的文献检索、信息筛选、科技查询等服务的基础之上，尝试开展进一步的延伸服务如研究数据管理（research data management，RDM）、学术趋势报告、文献综述、数据可视化分析、参与实验、知识再造等服务。其中，RDM 是贯穿科研项目整个生命周期的对研究数据进行组织与创建、归类与存储、展示与共享的行为，多数的学术型、专业性大学的图书馆都为用户提供相关协助或服务，RDM 是嵌入式延伸服务的重要表现之一。

　　在嵌入式延伸服务过程中，图书馆突破传统服务内容与模式，超越时空限制，随时随地根据用户需求开展服务，采取嵌入式服务的方式，可以实现图书馆学科服务的深化与延伸。

二、虚拟读者概念的延伸与虚拟延伸的概念

　　嵌入式图书馆服务理论中的"虚拟嵌入"（virtual embedding）观点，可运用于有关高校图书馆虚拟延伸服务相关的理论研究中。随着无线网络全覆盖时代的到来，虚拟读者的概念有所延伸，已经不仅仅指图书馆外访问图书馆网站的读者。作为高校图书馆重要用户之一，虚拟读者是虚拟延伸服务相关理论探讨中首先需要研究的问题。

（一）图书馆服务虚拟嵌入的含义

　　戴维·舒梅克（David Shumaker）作为嵌入式服务理论的最早倡导者之一，在美国专业图书馆协会研讨会上初次提出了具体的图书馆嵌入式服务的三种方式：物理嵌入（physical embedding）、组织嵌入和虚拟嵌入[①]。其中，虚拟嵌入指的是利用网络信息技术和工具在虚拟空间为大学用户提供各类图书馆嵌入式服务。苏珊·西林（Susan E. Searing）和艾莉森·格林利（Alison M. Greenlee）针对馆员和教师进行的一项问卷调查显示，受访者对嵌入式服务表示赞赏，并得出结论：嵌入式服务应该往虚拟嵌入的方向发展[②]。巴菲·汉密尔顿（Buffy J. Hamilton）在其撰写的专著《嵌入式图书馆服务：工具与实践》（*Embedded Librarianship: Tools and Practices*）中介绍了嵌入式馆员如何利用 Skype、Google（谷歌）、Twitter（推特，现更名为 X）、Wikis（维基）等国外较为常见的网络工具和社交媒体开展工作，他认为各种社交媒体可以为馆员、教师、学生之间提供高效的联系纽带[③]。格雷斯·索（Grace Saw）等在 2013 年对 575 位邦德大学（Bond University）的大学生进行分类调查，研究各类学生的社交媒体使用偏好和习惯，将国外的主流社交网站和社交媒体如 Facebook（脸书）、YouTube、Twitter、LinkedIn（领英）和 Google＋（谷歌＋）等都放入调查项目中，还针对部分来自中国的留学生设置了 QQ、微信等工具的相关调查项目。他们认为图书馆馆员应充分发挥各类社交网站的平台作用，社交媒体可起到与读者进行讨论、分享信息、传授检索技巧等作用[④]。因此，大多数的国外相关研究认为，嵌入式服务的重要方向在于基于互联网相关技术以及新兴社交媒体的虚拟嵌入。

　　国内相关领域的学者对于嵌入式服务也做了大量研究，其中，也有一些是与虚拟嵌入有关的探讨。初景利对嵌入式学科服务有深入的研究，他认为嵌入式学科服务包括目标嵌入、功能嵌入、流程嵌入、系统嵌入、时空嵌入、能力嵌入、情感嵌入、协同嵌入等八种方式[⑤]。其中，系统嵌入即借助于系统、平台、工具等嵌入用户环境；时空嵌入即图书馆馆员的工作

①　Shumaker D. 2006. Moving to client-embedded servics：building and sustaining embedded information services. Special Libraries Association Conference Seminar Briefing：1.

②　Searing S E，Greenlee A M. 2011. Faculty responses to library service innovations：a case study. Journal of Education for Library and Information Science，52（4）：1-30.

③　Hamilton B J. 2012. Embedded Librarianship：Tools and Practices. Chicago：ALA TechSource：5-7.

④　Saw G，Abbott W，Donaghey J，et al. 2013. Social media for international students：it's not all about Facebook. Library Management，34（3）：156-174.

⑤　初景利. 2012. 学科馆员对嵌入式学科服务的认知与解析. 图书情报研究，（3）：1-8，33.

应嵌入到用户的时空中，提供"泛在"（ubiquitous）服务；情感嵌入即馆员与用户交朋友，保持密切的关系和互动，有助于为用户提供服务，等等。傅天珍等认为互联网和移动终端将推动图书馆服务方式的变革，通过分析各类型移动终端的功能和优势，结合嵌入式学科服务的特点，认为移动终端可帮助图书馆或馆员更好地嵌入用户环境、无缝推送信息、嵌入数字虚拟空间、提高资源和服务的可见度和易用性等[1]。不难看出，国内部分相关研究也赞成虚拟嵌入是嵌入式服务的重要方向之一。

（二）虚拟读者概念的延伸

随着数字化时代的到来和互联网技术覆盖面越来越广，读者的信息行为发生了重大变化。高校图书馆的读者绝大部分成为图书馆的虚拟读者。有学者指出，虚拟读者是在图书馆外访问图书馆网站的读者，是具有时代特色的新兴群体，是高校图书馆的普遍现象[2]。但是，现在的虚拟读者概念显然已经有所延伸，虚拟读者不一定仅指图书馆外的读者，在网络发达、Wi-Fi盛行、手机通信信号无处不在的时代，图书馆馆舍内、外都有大量的网络用户在登录图书馆网站或使用手机图书馆，进行电子资源检索与利用或者向馆员进行在线咨询交流；同时，虚拟读者也不应该局限于访问图书馆网站或者访问图书馆数字资源的读者，应该也包括登录并使用图书馆官方微博、微信公众号、QQ咨询、微信咨询等在线服务的读者。

本书认为虚拟读者泛指利用各种终端设备，通过互联网与图书馆产生联系，在线检索图书馆文献、获取数字资源和使用读者服务等，以及在图书馆各种网络平台与馆员或其他读者进行交流的人。图书馆在虚拟世界的用户，既包括其常规注册用户，也包括网络"游客"。虚拟读者虽然活跃于网络虚拟世界，但却都是真实存在的读者，虚拟读者的图书馆需求也不容忽视，有的高校图书馆还设立了虚拟馆员，比较知名的有清华大学图书馆的"小图"（2020年"小图"的升级版"清小图"上线）和武汉大学图书馆的"小布"，作为虚拟读者的对应角色。虚拟馆员同时也担任图书馆的"形象大使"，在各类服务和活动中出现，是高校图书馆重视虚拟读者的体现。

（三）虚拟延伸的概念

作为抽象的特定用户，虚拟读者已成为高校图书馆延伸服务的对象之

---

① 傅天珍，王边，郑江平. 2013. 以移动终端为媒介的嵌入式学科服务探讨. 农业图书情报学刊，25（1）：167-170.

② 于曦蒸. 2013. 高校图书馆虚拟读者研究. 国家图书馆学刊，22（3）：65-69.

一。虚拟读者是具体的个人或群体，他们的图书馆需求是具体的，因此，图书馆有必要在网络虚拟空间开展各种延伸服务。

虚拟延伸服务是指图书馆利用各种新兴的网络媒体、社交媒体、智能终端及信息技术，为网络在线的虚拟读者提供的具有创新意义的服务，虚拟延伸服务是对传统的图书馆官方网站、手机图书馆和数字图书馆等有关服务的延伸、突破与创新。

虚拟延伸的含义可以从运用最新技术、更新软硬件设施、拓展数字资源等方面来理解。网络信息技术的不断推陈出新，逐渐改变了用户的行为和习惯，图书馆的发展非常有必要将虚拟空间延伸服务作为重要发展方向。例如，2011 年上线的微信作为即时通信应用程序，用户量庞大、覆盖面广泛、活跃度很高，国内大多数高校图书馆都已经充分利用微信平台，开展各类服务，如宣传推送、资源推介、阅读推广、查询服务、自助服务和信息咨询等。在此基础上，有些高校图书馆尝试了更多基于微信平台的个性化延伸服务，如"云阅读"、校车时刻表、快递查询、新生教育视频、书目检索、图书定位等。

此外，本书从数字图书馆、虚拟现实技术等方面进行深入的探讨，从理论探索和实践研究两方面分别论述虚拟延伸的重要问题。

三、数字图书馆虚拟延伸的含义

随着数字化时代的深入，大多数高校图书馆将构建自身数字图书馆视作其重要的工作项目。从 20 世纪 80 年代起，数字图书馆的概念被提出，经过几十年的发展，数字图书馆的概念经历了从简单到深化的过程，从最初的将数字图书馆理解为"信息工具"，逐渐转向将其理解为"内容""组织"两个方面，并重视构建和研究数字图书馆的主体之间的合作。

数字图书馆就是图书馆在虚拟世界的延伸，为包括常规用户在内的网络虚拟用户提供在线数字资源和相关服务。并且，数字图书馆的虚拟延伸还包括馆藏的重组、用户的拓展、技术手段的推新、机构的联合等几个方面的含义。

（一）数字图书馆的概念

数字图书馆的早期历史起源无法确证，不过，一些重要的思想家和这个概念的出现相关。1895 年，保罗·奥特雷（Paul Otlet）和亨利·拉封丹（Henri La Fontaine）创建了"世界馆"（Mundaneum）系统，他们尝试收集世界上所有的知识，并根据国际十进制分类法（universal decimal classification）对这些知识进行编目，他们创建这个系统是希望带来世界和平①。然而，数字图书馆的完全建立依赖于互联网时代的进程。20 世纪 40～50 年代，万尼瓦尔·布什（Vannevar Bush）和利克莱德（J.C.R. Licklider）是推进"世界馆"这个想法的两位贡献者。布什想要创造一台名为"麦克斯"（Memex）的包括屏幕、开关、按钮和键盘的机器，向人们展示科技，他认为这能够促进人们相互理解。通过这台机器，个人将能够以很快的速度访问存储的书籍和文件②。利克莱德想要创造一个使用电脑和网络的系统来改进图书馆，该系统包含三个部分：知识库、问题和答案。通过这个系统，人们可以获取所需要的知识，同时向机器自动提供反馈信息，他称之为"前认知系统"（a precognitive system）。因为这些设想，他被认为是播下数字时代的计算种子的人③。图书馆数字化的早期努力集中在对电子卡片目录的创建之上，即联机公共检索目录（online public access catalog，OPAC）。到 20 世纪 80 年代，OPAC 成功取代各类图书馆的传统卡片式目录，这使图书馆之间能够进行合作，实现资源共享和提高资源的访问量。

相关研究显示，真正意义上的数字图书馆概念诞生于 20 世纪 80 年代，并在 20 世纪 90 年代得到推广，相关的研究按时间大致可以划分为两个阶段，国内外学者对数字图书馆概念的理解和阐释经历了这两个阶段的发展和演变。

1. 20 世纪 80 年代至 90 年代数字图书馆的概念

1988 年，美国学者伍尔夫（William Wulf）首次提出"数字化图书馆"的概念④。随后，美国密歇根大学（University of Michigan）的研究人员在 1990 年指出，数字图书馆是若干联合机构的总称，它使人们能够智能地和实实在在地存取全球网络上以多媒体数字化格式存在的、为数巨大的，且仍在不断增多的信息⑤。"数字图书馆"一词由于 1994 年由美国国家科学基金会（National Science Foundation，NSF）、美国国防部高级研究计划局

---

① "Archives of the Mundaneum's founders"，https://mundaneum.org/en/collections-and-resarch/our-collections/archives-of-the-mundaneums-founders/，2025 年 4 月 12 日。

② Bush V. 1945. As we may think. The Atlantic Monthly，（7）：101-108.

③ Waldrop M. 2001. The Dream Machine：J. C. R. Licklider and the Revolution That Made Computing Personal. New York：Viking Penguin：465-479.

④ 孔庆杰，李贺. 2007. 中外数字图书馆概念比较研究. 图书情报论坛，（1）：16-19.

⑤ 王嫣娟，葛秋菊，孔燕. 1999. 美国的"数字图书馆首倡"计划. 图书馆杂志，（4）：25-26，46.

（Defense Advanced Research Projects Agency，DARPA）和美国国家航空航天局（National Aeronautics and Space Administration，NASA）资助的数字图书馆创始（digital libraries initiative，DLI）计划而被推广开来。1994 年至 1999 年期间，DLI 项目获得的美国联邦研究经费超过 6800 万美元[①]。20 世纪 90 年代，在美国国家科学基金会的支持下，数字图书馆成为本领域研究、开发、应用和实践的关键因素。研究人员最早是从"信息工具"的角度理解数字图书馆，是在数字图书馆初现背景下的最基本、最直接的理解。数字图书馆从 20 世纪 90 年代开始迈入稳步发展阶段，国外研究人员对数字图书馆的认识经历了从简单到深化的过程，从重视资源和技术到重视数字图书馆的服务功能[②]。

　　20 世纪 90 年代，国外研究人员对数字图书馆概念的理解总体而言有两个聚焦：一是从研究的角度来看，数字图书馆是代表社区用户收集、组织的内容；二是从图书馆和实践的角度来看，数字图书馆是提供数字式信息服务的机构或组织。这是克里斯汀·伯格曼（Christine L. Borgman）在对 20 世纪 90 年代美国、英国、欧盟及其他国家的相关研究成果进行比较分析之后而得出的。他认为研究数字图书馆及相关问题的学者需要合作，以开展对数字图书馆运行环境中的研究和测试，尤其是和数字图书馆相关的社会、行为、经济方面的研究。并且，在研究过程中与其他信息机构如档案馆、博物馆和学校形成伙伴关系也十分重要[③]。

　　国内相关领域在 20 世纪 90 年代中后期出现了对数字图书馆及其相关概念的研究。例如，汪冰将电子图书馆与图书馆自动化、网络信息检索系统、虚拟图书馆、虚拟现实图书馆、无墙图书馆、数字图书馆等相关概念做了比较，他认为电子图书馆与数字图书馆两个概念最为接近，狭义上的传统图书馆的数字化可以包容在电子图书馆的概念的内涵中[④]，同时，广义而言，一个数字图书馆是计算机可处理信息的集合或此类信息的一个存储处[⑤]。王卓杰认为，虽然已有"电子图书馆""虚拟图书馆""无墙图书馆"等各种提法，但在概念上逐渐倾向于数字图书馆。数字

① Fox E A. 2005. Digital libraries initiative（DLI）projects 1994-1999. Bulletin of the American Society for Information Science and Technology，26（1）：7-11.

② 初景利. 2001. 国外对数字图书馆概念的认识. 图书馆，(6)：1-4.

③ Borgman C L. 1999. What are digital libraries? Competing visions. Information Processing and Management，(35)：227-243.

④ 汪冰. 1997. 电子图书馆及其相关概念辨析. 图书馆，(3)：4-11.

⑤ 汪冰. 1998. 数字图书馆：定义、影响和相关问题. 中国图书馆学报，(6)：9-17.

图书馆的概念融汇了电子图书馆存储和处理电子信息的特征和虚拟图书馆的网络传输特征的内涵[①]。王知津认为数字图书馆所涉及的领域具有明显的跨学科特征，电子图书馆、数字图书馆、虚拟图书馆等概念意义接近，可以互相替换[②]。

总之，20 世纪 80～90 年代，国外和国内研究人员对数字图书馆的概念、内涵进行了大量的研究，在对这个问题的论述过程中，随着数字技术的发展，相关领域对数字图书馆的理解产生了变化，从最初的将其理解为"信息工具"，并重视资源和技术，逐渐转向将其理解为"内容""组织"两个方面，并重视构建和研究数字图书馆的主体之间的合作，同时，数字图书馆的跨学科特征也得到了强调。

2. 21 世纪以来数字图书馆概念的延伸

21 世纪以来，在互联网的迅猛发展、各种新技术的推陈出新、相关学科的相互影响之下，国外和国内学者对数字图书馆概念的理解更为宽泛，相关研究角度更加多元化。艾恩·威腾（Ian H. Witten）等认为数字图书馆可以为个人、机构和组织等用户提供充足资源，数字图书馆是强大的工具，它将使用者带入迅速发展的信息宝库中。数字图书馆在大小和范围上有很大的不同，可以由个人或组织来进行维护[③]。弗兰克·赛尔沃内（H. Frank Cervone）认为知识管理（knowledge management）是促进数字图书馆项目和过程的有用工具，通过使用熟悉的工具和增量的方式实施知识管理计划，图书馆可以从一个有序的、非破坏性的知识管理计划中获益[④]。玛里斯特拉·阿戈斯蒂（Maristella Agosti）等认为数字图书馆决定人们对文化遗产的研究、学习、接触和互动的方式，数字图书馆不仅仅指的是传统意义上的图书馆，还应该包括档案馆、博物馆在内的其他文化遗产机构，他们强调数字图书馆建设当中各方双赢式合作[⑤]。以上研究对数字图书馆的建设主体、实施工具、实现方式等进行了有益的探讨。

王荣国和李东来认为，数字图书馆是社会信息基础结构中信息资源

① 王卓杰. 1998. 论数字图书馆的含义及功能. 图书馆学刊，（4）：15-18.

② 王知津. 1999. 数字图书馆及其相关概念. 图书馆学研究，（4）：42-45.

③ Witten I H, Bainbridge D. Nichols D M. 2009. How to Build a Digital Library. 2nd ed. San Francisco: Morgan Kaufman: 1-38.

④ Cervone H F. 2011. Knowledge management as a method for supporting digital library projects. OCLC Systems & Services: International Digital Library Perspectives，27（4）：272-274.

⑤ Agosti M, Ferro N, Silvello G. 2016. Digital library interoperability at high level of abstraction. Future Generation Computer Systems，55：129-146.

的基本组织形式,这一形式满足分布式面向对象的信息查询需要[①]。另外,有一项研究认为数字图书馆相关研究已经成为中国图书馆与信息科学研究中最为重要的一个研究领域,并且中国的相关研究方向更加多元、分散。通过文献计量分析方法,他们得出了中国数字图书馆相关研究的概况。①该研究领域的基础研究主要为四个方向:资源、技术、服务、版权。②随着新技术的出现,该研究领域得到进一步拓展,本体、语义网、云计算、知识管理、个人数字图书馆等可能在将来成为新热点。③中国数字图书馆研究的细节主要聚焦在云计算、信息存储技术、XML(extensible markup language,可扩展标记语言)格式元数据、版权、个性化服务、职业教育、访问权限的技术、数字图书馆架构组建、图书馆的数字化以及数字图书馆联盟信息共享等[②]。以上两项研究从组织形式这一角度探讨了数字图书馆,并概括得出了中国数字图书馆相关研究概况,有一定的参考价值。

除此之外,有不少学者认为数字图书馆是传统图书馆的延伸或者分支,例如,肖汀指出,数字图书馆是传统图书馆的逻辑延伸和扩展,是图书馆未来的发展方向[③],阐明了数字图书馆的本质。杨东梁和马文峰认为,数字图书馆是传统图书馆功能的延伸和扩展,是分布式、有组织、开放性、互操作的集知识资源与知识服务于一体的大型数字信息管理系统,是数字化资源、智能化服务和分布式管理的统一体[④]。该研究从体系化的角度出发,将数字图书馆理解为统一体,视野比较宏观。戴维•金(David L. King)认为数字图书馆是传统图书馆的分支,是通过网络提供数字服务的机构,它区别于传统图书馆网站[⑤],他将数字图书馆与传统图书馆网站相区别,并将其理解为传统图书馆的分支服务机构,比较符合数字图书馆的性质与作用。本书赞同将数字图书馆理解成为传统图书馆的延伸或者分支,因为数字图书馆实际上是在互联网时代、数字时代不断深化的情况下,图书馆服务不断向数字化的、网络虚拟世界延伸的结果。

---

① 王荣国,李东来. 2001. 数字图书馆的概念、形态及研究范围. 图书馆学刊,(5):4-7.

② Xiao L, Chen G, Sun J J, et al. 2016. Exploring the topic hierarchy of digital library research in China using keyword networks: a K-core decomposition approach. Scientometrics, 108 (3): 1085-1101.

③ 肖汀. 2003. 数字图书馆概念探讨. 情报探索,(3):10-12.

④ 杨东梁,马文峰. 2004. 数字图书馆理念与"人大"数字图书馆建设. 中国图书馆学报,(5):52-54.

⑤ King D L. 2009, What is a digital branch, anyway?. Library Technology Reports, 45 (6): 5-9, 2.

（二）数字图书馆虚拟延伸的多层含义

从虚拟延伸的角度探讨数字图书馆，是非常恰当的。本书认为数字图书馆是图书馆在虚拟世界的延伸，为包括常规用户在内的网络虚拟用户提供在线数字资源和相关服务。这是数字图书馆概念上的总体概括，实际上，从资源、用户、技术、主体等方面进行分析，数字图书馆的虚拟延伸至少还包括以下层面的含义。

1. 馆藏的重组

数字馆藏可以是专门建构的，通过购买、自建等方式建立起与传统图书馆资源相并行的资源体系；数字馆藏也可以是将传统馆藏进行数字化，将现有的图书馆资源进行挖掘、处理，存放到数字图书馆中；数字馆藏还可以打造成开放存取式的资源服务平台，将其他个人、机构和组织的资源以数字化的方式纳入，进行多种资源重组，形成新的、一体化的数字图书馆的馆藏。

2. 用户的拓展

网络虚拟用户包括图书馆的常规注册用户，他们是图书馆读者群体的主要构成部分，常规注册用户的需求具有一定的规律性，其使用数字图书馆的行为可能与其他图书馆服务相关联。此外，网络虚拟用户也包括网络上未注册的"游客"，其中既有个人用户，也有机构用户，他们的需求具有零散性和随机性，其使用数字图书馆的频率取决于数字资源的有效性和便捷性。因此，数字图书馆的用户具有极大拓展的可能性。

3. 技术手段的推新

数字图书馆的建设需要网络通信技术、数字存储技术、可视化技术等相应的技术手段来实现，并且还需要紧跟相关技术的升级和换代，及时将数字馆藏和服务方式做出调整，以适应时代的变迁和用户的习惯。因此，数字图书馆的资源和服务将持续处于不断延伸的状态，各种技术的推陈出新和适当运用，使数字图书馆的馆藏和服务变得更加的与时俱进和多元化。

4. 机构的联合

构建数字馆藏不应仅限本馆资源或者购买数据库等方面，应该拓展思路，采取机构联合的方式进行，图书馆可以与档案馆、博物馆、数字出版机构、科技公司等机构联合开展创建数字资源的工作，这意味着数字图书馆在运行方式上有别于传统图书馆，数字图书馆的主体构成将向更多的机构进行延伸。

总之，从虚拟延伸的视角来探讨数字图书馆是一种新的研究思路。本书认为随着互联网时代、数字化时代的不断深化，为了适应社会的变迁和用户的需求，图书馆虚拟延伸服务势必成为相关领域的实践与研究中最为重要的发展方向，而数字图书馆是实施虚拟延伸服务的重要方式之一。

第三节 基于虚拟现实和增强现实技术的延伸服务

在科技飞速发展的当今时代，各类新技术、新设备、新应用等层出不穷，影响着人们的行为方式。图书馆是一个生长着的有机体，所以应该与时俱进，对新的技术潮流时刻保持注意力，尤其是对文化教育、电子通信、互联网、信息自动化等相关领域的新事物、新技术要保持兴趣和开放的态度。研究人员认为在开发先进的教学方法和学习策略上，以下几种技术有巨大潜力。①消费型技术，是指为娱乐，或者专业目的而开发的技术。这些技术最初不是为教育设计的，但可能会在教学上起到显著作用，适合在学校中使用，这一类技术主要有 3D 视频、遥控机械装置、电子出版物、量化自我、机器人、平板电脑、思科网真、可穿戴设备等。②数字化策略型技术，可以丰富教学和学习的方法，高效的数字策略可以在正式的和非正式的学习活动中同时使用。数字策略之所以有吸引力，是因为其超越了传统的创意，这一类技术主要有自带设备、翻转课堂、智能定位、创客空间、保存/保护技术等。③互联网技术型技术，包括能帮助说明我们该如何更透明、无障碍、更容易地与网络沟通的技巧和重要基础设施，这一类技术主要有云计算、网络课程、字典程序、聚合工具等。④学习型技术，包括专门为教育领域研发的资源和工具，以及那些包含了从别的领域引入的和能够适用于学习的策略，这些技术正在改变学习的方法，让学习变得更加容易、更加个性化，主要有适应性学习技术、数字勋章、学习分析、手机学习、线上学习、开放准入、虚拟和远程实验室等。⑤社交媒体技术，在社会的各个方面出现得较为频繁、普及范围广，这些技术的演进速度非常快，附带的还有新的创意、工具和进展，主要有众筹、线上身份、社交网络（social networks）等类别。⑥可视化技术，包括从最简单的信息图表到复杂的数据分析表，这些技术的共同点是能够刺激人的大脑中惯有的能力，来快速处理可视化信息、确定的模型和复杂情况下的秩序，主要有

3D 打印、增强现实、信息可视化、可视化数据分析、体积和全像展示等。⑦能动技术，是指能够主动感知并满足用户期待的智能化系统。能动技术使工具更加强大、更简单易用，主要有情感计算、电震动、可调节屏幕、机器学习、移动宽带、自然用户接口、近场通信（near field communication，NFC）、新一代电池、机器人、语音翻译、虚拟协助、无线网络等①。

图书馆嵌入式服务中的虚拟嵌入概念要付诸实践，在很大程度上依赖新技术的出现、成熟和普及，图书馆用户的创造性需要借助新技术得以更全面地发挥。由于新的技术、设备、应用等层出不穷，图书馆虚拟延伸服务的发展方向也是多元的，其中，虚拟现实和增强现实等技术相关的延伸服务是必然出现的一种方向。

本书提出的基于虚拟现实和增强现实技术的延伸服务是指图书馆利用虚拟现实和增强现实技术为用户提供的将虚拟空间和现实空间融为一体的集成式服务。由于这种技术本身具备较高的延展性、嵌入性以及在图书馆服务中的多种应用可能性，所以将其纳入到高校图书馆延伸服务的研究范围。目前，相关的技术包括：虚拟现实、增强现实和混合现实（mixed reality，MR）等。虽然，虚拟现实、增强现实、混合现实这类技术的发展前景很广阔，但是由于技术理念、实现工具的持续更新，以及周边环境发展太快，该类技术处于不断发展的状态，所以，本领域对这些技术的进展和应用也应保持关注。

一、虚拟现实与增强现实技术的概念、发展及应用

虚拟现实（VR）与增强现实（AR）是两个相关的技术，两者的技术起源相近，都可追溯至 20 世纪 50 年代的"体验剧场"技术。并且，VR 和 AR 都是基于电脑数据信息实现的人工现实可视化技术。不过，两者也存在区别，在 VR 环境中，用户对现实的感知完全基于虚拟信息，而在 AR 环境中，用户根据计算机额外生成的信息，增强他们对现实的感知②，即在 VR 环境中，周围场景是完全虚拟的；而在 AR 环境中，周围的一部分场景是真实的，只是在这些真实场景中添加了一层层的虚拟景象或信息。

目前，在各类图书馆的相关延伸服务和活动中，这两种技术得到交替使用。其中，VR 的实现技术已经较为成熟，应用范围广泛。不过，随着

---

① 王云云. 2016. 在学术与研究领域，五年内最要值得关注的六大技术. http://www.bookdao.com/article/256548/[2018-08-01].

② Carmigniani J，Furht B，Anisetti M，et al. 2011. Augmented reality technologies，systems and applications. Multimedia Tools and Applications，51（1）：341-377.

AR 技术——尤其是移动 AR 的开发工具逐渐增多，其应用于图书馆服务的前景更为广阔。

（一）虚拟现实技术的概念、发展及应用

对"虚拟"（virtual）一词进行词源的考察，发现从 15 世纪中期开始，"virtual"就有了"本质上或效果上的，但不是实际的或事实上的"的意思，该词从 1959 年起就一直用于表示"不是实际存在的，而是通过软件实现的"的计算机意义上的概念①。实际上，"虚拟现实"概念的确切起源尚存争议，有人甚至将其追溯至欧洲文艺复兴时期的"透视法"，因为透视法首次让人们接受"不存在的空间"的概念，并被称为"人工世界的复制"②。

1. 虚拟现实技术的早期探索实践

早期应用 VR 的实践主要来自戏剧舞台。莫顿·海利格（Morton Heilig）在 20 世纪 50 年代写道，"体验剧场"可以有效地涵盖所有的感官，从而将观众吸引到屏幕上的活动中。1962 年，他建立了自己的视觉设备模型，命名为"感应山"（Sensorama），并在其中展示了五部短片，同时融入了多种感官（视觉、听觉、嗅觉和触觉），这可能是世界上首例可增强感官的机械设备。1968 年，伊万·萨瑟兰（Ivan E. Sutherland）和鲍勃·斯普劳尔（Bob Sproull）创造了被广泛认为是首个用于沉浸式模拟应用的头戴式显示系统。它在用户界面和视觉真实感方面都很原始，构成虚拟环境的图形是简单的线框模型房，由于该设备过于笨重，无法真正得到应用③。这些早期的尝试具有一定的创新意义，可算作是现代 VR 设备的先驱。

从 1970 年到 1990 年，VR 产业主要提供医疗、飞行仿真、汽车工业设计、军事训练等领域的 VR 设备。这些领域大多为专业领域，与普通消费者有一定的距离。不过，20 世纪 90 年代以后，VR 技术开始广泛应用于商业领域，人们通过网络视频游戏、3D 电影等形式更多地接触并了解 VR 技术。

2. 21 世纪虚拟现实技术的发展及应用领域

进入 21 世纪以来，VR 技术应用的开发与实践逐渐得到更多的尝试，

---

① "virtual"，https://www.etymonline.com/search?q=virtual，2018 年 8 月 12 日。

② Baltrušaitis J. 1977. Anamorphic Art. New York：Abrams：4.

③ Brockwell H. 2016. Forgotten genius：the man who made a working VR machine in 1957. https://www.techradar.com/news/wearables/forgotten-genius-the-man-who-made-a-working-vr-machine-in-1957-1318253/2[2018-09-03].

2016 年，至少有 230 家公司在开发与 VR 技术相关的产品。亚马逊（Amazon）、苹果（Apple）、Facebook、谷歌、微软（Microsoft）、索尼（Sony）和三星（Samsung）都有专门的 AR 和 VR 小组[①]。总之，VR 是一个快速发展的行业，相关硬件和软件的市场价值不可估量。

目前，VR 技术主要应用的领域是娱乐领域，如网络视频游戏和 3D 电影，后者已被用于体育赛事、美术、音乐视频和短片等。自 2015 年以来，过山车和主题公园都加入了 VR 来匹配视觉效果。另外，VR 日益增长的市场为数字营销（digital marketing）提供了一个机会和替代渠道，它被视为电子商务的一个新平台，尤其是在挑战传统的"实体"零售商的努力中[②]。此外，VR 技术还在心理学、医学、教育学、博物馆等领域也得到大量的实践探索和应用。

在心理学、医学等领域，VR 为研究和复制受控环境中的互动提供了一种高效的工具，它可以作为一种治疗干预的形式。例如，虚拟现实暴露疗法（virtual reality exposure therapy，VRET）就是一种用于治疗创伤后应激障碍（posttraumatic stress disorder，PTSD）和恐惧症等焦虑症[③]的手段。实验证明 VR 技术应用可以有效地通过神经学诊断治疗认知缺陷。此外，VR 手术环境得到大量应用，能够以较低的成本提供有效的、可重复的培训，使受训人员能够在错误发生时识别并修正错误[④]。

在教育学领域，VR 的使用已经证明能够促进更高层次的思维，提高学生获取知识的兴趣和专注力，促进其心理健康和理解能力，这些在学术环境中通常是有用的[⑤]。例如，VR 技术已被证明是对工程教育工作者和学生非常有用的工具，由于总体成本的降低，教育部门可以低成本地搭建实验场所，提供相应学习资料，VR 技术让学生获得沉浸式体验，并能够与三维模型互动，根据现实世界的可能性做出准确的反应[⑥]，使这些未来的建

---

① Kelly K. 2016. The untold story of magic leap，the world's most secretive startup. https://www.wired.com/2016/04/magic-leap-vr/[2016-04-29].

② Shirer M，Torchia M. 2017. Worldwide spending on augmented and virtual reality forecast to reach $13.9 billion in 2017，according to IDC. International Data Corporation：1.

③ Gonçalves R，Pedrozo A L，Coutinho E S F，et al. 2012. Efficacy of virtual reality exposure therapy in the treatment of PTSD：a systematic review. PLoS One，7（12）：e48469.

④ Westwood J D，Westwood S W Fellnder-Tsai L，et al. 2014. Medicine Meets Virtual Reality 21：NextMed/MMVR21. Amsterdam：IOS Press：462.

⑤ Sáez-López J M，Sevillano-García M L，Pascual-Sevillano M Á. 2019. Aplicación del juego ubicuo con realidad aumentada en Educación Primaria. Comunicar：Revista Científica de Comunicación y Educación，27（61）：71-82.

⑥ Abulrub A G，Attridge A N，Williams M. A. 2011. Virtual reality in engineering education：the future of creative learning//2011 IEEE Global Engineering Education Conference（EDUCON）. Amman：IEEE：751-757.

筑师们和工程师们能够在空间关系之间形成理解，并基于未来的实际应用提供解决方案。

VR 技术在博物馆中的首次应用始于 20 世纪 90 年代，在 21 世纪的前 10 年出现了显著增长。大英博物馆把 VR 技术纳入到其"数字学习计划"，2015 年 8 月 8 日至 9 日，该馆举行了 VR 周末，第一次应用 VR 设备，让用户"沉浸"到大英博物馆的收藏中。参观者通过扫描放置在原始环境中的展品，可以身临其境地观看青铜时代遗址的三维图像[①]。

总之，VR 技术的实践领域已经十分广泛，除娱乐领域、电子商务之外，还在心理学、医学、教育学、博物馆等各个领域大放光彩。图书馆领域也比较关注这一技术的进展，相关的实践和研究也比较多，并且有些图书馆为用户同时提供 VR 和 AR 两种技术相关的资源和设备。

（二）增强现实技术的概念、发展及应用

VR 技术是可以创建和体验虚拟世界的计算机仿真系统，它利用电脑模拟产生三维空间的虚拟世界，为使用者提供视觉、听觉、触觉等模拟感官体验，使用户沉浸在多源信息融合的、交互式的三维动态视景当中。与 VR 技术创建的虚拟世界相比较，AR 技术则是通过电脑技术，将虚拟信息应用到真实世界，将二者实时叠加到同一个画面或空间，使虚拟的与现实的画面同时存在，它将用户在真实环境中看到的内容与计算机软件生成的数字内容相结合。带有虚拟场景的附加软件生成的图像通常以某种方式增强了真实环境的外观。总之，AR 是一种将真实世界信息和虚拟世界信息无缝集成的新技术，把原本在现实世界的一定时间、空间范围内很难体验到的实体信息（视觉信息、声音、味道、触觉等），通过电脑等科学技术，模拟仿真后再叠加，将虚拟的信息应用到真实世界，被人类感官所感知，从而达到超越现实的感官体验。

AR 技术的特点包括以下几点。①虚拟世界和真实世界的信息无缝结合，产生一个虚实结合的空间画面，给用户带来视觉上的奇妙体验。②具有实时交互性，在虚实结合的空间中为用户提供同步的信息交互，从而让用户获得更好的沉浸式体验。③可跟踪、定位并注册位置，在三维尺度空间中增添定位虚拟物体，以丰富虚实结合的空间。

AR 技术实现的基本步骤如下。①获取真实的场景信息，通常是视频源。

---

① Rae J，Edwards L. 2016. Virtual reality at the British Museum：what is the value of virtual reality environments for learning by children and young people，schools，and families？. https://mw2016. museumsandtheweb.com/paper/virtual-reality-at-the-british-museum-what-is-t/index.html[2024-04-19].

②对视频源、相机位置、标记物（marker）等信息进行分析。③将虚拟物体叠加在标记物上，产生虚实结合的空间场景。④将场景实时显示在终端屏幕上。

1. 增强现实技术的早期探索实践

一项研究认为，最初探索 AR 技术的较为准确的时间应该是在 20 世纪50 年代至 70 年代，相关领域正是在这一时期开始探索可以调整感官的设备。发明于 20 世纪 50 年代的可以呈现多感官刺激的设备大多是比较原始的、庞大的、固定的、盒式的。20 世纪 60 年代以后，固定式的显示设备被弃用，开始出现佩戴式显示设备，比如头戴显示器和感应手套，这使得AR 设备或多或少地更为便携，但是，还不适用于大众消费[1]。

1968 年，伊万·萨瑟兰尝试开发出一款头戴式三维显示器，可以在用户移动头部的时候，以每秒 30 帧的速度显示 3000 行信息，在用户的眼睛前面呈现出大约 18 英寸（1 英寸 = 2.54 厘米）的虚拟图像[2]，这些虚拟图像是由不断变化的透视图组成的。这个设备涉及的技术和模块包括超声波传感器、双管光学系统、数字矩阵乘法存储系统、剪辑除法系统等，头戴式设备的外形较为笨重，并且安装在从实验室天花板上垂吊的机械臂上，不具备任何便携性。这是早期实验阶段的结果，是对AR 技术和设备的一次重要探索。

1975 年，迈伦·克鲁格（Myron Krueger）发明了视频空间（videoplace），这是一个可以使用户与虚拟物体互动的装备。1980 年，伊利诺伊大学（University of Illinois）的一项研究首次展示了头戴设备在现实飞行技能教学中的价值[3]。同年，史蒂夫·曼（Steve Mann）开发出了第一台可穿戴电脑，这是一种电脑视觉系统，文字和图形叠加在以照片为媒介的场景上。他认为 AR 与 VR 是完全不同的，后者忽略了现实世界，而 AR 可以增强、调节用户的周围环境。1987 年，道格拉斯·乔治（Douglas George）和罗伯特·莫里斯（Robert Morris）创建了一个基于天文望远镜的"头上显示器"系统的工作原型，该系统叠加在望远镜目镜上，覆盖了实际的天空图像、多强

---

① Wankel C, Blessinger P. 2012. Increasing Student Engagement and Retention Using Immersive Interfaces: Virtual Worlds, Gaming, and Simulation. Leeds: Emerald Group Publishing Limited: 229.

② Sutherland I E. 1968. A head-mounted three dimensional display. Fall Joint Computer Conference: 757-764.

③ Lintern G. 1980. Transfer of landing skill after training with supplementary visual cues. Human Factors, 22 (1): 81-88.

度恒星和天体图像，以及其他相关信息[①]。这个系统被认为是 AR 的先驱概念。

　　1990 年，波音公司前研究员托马斯·考德尔（Thomas P. Caudell）创造了"增强现实"一词[②]。AR 技术的开发与应用开始得到更多的实践，20 世纪 90 年代见证了更多的 AR 技术的进展和应用。1992 年，路易斯·罗森伯格（Louis Rosenberg）在美国空军阿姆斯特朗研究实验室（United States Air Force Research Laboratory-Armstrong）开发了第一批可运行的 AR 系统之一，名为虚拟装置（virtual fixture）[③]。1993 年，美国国家航空航天局喷气推进实验室（Jet Propulsion Laboratory）开发出 CMOS（complementary metal oxide semiconductor，互补金属氧化物半导体）有源像素传感器（active pixel sensor，APS）[④]。此后，CMOS 传感器被广泛应用于 AR 技术中的光学追踪[⑤]。1994 年，朱莉·马丁（Julie Martin）创建了第一个"增强现实戏剧制作"，即在网络空间中跳舞，该制作由澳大利亚艺术委员会（Australia Council for the Arts）资助，以舞者和杂技演员实时操纵身体大小的虚拟物体为特色，投射到同一个物理空间和表演平面。1998 年，北卡罗来纳大学教堂山分校（The University of North Carolina at Chapel Hill）引入了空间增强现实技术（spatially augmented reality，SAR），这是将虚拟对象直接呈现在用户的物理空间内或物理空间上的技术，SAR 的关键优点在于用户不需要佩戴头戴显示器[⑥]。1999 年，美国海军研究实验室（United States Naval Research Laboratory）进行了一项长达 10 年的科研项目，称为战场增强现实系统（battlefield augmented reality system，BARS），原型设计一些早期的可穿戴系统，让士兵在城市环境中操作，进行态势感知和训练[⑦]。总之，早期有关 AR 技术的探索实践在教育、天文、艺术、军事等领域都有所体现。

①　George D B，Morris L R. 1989. A computer-driven astronomical telescope guidance and control system with superimposed star field and celestial coordinate graphics display. Journal of the Royal Astronomical Society of Canada，83：32-41.

②　Lee K. 2012. Augmented reality in education and training. TechTrends，56（2）：13-21.

③　Rosenberg R，Rosenberg S，Rosenberg R，et al. 2009. Bernard Cecil Rosenberg. BMJ：British Medical Journal，338（7701）：1014.

④　Fossum E R. 1993. Active pixel sensors：are CCD's dinosaurs？. Proceedings of SPIE Symposium on Electronic Imaging：2-14.

⑤　Schmalstieg D，Höllerer T. 2016. Augmented Reality：Principles and Practice. Boston：Addison-Wesley Professional：209-210.

⑥　Raskar R，Welch G，Fuchs H. 1998. Spatially augmented reality. First International Workshop on Augmented Reality：1-7.

⑦　Livingston M A，Rosenblum L J，Brown D G，et al. 2011. Military applications of augmented reality//Furht B. Handbook of Augmented Reality. New York：Springer：671-706.

2. 21 世纪至今增强现实技术的进展及应用

自 2000 年以来，探索与应用 AR 技术的领域更为广泛，其中不乏一些较有开创性的尝试，充分显示了 21 世纪 AR 技术的发展进程。2000 年，罗克韦尔国际科学中心（Rockwell International Science Center）展示了无线可穿戴 AR 系统，该系统通过无线电频率无线信道接收模拟视频和 3D 音频，并且集成了户外导航功能，在实时户外场景中，从地形数据库中实时叠加数字地平线轮廓，使被云和雾遮挡无法看到的地形可视化[①]。同年，布鲁斯·托马斯（Bruce H. Thomas）等开发了一款名为"ARQuake"的应用程序，应用了一种低成本、中等精度的基于 GPS、数字罗盘和基准视觉跟踪的六自由度跟踪系统的架构，这是第一款户外/室内移动 AR 游戏[②]。2004 年，天宝导航（Trimble Navigation）有限公司与人机界面技术实验室（Human Interface Technology Laboratory，HITLab）演示了安装在头盔上的户外 AR 系统，在当时引起了新闻界的关注和报道。Wikitude AR 旅游指南与 G1 Android（安卓）手机于 2008 年 10 月发布，这是一款基于维基百科和 Panoramio 的手机旅游指南，用户通过搜索周围的地标，并在地图、列表和 AR 相机视图上查看，可以看到带注释的景观、山脉名称、地标描述和有趣的故事等信息。Wikitude 建立了专门网站，为全球数百万用户提供 AR 技术工具包[③]，该网站于 2024 年 9 月关闭，取而代之的是头戴式 Snapdragon Spaces™ XR 开发者平台[④]。2009 年，Saqoosha 将 ARToolkit 植入 Adobe Flash 开发出了 FLARToolkit，实现了网络浏览器的 AR 效果[⑤]。

2013 年 2 月，谷歌公司发布了第一款谷歌眼镜，这是一款眼镜外形的光学头戴式显示器，它可以向用户自动显示信息，还能识别用户的语音指令，让用户能够进行网络在线交流。2014 年 5 月，谷歌眼镜正式向公众发售。然而，用户对隐私和安全的担忧而导致了大量的批评和司法行为，谷

---

① Behringer R，Tam C，McGee J，et al. 2000. A wearable augmented reality testbed for navigation and control，built solely with commercial-off-the-shelf（COTS）hardware//Proceedings IEEE and ACM International Symposium on Augmented Reality（ISAR 2000）. Germany：IEEE：12-19.

② Thomas B H，Close B，Donoghue J. et al. 2000. ARQuake: an outdoor/indoor augmented reality first person application//Digest of Papers. Fourth International Symposium on Wearable Computers. Atlanta：IEEE：139-146.

③ "Wikitude"，https://www.wikitude.com/，2019 年 11 月 29 日。

④ "Snapdragon Spaces"，https://spaces.qualcomm.com/，2025 年 5 月 30 日。

⑤ Cameron C. 2010. Flash-based AR gets high-quality markerless upgrade. https://readwrite.com/flash-based_ar_gets_high-quality_markerless_upgrade/[2024-12-02].

歌公司于 2015 年宣布停止发售谷歌眼镜。2016 年，微软公司发售了一款名为"HoloLens"的 AR 眼镜，这实际上是一副混合现实智能眼镜[①]。同年，Niantic 面向 iOS（iPhone operating system，苹果手机操作系统）和 Android 平台发布了 AR 游戏"Pokémon GO"（宝可梦 GO），这款游戏迅速成为最受欢迎的智能手机应用程序之一，推动了 AR 游戏的流行。2018 年，谷歌投资的 AR 初创公司 Magic Leap 推出了其第一款产品"Magic Leap One"，这是一款带光场显示器的 AR 头戴式眼镜，包含显示器、音频和外部相机传感器、带触摸板的手持控制器。它可以处理扫描房间环境和分层全息对象，将虚拟的全息景象覆盖在真实的世界，即利用各种传感器和处理单元，以混合高清全息图与现实世界[②]。这些现实效果体现了从 AR 技术到 MR 技术的自然过渡。总之，各种用途的 AR 程序、硬件设备被大量开发，并提供给大众使用，一些主要的 AR 技术开发公司正在做更多的推进探索，包括 AR 隐形眼镜、AR 触摸屏、AR 试听一体头盔等。

　　AR 技术应用涉及游戏、娱乐、医疗、考古、建筑、商业和教育等领域，范围十分广泛。以教育领域为例，AR 技术已被用来补充标准课程，文本、图片、视频和音频可以叠加到学生的实时环境中。教科书、抽认卡和其他教育阅读材料可以成为嵌入的标记或触发器，当 AR 设备扫描时，这些标记或触发器可以向学生提供多媒体格式的补充信息，总之，AR 不仅限于为学生提供静态资料，还可以用于提供共享交互式内容，并定制每个学生接收的信息。此外，AR 技术设备甚至可以取代物理教室[③]。学生可以更真实地参与知识互动，他们不再是被动的接受者，而是可以成为主动的学习者，能够与他们的学习环境互动。计算机生成的历史事件模拟允许学生探索和学习事件现场每个重要区域的细节。在高等教育领域，一些 AR 应用程序的作用也很大，例如，"Studiertube""Construct3D"可以帮助学生学习机械工程概念、数学或几何，"Chemistry AR"可让学生使用手中的标记物体来可视化并与分子的空间结构互动，"HP Reveal"可用于创建研究有机化学机理的增强现实记事卡，或者虚拟演示如何使用实验室仪器。此

①　Loijens L W S. 2017. Augmented Reality for Food Marketers and Consumers. Wageningen：Wageningen Academic Publishers：25-26.

②　Stein S. 2017. Magic Leap One：the fabled AR headset is real，and it's available now. https://www.cnet.com/reviews/magic-leap-one-preview/[2020-11-06].

③　Berque D A，Newman J T. 2015. GlassClass: exploring the design，implementation，and acceptance of google glass in the classroom//Shumaker R，Lackey S. Virtual，Augmented and Mixed Reality：7th International Conference，VAMR 2015，Held as Part of HCI International 2015，Los Angeles，CA，USA，August 2-7，2015，Proceedings. Cham：Springer：243-250.

外，解剖学的学生可以在三维空间中看到人体的不同系统，使用 AR 技术作为学习解剖结构的工具，这已被证明可以增加学习者的知识，提高参与度和沉浸感[①]。

总之，AR 技术已应用到多个领域，有关 AR 应用程序的用户也日益增多。VR、AR 等技术已经广为人知，该类技术相关的软件、硬件还在不断发展当中，并逐渐向 MR 技术过渡。

二、基于虚拟现实和增强现实技术的高校图书馆延伸服务

高校图书馆的虚拟延伸服务的实现需要对各类新技术手段保持关注，并加以利用。VR 和 AR 技术的历史并不悠久，两种技术虽然相近，但是呈现效果不同。VR 和 AR 技术在图书馆领域都已得到应用，其中，高校图书馆的相关实践也较为丰富。

VR 技术在图书馆领域已经得到较多的、较为成熟的应用。相较之下，AR 技术则是更前沿的、更具灵活操作性的、更具可塑性的技术。AR 技术能够应用于高校图书馆中特藏文献的展示、游戏式的信息素养教育、读者交互信息的展现、活动和服务的动态推广等方面的实践，其应用前景较为广阔。

（一）虚拟现实技术和增强现实技术在图书馆领域的应用

在图书馆领域中，较多提到的是虚拟现实图书馆（virtual reality library），即汇集了计算机图形学、计算机仿真技术、多媒体技术、人工智能（artificial intelligence，AI）、人机接口技术、传感器技术、高度并行的实时计算机技术和行为学研究等多项关键技术，它是以计算机为核心，综合使用了各种最新技术，融合视、听、触觉为一体的模仿现实的三维空间再现技术[②]。2008 年，中国国家图书馆推出的"国家图书馆虚拟现实系统"，是 VR 技术首次在国内图书馆得到运用的实例。该系统包括三大部分："国家数字图书馆虚拟漫游"、"虚拟现实读者站"及"国家数字图书馆网上漫游"。这套系统中加入了手势识别功能，用户可以实现虚拟馆内游览、从书架上取书和翻看图书等体验，这是国内图书馆应用 VR 技术的首次尝试。近些年来，关注并应用 VR 技术的图书馆越来越多，这显然已经成为各类图书馆吸引用户的新方式之一。

---

① Moro C，Štromberga Z，Raikos A，et al. 2017. The effectiveness of virtual and augmented reality in health sciences and medical anatomy. Anatomical Sciences Education，10（6）：549-559.

② 吴慰慈，董焱. 2008. 图书馆学概论（修订 2 版）. 北京：国家图书出版社：267.

　　此外，基于 VR 技术的软硬件资源的供应方也非常乐于利用图书馆这个大平台，将其 VR 产品或有关资源进行传播，图书馆成为很多读者首次接触 VR 技术的平台。2017 年，奥克卢斯（Oculus）公司发起了一个项目，在美国加利福尼亚州的 90 个图书馆中放置 100 台"Oculus Rift"头戴设备和支持 VR 技术的电脑系统，目的是希望每个人都能参与到基于 VR 的新角色和经济活动中来①。此外，2019 年，英国广播公司（British Broadcasting Corporation，BBC）在几个月的时间里，先后为 150 多家图书馆的读者提供了 VR 视频节目和 VR 眼镜。该公司显然将图书馆作为推动新媒体节目的平台，而图书馆也认为这提高了其在数字技能和专业知识方面的能见度，积极响应这个项目②。总之，为读者提供基于 VR 技术的资源，国内外图书馆已有较多的实践。

　　同时，AR 技术在图书馆中的实践不一定少于 VR 技术，实际上，这两项技术都在图书馆中得到较多的应用。近年来，科技公司开发出了一些 AR 应用程序，加上智能手机的使用越来越广泛，使 AR 技术的应用较为常见。在图书馆领域，通过 AR 技术，读者可以在图书馆空间中构建独特的感观体验，图书馆的空间构造和资源布局大多以静态的方式呈现在读者面前，AR 技术可以为读者动态地、交互式地展示信息，这种感观体验有助于去除图书馆沉闷、乏味的气氛。并且，AR 技术的分层信息叠加方式可以帮助读者提高阅读乐趣，在传统印刷材料中添加生动、丰富的 AR 信息，这项工作已经得到图书出版商的重视，在旅游类、科普类、儿童类等图书中，已经出现了较多的利用 AR 技术以增强阅读体验的尝试。因此，图书馆也需要"赶上"这个潮流，引导读者利用相关的资源。此外，研究人员提出，图书馆可以使用免费和低成本的 AR 应用程序来创建自己的 AR 内容，以增强图书馆的可用性，并以此作为一种营销策略③。尽管 AR 仍然看起来比较科幻，但已经有使用 AR 技术开发的图书馆应用程序，AR 对图书馆的工作流程以及图书馆与用户共享信息的方式产生了重大影响。

　　综上所述，VR 和 AR 技术已经得到图书馆领域的关注，有关技术的软硬件供应方非常乐于将相关的资源通过图书馆平台进行推广，而图书馆也

---

① Strange A. 2017. Oculus installing free VR systems in nearly 100 California libraries. http://mashable.com/ 2017/06/07/oculus-rift-library-project/#0m81PwxxN5qb[2019-06-07].

② Watson Z, Lammiman D. 2019. Taking BBC VR to new audiences-in libraries. https://www.immerseuk.org/case-study/bbc-vr-library-tour/[2019-07-21].

③ Abram S. 2019. Internet of things and libraries: techonlogy trends that aren't "out-there" anymore!. https://lucidea.com/blog/internet-of-things-and-libraries/[2019-10-22].

在积极地探索、应用这类技术和资源，这类技术既能丰富馆藏资源、提升读者体验，又能强化图书馆与时代科技之间的关联性，以及图书馆与用户之间的纽带。未来，VR 和 AR 技术在图书馆领域的应用将更为广泛，本领域也需要对这类技术的进展与更新保持关注。

（二）虚拟现实技术应用于高校图书馆延伸服务的现状

VR 和 AR 技术在高校图书馆中的应用尝试较多，但是，多数的相关实践并未得到大量推广、未形成较大规模、不具备普遍性。VR 和 AR 技术的相关实践只是作为图书馆基础服务、常规工作的延伸，多以特色服务、研究专项、应用开发等形式体现。并且，VR 和 AR 技术本身具有较强的延展性，处于不断发展之中。因此，本书将基于 VR 和 AR 技术的相关实践纳入高校图书馆延伸服务的研究范畴中。

除了在传统馆藏资源的基础上构建 VR 资源之外，高校图书馆对 VR 技术及相关设备的应用也较多，主要有 VR 漫游和导读、VR 设备出借及相关技术指导、建立 VR 系统、在信息素养教育中应用 VR 等方面。

1. 在主页上实现全景漫游、资源导读、资源查找等功能

现在，很多高校图书馆的主页上嵌入了 VR 实景漫游功能模块，通过 360°全景高清动态图，网络用户可以在线漫游图书馆，观赏外部环境、建筑外观和内景，以及体验馆藏资源的 VR 导读。例如，西安交通大学图书馆在其网站上设置的"图书馆全景布局 VR"，细致展现了钱学森图书馆和西校区图书馆的外观、内景和特色空间资源[①]。这类利用 360°全景和 VR 技术制作图书馆漫游、资源导读的网页也可嵌入音频，即添加一些语音介绍，以便加深网络"游客"对图书馆的认识。在条件许可的情况下，也可以对全部资源进行 VR 技术加工，这样即可实现资源导读、查找的功能。

2. VR 设备的出借及相关技术的指导

美国内华达大学里诺分校（University of Nevada，Reno）的德拉玛科学与工程图书馆（DeLaMare Science and Engineering Library）于 2013 年开始提供 VR 设备的出借服务，以及相应的技术指导。由于该项服务受到欢迎，所以该馆增添了更多的 VR 设备资源，包括常见的 VR 设备如 Oculus Rift、VR One、HTC Vive、Leap Motion 等。该馆认为，VR 设备资源能

---

① 《图书馆全景布局 VR》，http://web.lib.xjtu.edu.cn/info/1027/14283.htm，2024 年 12 月 2 日。

够为大学的跨学科学习和研究创造合作机会，以此为基础，他们还向基础教育领域延伸，参与、支持当地学校和社区的"超学科教育"——STEAM，即科学（science）、技术（technology）、工程（engineering）、数学（mathematics）[1]。

3. 建立图书馆 VR 系统

VR 系统使用 VR 头戴式设备或投影环境来生成逼真的图像、声音和其他感觉，以模拟用户在虚拟环境中的实际存在。图书馆 VR 系统包括软件资源、硬件资源和空间资源等方面，较为综合的体现方式是以 VR 实验室或 VR 工作室的形式，提供给大学用户。例如，美国西密歇根大学（Western Michigan University）图书馆的 VR 实验室向大学用户开放，以此满足学生、教师、研究人员的游戏、娱乐、教学、技术开发等需求[2]。特里·塞利格曼 VR 工作室（Terry Seligman VR Studio）是亚利桑那大学（The University of Arizona）第一个公共 VR 工作室。该工作室是研究、学习和多媒体制作的前沿领域[3]。总之，这类 VR 实验室或 VR 工作室为用户提供常见的 VR 软硬件，用户可以在这里玩 VR 游戏、看 VR 视频，也可以在这里进行与教学、研究相关的活动。

4. VR 在图书馆信息素养教育中的应用

现在，大学图书馆对读者的信息素养教育的关键组成部分是数字素养教育，基于 VR 技术的软件安装与使用、硬件的功能与利用，这些本身就是数字素养教育的内容。此外，通过 VR 技术手段进行常规的读者教育，可以达到"沉浸式"的教学效果，并增加学习的乐趣。一方面，利用 VR 技术展开一次性讲座，提高读者的学习动机可能会增加其对进一步学习、调查的兴趣；另一方面，利用 VR 技术开展为期一学期的课程，提高读者的学习动机可以减少信息素养课程中的学生的流失[4]。

当然，由于 VR 技术目前已经较为成熟，其在高校图书馆中的应用较多，并不限于以上提到的几个部分。实际上，由于 AR 技术更具前沿性，早已引起了高校图书馆的兴趣，AR 技术可能与 VR 技术并行应用，或者交

① Klenke C，Colegrove T. 2016. Virtual reality: how academic libraries can support teaching，learning，and research in new ways//ICERI2016 Proceedings. Seville：IATED：4000.
② "Virtual Reality Lab"，https://wmich.edu/library/vr，2019 年 11 月 30 日.
③ "Virtual Reality（VR）Studio"，https://lib.arizona.edu/study/spaces/vr-studio，2024 年 12 月 2 日.
④ Lund B D，Wang T. 2019. Effect of virtual reality on learning motivation and academic performance：what value may VR have for library instruction？. Kansas Library Association College and University Libraries Section Proceedings，9（1）.

叉应用。所以，与 VR 和 AR 技术相关的高校图书馆延伸服务没有严格意义上的、界限分明的归类。

（三）增强现实技术应用于高校图书馆延伸服务的现状

从已经有的实践案例和研究成果来看，基于 AR 技术的高校图书馆延伸服务已经有较多的尝试，大致可归纳为古籍的利用与保护、馆藏历史资料的展示、文献资源位置的揭示、馆藏资源信息获取及传递等几个方面。

1. 古籍的利用与保护

英国曼彻斯特大学（The University of Manchester）Mimas 学术数据中心与几所大学图书馆合作，开展了名为 SCARLET（2011 年 6 月至 2012 年 5 月）的项目，建立了一支由馆员、研究员、技术人员、学生组成的团队，该项目尝试将 AR 技术嵌入教学实践和学生评估的工作中。SCARLET 项目应用 AR 技术，一方面让用户在学习与教学中使用古籍、手稿等特藏文献，使其在体验原始材料魅力的同时，获取相关的数字信息（如图像、文本、在线学习资源和信息），增强用户对特藏文献的学习体验；另一方面，图书馆将 AR 技术应用于特藏文献，有利于对古籍、手稿的保护，特藏文献的数字化可方便用户多次调用，而不需要查阅原始材料。此后，研发团队推出了后续项目 SCARLET+（2012 年 6 月至 2013 年 4 月），成功地与另外两所英国大学一起将 AR 技术应用到 SCARLET 和 SCARLET＋项目中，将 AR 技术应用于教育以及特殊馆藏的利用与保护，同时，在技术上较上一期项目有所推进，开发相关 AR 应用程序是进步之一[①]。2014 年，美国宾汉姆顿大学（Binghamton University）图书馆开发的"AR 神奇书"（AR Magic Book），也是高校图书馆应用 AR 技术较为成功的一次尝试。通过大量的编程和编码，AR Magic Book 使用 AR 来实时跟踪页面，每个页面对应特定的页面内容，即如果翻到某本书的第 11 页，则可以将第 11 页的内容投射到 AR Magic Book 上，该系统可以使读者阅读真实的书本，并同步获取数字内容[②]。

2. 馆藏历史资料的展示

2010 年，美国北卡罗来纳州立大学（North Carolina State University）图书馆开发了一款基于 AR 技术的，名为"狼行"（WolfWalk）的应用程序，

---

① Skilton L，Ramirez M，Armstrong G，et al. 2013. Augmented reality in education：the Scarlet＋Experience. http://research.uca.ac.uk/1400/[2019-12-03].

② "Faculty senate committee annual reports 2014-2015"，https://www.binghamton.edu/faculty-senate/docs/Annual%20Reports.pdf，2025 年 4 月 12 日。

该程序可以使用移动定位系统识别用户的地理位置，进而推送图片信息，包括 1000 幅北卡罗来纳州历史上的重要人物、地点和事件的照片，这些照片的原件由图书馆、档案馆收藏。据介绍，WolfWalk 程序的宗旨是通过移动设备上的数字馆藏探索新的用户交互模型[①]。受此启发，俄勒冈州立大学（Oregon State University）图书馆随后开发了"海狸踪迹"（BeaverTracks）程序，这也是一个互动式移动指南，系统通过定位，为用户推送相应的图像信息和简短的历史记录。其意义在于，通过将历史图像链接到当前校园位置来将过去与现在联系起来[②]。此类程序结合了移动导航定位，向用户生动地展示了馆藏历史资料和相应的信息，这是将馆藏历史资料数字化并进行有效传播的有益尝试。

3. 文献资源位置的揭示

2003 年，芬兰奥卢大学（University of Oulu）图书馆开发出可感知用户位置的"智慧图书馆"（SmartLibrary）程序，为用户在移动终端上提供书籍、馆藏的地图指南。这是完全基于软件的解决方案，运用 RFID（radio frequency identification，射频识别技术）和 Wi-Fi 技术，在无线网络访问上进行配置，而无需任何其他硬件。经过初次测评，用户认为在查找书籍时使用该程序优于传统书架分类[③]。另一个早期的相关尝试是美国迈阿密大学（University of Miami）图书馆于 2011 年开发出的"排架 AR"（ShelvAR）程序，这是用于图书馆书架读取和排架管理的 AR 工具，馆员通过使用手机或平板，先将程序打开，然后用摄像头对准书架上的图书，Shelv AR 会显示这一架书的位置是否正确，并作标记，正确的用绿色"√"表示，错误的用红色"×"表示，这款应用程序巧妙应用了 AR 技术，可以帮助馆员自动、批量地核对图书排架情况[④]。通过 AR 技术，结合 GPS、Wi-Fi、RFID、QR（quick response，快速响应）码等技术，可以实现对图书馆地理位置、馆藏位置等的定位。国内相关的尝试如下。2013 年，北京邮电大学曾祥满应用 QR 码和 AR 技术，尝试开发了图书

---

① "WolfWalk"，https://www.lib.ncsu.edu/projects/wolfwalk，2019 年 12 月 6 日。

② "BeaverTracks"，https://library.oregonstate.edu/beavertracks，2019 年 12 月 6 日。

③ Aittola M，Ryhänen T，Ojala T. 2003. SmartLibrary-location-aware mobile library service//Chittaro, L. Human-Computer Interaction with Mobile Devices and Services：5th International Symposium, Mobile HCI 2003, Udine, Italy, September 8-11, 2003, Proceedings. Berlin：Springer：411-416.

④ Brinkman B，Brinkman S. 2013. AR in the library：a pilot study of multi-target acquisition usability// 2013 IEEE International Symposium on Mixed and Augmented Reality（ISMAR）. Adelaide：IEEE：241-242.

馆信息浏览系统，根据读者在图书馆内的当前位置提供直观的、个性化的当前书架图书和周围图书分布情况等信息[①]。2014 年，周伟等尝试采用 QR 码技术、馆内定位和 AR 技术，设计并实现了基于 Android 和 ARToolKit 的馆内导航系统，帮助读者快速找书[②]。

4. 馆藏资源信息获取及传递

美国伊利诺伊大学图书馆于 2015 年开发了一款名为"主题空间"（Topic Space）的基于 AR 技术的应用程序。通过嵌入光学字符识别软件，AR 应用程序可以识别图书馆中的签名，并向用户推送附近架位上的其他相关馆藏资源的信息，以及已经借出去的相关馆藏资源的信息[③]。这是对利用 AR 软件作个性化信息推送的有益尝试。2014 年，波茨坦应用技术大学（Fachhochschule Potsdam University of Applied Sciences）启动开发了"我的图书馆 AR"（myLibryAR）应用程序项目，这是一款基于 AR 的应用，可使用户获取馆藏资源信息。此后，该程序一直得到优化，到 2016 年，myLibryAR 具有更多功能，用户可以通过"VOEBB""Goodreads"网站获取书目信息和书评，并通过 Facebook、Twitter 或邮箱进行分享[④]。AR 技术的信息叠加功能特别适合应用于多层信息推送，同时，在 WLAN（wirelessLAN，无线局域网）或 Wi-Fi 等网络技术支持下，用户可以对获取的信息进行传递、分享等操作，进一步激发读者对馆藏资源的兴趣。

在高校图书馆中，越来越多有关 VR、AR 技术的相关实践正在进行，这些尝试的角度多样、方式各异、效果不同，两种技术的应用可能是并行的或交叉的。高校图书馆愿意尝试同时运用这两种技术，让用户获得不同的体验，也为用户的教研、学习提供更多的技术资源。密西西比州立大学（Mississippi State University）图书馆最近计划建立一个 VR/AR 实验室[⑤]，这就是一种积极尝试。

①　曾祥满. 2013. 增强现实技术在图书馆个性化服务平台中的应用研究. 北京：北京邮电大学：5.

②　周伟，陈立龙，宋建文. 2015. 基于增强现实技术的图书馆导航系统研究. 系统仿真学报，27（4）：810-815.

③　Hahn J，Ryckman B，Lux M. 2015. Topic space：rapid prototyping a mobile augmented reality recommendation app. https://journal.code4lib.org/articles/10881[2019-12-16].

④　Freyberg L，Wolf S. 2016. Dienstleistungen einer SmART Library-Anwendungspotentiale von augmented reality in Bibliotheken. Medienproduktion-Online-Zeitschrift für Wissenschaft und Praxis，9：11-13.

⑤　Marshall D H，DuBose J，Archer P. 2019. Mixed Reality Lab at Mississippi State University Libraries. Public Services Quarterly，15（1）：51-58.

不过，相比较而言，VR 技术的应用较为成熟，AR 技术的应用则更为前沿，AR 技术在高校图书馆延伸服务中更具广阔的应用前景。

（四）增强现实技术应用于高校图书馆延伸服务的前景

AR 技术——尤其是移动 AR 技术运用于图书馆服务的方向具有多种可能性，国外的相关研究偏向对利用 AR 技术实现图书馆某方面工作的研究和探讨，例如，贝林·帕兹卡（Behrang Parhizkar）和哈利玛·巴迪奥泽·扎曼（Halimah Badioze Zaman）探讨了 AR 技术在保护图书馆珍本书、手稿等文献中的作用①；艾德里安·沙提（Adrian Shatte）等提出了图书馆移动 AR 的运用方向之一是图书馆管理，但是由于关联感知（context-awareness）功能的缺乏，目前 AR 在图书馆管理领域中的尝试较少，经过实验测试，他们认为基于代理（agent-base）的移动 AR 技术可以克服关联感知缺乏这一问题，有望成为图书馆管理领域的工具②；布鲁斯·马斯易斯（Bruce Massis）认为 VR 或者 AR 技术可以被看作信息素养教育的有效工具③。这些研究对于 AR 技术在图书馆工作的应用做了初步的设想和实验，尚属于尝试和探索阶段。

国外相关领域也有讨论 AR 技术在图书馆应用前景方面的研究，吉姆·翰恩（Jim Hahn）指出移动 AR 在图书馆中的运用前景有：增强物理书架的浏览、图书馆导航、光学字符识别、人脸识别以及开发移动身份识别软件等④；费尔南德斯·皮特（Fernandez Peter）讨论了 AR 技术与其他相关技术如 QR 码、近场通信、地理标记和地理定位等的结合，可以在图书馆中实现多样化的运用，如多种方式的馆内游览、电子书及网络资源的交互式体验、特藏资源的虚拟展示等⑤。可以看出，国外研究人员对 AR 技术的优势有比较清晰的认识，在探讨 AR 技术在图书馆的应用

① Parhizkar B，Badioze Zaman H. 2009. Development of an augmented reality rare book and manuscript for special library collection（AR rare-BM）//Zaman H B，Robinson P，Olivier P，et al. Visual Informatics: Bridging Research and Practice: First International Visual Informatics Conference，IVIC 2009 Kuala Lumpur，Malaysia，November 11-13，2009 Proceedings. Berlin: Springer: 344-355.

② Shatte A，Holdsworth J，Lee I. 2014. Mobile augmented reality based context-aware library management system. Expert Systems with Applications，41（5）: 2174-2185.

③ Massis B. 2015. Using virtual and augmented reality in the library. New Library World，116（11/12）: 796-799.

④ Hahn J. 2012. Mobile augmented reality applications for library services. New Library World，113（9/10）: 429-438.

⑤ Fernandez P. 2014. "Through the looking glass: envisioning new library technologies" augmented reality in the（real）library world "part two". Library Hi Tech News，31（3）.

前景时，也比较注重将 AR 技术与其他相关技术结合起来，各类技术综合应用，可以使图书馆服务得到更多延伸的可能性。

国内图书情报领域研究人员对 AR 技术在图书馆服务中的应用前景大多持有较积极的态度，相关研究已经取得了一些成果和共识。付跃安认为 AR 技术在图书馆的应用包括五方面：提供图书馆指引服务、实现图书定位、提升阅读体验、开展信息推送、促进馆藏资源的开发和利用[①]；王璞提到移动 AR 技术在国外文化教育领域的应用已经取得长足进步，如在古建筑研究、博物馆展览、增强旅行、校园导航以及古籍阅读等方面，他总结得出了 AR 技术在图书馆的应用可以体现在：图书排架与资源融合、AR 多媒体图书、AR 图书馆导航、AR 光学字符识别和 AR 个性化服务等方面的结论[②]；张凌云认为 AR 技术在图书馆的应用前景有：图书馆导引、图书排架管理、图书架位导航、文献资源多元化、信息服务、用户教育等[③]；王姗姗和方向明认为 AR 技术对图书馆工作的意义和作用在于：便于用户发现文献、增强馆舍空间对用户的"透明度"、引导用户进行拓展性阅读、给用户带来愉悦的阅读体验、提升展览服务效果几个方面[④]；廖宇峰认为 AR 技术在图书馆的应用主要包括个性化阅读指导服务、资源利用模式、个性化借阅、资源的全面开发融合和智能排架等方面[⑤]。

以上国外和国内相关研究观点既有聚合性，又存在分散性。对于 AR 技术在图书馆的应用前景，有些研究做了综合的、笼统的归纳，有些则做了具体的设想或实验。研究人员探讨了目前 AR 技术运用于各类图书馆服务，以及高校图书馆运用 AR 技术的前景。

然而，AR 系统需要多种技术构架，如显示技术、跟踪和定位技术、界面和可视化技术、标定技术等，同时还面临着其他的难关，如像素问题、加载速度、终端设备、应用程序的易用性等。只有这些技术问题和难关都得以克服，AR 技术才能真正运用于高校图书馆的各种延伸服务。因此，短时间内 AR 技术运用于高校图书馆只能是小范围的、单个功能模块的逐步尝试。

---

① 付跃安. 2013. 移动增强现实（AR）技术在图书馆中应用前景分析. 中国图书馆学报，39（3）：34-39.
② 王璞. 2014. 移动增强现实技术在图书馆中的应用研究. 图书与情报，（1）：96-100.
③ 张凌云. 2015. 增强现实技术在图书馆应用初探. 图书馆工作与研究，（9）：34-37.
④ 王姗姗，方向明. 2015. 增强现实技术对图书馆的意义和作用. 图书情报工作，59（3）：90-94.
⑤ 廖宇峰. 2017. 增强现实（AR）技术在图书馆中的应用研究. 情报资料工作，（1）：62-66.

近几年，得益于智能手机、平板和其他移动设备的技术发展，移动 AR 技术逐渐开始有了更多的用武之地。从技术的角度来看，AR 大致分为两类：基于标记的系统和无标记的系统。基于标记的系统使用物理图案或图像作为要覆盖的计算机图形的参考点。而无标记的系统通过内置的定位传感器（如 GPS）使用基于位置的数据来验证用户在现实世界中的位置，并查询数据集最终决定屏幕显示的内容。两种系统可以是独立的，也可以是合并的，基于这些技术特征，可开发不同的应用项目，为用户提供多种延伸服务。已有的研究和实践显示，高校图书馆目前可以尝试开展的基于 AR 技术的延伸服务包括以下几种。

1. 特藏文献及相关背景的 AR 景象制作和展示

"增强旅行"是 AR 技术应用于图书馆服务中的一大亮点，AR 技术在一些博物馆、文物保护部门等场所运用较多，这是出于保护文物的目的，也有利于文物的全方位展示和传播。高校图书馆可以挑选部分"镇馆之宝"，如平时闭架、不提供借阅的古籍、手稿、画作、地图，或者大学、本馆的发展历史等资料，尝试做出 AR 视频，吸引读者深入了解相关的知识和信息，通过大屏幕设备、网络进行展示，既让特藏文献"活"起来，又增添了读者的阅读乐趣。

2. 加入游戏元素的图书馆延伸服务

高校图书馆可开展有趣味性、有奖励的馆内游览或"寻宝"类活动，目前移动 AR 游戏大受追捧，以游戏 ARInvaders 为例，这款游戏引入 AR 技术，战场建立在周围真实场景之上，加上移动终端的摄像头、陀螺仪、重力感应等功能，能够让玩家捕捉实时画面，在实景中行动并完成预设的任务。身临其境的感受是 AR 游戏最吸引人之处，如果高校图书馆能够借鉴一点游戏的元素，开发出类似的 APP，设置图书馆、读者、书籍等相关的游戏角色或游戏任务，将需要传递的信息嵌入游戏当中，使学生读者在游戏过程中熟悉馆藏资源，学习到图书馆基本知识。这种"寓教于乐"的方式将为图书馆信息素养教育方式提供更多的可能性。

3. 图书书目信息、被借阅历史、书评信息等集成展示与互动功能

除了现有研究中提到的 AR 技术运用于书库导航、图书定位之外，还可以在此基础上增加更多的交互式体验功能模块，通过 AR 将其他信息叠加到物理对象上，用户可以通过查看其他数字内容来进一步查找他们感兴趣的事物。例如，读者根据 AR 系统定位找到一本书时，通过扫

描图书封面、QR 码、条形码等识别出图书，同时可以在手机上点击选项，看到该本图书的详细书目信息、最近几次被谁借阅过、其他读者对此书的评价、电子书资源链接以及相关主题/作者的图书推荐等信息。

4. 图书馆文化活动的动态推广

很多高校图书馆每年举办文化节、读书节之类的校园文化活动，在这类活动中加入 AR 技术元素，可能会吸引更多读者参与。例如，在文化节中展示 AR 图书，有些图书出版机构已经出版了此类图书，不过大多数是面向儿童的科普类读物，需要挑选出适合大学生或者任何年龄层读者的 AR 图书，以引起读者的阅读兴趣；另外，可以将一些活动预告通过 AR 技术做全方位的介绍和推送，吸引读者前来参与；或者将之前举办的活动（如真人图书馆、名人讲座之类的）及时录制，再通过 AR 技术，转成全景视频，读者可随时点击播放，重温当时的景象。

总之，AR 技术的虚实场景结合、实时交互性和可跟踪定位的特点，使其在图书馆领域的运用具有多种可能性，而且这项技术本身也在不断发展中，如 MR，建立在 VR 加 AR 的概念之上，指的是合并现实和虚拟世界，同时加上数字信息，而产生的全新的可视化环境。在新的可视化环境里，物理对象、虚拟画面和数字信息共存，同时可以实时互动，如果这些技术成熟，人类可以像在科幻电影里面一样，在混合现实中获取数字化全息影像，届时的图书馆将变得更加多姿多彩、无所不在。

第四节　基于空间视角的高校图书馆延伸服务

图书馆服务的延伸始于对其物理空间的突破，因此，空间是图书馆延伸服务必然需要考量的重要维度。空间本身的含义是丰富的，包括真实的物理空间和互联网的虚拟空间，以及远超物质和精神的"第三空间"。"第三空间"既是真实的，又是想象的。正如图书馆的空间，它既可以是真实存在的、可以测量的、看得见摸得着的；又可以是存在于读者意识里的镜像、不可测量、看不见摸不着的。也有人认为，图书馆是"除了家和工作地以外的公共场所"，即"第三空间"，是"伟大的好地方"（great good places）。从"第三空间"的角度来看，图书馆可以成为人们学习、休闲、娱乐、交流的大平台，具有中立性、平等性、交流性、包容性等特点。此外，"虚拟第三空间"的概念也适合图书馆语境，虚拟读者可以在虚拟图书馆中获取信息资源，也可以进行交流、分享等行为。

空间的理论视角是十分广阔的，物理空间、虚拟空间、"第三空间"的视角，为理解高校图书馆及其延伸服务提供了不同的思路。因此，基于空间的视角，对高校图书馆延伸服务进行深入思考，是构建相关理论与实践的重要途径。

一、"第三空间"的理论观点及图书情报领域的共鸣

现代信息技术的推陈出新和社会的不断变迁，时刻影响着人们的信息行为、阅读习惯、学习方法。在过去几十年中，大多数高校图书馆顺应时代潮流，逐步地将以纸质印刷馆藏为中心的服务向数字化、网络化的馆藏及相关服务延伸。在数字馆藏获取、网络咨询服务日趋完善，以及互联网信息资讯发达的情况下，图书馆建筑的物理空间在用户心目中的重要性可能下降，甚至有人提出：用户在图书馆围墙之外可以获取其所需文献信息资源，为什么还要来图书馆？高校图书馆建筑空间的性质与价值、作用与功能、布局与设计等方面的问题得到重新思考。

在这一过程中，"第三空间"的理论观点为相关研究提供了较为切实的思路，带来了较为深远的影响。图书馆的空间被赋予了更多的含义——合作与交流空间、创客空间、展示与表演空间、文化空间等。为了适应大学读者学习和研究需求的变化，高校图书馆也在逐渐重视发挥其空间的平台作用，其中，为读者搭建足够的小组或协作学习空间（group or collaborative study-learning commons）、信息共享空间（information commons）等显得尤为重要[1]。此外，诸如真人图书馆、阅读沙龙、观影会、兴趣讨论组等各类交流与分享平台性质的活动也越来越多地出现在高校图书馆中。从"图书馆是一个场所"向"图书馆是一个平台"的延伸，为重塑 21 世纪高校图书馆提供了更多的思路，图书馆成为读者互相联系与学习、创造与融合、展示与讨论成果，以及获取和保存共有知识的中心[2]。

（一）"第三空间"相关理论观点

"第三空间"的理论之一是从亨利·列斐伏尔（Henri Lefebvre）的空间论证法中衍生出来的，即空间具有生产性和社会性。爱德华·索亚（Edward

---

[1]　Mosley P，Alderman J，Carmichael L R. 2015. Making it fit: reshaping library services and spaces for today's students. Journal of Access Services，12（3/4）：91-103.

[2]　Andrews C，Downs A，Morris-Knower J，et al. 2016. From "library as place" to "library as platform"：redesigning the 21st century academic library//Hines S S，Crowe K M，The Future of Library Space. Leeds：Emerald Group Publishing Limited，36：145-167.

William Soja）在其著作中提出"第三空间"是一种空间思维模式，它借鉴了传统二元论的物质和精神空间，但其范围、实质和意义则远超物质和精神空间。索亚认为"第三空间"是"一切都结合在一起……主观与客观，抽象与具体，真实的与想象的，可知的与不可想象的，重复的与不同的，有构造的和代理的，心理的和身体的，意识和潜意识的，学科的和跨学科的，日常的和悠久的"[①]。索亚提出的"第三空间"看似包含了很多相互矛盾的含义，但是，正是这些矛盾统一体，才向人们更好地描绘了"第三空间"深层的、广阔的意境。图书馆正是超越物质和精神空间的"第三空间"，它既是真实的——建筑外观和馆内资源是真实的，可以测度的，是用户看得见摸得着的；它又是想象的——每个人的心目中有不同的化身，在每一位读者的意识里有不同的镜像，这些是不可测量的，是用户看不见摸不着的。总之，图书馆空间的范围、实质和意义远超物质和精神空间，它是复杂、矛盾的"第三空间"。

　　"第三空间"的理论之二是雷·欧德伯格（Ray Oldenburg）提出的。他认为人的"第一空间"（first place）是家，即居住的地方；人的"第二空间"（second place）是工作场所，这是人们花费大部分时间的场所；"第三空间"（third places）则是"除了家和工作场所以外的公共场所"，这是社区生活的"锚"，是可以促进更广泛、更具创造力的互动场所。"第三空间"是"伟大的好地方"，其特征主要有中立性、平等性、交流性、包容性等，人们在"第三空间"的主要活动是通过谈话进行思想交流，获得不同的经验和乐趣[②]。"第三空间"是人们可以放松的公共场所，是可以遇到熟悉的面孔并结识新的朋友的地方[③]。其他参与探讨这一问题的学者总结出"第三空间"具有的八个特征。①中立性，人们在"第三空间"不受财务、政治、法律或其他方面的束缚，可以随意出入。②平等性，"第三空间"不重视个人的社会地位，在这个公共场所人人平等，因而营造出和谐的社区氛围。③对话是主要活动，尽管这不是唯一的活动，但是愉快的对话是活动焦点，对话的气氛是轻松、幽默、机智、善意的。④配备无障碍设施和住所，"第三空间"是开放的，人们可以轻易到达，必要时还可以短时居住在内。⑤拥有常规用户，"第三空间"聚集了许多常规用户，这些常客有助于形成"第

---

①　Soja E W. 1996. Thirdspace: Journeys to Los Angeles and Other Real-and-Imagined Places. Oxford: Wiley-Blackwell: 11-57.

②　Oldenburg R. 1999. The Great Good Place: Cafes, Coffee Shops, Bookstores, Bars, Hair Salons, and Other Hangouts at the Heart of a Community. Cambridge: Da Capo Press: 20-33.

③　White R. 2018. A third place. New Zealand Geographic, （152）: 6.

三空间"的基调和特色，吸引新用户，并使新用户受到热情欢迎，使其能够适应"第三空间"。⑥低调，"第三空间"通常是有益的，内部不会给人奢侈或夸张的感觉，也不会给人势力、狂妄的感觉，它接受来自不同领域的所有类型的人。⑦轻松的氛围，"第三空间"内的对话不带敌意，是娱乐的、轻松的、幽默的。⑧另一个家，在"第三空间"的人常常感受到家的温暖和归属感，他们觉得自己的一部分属于"第三空间"，并通过在"第三空间"中度过愉快时光获得精神上的再生感[1][2]。

从以上八个特征来看，图书馆正是"第三空间"的一种，其特质在很大程度上符合以上所述的"第三空间"的特征。图书馆具有中立性，人们可以自由出入图书馆；图书馆具有平等性，不同阶层的用户都可在图书馆获取资源和服务；对话是图书馆中的重要活动，对话有时以阅读这种无声的方式进行，有时以讲座、讨论等有声的方式进行；绝大多数图书馆配备了无障碍设施，读者可以在图书馆小憩，但只有少数图书馆可容纳入住；图书馆拥有常规用户，常规用户的类型决定了图书馆的基调；图书馆是低调的、务实的，它接受不同类型的读者；图书馆的氛围是轻松的、向上的；图书馆能给人带来家的归属感和精神上的满足感。总之，图书馆是除了家、工作场所以外的重要的"第三空间"。

除此之外，欧德伯格的"第三空间"理论也引起了计算机和互联网领域的研究者的回应，他们认为对"第三空间"问题的探讨可以转移到虚拟世界，即"虚拟第三空间"[3]。"第三空间"这个概念被用来描述电脑中介环境（如聊天室和多用户环境）的通信。这种倾向是合理的，因为某种程度上，虚拟世界不过是物理世界通过互联网产生的镜像。在互联网时代，人们的公共活动方式发生了很大变化，虚拟社区成为"第三空间"的表现形式之一。有学者指出提供互联网访问的"第三空间"可能会产生"空心效果"（hollow effect），即用户实际上在场，但他们彼此之间没有真实接触，仅仅是被网络联结在一起[4]。不过，所谓的空心效果对"第

① Myers P. 2012. Going Home：Essays，Articles，and Stories in Honour of the Andersons. Durham：Lulu. com：37.

② Quandt T，Kröger S. 2013. Multiplayer：The Social Aspects of Digital Gaming. London：Routledge：114.

③ Soukup C. 2006. Computer-mediated communication as a virtual third place：building Oldenburg's great good places on the world wide web. New Media & Society，8（3）：421-440.

④ Proff H，Fojcik T M. 2017. Innovative produkte und dienstleistungen in der mobilität-technische und betriebswirtschaftliche aspekte-schlussbetrachtung//Proff H，Fojcik T M. Innovative Produkte und Dienstleistungen in der Mobilität：Technische und betriebswirtschaftliche Aspekte. Wiesbaden：Springer：595-597.

三空间"的作用与意义并未产生太多负面影响。正如高校图书馆的虚拟读者，他们通过互联网访问图书馆资源，参与图书馆活动，身处何处不重要，彼此见面与否也不重要，重要的是在互联网环境下，他们也是虚拟图书馆"第三空间"的用户。虚拟图书馆可以满足虚拟读者对文献、信息、资源等的需求，也可以为虚拟读者搭建交流、分享的平台。

（二）图书情报领域对"第三空间"观点的共鸣

　　"第三空间"相关理论引起了国外和国内很多图书情报领域研究者的共鸣，相关的研究成果较多。其中，有一部分研究对高校图书馆作为"第三空间"的问题进行了深入探讨。山姆·德马斯（Sam Demas）和杰夫瑞·谢勒尔（Jeffrey Scherer）的一项研究中对图书馆建筑空间的设计进行了深入探讨，他们从阅读学习空间、合作工作空间、技术无关区域（technology-free zones）、档案和特殊馆藏、文化活动空间、特定年龄空间（age-specific spaces）、共享空间、自然光照和景观、内部设计趋势等方面讨论了图书馆建筑空间设计的问题。并且，该研究还探讨了图书馆在社区的建构中所起到的重要作用，认为图书馆可以满足人们成为社区中一员的需求。在大学校园里，图书馆是具有开放性和包容性的"第三空间"，为教职工和学生提供了舒适的场所，为来自不同学科、不同社会、不同政治背景，或者不同经济阶层的人创造了会见和交流的机会[①]。这一项研究采用了"第三空间"的视角，分别探讨了图书馆物理空间的划分及其最佳表现形式，以及图书馆作为"第三空间"的作用与意义等问题。

　　在高科技社会中，人们之间的个人联系和社区意识在逐渐丧失，"第三空间"有助于促进人际交往和社区互动。在大学校园中，学生、教职员工和管理人员需要除寝室、课室之外的"第三空间"作为相互交流的场所。玛吉特·科迪斯波蒂（Margit Codispoti）和苏珊·弗雷（Susan Frey）认为构建学习和协作中心成为高校图书馆的新使命，这使其成为大学校园的心脏和大学社区的"第三空间"。他们以印第安纳州（Indiana）的两所大学的图书馆服务为例，展示了大学图书馆如何实现其新使命，即作为学生与学者见面、合作和交往的"第三空间"。这两所图书馆分别是赫尔姆克图书馆（Helmke Library）和坎宁安图书馆（Cunningham Library），它们的改变包括在图书馆设置咖啡厅，允许外卖食物进入图

---

① Demas S，Scherer J A. 2002. Esprit de place：maintaining and designing library buildings to provide transcendent spaces. American Libraries，33（4）：65-68.

书馆，将空间转化为可以移动墙壁和屏幕的流动空间，增加绿色植物，创造额外的休闲座位区，举办有免费餐饮的图书馆聚会等，营造了作为大学"第三空间"的图书馆社区的氛围。该研究认为，"第三空间"概念是建立图书馆社区的重要框架，图书馆需超越作为存储库的形象，在校园内建立社区，解决数字时代造成的孤立和疏远的情况，并开发创新思维的学习环境[①]。

"第三空间"的概念是指所有除了家和工作地的公共场所，因此，包括商场、酒吧、餐馆、咖啡馆、艺术馆、博物馆等在内的让人们进行谈话、交流、共享等活动的场所都是"第三空间"。图书馆可从其他"第三空间"的运转中获取经验，营造其"第三空间"的氛围。郭育凯从咖啡连锁店"星巴克"的运营中提炼了一些成功经验，认为高校图书馆营造"第三空间"必须从环境、制度、服务、馆员队伍及阅读氛围等方面进行[②]。参考咖啡馆的"第三空间"氛围，并植入到高校图书馆"第三空间"氛围的营造中，为图书馆发挥休闲、交流的功能提供了好建议。

苏珊·蒙哥马利（Susan Montgomery）和乔纳森·米勒（Jonathan Miller）从"第三空间"理论的角度，提出高校图书馆建筑的核心作用将不再以馆藏为主，其信息服务的中心点作用也将被削弱，高校图书馆建筑的核心作用将体现在其作为"第三空间"的作用，为用户的合作学习、社区互动等提供场所[③]。这项研究提出高校图书馆不再以馆藏为主，不再是信息服务的中心，部分反映了客观现实，然而，图书馆作为"第三空间"的作用和影响日益强化，不一定要以削弱馆藏、信息服务等为代价。至少在现阶段，高校图书馆的馆藏还是很重要的，只是需要调整资源的结构、数量、比重等。高校图书馆信息服务不可完全摒弃，对大学科研、教学的咨询参考等工作，可体现高校图书馆服务的学科化、专业化。

吴惠茹提出高校图书馆作为"第三空间"具有文化空间价值、社交空间价值和休闲空间价值，实现这些价值的途径包括营造人性化的空间环境、建立知识共享空间、打造交流互动空间、开展多元化休闲服务等，其保障因素有理念、人员、制度等[④]。高校图书馆作为"第三空间"的价

① Frey S, Codispoti M. 2010. The library as "third place" in academe: fulfilling a need for community in the digital age. Library Faculty and Staff: 6.
② 郭育凯. 2009. 从"星巴克"看高校图书馆营造"第三空间". 图书馆建设，（12）：65-67，71.
③ Montgomery S, Miller J. 2011. The third place: the library as collaborative and community space in a time of fiscal restraint. College & Undergraduate Libraries，18（2/3）：228-238.
④ 吴惠茹. 2013. 高校图书馆作为校园第三空间的价值及其实现. 图书馆工作与研究，（5）：14-17.

值，是一个难以全面测评的问题，从文化、社交、休闲三个方面来进行探讨，具有较高的概括性，可以将高校图书馆作为"第三空间"的基本价值及功能做出较好的阐释。

高校图书馆打造"第三空间"，意味着对传统图书馆的馆藏资源布局做出改变，通过对空间的再造和服务的延伸，营造"第三空间"的氛围，发挥"第三空间"的作用。杨淑敏认为高校图书馆可分为物理空间、虚拟空间和文化空间。现代高校图书馆致力于多维的"第三空间"再造，体现了空间形态的融合共进。高校图书馆"第三空间"再造，不仅是单纯的实体空间的变化，更是深层次的服务理念、服务内容和服务水平的转型创新①。总之，高校图书馆"第三空间"的营造是多维度的，馆内的布局、设施、内饰等是外在体现，而与之相匹配的还有服务的延伸这一内在体现，只有两者相结合，才能打造出人人向往的大学校园"第三空间"。

"第三空间"能为用户带来"另一个家"的感觉，家的感觉意味着什么？高校图书馆是不是能给学生带来家的感觉？普利亚·梅塔（Priya Mehta）和安德鲁·考克斯（Andrew Cox）应用了一个框架模型来测试"家"的特质，包括植根（rootedness）、占用（appropriation）、再生（regeneration）、放松（at-easeness）和温暖（warmth）五个尺度。通过调查两所图书馆，发现学生在图书馆里面的行为就如同在家一样。新式装潢的图书馆通过提供灵活的空间，更可能为学生带来家的感觉②。这项研究将抽象的"家的感觉"具体化、指标化，有创新意义。受限于调查抽样和研究方法，该调查只能"以点带面"，但也能提供一些借鉴。

二、高校图书馆空间延伸服务的概念和方向

只要图书馆物理空间继续存在，就需要持续深入思考其性质与价值、作用与功能、布局与设计等问题。由于空间本身的含义十分丰富，因此高校图书馆空间延伸服务的内涵也比较丰富，涵盖物理空间和虚拟空间。此外，从"第三空间"的角度可以对图书馆空间及服务的延伸这个问题进行更多的思考。

---

① 杨淑敏. 2018 ."第三空间"视域下高校图书馆空间再造及服务创新. 图书馆学刊，40（9）：66-70.

② Mehta P，Cox A. 2019. At home in the academic library? A study of student feelings of "homeness". New Review of Academic Librarianship，27（1）：4-37.

（一）高校图书馆空间延伸服务的概念

　　高校图书馆延伸服务是面向"特定用户"的具有外延性质的服务，是对基础服务和常规业务的延伸、突破与创新。图书馆延伸服务是一个相对的概念，一项新的服务经过长期的开展，或者业内逐渐效仿，慢慢就转变成了基础服务、常规业务。并且，图书馆服务的延伸、突破与创新是一个递进的过程，其实质在于图书馆服务的不断演化、持续推进。

　　高校图书馆延伸服务包括时间、空间和内容三个维度，并且在相关研究中，要对这三者进行相互交叉的、立体的考量。其中，空间是延伸服务最初的重要参考度量，突破图书馆物理空间的服务是图书馆延伸服务的重要起源。随着时代的变迁，图书馆空间及相关服务的延伸包括更多层面的意义：一是图书馆物理空间的扩容，通过扩建原有馆舍，或者另建新馆等方式增加图书馆的物理空间，还包含对图书馆空间的创新利用或者部分空间的功能转向，实现对用户服务的延伸和多元化；二是图书馆虚拟空间的扩展，通过对服务器、存储、网络覆盖等硬件的升级扩展虚拟空间，以及利用最新的技术和服务理念在网络虚拟空间为更多读者提供更多的新服务；三是从"第三空间"的角度思考高校图书馆空间的作用与价值，以及基于这一观点的图书馆服务的持续延伸、演化。

　　本书认为高校图书馆空间延伸服务的概念，即从空间的角度来探讨和尝试的图书馆延伸服务，高校图书馆空间延伸服务主要包括三个层面：图书馆物理空间的扩容和创新利用、图书馆虚拟空间的扩展和推陈出新、基于"第三空间"的角度进行的图书馆延伸服务。

　　1. 高校图书馆物理空间的扩容和创新利用

　　物理空间是物质的、现实存在的，高校图书馆物理空间的扩容是指对图书馆建筑空间的增加，可使图书馆物理空间实现最大化的扩容，从而达到为图书馆各类用户提供更多服务的可能性。目前，国内很多高校图书馆随着大学的发展，而建设了分馆、新馆等，或者对图书馆原有建筑进行扩建，实现了高校图书馆物理空间的扩容。此外，大多数高校图书馆也重视其内部空间的重新规划，过去的以"藏"为主的格局慢慢地转向为读者打造多元化、个性化空间的格局，对图书馆空间的改造和创新利用可以为相关的延伸服务提供基础。

　　2. 高校图书馆虚拟空间的扩展和推陈出新

　　虚拟空间是非物质的、虚拟存在的，高校图书馆虚拟空间的扩展主要指图书馆在网络虚拟世界的延伸，例如，持续构建数字图书馆并为更多的虚拟读者提供在线资源服务，数字图书馆的虚拟延伸包含馆藏的重组、用户的拓展、技术手段的推新、机构的联合等方面的含义。

同时，高校图书馆虚拟空间的推陈出新是指高校图书馆关注各种新兴的网络通信、信息传播、可视化、数字化等相关领域的科学和技术，并尝试将这些科技运用于图书馆领域，在原有工作和服务基础之上，进行延伸、突破和创新。例如，高校图书馆正在开展或者尝试开展的基于微信平台的延伸服务、基于 AR 技术的延伸服务、基于人工智能的延伸服务等。

虚拟空间的扩展和推陈出新是高校图书馆虚拟延伸相关服务的主要构成部分，其必要性和重要性已经引起图书馆界的研究者和从业人员的重视，从目前的发展趋势来看，有关图书馆虚拟空间延伸服务的研究和实践将得到进一步发展。

3. 基于"第三空间"的角度进行的高校图书馆延伸服务

从"第三空间"的角度来探讨高校图书馆空间延伸服务，是非常适宜的。这为高校图书馆从"一个场所"到"一个平台"的过渡，提供了理论上的支持。高校图书馆不再仅仅围绕馆藏作为主要工作方向，而是越来越重视其空间平台的作用，在为读者提供馆藏资源的同时，致力于为用户提供各类合作与交流空间、创客空间、展示与表演空间、文化空间等，以及与之相对应的延伸服务。此外，"第三空间"的概念也可应用于网络虚拟世界，"虚拟第三空间"常被用来描述电脑中介环境的通信。各类虚拟社区就是虚拟世界的"第三空间"，高校图书馆虚拟空间的延伸方式之一是构建"虚拟第三空间"，并将资源和服务在"虚拟第三空间"进行延伸。

（二）高校图书馆空间延伸服务的方向

"第三空间"的理论角度为高校图书馆空间延伸服务带来了思路，无论是在物理空间方面搭建交流、分享平台类型的延伸服务，还是在虚拟空间方面构建网络服务、读者共享群组类型的延伸服务，都是"第三空间"理念在本领域的体现。总体而言，高校图书馆空间延伸服务有三个大的方向：基于馆内特设空间的延伸服务、向内延伸的服务和向外延伸的服务。

1. 基于馆内特设空间的延伸服务

在"第三空间"概念的影响下，不少高校图书馆在对其馆内空间改造时，会特别设置一些与其他馆藏空间不同的空间，这些特设空间从配备的设施、功能的体现、营造的氛围等方面来看，大致可分为合作分享、休闲娱乐两大类型，与这两大类型的特设空间相对应的图书馆延伸服务也各有倾向。合作分享类的特设空间包括创客空间、展示空间、工作坊、小组协作学习空间、信息共享空间等形式。图书馆为此类特设空间配备更多的设备和资源如电源、投影仪、数码屏幕等，以及其他专业型的仪器和设备，其功能体现在为小组用户开展合作、分享类活动提供场所。合作分享类的特设空间最好是相对独立的，其氛围需要凸显出专业性。与此相对应的图书馆延伸服务大多是信息技术上的支持，即为用户提供各种软件、硬件资源，以及相应的咨询与指导服务。休闲娱乐类的特设空间包括沙龙室、咖啡厅、餐饮区、小憩区等形式。图书馆为此类特设空间配备一些冲饮器具、咖啡机、微波炉等设施，并设置背景音乐、休闲沙发、绿植等，休闲娱乐类的特设空间一般不太强调私密性，不需要独立的间隔，重点在于营造轻松、愉悦的氛围，其功能体现在为个人或小组用户提供休闲、交谈、餐饮、小型聚会的场所。与此相对应的图书馆延伸服务以组织沙龙、读书会、小型聚会为主，还有场地管理与租赁、餐饮服务外包管理等。

2. 向内延伸的服务

作为对向外延伸概念的补充，芭芭拉·福特提出了向内延伸的概念，即强调各类型的图书馆、信息服务机构及其他相关机构等之间的合作与交流，共同提升相关工作的作用与影响，以及关注相关从业人员自身素质的提高，以应对不同用户的需求，更好地推动延伸服务事业[①]。陈茁新认为高校图书馆的信息服务可以在内拓展——开展深层次服务，并从制定法规保障服务、加强图书馆联盟、建设高素质信息服务队伍、宣传和推广信息服务、强化情报服务意识几个方面探讨高校信息服务的拓展延伸的问题[②]。两位学者都指出了图书馆服务向内延伸的两个方面，即一方面是对外与其他图书馆或相关机构开展合作，共同推动延伸服务；另一方面是图书馆工作内在的深化和延伸，包括相关制度的完善和专业人员意识、素质的提升等。除此之外，向内延伸还可以包括图书馆服务专业队伍的扩大，这不仅仅是在人力资源上有意识地培养各类专业人才，还有吸纳一些其他专业领域的个人或者团队进驻图书馆，以合作的方式共同开展延伸服务，这可以更好地体现图书馆服务的多样性和专业性。

图书馆服务的"内外双向"延伸的思路，较以往的服务强调突破图书

① Ford B J. 2000. Libraries，literacy，outreach and the digital divide：2000 Jean E. Coleman library outreach lecture. http://www.ala.org/aboutala/offices/olos/olosprograms/jeanecoleman/00ford[2018-04-10].

② 陈茁新. 2012. 高校图书馆信息服务的拓展延伸研究. 图书情报工作，（S2）：167-169，163.

馆物理空间，向外延伸的思路更为开阔。因此，高校图书馆延伸服务的方向是多维度的、多向度的。

3. 向外延伸的服务

图书馆延伸服务起源于为弱势群体和特殊用户提供的递送式服务，因此，突破图书馆物理空间，走出图书馆，走进读者，始终是图书馆延伸服务的重要组成部分。对于高校图书馆而言，突破图书馆物理空间，意味着走进大学校园其他场所和场合，其中，"嵌入式"的方法是重要的延伸方式。按照延伸服务的范围、对象、内容等来看，高校图书馆向外延伸的服务大致分为向校园延伸、向校外延伸两大类。

高校图书馆向校园延伸的服务范围主要是大学校园内，服务对象以大学教职工、学生为主，服务的内容是多样的。结合已知实践案例和相关工作的发展趋势来看，高校图书馆向校园延伸的服务可归纳出以下几种。①嵌入式信息素养教育，即将图书馆信息素养讲座或分享活动嵌入到相关的专业课程、研究小组、学术会议等教研活动过程中。②嵌入学院的信息咨询工作，采取组织嵌入的方式，学科馆员定期深入学院，在学院的公共办公区域驻点，为教研人员、行政人员、学生读者等近距离提供咨询服务。③嵌入教学与研究的服务，嵌入教学过程的延伸服务是图书馆在常规嵌入式教学的基础上，在教学的准备阶段、进行之中、考核阶段、课后反馈等各个环节提供相应的延伸服务。其中，通过大学的教学系统，如学习管理系统或课程管理系统开展延伸服务是集成式的，且较为便捷的方式之一。嵌入研究的延伸服务为科研项目提供专业的研究支撑，即围绕科研项目的选题、申报、研究、结题、成果评价和成果转化等各个阶段，在为项目组提供常规的文献检索、信息筛选、科技查询等服务的基础上，尝试开展进一步的延伸服务，如 RDM、学术趋势报告、文献综述、数据可视化分析、参与实验、知识再造等服务。④嵌入科研团队的服务，工作内容上与嵌入科研项目的服务相似，不同之处在于嵌入科研项目的服务，以科研项目为中心，提供服务的馆员不定，相关工作以结项作为完结，而嵌入科研团队的服务则是嵌入式学科馆员以"组织嵌入"的方式，直接作为科研团队的成员，开展针对性的服务，并且工作时间不定。⑤嵌入大学校园活动中的咨询、推广工作，即在大学内重要的公共活动中如迎新活动、文化节、毕业季活动、开放日等"设点摆摊"，进行现场咨询工作，并推广图书馆服务。

高校图书馆向校外延伸的服务范围主要是大学校园外的社会，服务对象以校友及与大学有关联的人群为主，当然，也可以是其他各类群体。向校外延伸的服务内容更加具有多元化、工作方式不拘一格。结合已知实践案例和相关工作的发展趋势来看，高校图书馆向校外延伸的服务可归纳出以下几种。①为校友提供的延伸服务，常见的有校友卡服务、数字资源访问服务、著作典藏服务、参考咨询、举办校友见面会等，还有一些其他具体的工作，视情况而定。②为青少年提供的延伸服务，最为常见的是带领高年级的中学生参观图书馆，介绍馆藏资源及使用方式。也有一些高校图书馆为高中生开放部分读者权限，鼓励其利用图书馆。③与公共图书馆合作开展的延伸服务，例如，开办各式巡回展览、部分资源共享、读者权限互通、对特藏文献的保护与利用、共建特色资源库等。④为附近社区居民提供的延伸服务，一些高校图书馆根据自身馆藏、专业人才的情况，为大学附近的社区提供延伸服务，包括空间利用、馆藏资源、专业信息咨询等。⑤为企事业组织提供的延伸服务，这一类工作的实践不是很多见，并且可能涉及有偿服务。相关的案例主要有为企业提供竞争性情报、经济数据等服务，以及为事业单位提供舆情监控、研究报告等服务。

综上所述，基于空间的角度，高校图书馆延伸服务大致可划分为基于馆内特设空间的延伸服务、向内延伸的服务和向外延伸的服务。然而，在实践工作中，高校图书馆延伸服务是多维度的、多向度的；工作内容十分丰富，可根据用户的需求制定；工作方式则不拘一格，视具体情况而定。总之，高校图书馆延伸服务的重点在于对基础服务、常规业务的延伸、突破和创新。因此，基于空间的角度，对高校图书馆延伸服务展开实践与研究，是一个与时俱进、不断探索、永无止境的过程。

第四章　国外高校图书馆延伸服务的实践研究

　　高校图书馆主要的服务对象（用户）为本校的科研人员、教师、学生及其他相关读者，但在这些服务对象中，包含一些存在不同特质、需求特殊的特定用户。高校图书馆特定用户虽然是所有普通读者中的一员或一群，但是，因为具有某种特质，特定用户又有别于其他普通读者。高校图书馆特定用户可分为两大类。①具体的特定用户，包括留学生、新生、毕业生、少数民族学生、学科带头人、外籍学者等用户类别。这些特定用户是具有生物特征的个人或群体，并且具有较高的显像性和辨识度，他们的图书馆需求特征比较容易归纳和分析。②抽象的特定用户，包括虚拟读者、教学科研项目、交流平台、科研机构、学术团体、职能部门等用户类别。这些特定用户是概念抽象、表征笼统、虚拟存在的，不具有生物特征的个体、组织或者机构。但是，抽象的特定用户是由具体的个人或群体构成的，这些个人或群体是图书馆延伸服务的实施对象。

　　本章是关于国外高校图书馆延伸服务的实践研究，分别从留学生延伸服务、应用社交媒体开展延伸服务、嵌入教学科研的延伸服务、图书馆空间及服务的延伸这几个主题进行探讨。

　　国外一些高校图书馆较早地开始了留学生延伸服务的相关实践与研究，本章通过对其研究概况及研究特点进行分析，可总体把握国外高校图书馆留学生延伸服务的相关实践研究。抽取一些国外相关调查研究和实践研究进行分析，并且归纳出国外高校图书馆留学生延伸服务的经验，可为相关工作实践的尝试及发展提供参考。

　　国外高校图书馆应用社交媒体开展延伸服务，最初多表现在咨询与荐购、教学与互动等，现在，也利用 FaceBook 进行图书馆的营销、用户社区的构建等，可以和我国图书馆利用微信进行的延伸服务做比较观察。此外，高校图书馆社交媒体延伸服务引发的争议，如个人隐私、使用上瘾、数字不平等，以及学术性、专业性的问题，值得进一步思考。

嵌入教学科研的延伸服务是指高校图书馆开展的嵌入教学过程或科研项目的延伸服务。国外高校图书馆嵌入教学过程的延伸服务主要实现方式之一是嵌入大学的学习管理系统；嵌入科研项目的延伸服务主要表现之一是 RDM 相关服务。

图书馆延伸服务起源于对物理空间的突破，在时代的变迁和发展之下，"空间"本身的含义也变得更加丰富。探讨高校图书馆有关空间的延伸服务，可以从馆舍物理空间、网络虚拟空间、"第三空间"等角度进行。本章对英国部分高校图书馆空间的延伸以及相关延伸服务进行考察和研究，并归纳得出高校图书馆物理空间延伸的表现和虚拟延伸服务的方式。

第一节　高校图书馆留学生延伸服务的实践研究

由于在语言、文化上存在不同程度的障碍或不适应，留学生在高校图书馆的读者中是较为特殊的用户群体。因此，留学生作为特定用户群体之一，是高校图书馆延伸服务的重要对象。高校图书馆对留学生的延伸服务从帮助其克服语言障碍开始，但是不应该仅局限于此，而是应该在基础服务之上，从帮助留学生对当地文化的适应、学术氛围的融入、缓解可能产生的焦虑等方面再做更多的延伸。

经考察发现，国外高校图书馆对留学生的延伸服务实践起步较早，相关的研究成果较多。其中，有为数不少的调查研究类的成果，按照范围、规模来看，这些调查研究大致有两种：一种是较大范围的调查研究，如对几百所高校图书馆留学生延伸服务的研究，或者对不同国家高校图书馆延伸服务的比较研究；另一种是较小范围的调查研究，这一类调查研究针对性很强，如对某一所大学留学生展开的有关图书馆服务的问卷调查，或者对某一所高校图书馆延伸服务的调查研究。通过对这些调查研究及其中的案例进行探讨和分析，可归纳得出国外高校图书馆留学生延伸服务的经验。

一、国外高校图书馆留学生延伸服务的研究概况及研究特点

国外高校图书馆对留学生的服务及研究较早，是由于国外高校招收留学生的历史较长，留学生相关的问题较早地得到了图书情报领域研究者的关注，涉及国外高校图书馆留学生延伸服务的研究成果较为丰富，以期刊论文、会议论文为主，也有部分研究报告、专著、学位论文、战略规划等。

国外高校图书馆留学生延伸服务的研究方法以问卷调研、个案分析、模拟行为分析、变量分析、数据统计、文献调查、比较分析等为主，呈现出了一些研究特点。

（一）国外高校图书馆留学生延伸服务的研究概况

以美国、澳大利亚、英国、新西兰、加拿大等国为主的相关英文研究文献中多用"留学生特殊化服务"（specialized service for foreign students）、"国际学生用户教育"（education for the international students）、"留学生指导项目"（orientation programs for foreign students）、"国际学生离散服务"（discrete services for international students）、"国际学生延伸服务"（outreach services for international students）、"国际学生延展服务"（expanded service for international students）等词语表达高校图书馆为留学生提供的服务项目或特别指导。留学生群体的特殊性要求图书馆相关工作的延伸性，因此，本书倾向于采用"留学生延伸服务"（outreach services for international students）这一表述，并将其作为研究对象。

国外高校图书馆留学生服务的研究文献始见于 20 世纪 60 年代，但是 20 世纪 60～70 年代相关研究成果数量不多，可能是由于当时国外高校图书馆尚未开展较有规律、较大规模的留学生服务工作，有关领域对这方面的研究也不太深入。相关研究在 20 世纪 80 年代开始受到重视，从 20 世纪 80 年代至今，出现了较多的研究成果，这些研究大多采取问卷调查、项目研究、成果展示等方式，对国外高校图书馆留学生延伸服务的现状与发展进行探讨，并对一些较为成功的实践案例进行汇报与展示。

通过 EBSCO、ProQuest、Taylor & Francis、Emerald、Elsevier、Web of Science、JSTOR 等常见数据库对检索式"academic library * international students"进行检索，可得出大量相关文献。例如，以 EBSCO 学术资源发现系统作为统一检索平台，对检索式"academic library * international students"进行检索，结果为 2099 个（检索时间为 2020 年 5 月 3 日），其中，英文文献为 2068 篇，其他文献语种包括法语、德语、中文等，文献资源类型以期刊论文、电子书、评论、报告等为主。以 Web of Science 数据库对检索式"academic library AND international students"进行检索，结果为 221 个（检索时间为 2020 年 5 月 3 日），其中英文文献为 201 篇，其他文献语种包括俄语、葡萄牙语、西班牙语、韩语、中文、法语等，文献资源类型以期刊论文、会议论文、评论、社论等为主。

1. 有关高校图书馆留学生延伸服务研究中引用率较高的论文

国外有关高校图书馆留学生延伸服务的论文文献中，不乏一些引用率较高的成果。其中，论文《高校图书馆的使用：本地与非本地英语学生的比较》（Academic library usage：a comparison of native and non-native English-speaking students）（1997 年）对澳大利亚本国学生和来自其他英语国家留学生之间的行为区别进行了调查和分析，该研究主要是对两类学生进入图书馆的频次、目的、焦虑程度进行比较和分析，调查结果发现留学生比本国学生到访图书馆的次数更多，该研究还证实了即使排除语言的障碍，留学生的图书馆焦虑程度还是更高[1]。该研究较早地提出了留学生图书馆焦虑的问题，为相关研究提供了思路。

相关研究中包含很多案例研究，其中引用率较高的论文是《留学生与大学图书馆：一个案例研究》（International students and the academic library：a case study）（2006 年），该研究主要聚焦中国研究生在使用加拿大艾伯塔大学（University of Alberta）图书馆方面的经验，并概括了留学生在使用第二语言和使用图书馆技术方面所面临的挑战，提出图书馆对留学生服务的重点是信息素养技能的培养[2]。信息素养教育是图书馆工作的重要组成部分，而将此类工作向留学生延伸，则需要付出更多的努力。

另一篇引用率较高的论文是《向亚洲留学生推广大学图书馆资源和信息服务》（Marketing academic library resources and information services to international students from Asia）（2007 年），该文对新西兰坎特伯雷大学（University of Canterbury）的 15 名亚洲留学生进行访谈，分析他们是否意识到西方学术图书馆提供的资源和信息服务以及他们的基本信息素养的重要性，并总结出了八项对留学生学术成功至关重要的图书馆信息素养技能教育[3]。

高校图书馆留学生延伸服务中也可采用嵌入式教学的方式，《教育留学生如何避免剽窃：馆员与教师的合作》（Teaching international students how to avoid plagiarism：librarians and faculty in collaboration）（2014 年）一文介绍了瑞典布莱金厄理工学院（Blekinge Institute of Technology，Sweden）的工程

[1] Onwuegbuzie A J，Jiao Q G. 1997. Academic library usage：a comparison of native and non-native English-speaking students. The Australian Library Journal，46（3）：258-269.

[2] Morrissey R. Given L M. 2006. International students and the academic library：a case study. Canadian Journal of Information and Library Science，30（3/4）：221-240.

[3] Mu C Y. 2007. Marketing academic library resources and information services to international students from Asia. Reference Services Review，35（4）：571-583.

硕士课程"学术研究方法",该课程是由课程负责人和图书馆员共同开发的,课程的一部分内容为如何引用、释义和参考,而另一部分内容则强调研究的法律和道德方面。由于课程的受众大多数为留学生,因此需要考虑跨文化和语言方面的问题。课程之后的调查结果表明,留学生对该课程反响良好①。

相关研究包含了一部分文献综述类的成果,其中,引用率较高的一篇文献是《大学图书馆的国际化:对 25 年来留学生服务相关文献的系统回顾》(The internationalization of the academic library: a systematic review of 25 years of literature on international students)(2017 年),该论文系统地检索、评价了图书馆和信息科学领域发表的有关留学生服务的期刊论文、会议论文和图书章节等文献。调查结果显示,在 1990 年至 2014 年期间,有关留学生和大学图书馆的文章数量稳步增长。尽管文献来源国有明显的增加,但大多数文献的作者都隶属于美国的大学和机构。并且,高校图书馆留学生服务相关的调查研究最常采用的是数据收集的方法。该论文还指出,图书馆和信息科学领域的学生、留学生将从该主题的进一步探索中受益②,表明作者对高校图书馆留学生延伸服务相关实践和研究的可持续发展持肯定的态度。

2. 有关高校图书馆留学生延伸服务研究的著述

通过对各大数据库及相关学术搜索引擎进行检索,可查找到很多相关的图书或者图书章节,其内容涉及高校图书馆留学生延伸服务。但是,专门论述该问题的著述的数量有限,且大多在美国出版,主要以概览、综述、论文集等方式出版。

其中,专著《全球演变:美国大学图书馆留学生研究文献编年史》(Global Evolution: A Chronological Annotated Bibliography of International Students in U.S. Academic Libraries)(2007 年)按照时间排列介绍了从 20 世纪 80 年代至 21 世纪初发表的、出版的有关研究文献及主要内容③。这些研究文献主要涉及美国高校图书馆对少数族裔学生的延伸服务、对外国留学生的延伸服务、对小语种族裔学生的延伸服务等。该书较早地将高校留学

---

① Gunnarsson J, Kulesza W J, Pettersson A. 2014. Teaching international students how to avoid plagiarism: librarians and faculty in collaboration. The Journal of Academic Librarianship, 40(3/4): 413-417.

② Click A B, Wiley C W, Houlihan M. 2017. The internationalization of the academic library: a systematic review of 25 years of literature on international students. College & Research Libraries, 78(3): 328-358.

③ Davis K D. 2007. Global Evolution: A Chronological Annotated Bibliography of International Students in U.S. Academic Libraries. Chicago: American Library Association: 4-11.

生与少数族裔学生、小语种族裔学生划归一类，作为图书馆延伸服务的重要对象，并将相关的研究搜集起来，进行详细的、编年体式的介绍。几年后，另一本相关主题的文献调查与综述类的图书面世，即《国际学生与大学图书馆：相关文献调查研究》（*International Students and Academic Libraries: A Survey of Issues and Annotated Bibliography*）（2010 年），该书专门对有关北美大学图书馆留学生服务相关问题的文献进行了详细的调查与述评，并将相关研究成果按照图书馆留学生延伸服务的内容进行分类，从不同角度对相关文献成果进行述评[①]。

同一时期，在美国还出版了《国际学生和大学图书馆：成功的倡议》（*International Students and Academic Libraries: Initiatives for Success*）（2011 年），其中详细地阐述了高校图书馆留学生延伸服务的必要性、服务方式、工作模式、工作内容等。该书认为，留学生为美国的教育体系带来了挑战，图书馆在培养留学生的学术信息素养和技能方面，发挥着至关重要的作用。书中还列举了十几个国外高校图书馆留学生延伸服务的具体实践案例，这些实践项目为大学留学生的学术成功提供了支持，如卡塔尔弗吉尼亚联邦大学（Virginia Commonwealth University in Qatar）对留学生进行的学术诚信指导、澳大利亚悉尼科技大学（University of Technology Sydney in Australia）对留学生的综合性支持、南加利福尼亚大学（University of Southern California）对留学生延伸服务的策略等。

相关著述大多在美国出版，一方面是由于该国的留学生数量从 20 世纪 90 年代开始，至 21 世纪的前 10 年，呈现出大量增长的趋势。例如，2008 年 9 月至 2009 年 10 月，在美国的留学生的增长率为 2.9%，总人数达到 690923 人，留学生占比约为 3.5%[②]。这导致美国高校图书馆不得不面对伴随留学生读者而来的相关工作挑战，为留学生提供更多针对性的延伸服务。另一方面是由于少数族裔在大学校园属于特殊群体，是高校图书馆延伸服务的重要对象，美国图书馆领域一直比较关注对少数族裔学生延伸服务的实践和研究。而留学生与少数族裔学生的情况相似，有关高校图书馆留学生延伸服务的研究在 20 世纪 60 年代就开始出现，虽然 20 世纪 70 年代相关的研究成果不太多，但也有一些学者关注到了这个问题，并做了一些调查研究。20 世纪 80 年代以后，随着留学生数量的增多、种类及来源的多元化，

① Peters D E. 2010. International Students and Academic Libraries: A Survey of Issues and Annotated Bibliography. Maryland: Scarecrow Press: 9-13.

② Jackson P A, Sullivan P. 2011. International Students and Academic Libraries: Initiatives for Success. Chicago: American Library Association: V.

图书情报领域对相关问题的实践与研究更加重视，相关的研究成果也增加了很多。

2010 年以后，专门论述高校图书馆留学生延伸服务的相关著作日渐增多。其中，《大学图书馆国际学生服务概述》（*Profiles of Academic Library Services for International Students*）（2018 年）介绍了美国六所大学为留学生提供专门服务的工作项目。该书认为这些实践提高了留学生的信息素养，增长了留学生的图书馆经验，并促进了图书馆的平等性[①]。《提升图书馆服务：支持国际学生和英语作为第二语言的学习者》（*Improving Library Services in Support of International Students and English as a Second Language Learners*）（2019 年）论述了图书馆应如何提升其服务，为留学生和以英语为第二语言的学生提供支持，并认为高校图书馆的延伸服务可以促进留学生的成功，并增加大学校园的多样性[②]。《全球化的图书馆：美国学术图书馆和国际学生，馆藏与实践》（*The Globalized Library：American Academic Libraries and International Students，Collections，and Practices*）（2019 年）也专门论述了美国高校图书馆与留学生的相关问题，认为图书馆从根本上是全球化的，因为大学图书馆拥有广泛的馆藏，其用户也来自世界各国[③]。该书从信息素养、延伸服务与包容性、馆藏与数字人文、与国外图书馆建立联系及相关服务、职业与专业发展五个部分，阐述了高校图书馆的全球化，以及图书馆对留学生延伸服务的重要方面，包括应对语言文化差异的办法、如何进行国际资源的采购、为来自不同国家的留学生提供信息素养教育等问题，并且还探讨了如何找寻校园合作伙伴来进行专项工作项目。该书对留学生相关工作的方方面面进行了论述，并将这些工作视为高校图书馆全球化的重要组成部分，具有一定的高度和发展的眼光。

（二）国外高校图书馆留学生延伸服务的研究特点

通过浏览检索结果，阅读相关文献，可以对国外高校图书馆留学生延伸服务的研究的概况有一个总体把握，本书初步归纳得出国外相关研究的一些特点，主要包括以下几种。

---

① Click A B. 2018. Profiles of Academic Library Services for International Students. New York：Primary Research Group：2.

② Rod-Welch L J，June L. 2019. Improving Library Services in Support of International Students and English as a Second Language Learners. Chicago：American Library Association：5.

③ Luckert Y，Carpenter L I. 2019. The Globalized Library：American Academic Libraries and International Students，Collections，and Practices. Chicago：Association of College and Research Libraries：3.

（1）国外高校图书馆留学生延伸服务的研究以案例研究为主，重视数据支持。国外相关研究来源广、成果多，大多数为案例研究，这些案例涵盖了美国、英国、澳大利亚、加拿大、新西兰等多个国家。并且，国外高校图书馆留学生延伸服务的相关文献成果中介绍了很多实践经验，可供交流与借鉴。同时，国外相关研究重视数据支持，大量的案例研究成果是基于问卷、访谈、测试等事实调查和田野调查，因此，国外高校图书馆留学生延伸服务相关研究的结论较为可靠，提出的建议、策略较为具体。

（2）国外相关研究对不同层次留学生延伸服务的研究重点有所不同。国外成果中相当一部分的研究是与本科留学生延伸服务相关，研究的重点有：留学生的基本信息素养、对留学生的特殊化指导、图书馆焦虑的缓解、留学生的图书馆偏好和特殊需求、图书馆主导的语言与文化交流等。此外，部分国外研究成果涉及研究生及外籍教师层次的延伸服务，其研究偏向于探讨如何为留学生提供批判性思维和更高级别信息能力技巧的培养，如制定检索策略，以及甄选和评估学术资源、学术规范，嵌入科研项目的信息服务等。

（3）国外高校图书馆留学生延伸服务的研究重视比较分析。由于留学生来源的多元化，国外高校图书馆留学生延伸服务相关研究中包含比较研究，如将本国学生和留学生做对比分析[1]、将留学生的认知与馆员的认知做对照分析[2]、将源自不同国家的留学生进行分类统计和分析[3]、对某个族裔或国家的留学生做个性化分析[4]等。这些比较研究有助于分析留学生的群体性需求、个性化需求，为不同族裔、不同种类留学生进行更细致的画像，可为图书馆开展留学生延伸服务及相关研究提供更多参考。

（4）国外高校图书馆留学生延伸服务的研究比较注重研究方法的科学性。很多相关研究的成果采取图形、表格等形式对数据进行可视化分析，既使调查研究结果高度凝练，又便于同类研究进行比较。同时，部分国外高校图书馆留学生延伸服务的研究还运用专业的统计分析方法，如卡方检

[1]　Onwuegbuzie A J，Jiao Q G. 1997. Academic library usage：a comparison of native and non-native English-speaking students. The Australian Library Journal，46（3）：258-269.

[2]　Bilal D M. 1988. Library knowledge of international students from developing countries：a comparison of their perceptions with those of reference librarians. ProQuest Dissertations & Theses.

[3]　Bridges L，Willson-St. Clair K，Hussong-Christian U. 2014. Library service and the international student. Library Faculty and Staff Publications and Presentations. 155.

[4]　Wang B X. 2006. Academic library services to Chinese international students in New Zealand. Wellington：Victoria University of Wellington.

验（chi-square）法、t 检验法①、定量研究与定性研究相结合法②、变量分析法等。研究方法的科学性、客观性为结论提供了更可靠的支撑，还为相关研究提供了更直观的参考材料。

（5）国外相关研究重视网络社交媒体、新技术的应用所带来的影响。部分国外高校图书馆留学生延伸服务的研究比较重视网络社交媒体如 Facebook、YouTube、Twitter、LinkedIn、Google+等为图书馆留学生延伸服务带来的影响，甚至流行于我国的 QQ、微信等社交媒体也引起了国外相关研究的注意③。

此外，国外图书情报领域对新技术的应用所带来的影响也比较重视，例如，近年时兴的 VR、AR 技术已经得到相关研究和实践的关注，将 VR、AR 技术应用到图书馆服务中，特别适合三类读者：①接受远程教育的学生；②不习惯西方高等教育体系的留学生；③因各种原因离校之后又返校继续学业的学生。其中，留学生的图书馆焦虑可能是最大的，相关研究正在探讨如何将 VR、AR 这些新技术应用于对留学生的信息素养教育中，以缓解留学生的图书馆焦虑④。

（6）国外高校图书馆留学生延伸服务的研究具有较强的持续性。国外高校图书馆留学生延伸服务的实践起步较早，相关的研究成果在 20 世纪 60 年代就出现了，虽然，20 世纪 60～70 年代的成果数量不多，但从 20 世纪 80 年代开始，高校图书馆留学生延伸服务的问题得到了更多学者的注意，并进行了一些范围较大的调查研究。20 世纪 90 年代开始，相关的研究成果数量明显增加，说明高校图书馆留学生延伸服务开始受到重视。根据不同数据库收录的有关研究成果，从 20 世纪 90 年代至今，相关的研究成果数量每年都有所增加，研究的角度也较广，这说明高校图书馆留学生延伸服务的研究具有较强的持续性。

以 Web of Science 数据库收录的相关文献为例，如图 4-1 所示，从 1989 年开始至 2020 年 5 月，每年都收录了国外高校图书馆留学生延伸服

---

① Bilal D M. 1988. Library knowledge of international students from developing countries: a comparison of their perceptions with those of reference librarians. ProQuest Dissertations & Theses.

② Sharman A. 2017. Using ethnographic research techniques to find out the story behind international student library usage in the Library Impact Data Project. Library Management，38（1）：2-10.

③ Saw G，Abbott W，Donaghey J，et al. 2013. Social media for international students–it's not all about Facebook. Library Management，34（3）：156-174.

④ Sample A. 2020. Using augmented and virtual reality in information literacy instruction to reduce library anxiety in nontraditional and international students. Information Technology and Libraries，39（1）.

务的研究成果，由于 Web of Science 数据库收录文献的范围以核心期刊论文为主，因此，在数量上其收录的相关文献总数并不多，但是，却具有一定的持续性，说明国外高校图书馆留学生延伸服务相关研究具有较强的持续性。

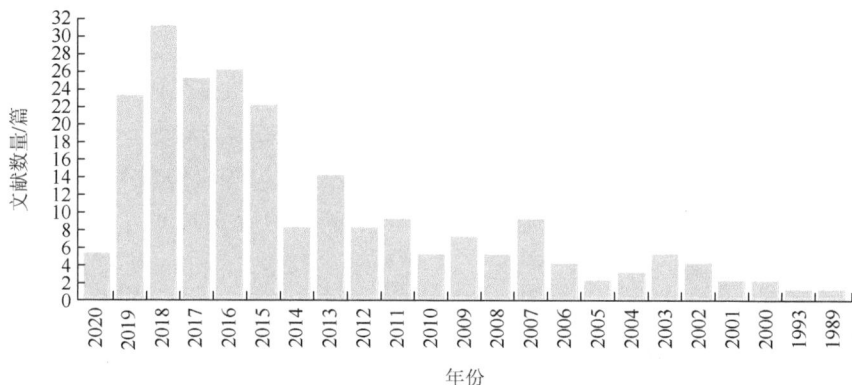

图 4-1　Web of Science 数据库收录的相关研究文献数量

二、国外高校图书馆留学生延伸服务的调查研究

高校图书馆留学生延伸服务相关英文文献数量较多，通过浏览、筛选，本书选取了部分较具代表性的相关研究成果并进行探讨，选取代表性文献主要从以下几个方面进行综合考虑：①内容的相关性，选取高校图书馆对留学生服务的研究与实践相关的文献；②案例的独特性，考察研究文献中的案例是否较有特色或是否与本书研究相关；③被引用率，优先选取较高被引用率的研究成果；④研究方法的角度，尽量选取应用了较特别研究方法的文献成果；⑤来源国，本书主要考察相关的英文文献成果，因此尽量挑选来自不同国家的研究成果；⑥发表时间，选取不同年代的相关成果，以体现出相关研究的时间跨度。

国外高校图书馆留学生延伸服务的研究成果较多，研究的角度较广，并且来源广泛，主要涉及美国、英国、澳大利亚、加拿大、新西兰等国家。国外高校图书馆留学生延伸服务相关调查研究涉及的调查范围、研究角度、研究方法等各不相同，本书选取其中较具代表性的、参考价值较高的一些调查研究成果，并按照发表时间将这些成果粗略地划分为两个阶段，按照时间顺序进行探讨。

（一）20 世纪 60 年代至 90 年代国外高校图书馆留学生延伸服务的调查研究

美国高校图书馆较早开始关注留学生的延伸服务，早在 20 世纪 60 年代就已发表了相关的研究文献，较早地提出了留学生延伸服务的重要性。相关研究中引用率较高的文献是玛丽·刘易斯（Mary G. Lewis）发表的一项研究成果，她较早关注高校图书馆留学生延伸服务的问题，在夏威夷大学（University of Hawaii）展开调查研究，采访了夏威夷大学的 60 位留学生和 11 位馆员，对亚洲留学生常见问题如不懂图书排序法、参考书使用困难、目录使用困难等进行调查，得出了图书馆的指导在亚洲学生适应新学术环境中很重要的结论，并提出对亚裔学生提供小组导读、重视实践和个别指导的建议[①]。该研究较早地关注了特定族裔留学生使用图书馆的问题，并提出了服务方法，这些建议也适用于对其他族裔、类型留学生的延伸服务。

　　20 世纪 80 年代开始，随着大量留学生涌入美国高校求学，高校图书馆留学生延伸服务的问题，引起了一些学者的注意，特瑞·穆德（Terry A. Mood）作了一项范围较大的相关调查研究，他调查了美国 89 所高校图书馆（其中 50 所图书馆拥有 500 多名留学生读者）为留学生开展延伸服务的情况，结果发现只有 3 所图书馆为留学生提供文献目录，有 10 所图书馆存留可能帮助留学生的精通外语之人的名单，5 所图书馆提供校园服务目录。因此，该研究认为留学生在高校图书馆中是被忽视的群体，留学生最大的障碍是学术适应困难，馆员对留学生的帮助需从细微之处入手[②]。该研究证实了留学生是被忽视的读者群体，并提出相应的建议，为高校图书馆留学生延伸服务的必要性提供了早期论证。

　　此外，同一时期还有一项对高校图书馆留学生延伸服务的主体和客体皆展开调查的研究，戴安娜·比拉尔（Dania M. Bilal）对 53 位参考馆员和 104 位留学生进行调查，考察留学生对图书馆知识重要性的认知与其成功使用图书馆之间是否存在关联，以及参考馆员对留学生成功使用图书馆和图书馆知识重要性的认知情况。该研究用卡方检验法来判断双方情况之间的关联性，并运用 t 检验法来考查学生、参考馆员双方的认知是否存在差异，得出的结论有：①参考馆员和留学生对图书馆知识重要性和必要性的总体认知一致；②双方对特殊馆藏建设方向的认知存在差异；③双方都赞同留学生需要额外的学习时间掌握图书馆知识；④较高比例的留学生建议图书馆为其开展专项指导课程，参考馆员则因为歧视偏见、公平性等原因存有观点分歧；⑤有关读者自足性的问题，参考馆员存在不同理解；⑥多数参考馆员认为评价学生是否成功面临很多困难，

①　Lewis M G. 1969. Library orientation for Asian college students. College & Research Libraries，30：267-272.

②　Mood T A. 1982. Foreign students and the academic library. Reference Quarterly，22（2）：175-180.

如时间不足、缺乏交流、偏见等①。这项研究的重要价值在于用科学实验方法，对参考馆员、留学生双方进行调查研究，找到了双方认知上的一致与分歧，为此后的相关研究提供了较为科学的前期实验研究。

20世纪90年代，相关的调查研究逐渐增多，除美国之外，也出现了来自其他国家的研究成果。其中，一项研究（1995年）分析了留学生使用学术图书馆的障碍主要有功能性和文化性两类，并探讨了一种可以开展并延伸留学生服务的模式，这种模式适用于各种规模的图书馆。该研究认为高校图书馆留学生延伸服务的关键是创建打破障碍、构建桥梁的模式，并将这个模式概括为三个层次的计划：①推广计划，与国际学生办公室、学生组织、相关顾问等取得联系，并考虑通过海报、广播、迎新活动、欢迎信等方式向留学生推广图书馆；②指导计划，包括馆员发展计划和书面计划，前者指通过培训、参加研讨会等方式，提升馆员的文化意识和多元化意识，促进馆员对留学生图书馆需求的理解，后者指为留学生准备其他语种的书面讲义和资料清单，以指导留学生使用图书馆；③馆藏采购计划，为留学生采购各种语种的资源②。这项研究对高校图书馆开展留学生延伸服务提出了具体的模式和计划，以及在当时较有新意的、比较体系化的建议。

同一时期，相关领域学者关注到了留学生可能产生的图书馆焦虑情绪，以及不同类型学生读者需求的不同。一些研究将留学生与本国学生作比较分析，得出了留学生的图书馆焦虑更大的结论。例如，一项研究（1997年）对澳大利亚本国学生和来自其他英语国家留学生之间的行为区别进行调查和分析，该研究主要是对两类学生进入图书馆的频次、目的、焦虑程度进行比较和分析，调查结果发现留学生比本国学生到访图书馆次数更多，该研究还证实：即使排除了语言障碍，留学生的图书馆焦虑程度相较于本国学生而言还是更高③。这项研究的意义在于较早关注到了留学生图书馆焦虑程度，并通过调查、比较和分析证实了该问题，为相关的实践和研究提供了较新的视角。此后，在高校图书馆留学生延伸服务的相关实践和研究中，图书馆焦虑这一问题得到更多的重视。

①　Bilal D M. 1988. Library knowledge of international students from developing countries: a comparison of their perceptions with those of reference librarians. ProQuest Disserations & Theses.

②　Moeckel N, Presnell J. 1995. Recognizing, understanding, and responding: a program model of library instruction services for international students. The Reference Librarian，24（51/52）：309-325.

③　Onwuegbuzie A J，Jiao Q G. 1997. Academic library usage: a comparison of native and non-native English-speaking students. The Australian Library Journal，46（3）：258-269.

从 20 世纪 60 年代至 90 年代，出现了一些对国外高校图书馆留学生延伸服务的调查研究，这些调查大多出于美国，这是由于第二次世界大战以后美国的国力增强，该国高校招收留学生的数量逐渐增多，到 20 世纪末，其留学生招生规模处于世界前列。所以，美国的图书情报领域较早地关注到了留学生延伸服务的问题。实际上，在大学校园里，留学生属于特殊群体，有些留学生甚至属于弱势群体，因此，向留学生群体展开延伸服务是合情合理的，这符合高校图书馆延伸服务的初衷和宗旨。

（二）21 世纪以来国外高校图书馆留学生延伸服务的调查研究

进入 21 世纪以来，有关国外高校图书馆留学生延伸服务的调查研究开始逐渐增多，除前文提及的一些已出版的著述、论文集之外，相关的论文成果也很多，本书选取其中调研范围达到一定规模的以及较为特别的几项调研成果，进行细致的探讨。

绝大多数留学生在求学过程中会遇到一些困难或问题，对这一群体的困难或问题进行调查和分析，以便开展更有针对性的延伸服务，是高校图书馆留学生工作中的重要环节。沙拉·拜伦（Sara Baron）和亚历克西娅·斯特劳-达帕兹（Alexia Strout-Dapaz）对美国 123 所高校的馆员和留学生管理人员进行调研，发现留学生的困难和问题主要反映在三个方面：①语言和交流难题；②适应新的教育和图书馆系统；③总体文化的适应。该研究认为留学生是美国高校的重要群体，很多高校图书馆工作面临着留学生带来的挑战，因此，留学生相关的工作必须得到关注。图书馆应该帮助留学生克服困难和问题，其中，缓解图书馆焦虑是最重要的工作。此外，该研究还建议高校图书馆参考美国图书馆协会下属的 ACRL（Association of College and Research Libraries，学院与研究图书馆协会）的"信息文献能力标准"，为留学生提供技巧培训，提升留学生的舒适感，减缓留学生的图书馆焦虑[①]。这项研究将留学生的困难总结了三个方面，虽然比较全面，但是较为笼统。并且，该研究将图书馆员和留学生管理员作为主要调查对象，可能略显片面。实际上，留学生延伸服务的最重要意义在于帮助留学生克服图书馆焦虑，只有在这个基础之上，才能继续探讨图书馆延伸服务对于留学生的语言、文化适应上的帮助。

另一项调查更为具体，帕米拉·杰克逊（Pamela A. Jackson）对圣何塞

---

① Baron S，Strout-Dapaz A. 2001. Communicating with and empowering international students with a library skills set. Reference Services Review，29（4）：314-326.

州立大学（San José State University）的 161 名留学生进行调查，主要考察留学生的图书馆经验、计算机水平、对图书馆服务和术语的掌握、喜好及需求等问题。根据调查结果，该研究提出的建议是：图书馆应该加强对留学生的延伸服务，为留学生提供特殊化的指导，以此帮助提高留学生的学术能力。此外，图书馆还应重视对留学生的批判性思维和更高级别信息能力技巧的培养，如制定检索策略、甄选和评估学术资源等方面的能力技巧[①]。该研究提出的建议十分中肯，高校图书馆应该加强对留学生的延伸服务，并且对留学生提供特殊化指导的工作还可以进一步延伸和突破，对留学生进行制定检索策略、甄选和评估学术资源这类更高级别的信息能力技巧的培养，这个工作不仅对留学生很重要，对本国学生也同样重要，将留学生放置于和本国学生的同等地位，可以更加促进图书馆的平等性。

对留学生延伸服务有时要作更具体的划分，一项研究（2007 年）对新西兰坎特伯雷大学的 15 名亚洲留学生进行访谈，分析他们是否意识到西方学术图书馆提供的资源和信息服务以及他们的基本信息素养[②]。该研究范围较小，却注意到了不同族裔留学生不同的情况，提出了高校图书馆对留学生开展信息资源服务的营销策略，并总结出对留学生开展信息素养技能教育的八项内容：图书馆指南、图书馆资源介绍、搜索书目、定位信息、信息检索技巧、批判性思维、引用信息、后续服务，比较全面地概括了相关工作。

一些跨国的横向比较研究具有更高的参考价值。例如，2008 年，几位研究人员对英国国立与大学图书馆协会（Society of College，National and University Libraries，SCONUL）成员馆进行较大范围的问卷调查，共回收了 83 所图书馆的回复。同时，该研究还包括对英国高校图书馆网站进行调查，对留学生进行访问、问卷调查，对新西兰、澳大利亚等国高校图书馆进行网页调查、实地考察，并提出建议：图书馆宣传物中应避免术语；对留学生开展嵌入研究项目中的信息技巧培训很重要；让留学生意识到他们的需求得到关注、解决。该研究还论证了一个事实：大学图书馆对留学生延伸服务的独有性将导向图书馆服务的包容性[③]，即高校图书馆对留学生提

---

① Jackson P A. 2005. Incoming international students and the library: a survey. Reference Services Review, 33（2）: 197-209.

② Mu C Y. 2007. Marketing academic library resources and information services to international students from Asia. Reference Services Review, 35（4）: 571-583.

③ Bent M, Scopes M, Senior K. 2008. Discrete library services for international students: how can exclusivity lead to inclusivity? //Brophy P, Craven J, Markland M. Libraries Without Walls 7: Exploring Anytime, Anywhere Delivery of Library Services. London: Facet Publishing: 205-216.

供特别的延伸服务是否能促进图书馆的平等性、包容性。这看似悖论，实则毋庸置疑。延伸服务的初衷和宗旨就是向弱势群体和特殊用户倾斜，图书馆的平等性体现在所有人都能使用图书馆的资源。在高校图书馆领域，留学生的图书馆焦虑、对学术信息的获取、对学术规范的理解等，都是延伸服务的着力点。

2010 年以后，社交媒体的蓬勃发展势必对图书馆领域产生深刻影响，对高校图书馆留学生延伸服务也可能产生影响。一项调查研究（2013 年）对邦德大学的 575 位大学生进行分类调查，将澳大利亚国内学生和留学生进行比较，研究这两类学生的社交媒体使用偏好、留学生经常使用哪些社交网站进行信息获取和分享，以及图书馆如何利用社交媒体加强对留学生的相关工作。该项调查发现两类学生的偏好接近，使用最多的社交媒体依次是 Facebook、YouTube、Twitter、LinkedIn 和 Google+等，并提出建议：图书馆员可利用社交媒体参与学生讨论、分享信息、传授检索技巧，并且需要挖掘不同社交网站的优势，发挥社交网站"参与和协作平台"（platform for participation and collaboration）的作用[1]。以往此类研究不多见，很显然，在社交媒体爆炸式发展的影响之下，图书馆领域应当与时俱进，多利用各类网络社交工具，构建自身的交流平台。

另外，一项调查研究（2014 年）探讨了加拿大高校图书馆是否为留学生提供特殊延伸服务，以及主要提供哪些类型的延伸服务等问题，该项研究发现随着留学生数量的增多，大多数加拿大高校图书馆已经意识到，或者注意到为留学生提供特别服务的必要性。但是，具体的实践工作内容和层次则参差不齐。该研究提到高校图书馆对留学生的指导可以采取正式指导和"点对点"指导两种方式，后者需要通过与其他机构合作开展[2]。此外，该研究建议图书馆与其他机构合作开展留学生延伸服务，尤其是与大学的留学生招生与管理部门、学生会、留学生俱乐部之类的机构或组织开展合作，对高校图书馆留学生延伸服务的开展和发展十分有利。

借鉴其他学科的视角对高校图书馆留学生延伸服务的问题进行探讨，可以使相关研究更加开阔、更加多元化。艾莉森·沙曼（Alison Sharman）借鉴了民族学的视角和研究方法，将中国留学生和英国学生做比较研究，通过问卷调查留学生的信息检索行为。该研究向哈德斯菲尔德大学

---

① Saw G，Abbott W，Donaghey J，et al. 2013. Social media for international students-it's not all about Facebook. Library Management，34（3）：156-174.

② Bail J，Lewis R，Power A. 2014. Internationalization and the Canadian academic library：what are we offering？. http://research.library.mun.ca/6417/[2021-01-03].

（University of Huddersfield）商学院的所有留学生发放了一份调查表，以了解他们的信息检索行为。该研究通过不同的数据，调查了留学生信息行为的三个主要方面：①电子资源使用情况（使用点击访问功能）；②预约借书（使用来自图书馆管理系统的数据）；③图书馆访问（使用登机口统计）。该调查被故意设计为仅生成定量数据，但同时也需要使用民族学定性研究技术进行更多的研究，收集定性数据，以更全面地了解学生的实践情况。此外，该研究还采用了回溯访谈过程和认知映射研究方法。所以，调查中的问题有时在定性过程中被用作提示。该研究发现中国留学生对图书馆的利用率远远低于英国学生，留学生还没有意识到高校图书馆可以提供科研帮助[①]。相关研究中只有一小部分是针对特定族裔留学生展开调查的，此外，将民族学研究方法应用于图书馆领域的研究更为少见，因此，该研究在研究方法上有较大的创新。相较于定量研究方法，民族学研究方法中的定性研究方法为高校图书馆留学生延伸服务相关研究提供了更多的分析思路。

三、国外高校图书馆留学生延伸服务的实践经验

在对各时期、各国的高校图书馆留学生延伸服务相关的代表性调查研究进行探讨之后，本书还选取了部分国外相关的实践研究成果，进行更细致的实践探讨，通过对这些成果中涉及的具体案例，以及相关实践的工作过程、工作办法、实施结果、发展方向等进行考察和分析，可以归纳得出一些经验，为相关实践和研究作参考。

1. 开展留学生延伸服务必须提高图书馆馆员的文化意识

在高校图书馆开展留学生延伸服务的工作中，必须提高图书馆馆员的文化意识，这里指的是对不同文化差异的认识。只有馆员充分认识到多元文化背景下高校图书馆面临的挑战，即来自不同文化背景国家的留学生带来的挑战，并迎接这些挑战，才能主动为留学生提供各种个性化的延伸服务，并最大化地发挥图书馆的作用。一项研究（1985 年）提出了高校图书馆留学生延伸服务工作需要培养馆员的文化意识，该研究介绍了加利福尼亚戴维斯分校（University of California，Davis）图书馆的小组指导和馆员随叫随到服务（on call service）的个性化留学生延伸服务工作经验，认为图书馆帮助留学生适应学术氛围须重视两个方面。①图书馆认知：教授留

---

① Sharman A. 2017. Using ethnographic research techniques to find out the story behind international student library usage in the Library Impact Data Project. Library Management，38（1）：2-10.

学生如何查找使用图书馆信息。②文化意识：培养馆员认识并理解这类用户的文化差异和特殊需求①。这项研究是在 20 世纪 80 年代发表的，当时美国大学的留学生数量开始增长，高校图书馆对留学生的延伸服务处于起步阶段，也有些高校图书馆没有意识到留学生延伸服务工作的必要性，没有太多相关工作的经验。因此，该研究及时地提出了培养馆员文化意识的重要性。

馆员的文化意识对高校图书馆留学生延伸服务工作十分重要。因为，对留学生的工作本身就要求能够理解来自世界各国留学生的不同文化传统、不同社会背景、不同教育体系的差异，并根据这些差异为不同族裔、不同种类留学生开展延伸服务。

2. 可采取"建立关系"的方式尝试开展多样化的延伸服务

与工作对象建立联系、加强联系在很多工作中都是非常重要的，在图书馆领域的工作也是如此。蒙特兹·布莱森（Montez Bryson）介绍了丹佛大学（University of Denver）图书馆留学生延伸服务项目的成功经验，为了培养留学生的图书馆技巧，馆员安排或参与各种"建立关系"（relationship-building）的活动，如提供馆内午餐会和资源导览、在留学生中心定期举办下午茶活动、探访语言学习班并解答图书馆相关问题、向留学生活动室捐赠文献等，这些专为留学生设置的延伸服务项目得到了大多数留学生的认可和赞同，认为这有助于他们熟悉图书馆②。丹佛大学图书馆安排的"建立关系"的活动方式灵活多样、切实可行，嵌入留学生的生活、学习、研究当中，这是高校图书馆留学生延伸服务的有效手段之一，这一早期的成功实践为高校图书馆留学生延伸服务提供了较好的先例。

此外，加拿大纽芬兰纪念大学（Memorial University of Newfoundland）图书馆于 2010 年对留学生开展的"咖啡俱乐部"（Coffee Club）活动也较具特色，这是一项由馆员主导的、非正式的留学生指导服务工作，由该校留学生咨询办公室和图书馆联合主办。此后，该馆与留学生咨询办公室、英语二语习得项目、教育学院等团队和机构开展了更多的合作，为留学生提供多样化延伸服务，如非常规的"点对点"指导、语言指导项目、课程咨询、留学生交友会、"国际空间"、"抗压活动"、多语种特

---

① Hoffman I, Popa O. 1986. Library orientation and instruction for international students: the University of California-Davis experience. Reference Quarterly，25（3）：356-360.

② Bryson M. 1974. Libraries lend friendship. International Educational and Cultural Exchange，（10）：29-30.

别指导[①]等。在这个实践案例中，图书馆不仅与留学生"建立关系"，还与其他的校内机构、单位建立联系并保持联系，共同开展留学生延伸服务相关的工作项目，这些工作办法非常有效、值得借鉴。

3. 延伸服务有助于留学生缓解图书馆焦虑

已有研究表明，相较本国读者而言，留学生的图书馆焦虑程度更高。排除语言障碍和文化差异等常见因素，对图书馆知识和相关经验的欠缺也是主要原因之一。为了缓解留学生的图书馆焦虑，图书馆服务应尽量避免使用术语[②]。然而，在实践工作中，可能无法完全避免图书馆术语，因此，有的图书馆在尝试相关的延伸服务工作。2010 年，英国布拉德福德大学（University of Bradford）图书馆成立了留学生服务团队，为了帮助留学生快速理解并运用图书馆术语，该团队在两年间完成了图书馆常用词汇及定义汇编网页制作，在此基础上发表了名为《图书馆语言：词汇及其定义》（Library language：words and their definitions）的小册子，同时开发了智能手机 APP，方便留学生查找和使用图书馆各类资源和服务[③]。2015 年，美国印第安纳大学与普渡大学印第安纳波利斯联合分校图书馆成立了留学生工作组，他们从留学生使用的角度出发，在图书馆网站上制作了图书馆用语词汇表，该网页在 2016 年 6 月至 10 月间的访问量为 487 人次[④]。这些相关的工作实践，并不是完全避免使用图书馆术语，而是着力于帮助留学生理解并使用图书馆术语。实际上，图书馆词汇也是信息素养的一部分，可能是导致留学生图书馆焦虑的主要因素之一，帮助留学生掌握图书馆词汇及相关的知识，也可以帮助留学生克服图书馆焦虑。

4. 可尝试更多的留学生信息素养教育方式的延伸

艾莉森·谢尔曼（Alison Sharman）的研究显示，部分留学生还未充分意识到可以从高校图书馆获取研究帮助[⑤]。虽然，常规信息素养教育可能覆

① Bail J L. Power R A. 2014. Internationalization and the Canadian academic library：what are we offering？. http://research.library.mun.ca/6417/[2021-01-03].

② Onwuegbuzie A J. Jiao Q G. 1997. Academic library usage：a comparison of native and non-native English-speaking students. The Australian Library Journal，46（3）：258-269.

③ Carver K，Introwicz M，Mottram S，et al. 2012. Library language：words and their definitions. SCONUL Focus，56：21-24.

④ Mxson B K. 2016. Serving international students at IUPUI University Library. InULA Notes，28（1）：9-12.

⑤ Sharman A. 2017. Using ethnographic research techniques to find out the story behind international student library usage in the Library Impact Data Project. Library Management，38（1）：2-10.

盖留学生群体，但是留学生的早期教育背景各异，需要更细化、更有针对性地引导，以帮助其融入高校学术氛围。除了倡导"一对一"、"需求点"（point-of-need）的服务方式之外，部分高校还尝试"工作坊"（workshop），即小型研讨会或工作室的方式，这是信息素养教育方式的延伸。例如，美国印第安纳大学与普渡大学印第安纳波利斯联合分校图书馆留学生工作组2016年为留学生策划了三个小型研讨会：第一个是美国高校图书馆概况介绍；第二个是讨论言论自由的挑战、图书版权和审查等问题；第三个是与研究生探讨出版发行研究成果相关的问题[①]。这对留学生了解相关的知识与规范起到了较好的引导作用。

常规图书馆讲座与培训重在讲解通用信息技巧和学术规范等问题，对留学生而言则需要进一步延伸指导，澳大利亚昆士兰科技大学（Queensland University of Technology）图书馆在2015年针对留学生新生策划了名为"学习护照"（passport to study）的指导项目，将翻转式学习法引入图书馆培训中，为留学生提供"翻转式图书馆指导"（flipped library orientation）。该项目以分组形式在图书馆培训室开展，在简短的欢迎致辞、项目内容介绍、学习材料和"通关"测试题分发之后，让留学生在图书馆自由活动45分钟，根据提示找到测试题答案或完成任务之后回到培训室，进行获取成绩、答疑、领小奖品、反馈意见等步骤。该馆还通过在线问卷调查、项目组成员的反映、教师的评论（有三位国际学院教师将项目作为其授课环节）、留学生反馈等方式对项目进行评估，认为项目效果良好。并且，该研究还提出了以下建议：①图书馆培训采取更多的创新方式；②留学生信息素养教育需要更个性化的方式，使图书馆培训应更具趣味；③鼓励更多馆员参与到与留学生的互动学习环节；④与教师开展合作等[②]。将翻转式学习方法作为留学生信息素养教育延伸方式，同时也是将教育学领域的新式教育理念应用到图书馆信息素养教育当中的有益尝试。

5. 朋辈辅导项目工作需得到重视

朋辈辅导（peer tutoring）是指具有相似地位、年龄相仿的学习者采取互相帮助的方式进行教学的过程，在高等教育中，朋辈辅导多用于班级辅导员相关工作。这种方式也可以应用于图书馆领域的读者培训、信息素养

---

① Mxson B K. 2016. Serving international students at IUPUI University Library. InULA Notes，28（1）：9-12.

② Hughes H，Hall N，Pozzi M，et al. 2016. Passport to study：flipped library orientation for international students. Australian Academic & Research Libraries，47（3）：124-142.

教学当中。海伦娜·罗德里格斯（Helena F. Rodrigues）做了一项调查，将接受过朋辈辅导的留学生与接受传统教学的留学生相比较，还将接受朋辈辅导的留学生和本国学生相比较，证明了接受过朋辈辅导的留学生成绩提高效果显著，并建议图书馆将朋辈辅导的方式应用到图书馆的信息素养教育当中[1]。另一项研究也表明，在向图书馆寻求帮助之前，留学生更倾向于向他们的同学或同胞求助，朋辈辅导的方式可应用于高校图书馆的信息素养教育中，即使是本科生也有朋辈辅导的能力和动力[2]。因此，图书馆在留学生延伸服务中必须重视朋辈辅导的工作方式。

2014 年，美国加利福尼亚州立大学弗雷斯诺校区（California State University，Fresno）的亨利·马登（Henry Madden）图书馆针对留学生开展了一系列的延伸服务，在迎新大会上与留学生交流并对图书馆概况进行宣讲、为留学生提供各种图书馆指南、开展信息素养研讨会、导览图书馆、培养朋辈顾问（peer advisors）等，其中特别强调与国际朋辈顾问以及留学生导师进行的沟通与培训，探讨朋辈顾问服务项目的执行策略，并规划新学期的第一周开展新一轮的留学生延伸服务项目。该研究显示，留学生对图书馆的延伸服务使用率很高，参加了图书馆指导的留学生对图书馆服务和资源的使用率也较高[3]。总之，图书馆留学生延伸服务中如果采取朋辈辅导的方式，将有助于促进留学生对图书馆其他资源和服务的利用。

6. 从"知识共享"的角度探讨留学生延伸服务的方式

"知识共享"已成为最流行的信息交流方式之一，高校图书馆开展的延伸服务包含建设交流平台，这可以促进知识的共享，与传统图书馆服务的模式不同，具有一定的创新意义。加拿大布鲁克大学圣凯瑟琳斯校区（Brock University，St. Catherines）图书馆于 2018 年 11 月在大学的国际教育周开展了"真人图书馆"活动，邀请来自不同国家的留学生扮演"书"的角色，代表其祖国，每次供读者"借阅"（谈话）15 分钟。其中，报名参与活动的 45 位"读者"和 15 位"书"均是留学生，因此，这项活动实际上是专门为留学生举办的。该馆认为可以将留学生作为促进图书馆大家

① Rodrigues H F. 1992. Bibliographic instruction for international students: a comparison of delivery methods. Boston: Simmons College: 18-20.

② Bodemer B B. 2014 They CAN and they SHOULD: undergraduates providing peer reference and instruction. College & Research Libraries，75（2）：162-178.

③ Langer C，Kubo H. 2015. From the ground up: creating a sustainable library outreach program for international students. Journal of Library Administration，55（8）：605-621.

庭包容性、多样性和国际化的资源，而不是将留学生视为有疑惑的群体①。此外，即使留学生是有疑惑、有障碍的群体，但在相互交流过程中，通过知识、经验的共享，留学生的很多疑惑、障碍也许能得到解决。

高校图书馆向留学生提供专业服务的工作往往是"单向"的，即图书馆与留学生分别是供给方与接受方，而从"知识共享"的角度可重新探讨对留学生相关工作的方式。"真人图书馆"始于 21 世纪初并广为传播，将这类活动向留学生延伸，实质上是将留学生作为一种图书馆资源的尝试。通过举办交流类的活动，使留学生更深入地参与到共享知识的建设与传播的过程中，在这个过程中，图书馆的服务和职能也得到了强化。

7. 图书馆留学生延伸服务工作的可持续发展

国外高校图书馆留学生延伸服务工作大多以项目（program 或 project）的形式进行，在预先制定的项目计划指导下，相关工作得以持续开展。美国伊利诺伊大学厄巴纳-香槟校区（University of Illinois at Urbana-Champaign）图书馆从 2006 年开始，制定并实施了"泛多元文化延伸服务"项目，因为该校是美国招收留学生数量较多的公立高校（2010 年统计为美国公立高校招收留学生数量排名第二），所以该馆特别为留学生制定了多元文化延伸服务项目战略。相关工作按照六个层次进行：馆员发展（staff development）—合作（partnerships）—延伸（outreach）—指导（instruction）—学生需求（student needs）—评估（assessment）。第一层次是培养延伸服务馆员；第二层次是与该校的留学生和学者服务办公室、强化英语学院、二语英语语言系、留学办公室等部门开展合作，探讨各类延伸服务形式；第三层次是向留学生、研究人员及其家属提供诸如校园指南、社区信息咨询、图书馆资源宣讲、电话热线咨询、多语种导览、语音导览等延伸服务；第四层次是为留学生提供更深层次的课程综合指导、自主学习指导、研讨会、在线指导和参考咨询等指导和服务；第五层次指按照留学生需求开展国际电影节、多文化展览、资源配置、多文化资源门户建设等相关工作；第六层次是延伸服务项目的重要一环，为了满足留学生需求的变化和增长，必须对相关服务进行反馈和评估，以指导新一轮的实践工作②。

---

① Bordonaro K. 2020. The human library: reframing library work with international students. Journal of Library Administration，60（1）：97-108.

② Hensley M K，Love E. 2011. A multifaceted model of outreach and instruction for international students//Jackson P，Sullivan P. International Students and Academic Libraries: Initiatives for Success. Chicago：Association of College and Research Libraries：115-134.

很多大学制定了国际战略，一些大学图书馆也制定了相应的留学生服务及发展战略。英国国立与大学图书馆协会于 2007 年进行的调查研究显示，该国大约 8%的大学图书馆制定了国际战略或行动计划，例如，2003 年，利兹城市大学（Leeds Metropolitan University）图书馆跟随大学制定的国际化战略，提出留学生服务的发展方向及潜在风险[①]。2024 年，纽卡斯尔大学图书馆（Newcastle University Library）制定了与大学的愿景和战略相对应的 5 年战略规划，包括 3 项重点：提升所有学生的成长机会、为研究人员提供支持、以可持续的方式部署图书馆资源和空间。其中，在第一项中专门列出了为国际学生的发展和促进包容性的服务提供支持，以及与学院合作开发或支持前沿课程，提供嵌入式的技能知识培训等[②]。这类用于指导实践工作的战略规划，有助于相关实践工作的可持续发展。

第二节　高校图书馆应用社交媒体开展延伸服务的实践与研究

虚拟读者泛指利用各种终端设备，通过互联网与图书馆产生联系，在线检索图书馆文献、获取数字资源和使用读者服务等，以及在图书馆各种网络平台与馆员或其他读者进行交流的人。图书馆在虚拟世界的用户，既包括其常规注册用户，也包括网络"游客"，对虚拟读者提供延伸服务，图书馆不仅要考虑对官方网站、手机图书馆等现有平台的维护和升级，更要考虑对各种新兴的网络媒介、社交媒体、智能终端及信息技术的充分利用。

社交媒体为人们的娱乐、学习、工作带来了很多便利，随着无线通信技术的深入和智能终端设备的普及，社交媒体的用户已经越来越多。虽然，社交媒体的发展历史只有短短的二十多年，但是，各类社交媒体在全世界范围内得到了广泛应用。移动社交媒体为高校图书馆服务的延伸提供了更好的平台，相关专业人员早就意识到以脸书为代表的社交媒体是将图书馆服务嵌入网络虚拟世界的有效方式，并提出社交媒体是图书馆延伸服务的有效工具。高校图书馆对脸书的应用最初体现在咨询与荐购、教学与互动等工作的延

---

① Senior K，Bent M，Scopes M，et al. 2008. Library Services for International Students. London: SCONUL.

② "The Library's planning cycle"，https://www.ncl.ac.uk/library/strategic-plan/，2024 年 12 月 2 日。

伸，此后，又尽量发挥其在图书馆的营销、用户社区的构建等方面的作用。

由于信息通信技术基础设施水平的差异，不同国家的高校图书馆的社交媒体应用程度不同。不过，多数研究显示，本领域的研究人员和从业人员认识到社交媒体在工作中的作用与影响，高校图书馆应用社交媒体开展相关延伸服务的实践与研究将会持续深化。

然而，本领域对社交媒体并不是持完全正面的态度，高校图书馆应用社交媒体可能引起如个人隐私、使用上瘾、数字不平等的问题，社交媒体延伸服务还存在学术性与专业性的问题。这些问题有些是社交媒体"与生俱来"的，即社交媒体自身特征引起的广泛争议；也有些是基于高校图书馆学术环境对社交媒体适用性问题的探讨。在对这些问题的争议和再思考的过程中，本领域对高校图书馆社交媒体延伸服务的实践和研究将更为深入，逐渐迈向成熟。

一、社交媒体概述

社交媒体的类型丰富多样，不过大多数社交媒体具备基于互联网的通信、用户创建内容、在线社区共享等特征。一些词典对社交媒体的定义或解释，也基本包括了这几项特征。近几年，随着移动通信技术的变革和智能终端产品的普及，移动社交媒体成为新的大众宠儿。全世界的成年人日均使用社交媒体的时间逐年增长，并且各行各业的运转都或多或少地牵涉社交媒体。目前，世界范围内使用较为广泛的社交媒体有：Facebook、YouTube、瓦次艾普（WhatsApp）、飞书信（Facebook Messenger）、微信（WeChat）、照片墙（Instagram）、抖音（Douyin/TikTok）、QQ、Q地带、微博（weibo）等，这些社交媒体的功能和作用既有侧重，又有交叉，不同特色的功能吸引了这些社交媒体各自的忠实用户群体。

（一）社交媒体的类型、特征与定义

社交媒体的技术、功能、形式等都在不断发展，并且社交媒体具有多样性，所以很难为社交媒体进行细致全面的归类或者做出准确、全面的定义。不过，相关技术人士和领域专家普遍认为，社交媒体包括以下类型：博客、商业网络、协作项目、企业社交网络、论坛、微博、照片共享、产品/服务评论、社交书签、社交游戏、社交网络、视频共享和虚拟世界[①]。

---

① Aichner T, Jacob F. 2015. Measuring the degree of corporate social media use. International Journal of Market Research，57（2）：257-276.

2010 年左右，一些研究人员将社交媒体称为社交网络或社交网络服务（social networking services）①。一项研究（2015 年）回顾了该领域早期的文献，确定了当时社交媒体服务的四个特征：①社交媒体是基于 Web 2.0 的互联网应用程序；②用户生成的内容（user-generated content）是社交媒体有机体的命脉；③社交媒体服务机构设计和维护相关网站或应用程序，个人或群体用户则创建定制服务的配置文件；④社交媒体服务机构通过将用户的资料与其他个人或群体的资料联系起来，促进了在线社交网络的发展②。

2019 年，韦氏词典（Merriam-Webster）将社交媒体定义为：电子通信形式（如用于社交网络和微博的网站），用户可以通过这些形式创建在线社区以共享信息、想法、个人消息和其他内容（如视频）③。剑桥词典的相关定义则是：社交媒体是允许人们使用计算机或手机在互联网上进行通信和共享信息的网站和计算机程序④。这两种词典对社交媒体的定义比较简明，基本涵盖了社交媒体的基于互联网的通信、用户创建内容、在线社区共享等特征。

（二）社交媒体的发展

最初开发出来的社交媒体功能较为简单，实质上是即时交流工具或者聊天客户端，如 ICQ、AOL、iChat、MSN 等，也有如"sixdegrees.com"这一类的为实名注册人群创建的在线业务。但是，由于应用范围较窄、技术模式简单、功能较单一等方面的限制，用户很快对这类早期的社交媒体失去兴趣。因此，大多数第一代社交媒体网络很快就被淘汰了。

随着移动通信技术的变革和智能终端产品的普及，基于移动网络的社交媒体再次兴起。移动社交媒体是指在移动设备（如智能手机和平板电脑）上使用社交媒体。与早期使用台式电脑的社交媒体相比，移动社交媒体的作用显然更广。移动社交媒体允许用户创建、保存、交换更多的内容，并且也可以进行即时沟通。同时，移动社交媒体的最大不同之处在于其位置敏感性（location-sensitivity）和时间敏感性（time-sensitivity），即移动社交媒体可以

①　Boyd D M，Ellison N B. 2007. Social network sites：definition，history，and scholarship. Journal of Computer-Mediated Communication，13（1）：210-230.

②　Obar J A，Wildman S. 2015. Social media definition and the governance challenge：an introduction to the special issue. Telecommunications Policy，39（9）：745-750.

③　"social media"，https://www.merriam-webster.com/dictionary/social%20media，2019 年 12 月 10 日。

④　"social media"，https://dictionary.cambridge.org/dictionary/english/ social-media，2019 年 12 月 10 日。

显示用户的当前位置，还可以延迟发送和接收消息之间的时间。

随着移动设备功能越来越强大，众多社交媒体应用程序已经移动化，新推出的移动社交媒体应用程序也越来越多。安德鲁·卡普兰（Andreas M. Kaplan）将移动社交媒体定义为一组移动应用程序，这些应用程序允许创建和交换用户生成的内容，移动社交媒体应用程序包括协作项目、微博/博客、内容社区、社交网站和虚拟世界等，移动社交媒体可用于商业营销、信息交流、关系发展等。按照移动社交媒体的位置敏感性和时间敏感性进行交叉考虑，可将其分为四种类型。①即时性的，即将早期社交媒体应用程序迁移到移动设备以增加即时性，例如，发布 Twitter 消息或脸书状态更新。②非即时性的，即将早期社交媒体应用程序传输到移动设备，例如，观看 YouTube 视频或阅读维基百科条目。③定位且即时的，在特定时间点交换与特定位置相关的消息，例如，脸书定位。④定位的但非即时的，与特定位置相关的消息交换，这些消息被标记到某个位置，然后在其他位置阅读，例如，Yelp[①]。

实际上，大多数移动社交媒体在不断进化，新的界面、新的功能、新的模式、新的自定义选项等，都随着用户每次对程序的升级操作而展现出来。正因为这样的花样百出，才能够保持用户黏性。并且，大多数社交媒体都可以适应 Windows、Android、iOS、Symbian（塞班）等多种操作系统，以及可应用于各种用户终端。

一项 2020 年的数据调查显示，2012 年至 2019 年，成年人（16～64 岁）每天花在社交网络上的平均时间逐年增长，2012 年日均 90 分钟，2013 年日均 95 分钟，2014 年日均 104 分钟，2015 年日均 111 分钟，2016 年日均 128 分钟，2017 年日均 134 分钟，2018 年日均 142 分钟，2019 年日均 145 分钟[②]。并且，2019 年，全球估计有 29.5 亿人在使用社交媒体，截至 2025 年 2 月，全球社交媒体用户人数是 52.4 亿人，占世界人口的 63.9%[③]。人们通过社交媒体记录生活点滴、分享各类信息、建立和保持友谊、学习和探索事物，或者通过创建博客、播客、视频等来表达自我思想。此外，社交媒体也应用于大众传播、学术交流、商业推广、行政

---

① Kaplan A M. 2012. If you love something, let it go mobile: mobile marketing and mobile social media 4x4. Business Horizons, 55（2）: 129-139.

② "Daily time spent on social networking by internet users worldwide from 2012 to 2024", https://www.statista.com/statistics/433871/daily-social-media-usage-worldwide/，2024 年 12 月 2 日。

③ "Number of internet and social media users worldwide as of February 2025", https://www.statista.com/statistics/617136/digital-population-worldwide/，2025 年 4 月 13 日。

管理等各个领域。总之，社交媒体的用户越来越多，它已经渗透到社会的方方面面。

（三）社交媒体"脸书"概述

社交媒体的种类过多，不同社交媒体之间存在交叉用户，并且用户的活跃程度难以精确计量，因此，要对所有社交媒体的所有用户数量进行统计，是非常困难的。即使如此，也有专业的商业数据公司，通过各种手段对不同社交媒体的使用状态进行统计，这类统计数据也可以为相关研究提供参考。

一项统计显示，截至 2020 年 4 月，按照活跃用户数量统计，全球最受欢迎的社交媒体排行前十五位如图 4-2 所示，其中 Facebook 以超过 24.98 亿活跃用户排在首位；YouTube 和 WhatsApp 排并列第二，活跃用户数量都达到 20.00 亿人；排名第三的是 Facebook Messenger，活跃用户为 13.00 亿人；WeChat 活跃用户为 11.65 亿人，排名第四；Instagram 排名第五，活跃用户数量为 10.00 亿人；再往下排名的社交媒体有 Douyin/TikTok、QQ、Qzone、weibo 等。

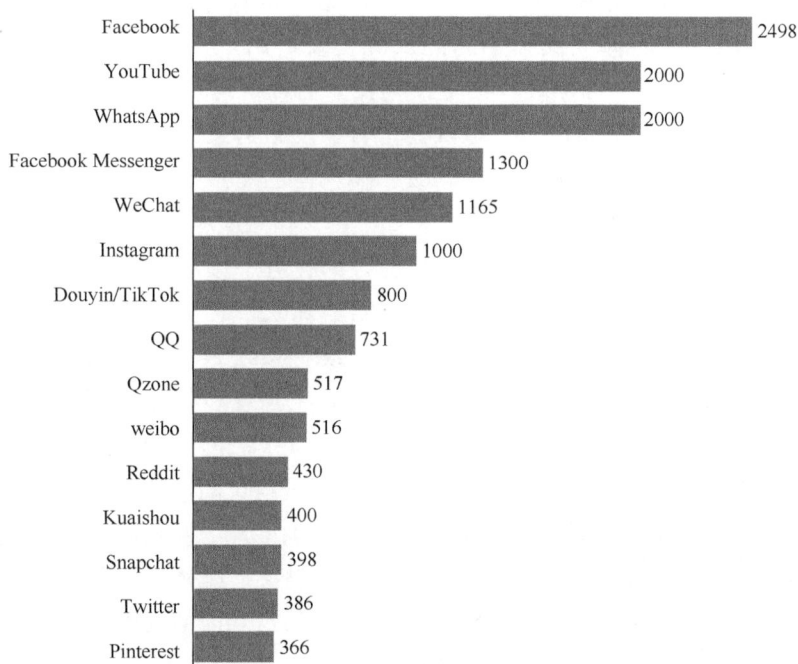

图 4-2　全球最受欢迎的社交媒体排行榜（人数：百万）

Qzone 即 QQ 空间，Reddit 即红迪，Kuaishou 即快手，Snapchat 即色拉布，Pinterest 即拼趣

脸书是位于加利福尼亚州的门洛帕克（Menlo Park）的在线社交媒体和社交网络服务公司，其旗舰产品脸书最初是由马克·扎克伯格（Mark Zuckerberg）及其哈佛大学的同学和室友爱德华多·萨维林（Eduardo Saverin）、安德鲁·麦克科鲁姆（Andrew McCollum）、达斯汀·莫斯科维茨（Dustin Moskovitz）和克里斯·休斯（Chris Hughes）于 2004 年共同创立的。最初，脸书的会员资格限制为哈佛学生，此后，将会员资格扩大到了哥伦比亚大学（Columbia University）、斯坦福大学（Stanford University）和耶鲁大学（Yale University），然后又扩大到常春藤联盟（Ivy League）、麻省理工学院（Massachusetts Institute of Technology）和波士顿地区的高等教育机构的其他成员，再继续扩展到其他各种大学，最后是高中学生。2006 年以后，脸书向所有成年人开放使用。截至 2020 年 4 月，脸书用户数量最多的是印度和美国，用户数量排名往下依次是印度尼西亚、巴西、墨西哥、菲律宾、越南、泰国、埃及、孟加拉国等国①。

脸书的技术采用的是超文本预处理器（hypertext preprocessor，PHP）的架构，并由"HipHop for PHP"编译，这是脸书工程师构建的"源代码转换器"，可将 PHP 语言转变为 C++语言。脸书的功能结构主要有以下几项。①新闻订阅，使用一种名为"EdgeRank"的技术手段，向用户推送、更新其订阅的或者倾向阅读的新闻。②交友，用户可以在脸书平台上发送"加好友"请求，对方可以接受或拒绝，另外也可以操作"删除好友"。③留言墙，即个人空间，用户可以在留言墙发布消息，而好友则可以浏览这些帖子。④时间轴，用户可以修改、编辑自己发布的帖子，或者为帖子配图，并根据年月日显示帖子内容。⑤"赞"和"反应"，用户可以在阅读帖子之后点赞，并可以进一步做出反应，即在五个预定义情绪选项中点击一个表示自己的态度，分别是：爱、哈哈、惊叹、悲伤、愤怒。⑥评论，用户可以评论帖子，并且配上表情符号或者系统链接的 GIF（graphics interchange format，图像交互格式）动态图。⑦消息和收件箱，现在已经将这个功能模块迁出到 Facebook Messenger 上，并添加了机器人聊天的功能。⑧通知，即告诉用户某些内容已添加到其个人资料页面，包括在用户墙上共享消息，或者在用户的图片或用户先前评论过的图片上发表评论。⑨组群，可以由个人用户创建，并允许群成员发布诸如链接、媒体、问题、事件、可编辑文档以及对这些项目的评论之类的内容。组群功能主要用于协作、讨论

---

① "Leading countries based on Facebook audience size as of April 2024"，https://www.statista.com/statistics/268136/top-15-countries-based-on-number-of-facebook-users/，2024 年 12 月 2 日。

及其他小组活动，可以使许多人在线聚集、共享信息并讨论特定主题。

作为使用最广泛的社交媒体之一，脸书的优势在于其功能的综合性和庞大的活跃用户量。因此，脸书成为很多国外高校图书馆开展相关延伸服务的主要社交媒体平台。

二、国外高校图书馆应用脸书开展延伸服务的实践与研究

由于社交媒体种类繁多，多数国外高校图书馆对社交媒体的应用并不局限于一个或两个，通常情况下，国外高校图书馆同时使用多个社交媒体作为其服务平台。本书主要考察国外高校图书馆应用脸书开展的延伸服务，因为脸书在刚刚诞生的时候就是面对大学的用户，其后才发展到整个教育领域，最后扩展到全社会。

脸书面向所有用户开放不久之后，国外高校图书馆就意识到脸书是将图书馆服务嵌入网络虚拟世界的有效方式，并提出社交媒体是图书馆延伸服务的有效工具。2006 年左右，有关的实践和研究文献大多来自欧美国家，国外高校图书馆中出现了一些使用脸书平台，将咨询与荐购、教学与互动等工作向读者延伸的实践尝试，在当时具有一定的创新意义。

2010 年以后，更多的国外高校图书馆应用脸书开展延伸服务，积累了一定数量的实践案例。其中，大部分研究成果来源于欧美国家，这些研究较多地展现了脸书在图书馆的营销、用户社区的构建等方面的作用，与早期的相关实践与研究相比较，在数量和质量上都有一定的提升。

此外，来源于亚洲、非洲等国家的相关研究文献也逐渐增多，其中包含定量研究和定性研究。相关实践与研究表明，亚非国家高校图书馆充分意识到了应用社交媒体开展延伸服务的作用与意义。但是，亚非国家高校图书馆应用社交媒体开展延伸服务的条件、水平、程度与欧美高校图书馆相关工作存在落差。

（一）早期欧美高校图书馆利用脸书向用户的虚拟延伸：咨询与荐购、教学
　　　与互动

在其初创时期，脸书曾经只对大学里的用户开放，当时有一些高校图书馆申请了账户，但是随后脸书规定只对个人用户开放，因此，这些最初的高校图书馆脸书账户被关闭。尽管如此，当时脸书已经积累了很多大学的用户，其在大学校园中的知名度很高。所以，高校图书馆领域的专业人士很早就注意到脸书，并尝试利用脸书对咨询与荐购、教学与互动等服务工作进行延伸。

1. 利用脸书进行的咨询与荐购

2006 年，美国佐治亚理工学院（Georgia Institute of Technology）图书馆的学科馆员布莱恩·马修（Brian S. Mathews）开始尝试使用脸书为学生提供图书馆咨询服务，他还将脸书和校园邮箱两种沟通方式的效率做了对比，发现脸书的沟通效率明显高于校园邮箱。学生通过脸书向他咨询各类问题，有些学生还将他加入"好友"，在校园遇见他也能认出他并打招呼，因此，他认为脸书对于推广图书馆和学科馆员的作用非常大，脸书已经成为其发布信息、与学生互动的有效渠道。此外，马修认为，脸书还可以用于给新生、研究生等群体提供个性化服务，通过脸书可以提高图书馆的辨识度，并改变用户对图书馆的刻板印象[①]。

2006 年，宾夕法尼亚州立大学（The Pennsylvania State University）图书馆的学科馆员记录了他在整个学期内收到的参考和咨询问题的数量。这些统计信息包括在办公时间内通过电子邮件、电话、即时通信工具、脸书和现场咨询等方式收集的数据。经过数据统计、对比之后发现，所有通过即时通信工具和脸书提交的参考问题均来自大学生，说明年轻读者对在线沟通和使用社交媒体咨询的偏好，通过脸书收到的咨询问题大大超过了即时通信工具和电话收到的咨询[②]。

脸书被相关领域研究者定位为图书馆延伸服务的有效工具，梅瑞迪斯·法卡斯（Meredith Farkas）认为，图书馆延伸服务的历史悠久，流动图书馆将服务递送到市井街巷和社区中心。而在网络时代，图书馆向用户的延伸则可运用脸书这一类的社交媒体。她列举了本宁顿学院（Bennington College）克罗塞特图书馆（Crossett Library）的馆长奥希阿纳·威尔森（Oceana Wilson）在脸书上开通账号，向学生征询采购图书、音像等馆藏的意见，收回了很多建议的例子，她认为尽管图书馆提供其他的荐购渠道，但是通过脸书征询荐购意见，对读者而言是更便捷的方式[③]。

2007 年 11 月，脸书宣布允许实体组织通过新的"脸书页面"（Facebook pages）功能创建机构资料。在此之前，许多图书馆员是通过个人账户来与

---

① Mathews B S. 2006. Do you Facebook？：networking with students online. College & Research Libraries News，67（5）：306-307.

② Mack D，Behler A，Roberts B，et al. 2007. Reaching students with Facebook：data and best practices. Electronic Journal of Academic and Special Librarianship，8（2）：1-4.

③ Farkas M. 2007. Going where patrons are：outreach in Myspace and Facebook. American Libraries，38（4）：27.

读者建立联系提供相应服务的。脸书开放机构账户意味着图书馆可以用"官方"的名义注册账户并为用户提供服务。詹妮弗·贝伦斯（Jennifer L. Behrens）注意到了脸书的这个政策变化，但是也观察到当时美国只有不到10个法律图书馆在尝试使用该功能。于是她尝试创建了杜克大学法律图书馆（Duke University Law Library）的脸书账户，还定期进行页面维护，提供咨询服务，并总结了一些经验，以供法律图书馆的馆员参考[①]。专业图书馆对社交媒体的应用与高校综合性图书馆并无太大差异，由于用户范围相对狭窄，馆员对读者的熟悉程度可能更高，因此，利用社交媒体向读者进行更多的延伸，是非常适宜的。

2. 利用脸书进行的教学与互动

上文中提到的美国佐治亚理工学院图书馆的学科馆员马修在 2006 年的一学期内进行了 40 次针对特定学科的图书馆教学活动，其中有 20 次教学针对本科生，在教学过程中，他通过脸书提供研究帮助以及课程讲义[②]。将脸书作为教学辅助平台是很好的尝试，也可以促进馆员和学生之间的课后互动。

以脸书为代表的社交媒体在 2006 年左右成为潮流，吸引了各类网络用户。马歇尔·布雷丁（Marshall Breeding）认为，大量的高中生、大学生在使用脸书，图书馆必须重视年轻用户的兴趣，并且脸书是非常适合用作在线社交的专业工具，因此，他敦促图书馆员使用脸书，认为诸如脸书之类的社交媒体属于"我们无法忽视的用户趋势"之一。此外，他认为脸书具有"不断发展的精神，它对新功能的持续探索是其成功的原因"，脸书允许第三方开发添加新功能的应用程序，为所有开发人员提供了一个平台。因此，图书馆可以开发出允许用户通过脸书平台搜索图书馆目录的功能，或者在线课件系统之类的功能[③]。

较多研究人员认为脸书可以作为图书馆突破物理围墙，并向虚拟社区延伸的有效方式。利加亚·甘斯特（Ligaya Ganster）和布里奇特·舒马赫（Bridget Schumacher）探讨了脸书如何为图书馆提供向虚拟社区和信息门户延伸的机会，他们重点关注脸书的定制页面功能，并列举了相关案例。例如，2007 年 12 月，纽约州立大学布法罗分校（State University of New

---

① Behrens J L. 2008. About Facebook: change at the social-networking juggernaut creates new opportunities for law library outreach. AALL Spectrum: 14-17.

② Mathews B S. 2006. Do you Facebook?: networking with students online. College & Research Libraries News, 67（5）: 306-307.

③ Breeding M. 2007. Librarians face online social networks. Computers in Libraries, 27（8）: 30-33.

York，Buffalo）的图书馆员开始探索使用脸书定制页面来虚拟地接触用户和宣传图书馆服务。根据用户的响应和页面数据统计，馆员发现脸书定制页面的使用成为一种受欢迎的、独特的延伸服务形式，这种形式已经超出了校园社区。通过布法罗大学图书馆的脸书页面，馆员可以向学生、教职员工发布有关活动、研讨会的信息，宣传图书馆服务和资源。布法罗大学图书馆脸书平台保持着一个活跃的在线社区，覆盖了300多名粉丝。粉丝通过脸书对图书馆服务进行讨论和反馈较多，因此，脸书成为更具交互性的图书馆在线延伸服务平台①。

在短短几年时间里，脸书就成为互联网增长最快的社交网站之一。杰米·格雷厄姆（Jamie Graham）等认为脸书提供了一个在虚拟环境中与学生互动的机会，他们概述了卡罗来纳海岸大学（Coastal Carolina University）金贝尔图书馆（Kimbel Library）尝试与学生"建立关系"而建立的馆员小组并开展工作的概况。同时，他们还对100名其他高校图书馆员进行调查，发现其他高校图书馆也在进行相关的实践。他们的研究发现脸书可以促进馆员与学生的互动，有些图书馆已经创建了从脸书搜索馆藏目录的应用程序，诸如JSTOR、WorldCat之类的商业数据库的搜索模块也可以添加到脸书平台的配置文件中。而且，还可以添加其他的应用程序，例如，Visual Bookshelf是脸书用户可以安装的应用程序，可帮助他们跟踪已阅读、正在阅读或希望阅读的书籍。除了作为虚拟环境中的读者咨询工具，脸书还有助于发展专业关系，如一个图书馆馆员读书俱乐部通过脸书平台被创建，图书馆员之间的沟通和关系得到强化。此外，该研究指出，尽管脸书平台上的大多数图书馆用户跨越了个人和专业领域，但重要的是如何认识到、并有效利用脸书平台上的应用程序②。

从以上的早期实践案例和相关研究来看，欧美高校图书馆很敏锐地把握了脸书的功能和作用，在脸书刚刚面世之际，相关领域就尝试利用脸书将咨询与荐购、教学与互动等服务工作向读者延伸。虽然这些是图书馆的常规业务工作，并不是什么新鲜的事物，但是通过脸书这个新平台，图书馆将此类服务进行了更多的延伸。一方面是图书馆对用户的延伸，通过脸书可以高效率地向更多的用户提供服务，与读者进行更多的交流和互动；另一方面是图书馆工作方式的延伸，将部分工作通过脸

---

① Ganster L，Schumacher B. 2009. Expanding beyond our library walls：building an active online community through Facebook. Journal of Web Librarianship，3（2）：111-128.

② Graham J M，Faix A，Hartman L. 2009. Crashing the Facebook party：one library's experiences in the students' domain. Library Review，58（3）：228-236.

书平台来开展，是将以往工作进行网络虚拟延伸的一种方式。所以，欧美高校图书馆通过脸书进行延伸服务的尝试，在当时是具有一定创新意义的。

（二）2010 年以来欧美高校图书馆对脸书的应用：图书馆的营销、用户社区的构建

随着脸书在高校图书馆工作中的应用越来越多，出现了更多的相关研究成果。大多数相关实践和研究主要来源于美国、英国、加拿大、法国、瑞典、西班牙等欧美国家。特拉·雅各布森（Terra B. Jacobson）将当时发表的相关研究大致划分为以下几种类型。①如何利用脸书，即如何利用脸书开展图书馆工作，包括一些相关的案例和设想。②定性案例研究，即以图书馆为中心的案例研究，分析脸书在宣传、营销层面的作用，例如，对馆员利用脸书开展工作的实践进行的定性讨论。③有效性研究，即从用户的角度对脸书作为延伸服务工具的有效性进行研究。④特殊服务的分析，即探讨图书馆利用脸书尝试为读者提供的特殊服务。⑤感知使用研究，这是一小部分有针对性的调查研究，主要是对利用脸书工作的可能性进行探讨，即馆员认为脸书可以怎样发挥作用[①]。这项研究对于国外高校图书馆利用脸书开展延伸服务的相关实践与研究进行了较为全面的考察，其对相关研究的分类也较为符合当时的研究状况。

欧美高校图书馆工作中对脸书的应用实践更多，相关领域对基于脸书开展延伸服务这一问题的探讨角度更加多元。其中，对于应用脸书进行图书馆的营销、用户社区的建构等方面的实践和研究较多，具有较高的参考价值。

1. 应用脸书进行图书馆的营销

一项调查研究（2012 年）向 140 所欧美、亚洲的高校图书馆发送网络问卷，收到 38 所来自英国、美国、新加坡、中国、加拿大、德国、日本、韩国的高校图书馆的回复。调查发现，27 家图书馆（71.1%）使用了社交媒体类的工具，5 家（13.2%）是潜在用户，6 家（15.8%）不打算使用它们，在已经使用社交媒体作为服务工具的图书馆中，脸书和 Twitter 是最常用的社交媒体。受访图书馆使用社交媒体开展工作的时间从 1.5 年到 4 年不等，其主要将社交媒体用于营销和宣传、强化咨询服务和知识共享、增

① Jacobson T B. 2011. Facebook as a library tool: perceived vs. actual use. College & Research Libraries，72（1）：79-90.

加用户的社交并促进联系、促进馆员之间的沟通和职业发展等用途①。由于跨区域范围较大，这项研究涉及的社交媒体种类较多，研究证明多数高校图书馆应用社交媒体的最主要目的之一是营销和宣传。

应用脸书平台进行的图书馆营销主要是指对图书馆的资源与服务进行营销，也有研究将其称为数字营销、社交媒体营销等，其实质在于利用脸书等社交媒体平台将图书馆的资源和服务进行网络虚拟延伸。安迪·伯克哈特（Andy Burkhardt）认为，由于社交媒体的普遍使用，大学图书馆可以利用这些交流工具与教职员工、学生互动，社交媒体提供了另一种推销图书馆新产品或计划的途径。在他的文章中，他阐述了图书馆为什么要利用社交媒体开展工作，列举了图书馆可以在脸书上面发布的内容，包括图书馆新闻和事件、图书馆的新馆藏、文章和视频的链接、大学社区的信息、意见征求与反馈、对用户正面或负面评价进行响应、图片，以及其他让用户认为有趣的或有用的信息。并且还提供了一些有关如何运营脸书的具体建议②，对当时高校图书馆利用社交媒体开展延伸服务有一定的指导意义。

数字营销是一个较新的概念，是指利用互联网和基于在线的数字技术（如台式计算机、移动电话和其他数字媒体和平台）来推广产品和服务的营销。数字营销是一个广泛的术语，指的是通过数字技术将产品或服务部署到客户的各种不同技术。数字营销也称为网络营销，但是两者的实际过程有所不同，因为数字营销被认为更具针对性、可测量性和交互性③。数字营销在20世纪90年代至21世纪初的发展改变了各类组织品牌营销的方式，随着数字平台越来越多地应用于营销计划和日常生活中，数字营销活动已变得越来越普遍，它通常包括搜索引擎营销（search engine marketing，SEM）、内容营销、数据驱动营销、电子商务营销、社交媒体营销、电子邮件营销等方式。

在图书馆领域的实践和研究中，数字媒体营销的概念也可适用。一项研究（2015年）提出图书馆应将社交媒体营销纳入数字营销计划的一部分。该研究认为，社交媒体营销并不能直接为图书馆带来经济或财务方面的收益，但它有利于图书馆与用户"建立关系"，或提高图书馆声誉和影响力。

---

① Chu S K W，Du H S. 2012. Social networking tools for academic libraries. Journal of Librarianship and Information Science，45（1）：64-75.

② Burkhardt A. 2010. Social media：a guide for college and university libraries. College & Research Libraries News，71（1）：10-24.

③ "Digital marketing"，https://www.techopedia.com/definition/digital-marketing，2021年1月24日.

在图书馆的背景下，社交媒体的获益转化为图书馆资源、服务和空间的更多利用，即图书馆可以利用数字营销来提高影响力，吸引更多读者使用其资源和服务。该研究列举了西班牙的大学图书馆的三个营销活动案例，显示了图书馆如何通过仅三个月的营销活动就能超出预期效果，使图书馆的资源和服务得到改善，并吸引更多读者利用图书馆[①]。

图书馆应该培养一种营销文化，虽然这不是图书馆特有的工作，但是作为组织生存与发展的必要工作，营销是非常重要的。图书馆还应分配开展营销活动所需的物质、人力、资金等各类资源，以确保充满活力、富有创造力的营销工作得以发展。社交媒体为图书馆的资源、服务等的营销提供了合适的平台，本领域多数研究人员和从业人员也已意识到这一点。

2. 应用脸书进行用户社区的建构

脸书一类的社交媒体成为"任何想要推广其信息、产品或服务的组织工作"的一部分，并且欧美国家相关领域对于利用脸书平台在建构用户社区中的作用也较为重视，这体现在一些相关的实践和研究中。马歇尔·布雷丁认为图书馆宣传和公共关系举措将社交网络作为主要的宣传工具，对于那些可能不会经常记住使用其图书馆资源的用户，社交网站提供了重要的机会宣传图书馆的资源、服务和活动。在早期阶段，图书馆将社交媒体作为独立的工作工具，但是必须在此基础上有所超越。现在本领域需要一种更具战略意义的方法，需要精心设计图书馆利用外部社交网络概念结合图书馆内部技术的方式，以实现更大的图书馆目标。图书馆还需要新一代的技术基础架构，以更全面地支持协作和社交[②]。布雷丁是持续关注社交媒体作用的学者之一，在这项研究中，他继续阐述了社交媒体的重要性，并提出了图书馆应利用社交媒体的技术基础架构，全面地支持图书馆和用户之间的协作，以及用户社区的建构，这是对其以往观点的补充。

多拉林·罗斯曼（Doralyn Rossmann）和斯科特·杨（Scott Young）认为社交媒体已成为必不可少的沟通渠道，社交媒体可以为图书馆延伸服务和社区建构相关工作带来深远的影响。他们介绍了美国蒙大拿州立大学（Montana State University）图书馆利用社交媒体培养用户的社区意识，并采用个性化和互动性策略的实践经验，该馆的相关工作重点主要在于以下

①　González-Fernández-Villavicencio N. 2015. ROI en medios sociales: campañas de marketing en bibliotecas. Profesional de la Información，24（1）：22-30.

②　Breeding M. 2010. Taking the social web to the next level. Computers in Libraries，30（7）：28-30.

三个方面。①制订社交媒体服务计划，并按计划执行。②如何避免盲目性，即有针对性地为用户提供个性化的、有趣的活动。③通过社交媒体积极地、认真地与用户进行互动，可以扩大并加深社区意识。他们还提出了建立社交媒体社区的建议，包括：创建、参与社交媒体社区的计划；聆听社区用户的心声；根据需要调整计划；在社交媒体平台上提供个性化的、丰富的内容，并及时与用户进行互动；通过社交媒体优化内容使其更易于共享；创建一个代表图书馆独特角色的社交媒体吉祥物；使用社交媒体的分析应用程序掌握用户动向等[①]。

塞尔达·查顿（Zelda Chatten）和莎拉·劳斯利（Sarah Roughley）展示了英国利物浦大学（University of Liverpool）图书馆利用社交媒体来增强用户参与度并创建用户社区的实践案例。该馆在多个社交媒体平台上注册了名为"LivUniLibrary"的账户，并在馆内各部门抽调出 11 位馆员成立运营小组来管理图书馆社交媒体平台。运营小组定期开会，通过社交平台推出活动，一些活动因为设置了奖赏，学生的参与度很高，甚至吸引了校报的报道。因为定期举办活动，图书馆社交平台聚集了大量的"粉丝"。同时，图书馆还通过社交媒体与大学其他部门、学生组织建立了工作关系，促进彼此的活动[②]。根据介绍，该馆应用社交媒体的相关工作经验主要有几个方面，一是社交媒体平台的规范化管理，包括为用户设置使用指南，组建运营小组定期策划活动；二是根据不同社交媒体的功能发布不同内容的推文，吸引不同兴趣的用户，形成图书馆社区氛围；三是利用社交媒体与大学其他部门、学生组织建立工作关系，共同开展活动，参与大学社区的建构。因此，高校图书馆利用脸书进行的用户社区的建构从其范围和层次来看，可以分为图书馆社区的建构、大学社区的建构两个层面，随着高校图书馆的社会化发展，也可能进行更大范围社区的建构。

总之，2010 年以后欧美国家高校图书馆相关的实践和研究较多地展现了脸书在图书馆的营销、用户社区的建构等方面的作用，与早期的相关实践与研究相比较，高校图书馆对脸书的应用在数量和质量上都有所提升，脸书的作用已经不再局限于常规工作的延伸，而开始作用于更深远的目标，对图书馆的营销和用户社区的建构就是这些目标的体现。

① Rossmann D，Young S. 2015. Using SOCIAL MEDIA to Build COMMUNITY. Computers in Libraries，35（4）：18-22.

② Chatten Z，Roughley S. 2016. Developing social media to engage and connect at the University of Liverpool Library. New Review of Academic Librarianship，22（2/3）：249-256.

（三）2010 年以来亚非高校图书馆应用脸书的实践与研究

　　早期讨论与研究高校图书馆利用脸书开展延伸服务相关问题的学者大多来自欧美国家。2010 年以来，亚非等地区的研究人员也开始探讨这个问题。阿尤（A. R. Riza Ayu）和阿布里扎（A. Abrizah）探讨了马来西亚高校图书馆对脸书的应用，经过调查，他们发现马来西亚共有 14 所高校图书馆在利用脸书开展营销、宣传类的工作，但是相关工作让人感觉有些单调、沉闷，脸书发挥的是图书馆电子公告栏的作用。因此，他们提出高校图书馆必须重视其脸书主页内容的设计，必须更加"人性化"，以吸引用户的参与[①]。该研究提出的问题可能存在于很多高校图书馆的相关工作中，脸书平台的功能和作用有待更多的尝试，即使只是将其作为电子公告栏，也可以在内容、形式上尽量丰富、有趣，这样才能更好地吸引用户。

　　另一项来自马来西亚的相关研究的范围更广一些，沙瑞纳·沙法维（Sharyna Shafawi）和巴斯里·哈桑（Basri Hassan）认为社交媒体具有高科技、互动性和人性化的独特特征，为图书馆提供了超越其物理界限的信息资源和服务的宝贵手段，但图书馆用户对社交媒体的参与率仍然很低，该研究试图调查驱动用户与社交媒体互动的因素，并从用户和图书馆员的角度进一步研究用户与社交媒体互动及图书馆实际使用之间的关系。该研究的范围包括马来西亚的公共图书馆和高校图书馆，采用了信息系统成功模型（information system success model，ISSM）、感知交互性（perceived interactivity，PI）和用户在线参与（consumer online engagement，COE）模型等研究方法。研究收到了包括用户和馆员在内的 334 位受访者的回复，并使用 SPSS 和 SmartPLS 分析统计数据，同时使用主题分析进行定性分析。该研究结果表明，经验证明、信息质量、感知的交互性和感知的净收益是用户与社交媒体互动的重要预测指标。该研究还显示，在线参与的两个维度（情感和行为）对图书馆的实际使用具有积极的和统计学显著的影响。并且，该研究提出了图书馆社交媒体参与度评估的框架，该框架可作为确定图书馆采用的最佳社交媒体平台的基准[②]。这项研究以定量研究方法为主，虽然其研究范围超出高校图书馆，但其研究结果对高校图书馆有参考价值。

① Riza Ayu A R，Abrizah A. 2011. Do you Facebook？Usage and applications of Facebook page among academic libraries in Malaysia. The International Information & Library Review，43（4）：239-249.

② Shafawi S，Hassan B. 2018. User engagement with social media，implication on the library usage：a case of selected public and academic libraries in Malaysia. Library Philosophy and Practice：1-31.

　　社交媒体允许用户在图书馆中进行协作、参与和共享。来自加纳的一项定量研究（2016 年）对该国六所公立大学和私立大学的图书馆馆员进行了调查，了解了馆员在提供参考和用户服务方面的知识和使用社交媒体的看法。研究结果表明，大多数高校图书馆馆员出于个人和工作相关目的使用社交媒体，并且能够意识到社交媒体在图书馆服务中的重要作用。但是，他们缺乏足够的技能来使用各种社交媒体工具以明显改善服务。由于这个原因，馆员认为传统的服务模式更为稳妥。该研究深入分析了社交媒体对加纳图书馆参考咨询服务的影响，并建议改变政策方向和加强馆员培训，以激发图书馆员和用户使用社交媒体的兴趣[①]。这项研究显示出发展中国家高校图书馆领域意识到了社交媒体的作用，但是他们对包括脸书在内的社交媒体的应用并不太普遍的现实，与社交媒体在欧美国家高校图书馆中的实践形成落差。

　　另外一项来自非洲的定性研究也印证了这一事实。马里恩·威廉姆斯（Marion Lucille Williams）等在南非林波波大学（University of Limpopo）图书馆进行了一项小规模的馆员深入访谈，主要探讨了图书馆中社交媒体的使用情况及其影响因素，以及不采用社交媒体对工作氛围的影响，并探讨了数字不平等的后果。研究结果表明，不采用社交媒体会对图书馆工作氛围产生负面影响，社交媒体是与学生互动以及营销图书馆资源所必需的工具。该研究提出建议，大学信息通信技术部门应该允许社交媒体平台全天开放并升级基础架构，并在技术、设施上作保障。该研究还指出南非的大学图书馆专业人员面临的挑战在于低宽带、不良的互联网连接和过时的信息通信技术基础设施，这种状况造成馆员无法在数字环境中表达自己，更不能采用社交媒体开展工作，这是高校图书馆和馆员发展技能的"数字鸿沟"，作为支撑大学科研的机构，高校图书馆需要重新定义信息服务的程序，支持学生以适应 21 世纪的需求[②]。该研究针对的是位于南非一个农村地区的大学图书馆。因此，只能部分代表南非高校图书馆对社交媒体应用的情况。不过，从研究者对馆员的访谈来看，应用社交媒体的意义不仅仅在于娱乐、交流的层面，还反映出更深层次的数字不平等问题。

　　在来自科威特的一项研究中，苏哈·瓦迪（Suha AlAwadhi）和苏丹·戴

[①]　Ahenkorah-Marfo M，Akussah H. 2016. Changing the face of reference and user services: adoption of social media in top ghanaian academic libraries. Reference Services Review，44（3）：219-236.

[②]　Williams M L，Dhoest A，Saunderson I. 2019. Social media，diffusion of innovations，morale and digital inequality: a case study at the University of Limpopo Libraries，South Africa. Library Hi Tech，37（3）：480-495.

哈尼（Sultan M. Al-Daihani）讨论了科威特的大学图书馆资源和服务营销中应用社交媒体的问题，并确定了大学图书馆中使用社交媒体应用程序进行营销工作相关的因素。他们采用了纸质文件和在线问卷的定量数据收集方法，征集科威特的私立大学和公共大学图书馆的馆员的意见。该研究收回了89份有效问卷，并使用描述性指标（频率、百分比、均值和标准差）和推断统计量方法（因子分析、相关性、实验分析和回归）对问卷进行了分析。该研究表明，科威特的大学图书馆馆员对使用社交媒体抱有积极的看法，但是管理层面对相关工作的支持不够。应用社交媒体对图书馆信息资源和服务进行营销，其中的确定因素是馆员对社交媒体工具认识的提高，以及用户需求分析和满意度评估中的有用性。该研究认为社交媒体是一种杠杆工具，大学图书馆应该有效地利用它来创建、传递、与用户共享信息资源和服务。因此，该研究呼吁图书馆的高级管理人员积极利用社交媒体，并将其用作信息资源和服务的营销工具。此外，该研究的结果和建议不仅限于科威特的大学图书馆，还适用其他海湾国家的图书馆[①]。

苏丹·戴哈尼和阿兰·亚伯拉罕（Alan Abrahams）还进行了一项范围较大的相关研究，他们分析了100所大学图书馆的脸书账号推送的信息和评论，采用文本分析、数据分析的方法，一共分析了两年内这些大学图书馆脸书账号发布的18333个帖子，以及获得的113621个赞和3401条评论。结果显示，不到四分之一的图书馆有超过2000个与帖子相关的喜欢，只有7个图书馆收到超过100条有关其发表的评论。通过内容分析确定了高参与度和低参与度内容中最流行的单个单词（字母组合）、双字母组（两个单词序列）和三个字母（三个单词序列）。通过语义分析确定了参与度高和低的帖子的语义类别[②]。该研究采取了定量分析和定性分析的方式，其研究结果显示了高校图书馆通过脸书平台进行用户互动的内容和模式，可作为开发或更新社交媒体策略的基础。

在一项针对印度北部地区的高校图书馆的相关调研中（2019年），研究人员发现印度北部地区的大部分高校图书馆中没有利用社交媒体开展服务，然而这些高校的上级管理机构则会利用脸书、Twitter、馆员咨询、订阅等社交媒体和网络工具开展工作[③]。这项研究表明，即使是

① AlAwadhi S，Al-Daihani S M. 2019. Marketing academic library information services using social media. Library Management，40（3/4）：228-239.

② Al-Daihani S M，Abrahams A. 2018. Analysis of academic libraries' facebook posts：text and data analytics. The Journal of Academic Librarianship，44（2）：216-225.

③ Shah G J，Khan K M. 2019. Use of social media tools by the academic libraries in Northern India：a study. International Journal of Information Dissemination and Technology，9（1）：29-35.

在一个国家范围之内，不同级别的高校图书馆对社交媒体的应用情况也可能存在较大差距。

另一项调查研究（2019 年）则对巴基斯坦的高校图书馆应用社交媒体开展服务的情况进行了较大范围的量化研究，穆罕穆德·汗（Dr·Muhammad T. Khan）和穆罕穆德·拉菲克（Muhammad Rafiq）对该国 181 所高校图书馆发送在线问卷，收回有效问卷 124 份，并进行数据分析。调查结果表明，脸书是该国高校图书馆中最常见和最受欢迎的社交媒体工具，其次是 Google+。该国高校图书馆社交媒体服务（library social media services，LSMS）仍处于起步阶段，最常见的社交媒体服务包括图书馆新闻公告、图书馆法规、新消息、在线反馈/建议、图书馆营销、信息服务、信息素养和参考服务[1]。该研究体现了发展中国家高校图书馆应用社交媒体开展服务初期阶段的具体情况。

综上所述，2010 年以来，国外高校图书馆应用脸书开展延伸服务的实践与研究从最初的欧美国家扩散到亚洲、非洲的国家，由于信息通信技术方面的基础设施水平不同，不同国家的高校图书馆对脸书的应用程度不同。不过，大多数研究显示，高校图书馆领域的研究人员和从业人员都认识到了以脸书为代表的社交媒体在相关工作中的作用与影响，高校图书馆应用社交媒体开展相关延伸服务的实践与研究将会持续深化。

三、高校图书馆应用社交媒体相关问题的再思考

大多数相关研究是基于高校图书馆应用社交媒体开展延伸服务的实践进行的，包括定量研究、定性研究以及两者相结合的研究。在这些研究中，除了实践案例、经验介绍、发展策略类型的研究成果之外，也有一部分是对相关问题更深层次的探讨。相关领域的实践和研究层面对社交媒体并不是持完全正面的态度，尤其是在高校图书馆应用社交媒体可能引起的争议，如个人隐私、使用上瘾、数字不平等，以及社交媒体延伸服务的学术性与专业性的问题等方面上。这些问题有一些是社交媒体"与生俱来"的，即社交媒体自身特征引起的广泛争议；也有一些是基于高校图书馆学术环境下对社交媒体适用性问题的探讨。

（一）高校图书馆应用社交媒体可能引起的争议：个人隐私、使用上瘾、数字不平等

社交媒体具有开放性、易用性和交互性，在全世界被广泛使用。然

---

[1]   Khan D M T，Rafiq M. 2019. Library social media services（LSMS）！going viral for survival. Pakistan Journal of Library and Information Science，50（3）：23-32.

而，对社交媒体的批评也随之而来，这些批评包括以下几个方面。①可信度，社交媒体被许多人视为可信赖的信息来源，营销人员可能利用这种信任来影响公众，不法人员则可能借助社交媒体散播虚假信息。②数据收割，即在用户不知情的情况下获取用户行为数据，并进行分析与利用。③内容所有权，社交媒体平台上的内容是用户通过站点上传、交互生成的，内容的所有权应该是用户的，而不是社交媒体公司的。④用户的隐私，在社交媒体上共享信息时，该信息不再是私有的，用户的隐私可能被侵犯，社交媒体用户甚至可能成为犯罪行为的牺牲品。⑤商业化，营销公司和广告代理商越来越青睐社交媒体平台，并不断将其商业化，在这种环境下，用户的行为正在日益创造价值，这可能会导致用户被"双重剥削"[①]。⑥使用上瘾，青少年对社交媒体使用过度并上瘾，导致身体或心理上的病态，研究人员已开始使用"脸书成瘾症"（Facebook addiction disorder，FAD）这一术语来描述这一现象，这是互联网成瘾症的一种形式；等等。

在教育领域，社交媒体在课堂上的使用是一个有争议的话题，许多父母和教育者对在教室里使用社交媒体的后果感到担心，也有人担心社交媒体平台可能被滥用于网络欺凌或共享不适当的内容。因此，手机被禁止带入教室，一些学校也封锁了流行的社交媒体网站。但 2010 年以来，这种担忧似乎正在变少，许多学校意识到，需要放宽学生使用社交媒体的限制，一些学校允许学生在课堂上使用智能手机或平板电脑，前提条件是将这些设备用于学术目的。并且，社交媒体成为数字技能之一，越来越多的教师将把社交媒体整合进教学过程中。

图书馆应用社交媒体的实践和研究受到上述批评和争议的影响，相关讨论层出不穷。其中，个人隐私问题、社交媒体使用上瘾问题、数字不平等的问题在本领域得到了较多探讨。

1. 社交媒体用户的个人隐私问题

以脸书为代表的社交媒体的最大争议问题之一就是用户的个人隐私问题。马歇尔·布雷丁提出了问题：一个人应该在网上发布多少个人信息，以及分享多少信息？他认为，虽然脸书对所有用户开放，用户的个人隐私似乎面临被暴露的危险，但是幸运的是，脸书提供了"相当不错"的工具，通过后台配置功能的选项，用户可以将隐私调整到适宜自己的情

---

① Cova B，Dalli D. 2009. Working consumers: the next step in marketing theory?. Marketing Theory, 9（3）: 315-339.

况，即用户可以精细地选择关于哪些个人档案及内容可用于"朋友和网络"①。所以，图书馆可以应用社交媒体开展相关的服务工作，馆员在使用脸书的时候应注意做好保护个人隐私的设置。

另一项相关研究中，露丝·康奈尔（Ruth S. Connell）对 366 名瓦尔帕莱索大学（Valparaiso University）的新生进行了调查，研究了学生对图书馆使用社交媒体作为推广工具的感受和意见。多数学生表示，他们将通过社交媒体接收图书馆的信息，但相当一部分人对此持消极态度，认为图书馆应用社交媒体开展工作，可能会侵犯学生的个人隐私。因此，该研究建议馆员在实施社交媒体配置文件时应谨慎行事②。

根据这两项研究的提示，馆员在利用社交媒体开展工作的时候，一方面要注意自己的个人隐私，通过后台设置功能进行相关的个人隐私设置；另一方面也要尊重用户的隐私，并提醒读者在使用社交媒体时，注意个人信息的保护。

2. 社交媒体使用上瘾问题

2017 年发表的一项德国研究调查了社交网站的广泛使用与自恋之间的相关性，调查结果显示："脸书成瘾症"与人格特质自恋和负面的心理健康变量（抑郁、焦虑和压力症状）显著正相关③。随着人们对社交媒体使用时间的增长，社交媒体成瘾相关的问题也是持续不断、明显增加的，这已经引起了全社会范围的广泛注意。普遍认为，青少年是更容易对社交媒体上瘾的群体，也有研究探讨遏制和戒断社交媒体使用上瘾的方法。一般情况下，对于那些习惯于不断刷新社交媒体平台并检查新通知的人，关闭通知（临时或长期）是解决社交媒体上瘾的最简单直接的办法，这需要用户的自我"解救"，任何通过外力阻止用户使用社交媒体的行为都可能导致适得其反的效果。

对于图书馆的社交媒体相关服务而言，其工作重心不在于如何帮助用户解决社交媒体上瘾的问题，而在于如何吸引用户关注图书馆在社交媒体平台发布的信息，因为图书馆在社交媒体发布的内容大多出于教育目的，从科研、学习的角度利用社交媒体平台，通常不会对用户造成太大的困扰。不过，图书馆利用社交媒体平台推送各类信息的时间、频率、

① Breeding M. 2007. Librarians face online social networks. Computers in Libraries，27（8）：30-32.

② Connell R S. 2009. Academic libraries，Facebook and MySpace，and student outreach：a survey of student opinion. portal：Libraries and the Academy，9（1）：25-36.

③ Brailovskaia J，Margraf J. 2017. Facebook Addiction Disorder（FAD）among German students-a longitudinal approach. PLoS One，12（12）：e0189719.

内容等还是需要做一些安排和把控，尽量引导用户对图书馆社交媒体平台正当使用。

3. 社交媒体应用导致的数字不平等的问题

数字不平等的问题不仅是与社交媒体相关，还是一个涉及网络使用权或者网络信息获取能力的问题。数字不平等一方面是地方基础设施不足、个人无法获得移动设备等造成的；另一方面则是部分用户在技术层面的弱势，即个人信息素养能力不足造成的。

相对而言，发展中国家高校图书馆的研究人员和从业人员对数字不平等问题的探讨更多。

维拉瑞·阿布克（Villary A. Abok）和汤姆·卡万亚（Tom Kwanya）调查了肯尼亚的大学图书馆如何最大限度地发挥社交媒体提供服务的潜力。调查结果表明，肯尼亚的大学图书馆目前正在使用脸书、WhatsApp、YouTube 和 Twitter 等社交媒体来促进信息资源的共享，提供参考服务，建立专业网络平台等。研究结果还表明，肯尼亚的大学图书馆中社交媒体的使用增强了图书馆员与用户之间的互动。然而，缺乏适当的信息通信技术基础设施和人力资源阻碍了图书馆有效利用社交媒体。该研究建议肯尼亚的大学图书馆在基础设施发展、能力建设和雇用更多工作人员方面投入更多的资源，以提高其社交媒体的使用效果[①]。

在一项相关的量化研究中，丝黛拉·阿纳西（Stella N. Anasi）将性别作为变量之一，对相关问题进行研究。她的研究表明，尼日利亚大学（University of Nigeria）图书馆员对使用社交媒体进行持续专业发展的态度是积极的，并且这种态度在性别上没有统计学上的显著差异。此外，对社交媒体使用的态度与使用社交媒体的频率之间存在显著的正相关关系。因此，有必要让大学图书馆管理者制定政策，鼓励学术馆员对使用社交媒体形成更积极的态度。机构的支持和有利的环境可以激励学术馆员更一致、更恰当地使用社交媒体来持续发展职业和提供服务。该研究的目的是希望能够推动尼日利亚的大学图书馆提供面向图书馆员的职业培训，并配备有关在线专业发展和在线技能的知识[②]。

---

① Abok V A，Kwanya T. 2016. Maximising the potential of social media to deliver academic library services to students: a case study of The Technical University of Kenya Library. Journal of Humanities and Social Sciences，8（2）：147-155.

② Anasi S N. 2018. Influence of gender on attitude towards the use of social media for continuing professional development among academic librarians in Nigeria. Information and Learning Sciences，119（3/4）：226-240.

数字不平等的问题主要根源在于资源不足和技术匮乏，以及人的意识不到位。不过，随着资源、技术等条件的改善，以及相关人员的意识逐渐到位，数字不平等的问题也将逐步解决。

（二）高校图书馆社交媒体延伸服务的学术性与专业性的问题

一般情况下，高校图书馆的服务应该突出其学术性与专业性，即围绕大学的学科建设、教研活动开展服务所体现出的学术性，以及图书馆对其自身领域内各类专业工作的专注与深入所体现出的专业性。然而，各类社交媒体的性质大多展现出娱乐性，以视频、音乐、图片等内容为主，是人们进行日常交流与分享、娱乐与放松的工具。因此，一部分人认为，从社交媒体的性质、内容与目的等方面来看，它并不是十分适合成为高校图书馆开展工作的平台，利用社交媒体平台开展工作，不能体现，甚至可能淡化高校图书馆工作的学术性和专业性。

这种疑虑在一些早期的相关研究中有所展现，一项调查研究显示，有些图书馆员认为脸书尚未成为其专业职责范围之内的事物。在劳里·查尼戈（Laurie Charnigo）和保拉·巴奈特-埃利斯（Paula Barnett-Ellis）对 224 名高校图书馆员进行的调查研究中，研究结果表明，绝大多数图书馆员对脸书了解程度很高，其中一些馆员强烈地意识到了在线社交网络的潜力，并提出了使用脸书促进图书馆服务和活动的想法，但是接受调查的大多数馆员认为脸书不在专业图书馆员的职权范围之内。当被问及脸书是否具有学术性时，接受调查的人中有 54%表示脸书不具备学术性，34%的人不确定，只有 12%的馆员确定脸书具有学术潜力并可能为工作带来益处。一些图书馆员甚至认为，脸书会分散学术活动的注意力。一些在图书馆学习的学生也承认，使用脸书对他们的学习会造成干扰[①]。这表明早期的图书馆领域对脸书的态度并不是完全乐观的，尤其是对脸书平台无法体现学术性、专业性这一点感到质疑。实际上，脸书平台有助于将图书馆的学术活动与娱乐活动进行有机地统一，并且学术性、专业性的体现在于图书馆如何有效地、创造性地利用脸书平台。

相关的案例研究证明了脸书可以在图书馆专业领域起作用，简·塞克（Jane Secker）在一项案例研究中，探讨了脸书作为图书馆和馆员的专业工具发挥的作用，主要在于脸书的第三方开发程序可以与用户交互并访问其个人资料中的信息。脸书的应用程序中有一些与图书馆相关的应用程序，值

① Charnigo L，Barnett-Ellis P. 2007. Checking out Facebook.com: the impact of a digital trend on academic libraries. Information Technology and Libraries，26（1）：23-34.

得进一步探索，如"JSTOR Search"允许用户从脸书平台中检索资源；"LibGuides Librarian"是将学科服务平台 LibGuides 在脸书上展示，并且提供馆藏目录搜索；"Facebook Librarian"（脸书馆员）是虚拟图书馆员，可提供书籍和其他资源的链接，还有在线馆员咨询的功能，馆员可以将自己放入列表中，并回答用户的咨询；"Books iRead"是可以共享用户当前正在阅读的图书信息的虚拟书架，截至 2006 年，其系统藏书达 280 万本；"Bookshare"是一个图书共享应用程序，用户可以列出自己拥有的、喜欢的或关注的图书。此外，还包括各种图书馆目录检索工具，如"COPAC Search"（consortium of online public access catalogues search，在线公共检索目录联盟）、"European Library Search"（欧洲图书馆检索）、"World Cat Search"（world catalog search，全球目录检索）等[①]。实际上，脸书平台也提供一些与图书馆领域相关的插件程序。作为国外最大的社交媒体，脸书为各个领域的人士提供了交流与分享的平台，图书馆领域也一直在探索、尝试对脸书平台的有效利用。

　　另一项范围较小的调查研究则显示出，专业图书馆对脸书及其他社交媒体的学术性、专业性的疑虑。在迪恩·亨德里克斯（Dean Hendrix）等对 72 位馆员进行的调查研究中，大多数受访者表示，脸书可促进图书馆营销或图书馆活动，但他们没有看到专业图书馆对脸书的使用需求，即脸书在学术环境中没有或几乎没有效用。并且，很多受访者表示他们没有时间建立和维护脸书页面。此外，通常具有严格的网络安全措施的医学临床站点可能会阻止对脸书和其他社交媒体的访问，从而削弱了其作为健康科学图书馆工具的有效性[②]。这项研究是从健康科学图书馆的角度进行的相关探讨，也揭示了其他专业院校图书馆，尤其是某些较为封闭或有保密需求的专业图书馆，的确不太适合应用脸书这种开放的大众社交媒体作为工作平台。不过，随着社交媒体的持续发展和功能不断强化，可能会出现响应某些专业性，或者封闭性需求的应用程序。并且，后台架构与设置也可能更加简洁、便捷，以利于用户建立和维护脸书页面。

　　此外，对于亚洲、非洲地区发展中国家的高校图书馆，社交媒体的作用也存在较多困扰。一项文献调查研究（2019 年）认为，亚非发展中国家的高校图书馆应用社交媒体的有用性没有得到证实。该研究发现来自发展中国家的相关研究文献不断增加，从这些文献的论述中可以看出，社交媒

①　Secker J. 2008. LASSIE: libraries and social software in education case study 5: libraries and Facebook. University of London Centre for Distance Education: 1-10.

②　Hendrix D, Chiarella D, Hasman L, et al. 2009. Use of Facebook in academic health sciences libraries. Journal of the Medical Library Association, 97（1）: 44-47.

体主要被用于推广图书馆服务、图书馆员的专业发展、社交互动、媒体共享，以及与图书馆用户的交流等方面。但是，应用社交媒体的局限性在于缺乏对社交媒体的认识、机构控制、缺乏相关技能/人力、技术基础设施不足、隐私风险，以及学科性、专业性的弱化等方面，这些是发展中国家高校图书馆应用社交媒体的困扰[①]。

综上所述，图书馆服务工作的学术性、专业性的体现，是在于如何有效地、创造性地利用各种资源和平台，社交媒体以其庞大的用户量，应该得到各领域的重视。并且，各类社交媒体也在持续发展中，其功能与作用有待本领域的持续观察，并加以利用。

第三节 高校图书馆嵌入教学科研的延伸服务实践

图书馆嵌入式服务是指图书馆为专业用户群提供的专业服务，如高校图书馆提供的嵌入教学、科研等过程中的专业学科服务。图书馆嵌入式服务理论视角和观点可以运用到图书馆延伸服务的研究中，因为两种服务的目标和方式趋同，都强调以用户为中心的服务理念，为用户提供"点对点""一对一"的专业化和个性化图书馆服务。但是，两者也有明显的区别，图书馆嵌入式服务多指的是嵌入式馆员向学院、科研人员或者学生提供嵌入式学科服务，倾向于学科化的、专业性较强的图书馆服务；而图书馆延伸服务则起源于对弱势群体和特殊群体提供的帮助，随着时代变迁和互联网的普及，延伸服务的范围更趋于广泛，泛指对图书馆基础服务和常规业务的延伸、突破与创新。因此，延伸服务的概念包含且超越了嵌入式服务的概念。基于此，本书将嵌入式服务的视角与延伸服务的视角相结合，提出嵌入式延伸服务这一理论观点，嵌入式延伸服务是指高校图书馆开展的嵌入教学过程或科研项目的延伸服务。

嵌入教学过程的延伸服务是图书馆在常规嵌入式教学的基础上，在教学的准备阶段、进行之中、考核阶段、课后反馈等各个环节提供相应的延伸服务，其中，通过大学的教学系统，如学习管理系统或课程管理系统开展延伸服务是集成式的，且较为便捷的方式之一。

嵌入科研项目的延伸服务是图书馆融入特定科研项目的环境，围绕科研项目的选题、申报、研究、结题、成果评价和成果转化等各个阶段，在

① Sani M J, Khalid Y I A M, Abrizah A. 2017. Social media engagement in developing countries: boon or bane for academic libraries？. Information Development: 1-14.

为项目组提供常规的文献检索、信息筛选、科技查新等服务的基础之上，尝试开展进一步的延伸服务，如 RDM、学术趋势报告、文献综述、数据可视化分析、参与实验、知识再造等服务。其中，RDM 是贯穿科研项目整个生命周期的对研究数据进行组织与创建、归类与存储、展示与共享的行为，全球多数的学术型、专业性大学的图书馆都为用户提供相关协助或服务，RDM 是嵌入式延伸服务的重要表现之一。

一、嵌入教学系统的延伸服务实践——以澳大利亚八所高校图书馆为例[①]

信息技术与网络设施的高度应用为大学的运转带来深刻变化，其中之一就是教学管理方面的系统化、平台化。学习管理系统（learning management system，LMS），又称课程管理系统（course management system，CML），是基于网络的系统，为教师和学生提供交互式的在线学习环境，并自动管理、组织、推送、统计用户的课程内容和学习结果[②]。源于早期较为盛行的电子学习（e-Learning）的概念与实践，LMS 于 20 世纪 90 年代末出现并主要应用于教育领域[③]。近几年，高校更加强调在线方式的教学与管理，多数都采用了 LMS 或 CML，该类系统一般由课程模块、用户模块、考试模块、作业模块、统计模块等组成[④]。国外一些高校图书馆已经意识到 LMS 的作用与影响，并将相关服务嵌入到 LMS 当中。作为嵌入教学系统的延伸服务，这是对传统的嵌入式教学服务的一种突破。

（一）调研的对象和方法

本次调研选取澳大利亚八校联盟（The Group of Eight，简称 Go8）组织的八所高校图书馆作为研究对象。Go8 是澳大利亚最具影响力的高校联盟，八所高校代表了澳大利亚大学教学质量的一流标准。同时，这八所高校的图书馆是澳大利亚大学图书馆员理事会（Council of Australian University Librarians，CAUL）的成员馆，是该国高校图书馆领域的重要组成，分别是：澳大利亚国立大学图书馆（Australian National University

① 霍建梅. 2022. 澳大利亚高校图书馆嵌入学习管理系统的教学服务实践探析：以澳 Go8 组织高校图书馆为例. 图书馆学研究，（6）：96-101.

② Turnbull D，Chugh R，Luck J. 2019. Learning management systems，an overview//Tatnall A. Encyclopedia of Education and Information Technologies. Cham：Springer：1052-1058.

③ Davis B，Carmean C，Wagner E D. 2009. The evolution of the LMS：from management to learning. The ELearning Guild Research，24：6.

④ Ülker D，Yılmaz Y. 2016. Learning management systems and comparison of open source learning management systems and proprietary learning management systems. Journal of Systems Integration，7（2）：18-24.

Library)、墨尔本大学图书馆（University of Melbourne Library)、悉尼大学图书馆（University of Sydney Library)、昆士兰大学图书馆（University of Queensland Library)、新南威尔士大学图书馆（University of New South Wales Library)、莫纳什大学图书馆（Monash University Library)、西澳大学图书馆（University of Western Australia Library)、阿德莱德大学图书馆（The University of Adelaide Library)。

本次调研主要采取网络调查的方法，通过对八所高校图书馆网站相关信息资源进行挖掘，了解并归纳相关服务的内容、分类、技术等。同时，通过在线咨询的方式，对部分较具体的问题进行咨询，了解相关实践工作的一些细节。

（二）高校图书馆嵌入教学系统的延伸服务实践

从技术成熟程度、用户量的角度来看，目前较为知名的 LMS 有：Mindflash、SkyPrep、Rippling、MasterStudy WordPress LMS、ProProfs LMS、iSpring Learn、TalentLMS、Docebo、Moodle、Litmos、CanvasLMS、Edmodo、Blackboard、Joomla LMS、Brightspace、Absorb LMS、Schoology、eFront、Adobe Learning Manger LMS、Knowmax，它们大多采用云托管（cloud-hosted)、开放应用程序接口（open application programming interface，open API)、预置（on-premise)、程序插件（WordPress plugin）等系统部署方式，支持 Mac、Android、iOS、Windows 等系统[①]。LMS 在高校得到广泛运用，八所澳大利亚高校图书馆大多应用 Moodle、Blackboard、Canvas，并嵌入一些相关的系统插件程序工具（表 4-1)，来实现资源与服务的嵌入式延伸。具体而言，高校图书馆嵌入 LMS 的资源包括馆藏电纸本教参资源、在线课程音视频资源、开放教育资源（open educational resources，OER）等馆藏，以及线上咨询、版权服务、信息素养等服务。并且，根据教学的前、中、后的步骤，将教学过程划分为课程设计、课程讲授、作业辅导、考试支持及课程反馈五个环节，相关的嵌入式延伸服务也可分别在五个阶段进行。

表 4-1　澳大利亚八所高校应用的 LMS 系统及插件工具

高校名称	LMS 系统	图书馆应用的插件工具
澳大利亚国立大学	Moodle	Wattle、Turnitin

---

① "Best learning management systems （LMS of the year 2024)"，https://www.softwaretestinghelp.com/learning-management-system/，2024 年 12 月 2 日。

续表

高校名称	LMS 系统	图书馆应用的插件工具
墨尔本大学	Canvas	Perusall、eReserve Plus
悉尼大学	Canvas	Leganto、Unit Reading（阅读单元）
昆士兰大学	Blackboard	Reading List、LinkedIn Learning、Digital Essentials
新南威尔士大学	Moodle	Leganto、ELISE、LinkedIn Learning
莫纳什大学	Moodle	Leganto、Reading List
西澳大学	Blackboard	Unit Readings、Studiosity、LinkedIn Learning
阿德莱德大学	MyUni	Library Bites for Teaching、Course Readings、LinkedIn Learning

1. 嵌入课程设计阶段的资源与服务

在课程设计环节，教师根据教学大纲和学生差异化需求对本学期课程进行规划。澳大利亚高校图书馆嵌入 LMS 的主要是教参资源与阅读清单，以及专业的学科馆员服务。①教参资源与阅读清单。每学期计划开设课程前，教师或课程管理员在 LMS 中提交阅读清单，包括指定教材和辅助教材清单，图书馆根据所提供的课程目录和阅读清单，从馆藏中自动匹配所需的各类型资源，并链接至图书馆 OPAC（online public access catalog，联机公共检索目录）系统和全文数据库，或链接至出版社、OA（office automation，办公自动化）资源等，建立完备的教学教参服务系统。例如，墨尔本大学在 Canvas 中嵌入电子教科书平台——Perusall，为学生提供了对教师上传的阅读材料或教科书章节进行阅读和评论的平台。昆士兰大学在 Blackboard 中嵌入 Reading List 插件，在 OPAC 检索到的检索结果均带有 Add to Reading List 按钮，教师点击按钮可将相应文献添加进课程阅读清单。阅读条目添加完成后，可进行管理与编辑，可按课程单元来发布，也可分为必读和选读。添加完毕后，学生在 Blackboard 中可访问教师指定的阅读清单，也可自行添加作业阅读清单或关于课程阅读的音、视频内容。②专业的学科馆员服务。例如，学科馆员团队嵌入教学队伍，参与课程设计。阿德莱德大学在课程设计环节嵌入学科联络馆员，教师可与联络馆员在课程设计方面进行合作，联络馆员根据教学目标定制学科素养培训课程，全面辅助该课程信息技能的发展。目前阿德莱德大学已经创建了一个由教研人员、图书馆员、学生社区组成的参与式学习与教学模式网站，简称为 MELT（meaning 有意义的、engaging 参与的、learner-centered 以学习者为中心的、transformative 转化性的）。他们使用各种 MELT 框架来创建基于学科和跨学科的方法和资源，包括用于设计课程的研究技能发展（research skills development，RSD）模型，促进学生研究技能渐进式提升。

2. 嵌入课程讲授阶段的资源与服务

在课程讲授阶段，为在线教学提供一些工具或提示，有助于教师在授课过程中保持专注性和条理性。图书馆可与教师建立联系，根据课程的特点合理提供在线课程、教学工具和学科素养课程。①在线课程。高校图书馆嵌入 LMS 中的在线课程以自主制作的课程和 MOOC（慕课）为主。新南威尔士大学在 Moodle 中嵌入 Leganto 插件来创建课程资源列表（包括图书馆馆藏、多媒体资源、MOOC 等开放教育资源）收集最新相关材料的动态，根据点击率设置高频使用按钮，并嵌入 LinkedIn 创建学习播放列表。墨尔本大学在 Canvas 中嵌入 eReserve Plus 平台，该模块包含课程内容、课程学习方法、已建立的多媒体资源等，并展示公告、考试和活动等相关信息。②教学工具。教学工具是根据教学方法而制定的教学策略或指南，莫纳什大学图书馆与教学管理部门合作开发了技能发展框架（skills development frameworks）、全纳教学工具包（inclusive teaching toolkit）、eLabs（eLearning Activities Browser）等教学工具[①]。其中，全纳工具包由该馆"全纳教学焦点小组"收集，包含如何进行包容性教学和整合资源等相关内容。西澳大学图书馆在 LMS 中嵌入 LinkedIn Learning 辅助学习工具，教师和学生可创建学习视频和播放列表，例如，研究生可播放学术行为基础、沟通与研究技能等视频课程，并制定信息素养技能发展框架，通过自学获得重要的信息技能、基本的研究技能，了解西澳大学学术环境[②]。③学科素养课程。澳大利亚高校图书馆的嵌入式学科素养教育已形成体系，馆员和教师长期合作，为学生开展学科素养教育。例如，阿德莱德大学图书馆定制"图书馆必备课"（library essentials courses），包括动物和兽医、工程和计算机、艺术、心理学、公共卫生、法学等专业的在线课程，并嵌入到 MyUni 系统中作为自选课程。另有交互式的信息技能模块内容，包括如何理解和使用相关信息和来源类型、如何使用特定主题的数据库、如何更智能地搜索相关

---

① "Teaching tools"，https://www.monash.edu/library/subject-resources/teaching-tools，2021 年 8 月 10 日。
② "Study support"，https://www.uwa.edu.au/library/Help-and-support/Study-support，2021 年 8 月 10 日。

学科信息、如何正确引用文献、如何批判性评估信息等，具有体验性和吸引力①。

3. 嵌入作业辅导阶段的资源与服务

在作业辅导阶段，图书馆根据作业类型，如研究论文、实验室或实践报告、案例研究（报告）、文章评论、文献评论、注释书目、反思日记、项目报告等，制定交互式教程和指南，从帮助学生理解作业问题，到寻找证据或结论，再到正确引用文献，馆员与教师合作，共同为学生提供数字技能培训和实践操作指导。①数字技能培训。这是信息化时代学生必备素质，是提升研究和写作能力的保障。西澳大学在 LMS 嵌入 Studiosity 链接学科专家，为学生提供在线帮助。学生可获得数学、写作、参考、科学或学习技能方面"一对一"的个性化帮助。昆士兰大学图书馆开发"数字必备"（digital essentials）在线模块并嵌入 Learn.UQ 系统之中，在 LinkedIn Learning 的播放列表中可链接到在线课程的视频信息。内容包括数据库介绍及高级检索方法、前沿的研究技术、高质量的参考文献、特色馆藏，以及办公软件、图表视频编辑软件、数据管理工具及编程软件等数字技能模块的培训和研讨会。通过数字技能培训，学生不仅能够有效利用图书馆的资源，还能够独立完成不同类型的作业，毕业后也可适应数字工作场合。②实践操作指导。实验或实践报告型作业涉及具体操作，为了帮助学生完成报告，培养学生的创新精神，悉尼大学将先进设备、前沿技术、专业团队等整合进图书馆物理空间，开设 ThinkSpace 和 CreateSpace 等创客空间、数字实验室、媒体共享空间。用户可在创客空间免费使用 3D 打印机、3D 扫描仪、3D 雕刻机、装有设计软件的电脑、绘图板、带设备的影音室、录音室、iPad、VR 设备、Arduino 套件等高科技产品设备，并组建 PLAs（Peer Learning Advisors，朋辈学习顾问）交流团队，用户如遇到使用技术、空间导引、信息咨询等方面的问题，可连线 PLAs 寻求帮助。此外，ThinkSpace 在 Facebook 设有群组，CreateSpace 则使用 OzBerry 平台。通过这些群组和平台，图书馆及相关团队时常组织聚会或活动，并利用新技术进行协作、设计和创造，激活创客空间②。同时，在 LMS 中嵌入定期举办技术研讨会和空间在线预约等链接，使嵌入式服务在实践操作指导方面产生更大的影响。

---

① "Library essentials courses now online"，https://www.adelaide.edu.au/library/news/list/2020/03/30/library-essentials-courses-now-online，2024 年 12 月 3 日。

② "Technology spaces"，https://www.library.sydney.edu.au/libraries/technologyspaces.html，2021 年 8 月 11 日。

4. 嵌入考试支持阶段的资源与服务

在线考试如今已成为高校课程测试的常态化方式。在考试阶段，教师建立系统自动控制的在线试题和答案，或者发布开放式的问答题，学生在线作答、提交，由教师进行评估。图书馆针对考生需求，提供在线的真题资源和考试指导，即嵌入考试支持阶段的资源和服务。①在线真题资源。在版权允许的情况下，澳大利亚国立大学图书馆、墨尔本大学图书馆收集过去的考试真题，建立数据库，提供给学生、教师和相关部门使用。澳大利亚国立大学图书馆允许用户在线访问电子版试卷，但未经授权不允许打印、出版。试卷数据库按照学科分类，学生可根据专业名称、代码、年度检索真题试卷。不过，有时候应教师要求，在数据库撤除部分试卷内容，而不提供完整的试卷合集。墨尔本大学图书馆设置考试支持团队，该团队每年 2 月份开始上传试卷，为 3 月初的考试做准备，同时提供试题相关的咨询。该馆收集了自 1998 年至今的电子试卷，用户可按主题、年度及关键词等字段进行检索。此外，在特藏馆还保留有 1858 年至 1970 年的试卷存档，1970 年至 1998 年的过往试卷则转换成缩微胶卷格式收藏。②在线考试指导。悉尼大学图书馆为了帮助考生取得优异成绩，联合大学多个部门，共同开展诸如考前在线研讨会之类的考试护航活动。此外，图书馆提供的延伸服务还包括：指导考生如何在备考中提高学习效率、解答在线考试常见问题、交流并减缓考试压力、讨论考试诚信问题等。昆士兰大学图书馆则为考生检查考试所需的 IT 设备，授予开卷试题相关资源的访问权限，制定在线考试策略等。

5. 嵌入课程反馈阶段的资源与服务

课程反馈是教学的最后阶段，也是图书馆延伸服务的最后环节，及时收集相关反馈意见，既有助于改进课程，提升课堂满意度；也有助于延伸荐购渠道，有针对性地建设馆藏资源。①收集反馈意见：主要包括两大方面，即读者对图书馆服务的满意度和读者对图书馆资源的应用程度。澳大利亚高校图书馆通过将留言板或即时通信工具嵌入 LMS，使读者可随时提出或反馈相关意见，图书馆根据读者的意见和建议调整相关服务和资源。新南威尔士大学图书馆在 Moodle 中嵌入 ELISE-Quiz 模块，考查学生对图书馆指南、学科指南、学术写作、数据管理、数字素养等内容的掌握情况[1]，还跟踪学生

---

① "ELISE | informing your studies tutorial: home"，https://subjectguides.library.unsw.edu.au/elise，2021 年 8 月 12 日。

的考试成绩、课程参与情况，并根据资源的应用情况，设置高频点击率使用按钮，以便提升相关服务与资源的专业性和针对性。②补充荐购资源：引导读者进行资源荐购，能够完善资源采购办法，并更好地满足读者对图书馆资源的需求。澳大利亚高校图书馆将教参资源的荐购渠道嵌入 LMS，实现了荐购渠道的延伸。例如，西澳大学图书馆在 Blackboard 中嵌入 Units Readings，其由教科书（textbook）和阅读书目（reading list）组成，其中教科书是核心组成部分。教师在 Units Readings 中标记基本教科书，将教科书信息发布到教学大纲中，供学生使用并标记，还可向图书馆推荐订购。图书馆向购买用户推荐教科书的在线副本，并收集有关这些在线教科书的建议。此外，图书馆还在 LMS 中列出一些在线教科书的购买链接，用户可视个人需求购买。

（三）高校图书馆嵌入教学系统的延伸服务经验

澳大利亚各高校对 LMS 的应用情况存在差异，造成各高校图书馆嵌入 LMS 的延伸服务的实践存在差异。尽管如此，这些国外高校图书馆已经意识到且正在将资源与服务嵌入 LMS。同时，高校图书馆还组建专门团队开展相关工作，他们大多按照课程设计、课程讲授、作业辅导、考试支持及课程反馈等阶段，为用户提供相应的资源与服务。图书馆嵌入 LMS 的服务是对传统嵌入式教学服务的延伸与突破，部分国外实践提供了一些先行经验。

1. 适应新的教学模式，强化主动服务意识

随着"互联网+高等教育"模式的深入推进，传统大学课堂的教学模式渐渐不能满足网络化、数字化、智能化、个性化的学习需求。高校正逐步推进课堂教学改革，实行启发式授课、互动式交流、探究式讨论、全过程学业评价的创新教学模式，如翻转课堂、全纳教学、"探究式-小班化"等，这些模式在教学的理念、方法上发生了深刻变革。图书馆应紧跟大学教学模式改革的步伐，深化无所不在、无时不在的服务理念，积极探索从"等服务"到"找服务"的转型。澳大利亚高校图书馆正在积极开展新教学模式下的嵌入式延伸服务，例如，为适应翻转课堂教学模式，新南威尔士大学图书馆的相关实践经验包括：图书馆团队与教学部门合作，为学生开发在线"课程预习包"；馆员与教师合作设计特定主题的课前教程，并在教师讲课或教程中设计问答环节，学生可以在其中提出问题；设置班级图书馆员,每周查看 LMS 讨论板并及时回复提问;根据需要提供便捷的即时支持,为课程量身定制教学资源等。

2. 技术工具推动资源与服务在虚拟教学环境中的延伸

现代信息技术的应用打破了传统教育的时空界限和学校围墙，智慧课堂、智慧实验室、智慧校园的出现重塑了高等教育教学形态。LMS 即是智慧课堂在现实高等教育中的实践应用。墨尔本大学采用基于云服务的开源系统 Canvas 作为基础开发平台，嵌入在线学习软件，如在线会议工具——Zoom、文本匹配系统——Turnitin、讲座录音系统——Echo360、录音工具——Voice Tools、电子档案袋平台——PebblePad 等，搭建基于兴趣小组的 LMS 社区，使教师、学生团体在虚拟社区内共享资源、共享项目、协作研究和在线交流。目前，该校已开发了 Canvas Student APP 版，这款程序允许从移动设备上快速、方便地访问 Canvas LMS，可随时随地查看信息、访问材料，或社区互动。图书馆嵌入 LMS 也可利用最新技术工具，嵌入在线教学支持服务，墨尔本大学图书馆在 Canvas 平台嵌入社交电子教科书——Perusall、在线阅读平台——eReserve Plus，不仅将所列期刊文章、书籍、书籍章节等资源作为教参书目，还能将其导入文献管理工具。新南威尔士大学图书馆在 Moodle 系统中嵌入 Leganto 平台，该平台不仅包括在线阅读列表，还有图书馆讨论面板和机器人聊天工具，由学科馆员及时回复学生和教师的咨询。总之，应用最新的技术工具，图书馆可在虚拟教学环境中实现资源与服务的延伸。

3. 学科信息素养教育深度嵌入教学支持服务

为了确定大学中不同学科背景的用户所需要的资源，图书馆员可与教师进行深入交流，并开展定制化的学科信息素养教育服务。莫纳什大学图书馆结合医药学、法律、历史与考古、管理学、机械与宇宙工程等专业特点，长期与教师合作开展嵌入式教学活动，并得到专业的认可和支持。其中，馆员参与药剂学教师的教程，帮助本科生准备口试，并举办研讨会，帮助本科生准备实践作业。授课教师赞赏馆员提供的嵌入式教学支持服务，因为这不但使班级变得更加易于管理和高效运行，而且使学生们受益匪浅，课程成绩逐年提高。另外，莫纳什大学法律分馆馆员参与了法律 LAW1101 基础课程的教学研究和写作技巧培训，为学生提供一系列以法庭报告为重点的讲习班，教他们如何进行法律研究、撰写论文、完成作业等。法学院教师认为馆员参与专业课程的嵌入式教学的效果很好，学生的学术水平得到了显著提高[1]。

---

[1]   "What academics say", https://www.monash.edu/library/subject-resources/teaching-tools/rsd/what-academics-say，2021 年 8 月 12 日。

这些例子说明，图书馆将学科信息素养教育嵌入专业课的教学已得到教师和学生的认可，学科馆员可持续探索，不断深化并提高嵌入教学支持的延伸服务。

4. 嵌入开放教育资源并完善版权服务

在线教学是课堂教育在虚拟教学环境中的延伸，为了让在线教学更具吸引力，必须充分开发和利用相关资源来丰富教学内容。国外高校图书馆倡导将开放教育资源纳入图书馆资源。澳大利亚大学图书馆员理事会于2021～2022学年启动的现代高等教育课程计划的重点关注领域之一即通过开放教育资源实现现代高等教育课程，实施宣传倡导政策、提供发布试点平台、实施专业发展计划[①]。澳大利亚高校图书馆正在将开放教育资源嵌入教学的各个环节，如昆士兰大学图书馆通过 Learn.UQ 向教师和学生提供OA 在线期刊和数据库、网络视听资源、LinkedIn 学习在线课程，以及来自其他开放课程平台的资源，包括电子书和电子教科书、期刊全文、图片、视听资源等。嵌入开放教育资源可帮助教师、学生、研究人员充分利用网络教学资源进行教学、学习和研究。

如何最大限度地将版权材料合法用于教育和研究？如何公平、高效地传播教学资源？图书馆完善的版权服务是必不可少的，版权服务也是高校图书馆参与开放教育资源最有效、最重要的方式之一[②]。阿德莱德大学就各种版权问题，包括使用和创建用于教学的版权材料、作者权利、开放教育资源、知识共享许可及如何遵守开放获取原则等问题，制定了教学资源版权政策，并制作了相关在线课程，作为教师入职培训的必修课。同时，在开放教育资源上进行了版权许可标注，供用户在使用前查看。这些做法有助于图书馆向用户提供、完善版权相关的延伸服务。

二、国外高校图书馆研究数据管理服务实践

为大学的科研提供支持是高校图书馆的重要职责，目前，世界一流大学图书馆的科研支持服务可分为 RDM、开放获取、学术出版、研究影响测量、研究指南、研究咨询和研究工具推荐等几大方面[③]。其中，RDM 是贯

---

① Kleine S. 2023. Practically practising OER: reflections on the CAUL OER professional development program: Foundations. http://moderncurriculum.caul.edu.au/[2024-12-03].

② 郝群，张立彬，周小康. 2019. 国外高校图书馆 MOOC 版权服务的调研与启示. 图书情报工作，63（14）：111-120.

③ Si L，Zeng Y L，Guo S C，et al. 2019. Investigation and analysis of research support services in academic libraries. The Electronic Library，37（2）：281-301.

穿科研项目整个生命周期的对研究数据进行组织与创建、归类与存储、展示与共享的行为，并涉及规划、保密、版权等相关问题。科技的不断发展促使学术研究朝着数据密集化、各方协作化、计算自动化等方向发展，研究人员面临着较以往更为紧迫的数据管理需求。然而，许多研究人员没有准备好或缺乏足够的时间来进行 RDM，也可能存在对数据的存储设备、完整性、备份设置等问题的担忧。

图书馆在与科研人员合作、开展培训、管理和保存信息方面有着悠久的历史，这使得图书馆在 RDM 方面发挥着关键作用[1]，有研究人员将 RDM 称为学术图书馆的"突破性领域"，是"迷人且不断发展的领域"[2]。也有研究人员称 RDM 是传统服务的延伸，从咨询服务、信息素养服务，到数据素养服务、存储库管理、元数据标记、数据集合管理与利用[3]，即图书馆在对数据管理方面的新要求实际上是"几十年来相关工作的延伸"[4]。因此，全球多数的学术型、专业性大学的图书馆都为用户提供相关协助或服务，RDM 是高校图书馆为研究人员提供的嵌入科研项目生命全周期的延伸服务。

（一）美国高校图书馆的研究数据管理服务实践

由于用户需求存在差异，并且不同大学图书馆的规模、资源、能力等也存在差异，因此，即使是在同一国家，各高校图书馆提供的 RDM 相关服务的程度也不同。2017 年，一项研究对美国 185 所高校图书馆的 RDM 服务情况进行了调查[5]，从以下五个方面概括了美国高校图书馆 RDM 服务相关实践状况。

1. 研究数据管理服务的类别

机构存储库是最为基础的 RDM 服务，185 所美国高校图书馆中，多

---

① Flores J R，Brodeur J J，Daniels M G，et al. 2015. Libraries and the research data management landscape. The Process of Discovery：The CLIR Postdoctoral Fellowship Program and the Future of the Academy：82-102.

② Sanjeeva M. 2018. Research data management：a new role for academic/research librarians. Reshaping the Academic Libraries，Trends and Issues UGC Sponsored Seminar at JM Patel College on 12th Sept 2014：1.

③ Cox A M，Kennan M A，Lyon L，et al. 2019. Maturing research data services and the transformation of academic libraries. Journal of Documentation，75（6）：1432-1462.

④ Reinhalter L，Wittmann R J. 2014. The library：big data's boomtown. Serials Librarian，67（4）：363-372.

⑤ Yoon A，Schultz T. 2017. Research data management services in academic libraries in the US：a content analysis of libraries' websites. College & Research Libraries，78（7）：920-933.

数图书馆（60%）都提供数据存储服务，并鼓励研究人员将他们的研究数据保存在图书馆的机构存储库中。为此，图书馆向用户介绍数据存储服务，提供相关程序的说明，同时负责机构存储库的馆员与研究人员联系，并引导他们访问、使用机构存储库。部分美国高校图书馆（38.4%）提供数据管理规划服务，作为常规咨询服务的延伸。数据管理规划服务更为具体，针对性更强，并且可覆盖研究数据的整个生命周期，从数据的检索或创建、使用及重用（reuse），到数据的监管与存储，再到数据的共享等。一些美国高校图书馆（27.6%）还提供数据发布和共享服务，虽然这一比例并不高，但是数据共享是和数据存储紧密相关的工作，都反映了图书馆在促进数据共享方面的努力。少数美国高校图书馆（15.7%）为用户特别提供不与数据管理直接相关的有关方法论的服务，这类图书馆大部分都专门设置了数据服务部门。

2. 研究数据管理的相关信息服务

美国高校图书馆比较重视针对 RDM 的信息服务，其中，64.3%的图书馆侧重于对数据管理的重要性进行阐述；79.5%的图书馆则更强调如何对数据管理进行规划。

从更细化的相关信息服务来看，在受访的 185 所美国高校图书馆中，61.1%的图书馆为用户提供元数据标准及实践的信息服务；43.8%的图书馆提供如何适当组织数据文件的信息；少数图书馆（10.8%）提供管理数据文件的软件、工具的相关信息，也有些图书馆（10.3%）提供适当的工作流程。

就数据管理方面而言，在 185 所美国高校图书馆中，42.2%的图书馆提供一些如著作权或归属权问题的数据管理信息；少数图书馆（29.7%）提出了数据管理中的保密性问题，这个问题在研究人员准备共享数据时很重要；53.5%的图书馆提供数据存储和维护相关的信息；49.2%的图书馆在数据管理网页上提供了与数据重用相关的信息，主要是关于如何发布储存的数据以供重用，并对其中益处做出解释。一些图书馆还提出了重用已发布数据的程序这一问题，例如，如何检索现有数据（17.8%）和如何正确引用数据（37.8%）。

3. 研究数据管理的相关教育服务

由于受众的不确定性，高校图书馆常规的信息素养教育很少涵盖 RDM 相关的内容。在 185 所美国高校图书馆中，并不是所有的图书馆都设置了与 RDM 相关的培训项目或课程服务。不过，有 64 所图书馆

（34.6%）通过开展工作坊和培训课的方式向用户提供 RDM 相关的教育服务，这些工作坊和培训课的主题大致分为 RDM 和数据共享/重用这两大类型。在这 64 所图书馆中，大多数（73.4%）提供了 RDM 类的培训课，尽管其中半数图书馆是不定期提供相关培训课；21.8%的图书馆提供了关于研究数据共享/重用的培训课和工作坊，并强调 RDM 中数据共享/重用的重要性。

有些图书馆提供了其他类型的教育服务，其中，21.8%的图书馆提供了特定的数据方法论相关教育服务，15.6%的图书馆提供了常见的专业数据集应用的教育服务。在图书馆提供的这些相关培训课或工作坊中，有些还涉及了与 RDM 相关的主题，如发布数据。一般情况下，这些图书馆有数据管理领域的专家，并且大多已开设了 RDM 相关课程或正在计划开设相关课程。45.3%的图书馆没有具体说明他们为用户提供了哪些相关的教育项目，只提到"数据管理工作坊"；20.3%的图书馆则通过现场、在线课程或在线分享录制课程为用户提供相关教育和指导。

4. 研究数据管理资源的内、外部链接

高校图书馆提供 RDM 服务不应仅依靠其自身资源，还应参考和依赖其他内、外部相关资源，并将这些资源通过网络进行链接。在 185 所美国高校图书馆中，共有 135 所图书馆（73.0%）在其网站上设置了内部链接，通常用于将研究人员与大学其他内部资源联系起来。最常见的内部链接类型是指向机构存储库和资源的链接（73.3%），因为大多数图书馆鼓励研究人员将他们的数据存入机构存储库。图书馆 RDM 网页的第二大内部链接指向是大学科研管理部门（60.7%），这主要是由于科研管理部门负责大学的科研和研究数据相关的行政监管。一些图书馆（14.1%）将其网页链接到大学校内的其他图书馆，其中以保健科学类图书馆为主；也有一些图书馆（23.7%）提供指向大学数据中心的链接，或者指向数据密集的研究中心（13.3%）的链接，为用户提供更进一步的信息。

几乎所有的图书馆（180 所，97.3%）在其 RDM 网页上都设有外部链接，外部链接主要指向以下几类资源。①相关的工具（90.6%），帮助研究人员进行 RDM。②为数据管理提供更多相关资源的数据库（80.1%），如最佳实践、标准、存储库指南等。③政府法规和政策（86.7%），主要是关于美国国家科学基金会和美国国立卫生研究院等资助机构的相关规定或要求。④其他图书馆网站（69.4%），方便用户查阅更多相关信息。

5. 研究数据管理常用的工具和资源

通过对 180 所图书馆的外部链接进行核查,可确定数据管理中最常用的工具。其中,多数图书馆(154 所,85.6%)向用户推荐 DMPTool,这是一个免费的、开源的在线应用程序,可帮助研究人员创建数据管理计划(data management plan,DMP,是美国许多科研项目资助机构要求项目申报人提供的重要材料)。DMPTool 还提供指向科研项目资助机构网站的直接链接,供用户参考使用。此外,有 20 所图书馆(11.1%)推荐用户使用 Bulk Rename Utility、18 所图书馆(10.0%)推荐 ReNamer 作为文件重命名工具;16 所图书馆(8.9%)推荐 EZID,该工具可为数据创建长期标识符;112 所美国高校图书馆(62.2%)向用户推荐 ICPSR(Inter-university Consortium for Political and Social Research,政治和社会研究校际联盟)作为社会科学领域 RDM 的资源。其他一些常见的外部资源包括数据存储库,如 re3data 和 Open Access Directory,分别被 85 所图书馆(47.2%)、61 所图书馆(33.9%)作为资源引荐,以帮助研究人员查找和存储相关数据。

美国高校图书馆还将其他图书馆的 RDM 网站作为进一步信息的来源,并展示相关链接。其中,最常引荐的前三个图书馆 RDM 网站分别是:麻省理工学院图书馆(MIT Libraries),被 64 所图书馆推荐(35.6%);明尼苏达大学图书馆(University of Minnesota Libraries),被 47 所图书馆推荐(26.1%);加利福尼亚大学圣迭戈分校图书馆(University of California,San Diego Library),被 37 所图书馆推荐(20.6%)。

综上所述,美国高校图书馆为用户提供的 RDM 服务内容大致包括:机构存储库、数据管理规划、数据发布和共享、数据管理方法论等。美国高校图书馆向用户提供有关 RDM 的信息服务,包括元数据标准、数据文件描述、相关软件与工具、工作流程等方面的信息,并提供一些数据管理中涉及的诸如保密性、数据存储和维护、著作权或归属权、数据重用等问题的信息。美国高校图书馆向用户提供的 RDM 相关教育服务的方式有课程、培训、工作坊、研讨会等,教育主题大致分为数据管理和数据共享/重用这两大类型。此外,美国高校图书馆还提供 RDM 资源的内、外部链接,其中,内部链接大多指向机构存储库、大学科研管理部门、大学数据中心或其他研究中心等;外部链接则指向相关的工具、更多相关资源的数据库、法规与政策、其他图书馆网站等,方便用户查阅更多相关资源与信息。简而言之,美国高校图书馆在 RDM 服务的实践中,覆盖的问题较为全面,且较为细致。

此外,一项较新的研究(2020 年)针对 60 所美国大学协会(Association

of American Universities，AAU）成员馆的调查结果显示，数据馆员、数据管理服务和数据存储库现在已经成为美国大型研究型大学图书馆的共同特征，这些图书馆大多已成立 RDM 服务的团队或部门[①]，这反映出美国高校图书馆的 RDM 服务正朝着专业化的方向发展。

（二）亚非发展中国家高校图书馆的研究数据管理服务实践

20 世纪以来，研究数据在科研领域变得越来越重要，然而，图书馆专业人员在技能、设备等方面远远落后，特别是在发展中国家。2010 年以后，一些发展中国家的高校图书馆开始关注 RDM 服务，并有所尝试。相关的文献成果表明，来自亚洲、非洲多个发展中国家的高校图书馆正在讨论或者尝试开展 RDM 服务。尽管已经意识到相关实践的重要性和必要性，但是，发展中国家大多数高校图书馆的 RDM 服务实践仍较为欠缺，少数相关实践则还处于起步阶段。

1. 亚洲发展中国家高校图书馆的研究数据管理服务

一项研究（2017 年）对印度 47 所中央大学图书馆的网站进行调查，以了解这些图书馆是否已经开展 RDM 服务，结果发现这些图书馆网站没有提及 RDM 服务相关的政策或链接。相较之下，有 30 家政府和研究机构已创建并维护自身的数据存储库，或将数据提交至 re3data 特定主题的存储库中。在科研数据管理方面，印度社会科学研究理事会（Indian Council of Social Science Research，ICSSR）建立了 ICSSR 数据服务门户网站，供社会科学领域的研究人员、机构对数据进行存放、使用、分析及再利用。在政府数据管理方面，印度政府通过开放政府数据（open government data，OGD）支持开放数据，制定国家数据共享和获取策略，以促进政府部委和部门不敏感数据的共享[②]。由此可见，印度高校图书馆在 RDM 服务层面扮演着并不重要的角色。该研究建议印度高校图书馆争取行政、财务的支持，并与研究人员、相关机构进行合作，建立 RDM 体系，采集、整理、存储、共享大学的研究数据、历史数据等。

一项相关调查研究（2020 年）显示，巴基斯坦国家和地方级别的高校图书馆都缺乏 RDM 方面的工作，该国高校图书馆为用户提供的研究支持

① Gowen E，Meier J J. 2020. Research data management services and strategic planning in libraries today: a longitudinal study. Journal of Librarianship and Scholarly Communication，8（1）：2336.

② Tripathi M，Shukla A，Sonker S K. 2017. Research data management practices in university libraries: a study. DESIDOC Journal of Library & Information Technology，37（6）：417-424.

服务仅仅包括引文标准、学术规范与道德等方面，RDM 在政策层面被忽视了。因此，该项研究认为图书馆必须提高对相关问题的意识，馆员可与其他利益攸关方互动并制订 RDM 计划[1]。

伊朗的一项研究（2020 年）从生产与收集、记录与处理、备份与维护、成果出版、数据共享五个角度评估了该国大学的信息技术领域科研人员的 RDM 方法和需求。调查结果表明，在生产与收集数据的过程中，最常见的数据类型是实验数据，大部分数据是从软件中以文本和处理数据的形式生成的。在数据记录与处理方面，最常见的记录数据的方式是电子文档，大多数受访者使用个人计算机来备份数据，并且没有使用任何适当的 RDM 软件。就数据共享和管理服务的需求而言，存在数据共享缺乏、数据丢失、数据的存储与传播受阻、数据安全性等问题。该研究认为图书馆和研究中心是最适合 RDM 的组织，可提供相关政策、数据收集标准化、存储与传播、共享与数据安全等方面的服务[2]。

土耳其是地处欧亚相接之地的发展中国家。一项关于 RDM 的观念和实践的在线调查（2017 年）向该国 25 所大学的研究人员发放问卷，并收回了 532 份回复。结果表明，尽管土耳其研究人员意识到 RDM 的必要性，也愿意与本领域群体分享研究数据，并且有不错的保存数据的习惯，但是他们缺乏 RDM 所需的技术、技能和知识，相关机构没有向研究人员提供制度化的支持，如人员、培训、软件和硬件等[3]。该项调查也从侧面反映出土耳其的高校图书馆在 RDM 方面的实践有所欠缺。

2. 非洲发展中国家高校图书馆的研究数据管理服务

相关调查显示，南非的高校、研究机构、专业群体进行了一些 RDM 试点项目，并正在测试相关的工具和软件。例如，2015 年开普半岛科技大学（Cape Peninsula University of Technology）开展了相关的试点项目；2017 年南非建立了国家级数据和信息管理社区网络（Network of Data and Information Curation Communities，NeDICC）；2018 年南非开展了为期六个月的全国数字存储库测试——"南非数据密集研究计划"（The Data Intensive

① Ashiq M，Rehman S U，Mujtaba G. 2020. Future challenges and emerging role of academic libraries in Pakistan: a phenomenology approach. Information Development，37: 158-173.

② Nezhad A S，Droudi F，Javaran F J. 2020. Investigating research data management methods and research data requirements in information science researchers in Iran. Iranian Journal of Information Processing and Management，36（2）: 329-358.

③ Aydinoglu A U，Dogan G，Taskin Z. 2017. Research data management in Turkey: perceptions and practices. Library Hi Tech，35（2）: 271-289.

Research Initiative of South Africa，DIRISA）等。此外，一些大学或机构也进行了与 RDM 相关的内部报告或部门评估，但这些报告或评估大多是敏感的、机密的，未向外界发布详细报表信息，而仅是粗略地提及了 RDM 实践和要求。南非的一项相关研究（2018 年）认为，尽管高校图书馆不承担主要责任，但它在 RDM 服务的实施过程中确实可以发挥作用，尤其是对于资源相对有限的科研机构而言[①]。所以，南非的高校图书馆向用户提供 RDM 相关服务的实践并不充分。

由于实验数据的密集性，技术类大学产生的研究数据可能更多，RDM 的需求也更高。一项研究（2020 年）对尼日利亚五所专业技术大学化学研究人员进行调查，通过半结构化访谈，了解化学研究人员 RDM 的实践情况。研究结果表明，这些研究人员对 RDM 的概念及其对研究结果的重要性有很好的理解。有些人曾经历过不可恢复的数据丢失，起因是存储设备选择不当、备份方法单一和数据保护系统脆弱等。尽管图书馆被公认为是长期保存数据的首选场所，但是研究人员对图书馆仍存在信任问题，有的人担心丧失未经授权的数据的所有权，有的人则没有制订正式的数据管理计划。为此，该研究建议高校图书馆应推出 RDM 计划，向研究人员提供指导，并提高他们对图书馆的信心[②]。虽然这项研究的对象具有针对性，但是其结果和相关建议具有较为普遍的参考意义，尤其是 RDM 相关的技术手段、信任与信心、引导与培训等问题，可能是图书馆相关实践初期会遇到的问题，值得关注。

一项研究（2020 年）从加纳大学（University of Ghana）图书馆员、研究管理人员、高级研究人员中抽选部分调查对象，就有关 RDM 的相关问题进行访谈，以了解大学图书馆及其用户对数据管理的意识和态度。该研究表明，大学用户已经意识到了 RDM 的必要性，数据管理的安全性、完整性、连续性，以及相关机构的声誉等关键问题。但是，图书馆尚未针对 RDM 问题制定战略或方法，图书馆系统内显然缺乏相关的专业知识。该研究建议图书馆必须积极主动地在加纳大学校园内倡导和促进 RDM 实践，图书馆员也必须利用各种机会培养相关的技能[③]。

---

① Patterton L，Bothma T，van Deventer M. 2018. From planning to practice：an action plan for the implementation of research data management services in resource-constrained institutions. South African Journal of Libraries and Information Science，84（2）：14-26.

② Abduldayan F J，Abifarin F P，Oyedum G U，et al. 2021. Research data management practices of chemistry researchers in federal universities of technology in Nigeria. Digital Library Perspectives，37（4）：328-348.

③ Avuglah B K. 2020. Research data management（RDM）at the University of Ghana（UG）：myth or reality？. International Journal of Digital Curation，15（1）：25.

来自项目资助方、出版商、公众和其他科研机构对研究人员的 RDM 要求越来越高。一项研究（2021 年）为了审查埃塞俄比亚高等教育机构的 RDM 实践，抽选了来自该国的 9 所高校的 390 名教职员工和 119 名相关人员进行调查。研究结果显示，大多数教职员工都使用他们的个人设备来保存研究数据，他们对 RDM 的认识水平非常低，尽管他们也有相关的需求，如数据管理模板、存储设施、数据管理政策、相关的指南和培训等[①]。由此可见，虽然存在较强的需求，但是埃塞俄比亚的高校图书馆尚未向其用户提供完善的 RDM 服务。

综上所述，数据驱动型研究的发展将催生更多的 RDM 需求。发达国家高校图书馆 RDM 服务意识较为普遍，但在具体实践中则存在差距，学术性、研究型、数据密集型大学或科研机构的图书馆提供的 RDM 服务相对更完善。在大多数发展中国家，RDM 仍然是新兴概念，相关实践尚未得到充分发展。发展中国家高校图书馆的 RDM 服务意识有待提高，具体实践还存在许多问题和挑战，包括管理层的政策支持、图书馆的基础设施、馆员的意识与技能、用户的信任与信心、相关机构的合作等。研究数据被誉为当前和未来科学发现的基石，RDM 的重要性将不断凸显，图书馆相关服务意识也将不断提升，主动了解、辨别用户的 RDM 需求，在科研项目全周期提供相应的 RDM 服务，是高校图书馆嵌入式延伸服务的重要发展方向。

第四节　高校图书馆空间及服务的延伸

图书馆的空间是资源、设施、服务、馆员与用户等所有要素交汇的场所，对图书馆空间的研究包括具体的物理空间、虚拟的网络空间，以及抽象的意识、表征、文化空间等。此外，也有围绕图书馆空间的有关资源分配、馆员服务、用户行为等相关的研究。总之，图书馆空间相关的研究是一个内涵丰富、庞大、多向度的课题。

图书馆延伸服务起源于对物理空间的突破，在时代的变迁和发展下，空间本身的含义也变得更加丰富，从馆舍物理空间、网络虚拟空间、"第三空间"等角度探讨图书馆有关空间的延伸服务，是本书研究的重要组成部分。为此，本书对英国部分高校图书馆的空间及相关延伸服务进行考察和

---

① Kinde A A，Addis A C，Abebe G G. 2021. Research data management practice in higher education institutions in Ethiopia. Public Services Quarterly，17（4）：213-230.

研究，尝试归纳其空间延伸的表现形式和相关延伸服务的种类。

英国高校图书馆空间的延伸可从建筑物理空间和网络虚拟空间两个层面理解。其中，建筑物理空间的延伸方式主要是老旧建筑改造与空间扩容、古老建筑与现代建筑相结合；网络虚拟空间的延伸方式主要是馆藏资源在虚拟空间的延伸和服务，以及设备的网络化。

英国高校图书馆开展基于空间的延伸服务主要有三大类型。①基于特设空间的服务，包括根据大学重点专业设置的空间及服务、根据特殊馆藏设置的空间及服务、特设非传统图书馆空间及服务等。②向内延伸-引入合作型的服务，包括引入专业技能型的合作团队、用户主导的兴趣交流平台服务等。③向外延伸-走出图书馆的服务，包括走进院系的嵌入式学科服务、向校园或校外延伸的服务等。英国高校图书馆的空间及服务的延伸可为同类图书馆的空间建设和延伸服务提供参考。

一、调查研究的总体设计

本次调查研究的对象是英国部分高校图书馆的空间及相关延伸服务，主要通过文献调查、实地考察、网络资源挖掘等研究方法，探讨英国高校图书馆空间延伸的表现形式，对基于空间视角的延伸服务进行分类，归纳得出相应的实践经验。

（一）调查研究的意义和目的

图书馆既是相对固定的场所，又是具有外延性的空间。随着时代的前进，空间本身的含义也变得更加丰富，探讨图书馆的空间可以从馆舍物理空间、网络虚拟空间、"第三空间"等角度进行。本次调研对高校图书馆空间进行深入探讨的意义主要体现在两个方面：一方面是具体的，明辨高校图书馆空间延伸的表现形式，探讨其最佳的外在和最优的内在，这些是图书馆为用户提供更全面、更高质服务的基础；另一方面是抽象的，探索高校图书馆空间的表征及意义，即高校图书馆对用户、大学、社会的价值。普遍意义上而言，图书馆空间是阅读、创作、交流的空间。不过，英国高校图书馆空间的延伸形式和服务类型能为图书馆空间的表征及图书馆的意义带来更多的诠释。

部分英国高校图书馆的历史较为悠久，却在不断更新发展。因此，其建筑空间既古老又兼具现代性。这些图书馆的馆藏资源丰富、空间的延伸表现形式多样，相关的延伸服务也较为多元。本书探讨英国部分高校图书馆的空间及服务，旨在归纳其空间延伸的表现形式，包括物理空间的延伸、虚拟空间的延伸以及基于"第三空间"观点的空间延伸等。并且，对这些高校图书馆基于空间视角的延伸服务进行考察与归纳，挖掘其中值得借鉴之处。同时，对英国部分高校图书馆的空间及服务的延伸进行调查研究、深入探讨，了解国外高校图书馆的相关实践，为同类图书馆的空间建设及延伸服务工作提供参考。

（二）调查研究的范围和方法

本书选取 16 所英国高校图书馆，它们分别隶属于 11 所大学，这些图书馆在历史、建筑、馆藏、资源、服务、用户等方面存在差异，但是从空间配置、功能布局及相关延伸服务来看，又存在共性。有的图书馆拥有悠久的历史，如牛津大学的博德莱图书馆（Bodleian Libraries）、曼彻斯特大学的图书馆主馆和约翰·雷兰兹图书馆（The John Rylands Library）、利兹大学的布莱顿图书馆（Brotherton Library）、谢菲尔德大学（The University of Sheffield）的西岸图书馆（Western Bank Library）、利物浦大学的哈罗德·科恩图书馆（Harold Cohen Library）；有的图书馆则较为现代化，如伯明翰大学图书馆（Birmingham University Library）、谢菲尔德大学的信息共享中心（Information Commons）、曼彻斯特大学的艾伦·吉尔伯特学习共享中心（Alan Gilbert Learning Commons）；也有的图书馆颇具亮点，如爱丁堡大学（The University of Edinburgh）的图书馆主馆、考文垂大学（Coventry University）的兰彻斯特图书馆（Lanchester Library）、华威大学图书馆（University of Warwick Library）、利兹大学的莱德劳图书馆（Laidlaw Library）、曼彻斯特城市大学（Manchester Metropolitan University）的肯尼斯·格林爵士图书馆（Sir Kenneth Green Library）、牛津大学的萨默维尔图书馆（Somerville Library）、利兹贝克大学（Leeds Beckett University）的希拉·希尔弗图书馆（Sheila Silver Library）。本次调查研究主要针对这些图书馆的空间，包括建筑特色、功能布局、特设空间、虚拟空间等，以及相关延伸服务。

本次调查研究主要采用的研究方法有以下几种。①文献调查。通过对国内外相关文献进行检索和研究，探索图书馆的空间，尤其是"第三空间"的相关理论观点，用以探讨英国高校图书馆空间的功能、形式、延伸等问题。同时，在图书馆延伸服务溯源及理论的基础之上，结合"第三空间"理论观点，得出高校图书馆延伸服务的理论并对本书研究的观点进行诠释，用以支撑对英国高校图书馆延伸服务的论述。②实地考察。选取上述16 所不同规模的英国高校图书馆，分别前往图书馆现场进行实地调研，观察图书馆建筑空间的延伸表现形式。同时，对这些图书馆的一些馆长、部门主管、馆员、用户进行访谈，了解其开展的基于空间视角的延伸服务。真实记录考察结果并进行归纳和分析，得出这些图书馆空间及服务的延伸的共性特点和个别特色。③网络资源挖掘。深入挖掘上述 16 所英国高校图书馆官方网站公布的信息、数据、文件以及社交媒体发送的通告、推文、跟帖等网络资源，找出相关的事例、数据等辅助材料，应用于本次调查研究的相关案例的说明和观点的论述之中，强化本书研究的具体性和说服力。④比较分析与归纳法。比较 16 所英国高校图书馆的相关实践，分析各馆物理空间延伸和虚拟空间延伸的方式，以及基于空间的延伸服务工作，归纳得出英国高校图书馆空间延伸共性特点，以及基于空间的延伸服务的类型。

二、高校图书馆空间的延伸——基于英国 16 所高校图书馆的调查研究

高校图书馆延伸服务的内涵需从时间、空间、内容三个维度考量。部分英国高校图书馆在时间的延伸上，已经达到最大化，例如，考文垂大学的兰彻斯特图书馆、利兹贝克大学的希拉·希尔弗图书馆实行"7 天×24小时"全年开放（除圣诞夜）；牛津大学的萨默维尔图书馆则采取假期无馆员值守，以及读者自行刷卡进入、自助服务的方式实现全时段开放。同时，图书馆的时间延伸与空间延伸是相互交叉、共同发挥作用的。英国高校图书馆的空间延伸，可以先从建筑物理空间和网络虚拟空间两方面进行探讨。

（一）高校图书馆建筑物理空间的延伸

图书馆建筑物理空间的增加，最直接的方式就是另外选址建立新馆，大部分历史悠久的英国高校都拥有多所图书馆，如牛津大学图书馆体系截至 2023 年，已有百余所图书馆，这些大大小小的图书馆星罗棋布于牛津校园，向用户进行最大化的延伸；利兹大学拥有 5 所图书馆，这些图书馆建立于不同时代，其中，最新的莱德劳图书馆于 2015 年 5 月开放。除建立新馆之外，英国高校图书馆还通过老旧建筑改造与空间扩容、古老建筑与现代建筑相结合等方式来实现物理空间的延伸。

1. 老旧建筑改造与空间扩容

有些英国高校图书馆的建筑比较老旧，如牛津大学的博德莱图书馆历史悠久，该馆最古老的汉弗莱公爵图书馆（Duke Humfrey's Library）创建于 1488 年，博德莱其他主体建筑也大多在中世纪修建。隶属曼彻斯特大学

的约翰·雷兰德斯图书馆开放于 1900 年。利兹大学的布莱顿图书馆则建成于 1936 年。这类历史悠久的图书馆，其建筑物虽已被列入英国一级或二级文物保护建筑，却不影响其图书馆功能。

一方面，这些图书馆老旧建筑的内部空间经过改造，包括对电力、网络、设施等的重新铺设，以及对架位、设备、内饰等的重新布局，使其可以适应现代读者的需求。当然，这些图书馆也有意识地保留其古老韵味，珍稀馆藏大多以玻璃柜或专架、专区陈列展示，其他新配置的桌、椅、书架等也尽量保持与原有风格相协调的样式。

另一方面，这些图书馆老旧建筑空间得到扩容。其采取的方式主要是往地下或者楼顶加建，如牛津大学的博德莱图书馆向地下延伸三层，并建有地下通道将老馆与新馆之间连通，地下空间密闭、安静，主要用作藏书、阅览等用途；利物浦大学的哈罗德·科恩图书馆则在老馆的基础上向上加建两层空间，采取钢架结构的新建空间自然光照充足，并满足承重要求，主要作阅览、小组学习和多媒体阅览室等用途。在原有的老旧建筑内部空间实现向下或向上延伸，在建筑技术上可能要求较高，因为，向下延伸需要考虑原有建筑物的地基结构和地质环境；向上延伸则要充分考虑建筑的承重能力。因此，这两种物理空间延伸方式的实现成本较大。英国部分高校图书馆采取这种改造方式大多是为了适应馆藏与设备的增加，以及用户需求的多样化，在校园空间十分有限并且已经固化的情况下，这种改造方式不失为一种良好的解决方案。

2. 古老建筑与现代建筑相结合

除了在原有建筑上进行向下延伸或向上延伸的空间改造与扩容的方式之外，另外一种相对容易实现的空间扩容方式是在原有图书馆建筑旁边建立新馆并连通使用。曼彻斯特大学的两所图书馆都是采取这种方式实现的空间延伸，即在该校图书馆主馆旁边扩建了一栋外部风格与老馆一致、但是比老馆高两层的新馆，两所图书馆建筑相连通，其中新馆内部装饰为现代风格，配备较多的电脑、打印复印机、自助借还机等设备，各类读者人流量较大；老馆则保持古老风格，主要发挥馆藏和阅览功能，安静自修类读者较多，两馆还分别以不同颜色代表不同空间的功能区域，让用户对图书馆空间布局一目了然。

另外，隶属曼彻斯特大学的约翰·雷兰兹图书馆独立于大学校园之外，位于城市的闹市区，其主体建筑被公认为是欧洲新哥特式建筑的最佳典范，并被列入英国一级保护建筑。由于其建筑的突出特色和华丽内饰，每天吸引大量访客参观，图书馆的主体建筑内拥有高高的穹顶、宽敞的大厅和幽深的地下空间，其主要功能是陈列古籍、开放参观等。之后，在该馆的旁边扩建了一座四层高的玻璃外墙现代建筑与老馆相连，内设纪念品商店、书店、寄存处、阅览空间、办公室、卫生间等，用作接待各类访客、阅览古籍文献、馆员办公等用途，这既增加了主体古老建筑空间的场地面积，又正好弥补了其设施老旧、功能有限等不足之处。

图书馆古老建筑与现代建筑相结合，成为部分英国高校图书馆的特点之一。这种空间延伸方式，既有利于保护古建筑及其收藏的古籍，又有利于适应校内外用户、访客的多样化需求。穿行于这一类新旧结合的建筑中，能给到访者带来别样的时空交错体验。

（二）高校图书馆网络虚拟空间的延伸

互联网的爆炸式发展、无线通信技术的持续深化，以及各类专业设备的日趋完善，为图书馆馆藏资源、服务与设备在网络虚拟空间的延伸提供了多种实现方式。

1. 馆藏资源在虚拟空间的延伸

英国高校图书馆的数字资源常规构成包括电子书、电子期刊论文、机构知识库、综合数据库等，大学用户通过登录个人账户可随时随地访问图书馆的数字资源，这和国内高校图书馆情况大致相同。值得一提的是，一些拥有珍稀馆藏的英国高校图书馆，致力于对其部分馆藏进行数字化，并且提供给网络在线用户使用，使其部分资源在虚拟空间实现了最大化的延伸。

牛津大学的数字博德莱（Digital Bodleian）是图书馆自建的数字馆藏，除一些受版权限制的文献全文以外，大部分数字资源向网络用户开放。该项工作始于1993年，以"项目驱动"的方式分阶段逐步推进，以独立网站的形式，将该馆创建的多个独立数字馆藏聚合在一个中央门户中，并持续添加其他相关的、新构建的数字化资源，供用户在线浏览、检索和导出。截至2020年3月，数字博德莱馆藏总量达到914832件，主要有地图、手稿、乐谱、珍本善本古籍、游戏（棋牌类）、短效物收藏品（海报、明信片、票据类）、档案材料等。据该馆统计，数字博德莱年访客量达10万人次[①]。曼彻斯特大学图书馆的特藏数量仅次于牛津大学图书馆，并且该馆也在致力于这些特藏的数字化工作，据馆员介绍，现在该馆特藏数字化的数量还未达到总量的10%，

---

① "Digital Bodleian terms of use"，https://digital.bodleian.ox.ac.uk/terms.html，2020年3月1日。

尽管如此，图书馆也在其主页一级目录中设置了"特藏"栏目，网络用户可在线浏览、查找这些数字化特藏，包括古籍、手稿、图片、档案等[①]。

将特藏进行数字化是一项长期且艰巨的工作，需要资金、技术、人力等的持续保障。尽管如此，部分英国高校图书馆却比较重视此工作。将这些宝贵资源提供给在线用户，使其在网络虚拟空间得以延伸，可以发挥更大的作用，同时也有助于提升图书馆的全球影响力。

2. 服务与设备的网络化

英国高校图书馆服务网络化的形式多样，大部分图书馆在各类欧美主流社交媒体和社交网站都同时开展服务，包括 Twitter、脸书、Instagram、Google＋、声云（SoundCloud）、Pinterest、YouTube 等，同时也在图书馆官网主页上保留表单式和弹窗式的在线咨询服务。此外，部分高校图书馆还将现场举办的展览、讲座、诗朗诵、音乐会、真人讲述等主题活动在网上同步展示，以供用户在线欣赏或参与。图书馆的资源与服务通过网络在虚拟世界得到最大化的延伸。

在专用设备方面，英国高校图书馆的网络化程度较高。几乎所有的图书馆都配备了各类自助设备，可以让读者实现各种自助服务，如自助借还书、自取预约图书、自助馆际互借图书、自助借还平板或笔记本电脑、自助打印或复印等。利兹大学的莱德劳图书馆还设置了可以自助打印临时读者证的设备，方便各类用户进入图书馆。所有这些设备都基于网络得以实现，有些设备甚至通过网络维护，如考文垂大学的兰彻斯特图书馆 24 小时开放 IT 室（24 hours open access IT room）的设备由位于新加坡的供应商通过网络远程维护，由于考文垂和新加坡存在时差，供应商维护 IT 设备的时间正好是在图书馆读者数量较少的夜间时段，因设备维护而受到干扰的用户较少，这个安排较为合理、更显人性化。

英国高校图书馆的大部分服务从过去的人工服务转为全自助服务，图书馆前台已经不再提供图书借还服务，仅提供接待、咨询服务。并且，这些图书馆的网上服务形式多样，设备的网络化程度也较高。

三、英国高校图书馆基于空间的延伸服务

对英国高校图书馆建筑物理空间的延伸和网络虚拟空间的延伸进行探讨，大致勾勒出这些图书馆空间延伸的两层景象。实际上，物理空间和虚

---

① "Library digital collections: browse selected collections", https://luna.manchester.ac.uk/luna/servlet/allCollections，2020 年 3 月 2 日。

拟空间并非相互割裂的，而是互为交织的，它们共同构成图书馆的空间。此外，经过考察与归纳，本书将英国高校图书馆基于空间的延伸服务大致分为基于特设空间的服务、向内延伸-引入合作型的服务和向外延伸-走出图书馆的服务三大类型。

（一）高校图书馆基于特设空间的服务

英国高校图书馆内部空间比较多元化，除了咨询服务区、静读区、展示区、小组讨论隔间、培训室、自助设备区、读者物品暂存处、休闲餐饮区等常见的空间功能分区之外，还有一些特别设立的空间及服务，如根据大学重点专业设置的空间及服务、根据特殊馆藏设置的空间及服务，以及特设非传统图书馆空间及服务等。

1. 根据大学重点专业设置的空间及服务

一些英国高校图书馆根据大学重点专业、特色专业而设置专门空间并配备相应的专业设备，为相关专业的读者提供较强针对性的服务。

爱丁堡大学的图书馆主馆内专门设置了音乐创作空间（uCreate Studio），并配备了音乐艺术专业的用户可能用上的电子琴、钢琴、耳机、电脑及录音调音等设备。音乐创作空间位于图书馆建筑的边缘，并采取了隔音措施，因此，使用音乐创作空间的用户不会影响到其他读者。此外，该馆拥有丰富的音乐类馆藏资源，包括大量的相关书籍、乐谱、唱片等资源，从中可以看出图书馆对音乐艺术专业的重视。利兹贝克大学的希拉·希尔弗图书馆是一座中小型的高校图书馆，其馆内空间比较有限。但是，该馆开辟专门空间，特别设立了建筑技术工作室（Architectural Technology Studio），并在里面配备了大尺寸屏幕电脑、高清海报打印机、大幅彩色打印机、大型裁纸机等，方便相关专业的读者利用。

与公共图书馆相比较而言，高校图书馆根据重点专业、特色专业设置专门空间并配备相应的资源，是十分必要的。因为，这体现了图书馆对重点专业的关怀，突出了高校图书馆特色馆藏资源。同时，高校图书馆对重点学科的延伸服务，对大学重点学科的建设和发展也十分有利，因此，更容易获得大学及相关院系对图书馆工作的支持。

2. 根据特殊馆藏设置的空间及服务

除了将部分特藏数字化，并致力于实现网络虚拟空间的延伸之外，部分英国高校图书馆还根据其特殊馆藏设置专门空间，并提供相应的延伸服务。

曼彻斯特大学的约翰·雷兰德斯图书馆三楼的特藏阅览室（Special Collections Reading Room）对所有人开放，由于该馆的部分特藏资源已经数字化，用户可以在线查看，该特藏阅览室是为了方便用户查阅原始版本，以及那些没有数字化的资源。利兹大学的布莱顿图书馆的特藏研究中心（Special Collection Research Center）位于该馆的四楼，其内的收藏种类包括古籍珍本、手稿、档案、纺织品图案、古硬币、胶片视听材料等，用户可以使用这些资料，并了解该馆的复制馆藏和数字化服务等。位于爱丁堡大学图书馆六楼的研究馆藏中心（Centre for Research Collections）也是根据特殊馆藏设置的空间，为研究人员、学生和其他访客的教研、学习和探索提供一系列设施和服务。值得一提的是，该馆还通过招收志愿者、实习生、荣誉馆员的形式，为研究馆藏中心的服务工作和相关研究提供支持和保障。谢菲尔德大学的西岸图书馆的特藏和档案同属一区，其中值得一提的是该馆的地图馆藏，其中一部分已数字化并上传至专门网站，而地图原件都放置于特藏区，主要是绘于18世纪至今的一些英格兰、威尔士的地区和城市的地图，收藏地图的柜子是特制的宽扁形抽屉式，地图馆藏区还配备了大尺寸的支架、长条灯管、放大镜之类的设施，方便读者查看地图。为了纪念英国博学家兰彻斯特（Frederick Lanchester），考文垂大学收藏了超过1.2万件专利文件、设计草图、照片、样品等相关藏品，在图书馆特别布置"互动档案馆"（Interactive Archive），将部分已经数字化的资料，通过音频、视频、AR场景再现游戏等方式展示，这块较具特色的展示空间为用户提供了特别体验。曼彻斯特城市大学的肯尼斯·格林爵士图书馆特藏区展示该校读者设计的服装、纺织品、手工艺品及其他的新奇设计，这些设计为用户提供了展示、交流的平台，也显示出该馆对大学用户自主设计品的重视。

根据特殊馆藏设置空间并提供相应延伸服务，可以更好地展示和保护图书馆的特藏资源，并成为图书馆的亮点。同时，设置特藏空间还可以体现高校图书馆空间及服务的多样化。

3. 特设非传统图书馆空间及服务

传统的图书馆空间及服务较多地围绕图书资料、古籍档案等资源开展，现代图书馆空间则配备各类IT自助设备。大多数英国高校图书馆涵盖了传统资源和现代设备，有的图书馆将IT自助设备散放于各个库室中，有的图书馆则是将相关设备集中放置于特定区域，两种方式各有可取之处。此外，有的英国高校还特别建设了专门的非传统图书馆空间。

曼彻斯特大学的艾伦·吉尔伯特学习共享中心（Alan Gilbert Learning Commons）是图书馆的分支机构。该学习共享中心位于大学图书馆主馆的对面，这是一栋全玻璃外墙的现代建筑，内部风格也以现代简洁式为主，其中的资源主要是多功能学习空间、小组学习室和各类最新的 IT 设备等。其中，最特别的是还设置了"小睡区"——Zzz Zone，配备了半封闭的休眠舱，辅以定时器、背景音乐和灯光等，为用户提供了小憩的空间。谢菲尔德大学的信息共享中心是另外一所已经不以"图书馆"命名的非传统图书馆。据馆员介绍，截至 2017 年，该信息中心配备的电脑超过 1000 台。信息共享中心内除了一部分书库之外，大部分空间是电子阅览室、多媒体会议室、培训室、小组讨论间等。开放空间的自习位、沙发等都配备电源，部分区域还配置了桌面扫描仪，半封闭小组学习区则配备显示屏等设备。

非传统图书馆空间的特色正如其名称所体现的那样，不再以传统图书馆引以为傲的图书资料、古籍档案、稀有收藏品等资源作为主要馆藏，而是大量地铺设电源网点，并配备各类 IT 设备，以及网络全覆盖，彻底地"数字化""无纸化"也许是这一类空间的趋势。在非传统图书馆空间中，有的是独立于传统图书馆之外的新建设的建筑物，如上述两个例子；也有的是传统图书馆建筑空间里面的一部分。非传统图书馆空间的功能也转向以学习共享、信息交流、休闲娱乐为主，有些图书馆空间内还设有咖啡厅、餐饮区等，这使得非传统图书馆空间的功能更体现了"第三空间"的作用。

（二）高校图书馆的向内延伸-引入合作型的服务

图书馆延伸服务源于突破图书馆物理外墙的递送式服务，体现的是图书馆向特殊群体延伸并提供服务的含义。然而，随着用户需求日渐多样化和专业化，图书馆延伸服务不再局限于向外延伸，还可以向内延伸。向内延伸包括图书馆服务专业队伍的扩大，不仅可以在人力资源上有意识地培养各类专业人才，还可以吸纳一些其他专业领域的个人或者团队进驻图书馆，以合作的方式共同开展延伸服务，这可以更好地体现图书馆服务的多样性和专业性。因此，高校图书馆有必要基于馆内空间，将馆员之外的团队或个人引入图书馆，开展合作型的服务，即引入合作型服务。

1. 引入专业技能型的合作团队

大部分英国高校图书馆的馆内空间都驻扎了除馆员之外的其他专业人员或团队，为读者提供各类专业服务。较为常见的有以下几种类型。①信息技术支持服务。多数英国高校图书馆的大堂总服务台设置了 IT 问题咨询岗，经调查，驻扎该岗位的大部分是学校 IT 部的工作人员，而非图书馆员。有些图书馆甚至开辟了专门的 IT 支持服务空间，负责运营的也是大学 IT 部门的人员。这类岗位和空间主要为读者提供校园网、计算机软硬件、校内云系统等相关问题的咨询与解决。②数学与数据支持服务（maths and statistics support）。考文垂大学图书馆、伯明翰大学图书馆、利兹大学的莱德劳图书馆、曼彻斯特大学的图书馆等都开辟了数学与数据支持中心，聘用或邀请专业人才或志愿者为读者提供数学、统计、运算与数据分析等相关咨询与帮助。③学术写作支持服务。考文垂大学图书馆的学术写作中心（Centre for Academic Writing）和伯明翰大学图书馆的学术技巧中心（Academic Skills Centre）为读者提供学术阅读技巧、论文写作方法、版权问题、学术规范等方面的指导。利兹大学图书馆的学术技巧活动及工作坊（Academic Skills Actives and Workshops）服务涵盖学术写作、阅读策略和演示技巧等指导。④心理咨询服务（counselling service）、职业规划服务（careers service）。爱丁堡大学图书馆内设心理咨询服务、职业规划咨询服务中心，为学生读者提供有关焦虑、沮丧、人际关系困难、学习问题、就业计划等方面的辅导和咨询服务。

通过引入其他专业人才或团队进驻图书馆，开展信息技术支持服务、数学与数据支持服务、学术写作支持服务、心理咨询服务与职业规划服务等工作，可弥补图书馆人力资源的不足，并展现图书馆延伸服务的多向度。不同于传统图书馆服务内容，这些服务有其自身较强的专业性，为用户学习、教学与科研提供支持。虽然服务团队相对独立，但受图书馆的统一协调管理，各方存在合作关系，对用户而言，他们享受到的全部都是图书馆服务。因此，可将其划归为引入合作型的延伸服务，体现了图书馆服务的多样性和专业性，是图书馆服务内容的延伸和突破。

2. 用户主导的兴趣交流平台延伸服务

目前，越来越多的高校图书馆开辟了专门的培训室、小组讨论区、小型多媒体报告厅之类的空间，为读者提供交流平台服务。英国高校图书馆此类空间占图书馆总面积的比例也有逐渐增大的趋势。其中，有些图书馆以专区的形式，为某一类特定读者提供使用；也有些图书馆是开放式的，为所有用户提供使用。两种形式各有千秋，主要是根据图书馆空间具体情况而做出的具体安排。

华威大学图书馆的沃尔夫森研究生专区（Wolfson Postgraduate Cluster）

是专门为研究生或科研人员打造的空间，除了独立研修间、小组讨论区外，还有开放式报告厅，配置了投影仪、大屏显示器、电脑、白板墙等设备，这个空间还通过举办一些活动来打造研究生社区的氛围，研究生专区里面的活动一部分由图书馆组织，更多的活动则是由研究生自己主导的，例如，在实地探访中，本书作者看到正在进行的"'专注模式'跨学科工作坊""研究技巧交流项目"等活动，组织者、主讲人、参与人都是研究生。考文垂大学兰彻斯特图书馆四楼的"颠覆性媒体学习实验空间"（Disruptive Media Learning Lab，DMLL）属于馆内设置的非传统图书馆空间，该馆为 DMLL 的开放区域配备了高配置电脑（如 Apple Mac）、半封闭的交流空间（配备了桌椅、白板墙和大屏显示器等）、封闭的小组讨论室（配有会议桌椅、大屏显示器等）、展示柜等设备和设施，主要功能在于学习共享、信息交流、休闲娱乐等。DMLL 内有一块空间被称为"小山"（the hill）、"草地"（the grass），包括一个开放式多层阶梯小舞台，几个半封闭式铺有绿色地毯、配有布袋沙发的阶梯式休闲区，内部都配备电源、显示器、白板墙等，读者可以自由在这些空间里举办展览、授课、讨论等活动，这些活动大多基于某个主题，并且形式多为开放式的，有兴趣的读者都可以参与。

由用户主导的兴趣交流活动在英国高校图书馆中并不鲜见，这类活动大多由读者策划、举办、参与，图书馆在其中发挥的是交流平台的作用，开展为活动提供建议、进行多渠道的推广、布置场地、协助维持秩序等延伸服务。为用户主导的兴趣交流平台提供延伸服务是图书馆作为"第三空间"的重要体现之一。

（三）高校图书馆的向外延伸-走出图书馆的服务

最早的图书馆延伸服务是递送式服务，大多以流动图书馆为主要载体，图书馆主动地将各类资源向用户递送。因此，馆员突破物理围墙，走出图书馆开展工作是延伸服务的主要形式。英国高校图书馆开展的向外延伸式服务主要包括：走进院系的嵌入式学科服务和向校园、校外延伸的服务。

1. 走进院系的嵌入式学科服务

大部分英国高校图书馆的馆员队伍中有专业的学科服务团队，如牛津大学图书馆、曼彻斯特大学图书馆、考文垂大学图书馆、爱丁堡大学图书馆、利兹贝克大学图书馆等。学科服务部或学科联系组成为馆员队伍的中坚力量，他们既依托网络平台，也重视现场服务。在线服务多以"LibGuides"为平台，不同学科的馆员各自负责相关学科的页面维护，在图书馆网站明显的位置可以看到各学科的主页，用户可直接点击自己相关学科的主页进行本学科各类资源的查看和检索。现场服务则多以咨询台的方式开展，例如，走进利兹贝克大学图书馆，能在大堂明显的位置看到学科馆员的照片、简介、联系方式等；考文垂大学图书馆则在交流区设立学科服务岗，学科馆员轮流在该岗位办公，读者可以随时进行咨询。

此外，英国高校图书馆比较重视开展走进院系的嵌入式学科服务，大致分为以下几种形式。①院系驻点式服务，即馆员定期、定时地走进院系，提供现场咨询服务。本书作者曾跟随考文垂大学图书馆的学科馆员进入学院公共办公区，参与馆员与研究人员的面对面交流和座谈。学科馆员定期前往学院，并提前在学院办公邮箱群发邮件通知，教职员工如有咨询需求，则可以进行现场咨询和交流，这比通过邮件、社交媒体咨询更具有亲切感，并且适合讨论更多具体的问题。据了解，这种工作方式在英国高校图书馆中较为常见。②嵌入式教学，即根据需求，为系统的课程提供教学环节服务。牛津大学的博德莱图书馆的语言类学科馆员由于出色的专业水平，参与相关学院的常规性的教研与讨论，并承担了部分教学工作。考文垂大学图书馆法学学科馆员开展了很多嵌入式教学，她的教学和服务得到用户的肯定，该校法学院副院长甚至亲自组织带领新生来到她的课堂。据介绍，该馆 2015～2016 学年的信息素养教学总时长是 1317 小时；2016～2017 学年是 1648 小时，相关的工作量较大。③嵌入科研项目，即为科研项目提供专业的研究支撑，牛津大学图书馆提供"一对一"研究助手和"需求点"专业咨询，这类工作主要是针对不同学科的科研人员、研究组、科研机构提供学科化的、嵌入式的延伸服务，是基于馆藏资源、馆员专业知识、合作项目等必要条件而开展的服务，通常形式多样，如文献综述、材料展示解说、数据报告等。爱丁堡大学图书馆对科研的支持工作主要包括研究数据服务、研究信息管理、发表研究成果等。利兹贝克大学图书馆的学科馆员表示该馆对嵌入科研类的延伸服务暂无特别安排，但正在积极尝试中。

英国高校图书馆开展嵌入式学科服务的方式、层次、规模等不尽相同。这一方面是用户的需求所决定的，不同高校的用户层次不同，对学科服务的需求程度不一样；另一方面是由馆员素质决定的，虽然大部分英国高校图书馆有学科馆员队伍，但是各馆对学科馆员的要求、待遇及培养等情况差距较大。总体而言，英国高校图书馆对走进院系的嵌入式学科服务工作比较重视，大多数馆员认为这是凸显图书馆学术性、专业性的工作方式之一。

2. 向校园、校外延伸的服务

　　高校图书馆开展延伸服务,馆员走出图书馆,除了走进院系之外,还可以向校园,甚至校外延伸。这是高校图书馆延伸服务范围不断扩大的表现,可以使图书馆的作用与影响逐渐得到增强。英国高校图书馆对校园活动非常关注,并积极参与。以考文垂大学图书馆的相关实践工作为例,该馆的学科服务团队成员需要轮流出席大学举办的各类校园活动,工作地点就在开展活动的场合之内,一般在学生中心、学院大楼等地。具体工作涉及制作宣传物品、摆放展示摊位、现场咨询等,最常见的是在大学迎新活动、文化节、艺术节、大型学术研讨会等现场开展工作。通过嵌入大学的公共活动,将图书馆的资源和服务向校园各处延伸。

　　据考察,英国高校图书馆向校外延伸的服务大多体现在与公共图书馆、中学等的合作项目中,或者对市民开展的活动中。①高校图书馆与公共图书馆的合作。伯明翰大学图书馆与当地公共馆的读者账户共享服务,即伯明翰大学图书馆和伯明翰图书馆的读者账户互认,读者可享有两馆的资源;考文垂大学图书馆从当地公共馆中挑选部分通识类图书放置在该馆阅读休闲区域,提供给本馆用户使用。并且,会定期邀请公共图书馆的工作人员来本馆驻点,为大学用户办理公共图书馆的读者证,方便师生今后利用公共图书馆的资源。②为中学生开展服务。考文垂大学图书馆定期深入中学,为16岁至18岁的中学生提供延伸服务,对高中学生开展参观学习、阅读分享、兴趣讨论等活动。同时,允许高中生随时进入该馆,利用图书馆的文献、资源、空间与设备。据介绍,由于到访的中学生数量渐渐增多,该馆已经将中学生视作潜在常规读者,将进一步讨论如何为高年级中学生提供更多定制化的延伸服务。③对市民开展的活动。英国高校图书馆都对市民开放,读者可以根据身份证件入馆阅览,但是图书借阅权限各馆规定不同。此外,有些图书馆还会针对特定人群开展延伸服务。根据考文垂大学图书馆副馆长的介绍,该馆定期参与当地公共图书馆的儿童伴读活动,每次取得的效果都不错,扩大了图书馆的社会影响力。曼彻斯特大学约翰·雷兰兹图书馆坐落于城市中心区域,在当地具有较高的知名度,该馆对社会特定群体开展的延伸服务则大多在馆内进行,如接待老年人团体参观、为儿童举办伴读活动等。对市民开展的延伸服务和活动方式多样,工作地点、服务对象、活动主题等不拘一格,体现了高校图书馆服务的社会化延伸。

　　综上所述,英国高校图书馆空间的延伸主要有两个层面,一是建筑物理空间的延伸，除了另建新馆之外，还可以采取老旧建筑改造与空间扩容、古老建筑与现代建筑相结合等方式实现物理空间的延伸；二是网络虚拟空间的延伸，主要表现是图书馆的各种馆藏资源和服务通过互联网进行的最大化延伸，以及各种设备较高程度的自助化和网络化。

　　英国高校图书馆开展基于空间的延伸服务主要有三大类型。①基于特设空间的服务，包括根据大学重点专业设置的空间及服务、根据特殊馆藏设置的空间及服务、特设非传统图书馆空间及服务等。②向内延伸-引入合作型的服务，包括引入专业技能型的合作团队、用户主导的兴趣交流平台服务等。③向外延伸-走出图书馆的服务，包括走进院系的嵌入式学科服务、向校园或校外延伸的服务等。英国高校图书馆的空间及服务的延伸既有各自特点，又具有一定的共性，本书通过对 16 所高校图书馆进行考察与研究，归纳得出的这些相关实践经验，可为同类图书馆的空间建设和延伸服务工作提供一些参考。

第五章　国内高校图书馆延伸服务的实践研究

高校图书馆特定用户既包括留学生、新生、毕业生、少数民族学生、学科带头人、外籍学者等具体的特定用户，也包括虚拟读者、科研项目、交流平台、科研机构、学术团体、职能部门等抽象的特定用户。本章是关于国内高校图书馆延伸服务的实践研究，分别从新生延伸服务、毕业生延伸服务、虚拟延伸服务、交流平台延伸服务这几个主题进行探讨。

新生是高校图书馆延伸服务具体的特定用户之一，其特殊性较为明显。因为，从中等教育过渡到高等教育，新生可能会遇到各种新鲜和困惑的事物，图书馆是其中之一。高校图书馆对新生的延伸服务实践较多，不过，在现有新生服务的内容和方式上继续延伸、突破，非常有必要。本书围绕新生延伸服务进行点、面结合的调查研究，并从时间、空间、内容三个维度，细致地描绘高校图书馆新生延伸服务的图景，提供经典案例与可操作性的策略，以及近几年受突发公共卫生事件的影响，新生服务多样化延伸的发展策略。

高校图书馆毕业生延伸服务具有特殊性、重要性与意义。2010 年以来，相关实践逐渐兴起，经调研得悉，高校图书馆毕业生延伸服务具有一些基本特点和创新实践案例。2020 年以来，相关实践也呈现出了新的特点。本书对高校图书馆毕业生延伸服务进行了持续性的研究，并提出相关建议。

对虚拟读者提供延伸服务，图书馆不仅要考虑对官方网站、手机图书馆等的维护和升级，更要考虑对各种新兴的网络媒介、社交媒体、智能终端及信息技术的充分利用。本书探讨了高校图书馆应用微信开展的延伸服务，认为大多数高校图书馆已充分利用微信开展各类服务，有些高校图书馆还尝试了基于微信的个性化延伸服务。经过探索，本书研究团队设计了基于微信的"图书定位系统"。此外，本书还探讨了移动 AR 技术在图书馆延伸服务中的应用，开发了基于移动 AR 技术的嵌入 Android 手机应用的"图书馆导览系统"。本书对虚拟延伸服务方式和方法的尝试，为相关实践提供借鉴。

交流平台是抽象的特定用户之一，图书馆为用户打造、建构各类交流平台，并通过这些交流平台向用户提供延伸服务。高校图书馆为读者建构的兴趣交流平台种类多样，充分体现了延伸服务的多样性。此外，新兴的各类网络视频平台也可作为高校图书馆延伸服务的交流平台，其中，抖音是短视频平台的代表，哔哩哔哩则是视频网站的代表。本书调查了高校图书馆利用这两个平台的情况，抽取其中案例进行研究与分析，归纳得出相关实践的主要内容和总体特点，并提出基于视频交流平台延伸服务相关建议。

第一节　高校图书馆新生延伸服务的实践研究

大学生是高校图书馆最大的用户群体，其中，大学一年级新生是图书馆的重点服务对象，这是由其特殊性决定的。从中学生到大学生的身份转变给新生带来生活环境、学习方法等各方面的变化，这些变化可能导致新生出现不同程度的不适应，因此，对于新生而言，短期的图书馆不适应或使用困难是在所难免的。对新生的特点和需求进行调研，并以此为基础开展针对性的延伸服务，是高校图书馆特定用户延伸服务的重要组成部分。

本书从调查问卷入手，选取广东外语外贸大学的新生用户群作为调查对象，开展新生的图书馆使用倾向和读者需求问卷调查，并在调查结果的基础上提出相关实践工作建议。同时，对国内39所高校图书馆新生延伸服务工作进行深入的调查，主要从时间延伸、空间延伸、内容延伸三个方面展开探讨，归纳实践经验，推导得出高校图书馆新生延伸服务的发展策略。

一、对大学新生的图书馆使用倾向和读者需求进行的问卷调查研究

长久以来，国内高校图书馆比较重视对大学新生的入馆教育工作，并且取得了较多的工作经验。然而，随着互联网时代的持续深化，如今的大学生是网络新生代，他们的行为模式、学习方式、阅读习惯、信息获取方式都与以往的大学生有所不同。作为每年都要大量接收的新用户群体，新生应得到高校图书馆的更多重视与服务倾斜。因此，高校图书馆为新生开展更多的延伸服务十分必要，并且需要了解新生的图书馆使用倾向和读者需求。

（一）调查研究的对象、主要内容和方法

本次调查研究于 2015 年 9 月 1 日至 2015 年 12 月 30 日期间进行，大致分为三个阶段进行，分别是：发放问卷与回收问卷阶段（9 月 1 日至 9 月

30 日)、问卷数据统计与分析阶段(10 月 8 日至 10 月 30 日)和撰写调查报告阶段(10 月 31 日至 12 月 30 日)。因此,本次调查研究的过程总共历时四个月,于 2015 年底基本完成。虽然,本次调查研究范围仅限一所高校,但是,在此基础上形成的初期调查报告及建议,可以与同期进行的另一项对国内 39 所高校图书馆新生延伸服务的调查研究结果相比较,两项调查研究的关系是"点与面"的关系。

1. 调查研究的对象

本次调查研究对广东外语外贸大学 2015 年刚入学的本科新生用户进行抽样问卷调查,该校新生总人数 5000 多人,新生的专业涵盖经济管理、语言文学、信息科学、政治法律、新闻传播、艺术等学科领域。在受访学生中,经济管理与语言文学相关专业的人数比例较大,总比例达到 62.89%。其他专业的受访学生中,人数占总受访学生人数比例较多专业的依次是信息科学 13.34%、政治法律 12.52%、新闻传播 8.67%(图 5-1)。

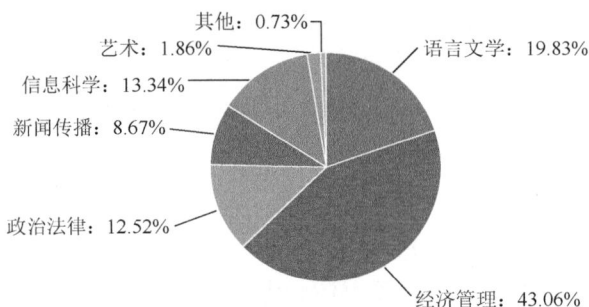

图 5-1　广东外语外贸大学 2015 年新生调查对象专业类别分布

因四舍五入,存在数据加总不为 100%情况

从受访学生的人数及专业分布来看,本次问卷调查的对象专业种类较多。虽然,受大学总体学科偏向的影响,本次调查对象不包括医学、农学等相关专业的学生,但是考虑到大学新生都是刚刚中学毕业进入到大学,其专业属性和专业区别相对而言并不太大,因此,本次调查研究的对象具有较强的代表性。

2. 调查研究的主要内容

本次调查问卷一共设置了 19 项问题,调查问题的类型有 3 种,包括 11 项单选题、7 项多选题、1 项开放式问答题,这 19 项问题分别是:您觉得图书馆新生培训大会对您是否有帮助(单选题)、您喜欢什么样的图书馆新生培训形式（多选题）、您以前是否经常使用学校图书馆或公共图书馆资源（单选题）、您在中学时期学校是否组织课外书主题阅读活动（单选题）、您读书之后是否有与人分享或讨论的习惯（单选题）、您入学之前或者之后是否访问过图书馆网站（单选题）、您将会经常利用以下哪些图书馆服务（多选题）、对图书馆您最感兴趣的是什么（多选题）、您对图书馆组织的文化活动感兴趣吗（单选题）、您对"读书会"是否有兴趣（单选题）、您听说过"真人图书馆"吗（单选题）、您以前是否参加过读书节相关的活动（单选题）、您对哪些图书馆活动感兴趣（多选题）、您在中学期间平均每学期的课外图书阅读总量是多少（单选题）、您会优先借阅哪类图书（多选题）、您最喜欢的阅读方式是哪种（多选题）、您有兴趣了解学科专业未来四年的课程设计与方向吗（单选题）、您是否有兴趣参与图书馆管理工作（多选题）、您对图书馆的服务有哪些建议（开放式问答题）。

这 19 项问题主要涉及新生的图书馆使用经验、阅读倾向、阅读习惯、新生对图书馆服务及活动的兴趣、对图书馆新生培训的效果和建议、对图书馆管理工作的参与意愿等内容。

3. 调查研究的方法

此次调查研究通过志愿者现场发放纸质问卷、现场采访的方式来进行。①问卷调查法，根据研究需求设置了 19 项调查题，以纸质形式分批次发放给新生，采取纸质问卷的主要原因是该调查选取的时间是在新生参观图书馆、新生培训大会、新生军训期间进行的，大部分新生不携带手机，纸质问卷调查的回收率更高、反馈更快；②随机访谈法，本次调查研究邀请了馆员、辅导员、年级长、班长等志愿者，协助问卷的发放，解答受访者提出的疑惑，并针对第 19 题开放式问答题，进行随机的访谈，收集受访新生的建议。

本次调查研究发放问卷共 2300 份，回收有效问卷 2281 份，调查对象覆盖 13 个学院，抽样率达到新生总人数的 45%以上。同时，调研志愿者现场访谈新生约 110 人次，本次调查的抽样率、受访对象覆盖率皆达到一定规模，具有一定的科学性、代表性和参考价值。

（二）调查研究的结果及相关的建议

在回收问卷之后，对调查结果进行数据统计、内容分析，本书归纳得出广东外语外贸大学新生的图书馆使用倾向和读者需求情况，以及相关工作建议。

1. 新生更倾向"现场讲解"和"网络教学"的培训方式

为了考查新生对网络教学、现场讲解、传统课堂讲解等新生培训形式的接受程度，本次调研考查了新生的相关倾向。现场讲解是指由馆员与志愿者带领新生参观图书馆并实地讲解图书馆的馆藏设施与服务。在受访新生中，81.62%的新生选择现场讲解作为最喜欢的培训形式，充分体现了现场讲解形式对新生的吸引力。另外有14.07%的新生选择了网络教学形式，说明针对持有智能终端的新生群体，虚拟线上服务在新生延伸服务中扮演着越来越重要的角色。仅3.27%的新生选择传统课堂讲解，另有2.36%的新生选择"不知道"喜欢何种培训形式，表明新一代大学生不再满足于传统培训形式。

2. 少量新生在大学入学前从未使用过图书馆

为了考查新生入学之前使用图书馆的经历与经验，本次调查问卷中专门设置了相关项目，用以评估新生的图书馆信息素养。在受访新生中，30.76%的新生经常使用学校或公共图书馆资源，60.03%的新生偶尔用过，仅9.21%的新生从没用过。这些数据表明，在大学入学之前新生普遍有使用中学图书馆或公共图书馆资源的经历，但是，也有少量新生在大学入学前从未使用过图书馆，这部分新生是图书馆新生延伸服务的重点对象。由于不同生源地的图书馆覆盖率不同，将从未使用过图书馆的大学新生区分出来也较为困难，因此，高校图书馆应将大学新生的教育或培训的覆盖面尽量最大化，确保所有新生能够在入学之际受到图书馆相关的指导。

3. 新生对图书借阅和自修室的需求更高

本次调查显示，在新生经常利用的图书馆服务中，图书借阅达到91.47%，自修学习占比75.64%，期刊阅览占比51.63%，多媒体服务占比38.66%，信息咨询占比30.4%，移动服务仅占比12.16%。这表明图书借阅、期刊阅览仍是新生读者的主要需求，图书馆的馆藏建设与传统服务不可懈怠。此外，学生读者到访图书馆、对自修区域的需求更高，图书馆需要强化相关区域的管理工作，以保障各类资源的公平使用。

4. 多数新生对图书馆网站感兴趣

为调查新生对图书馆网站的了解与重视程度，问卷中的一项问题为"你入学之前或者之后是否访问过图书馆网站"。在受访对象中，39.34%的新生已经访问过图书馆网站，其中5.04%经常访问；57.35%的新生没有访问过图书馆网站，但颇感兴趣；仅 3.31%的新生没有访问过并不感兴趣。这表明多数新生对图书馆的网站感兴趣。鉴于目前图书馆门户网站系统的重要性，图书馆需加大力度，向新生宣传图书馆网站，突出数字图书馆的重要功能，宣传图书馆数字资源与虚拟服务，吸引新生主动访问图书馆网站，鼓励新生使用网站系统的数字资源与虚拟延伸服务。

5. 纸质阅读仍然是新生最喜欢的阅读方式

阅读方式的调查显示，受访新生中89.20%最喜欢纸质阅读，13.80%选择手机，2.99%选择专业电子书阅读器，2.63%选择在线阅读，0.86%选择其他电子媒介。纸质阅读仍然是绝大多数新生首选的阅读方式，这表明一方面，纸质资源仍占据重要地位，图书馆应维持资源的"纸电平衡"；另一方面，新生可能尚未了解数字资源，图书馆应着重推广电子书数据库，这既可以提高电子资源的利用率，也可以弥补热门纸质书副本的不足。

6. 大多数新生倾向于通识类经典图书

为了考查新生在大学期间经典阅读与功利阅读的倾向，问卷中设置了优先借阅选项问题。在受访新生中，59.62%的新生优先借阅文学、历史、哲学相关的图书，27.00%的新生优先借阅专业教材，14.66%的新生优先借阅考试应用类图书，而 12.52%的新生优先借阅学术专著。调查结果显示，功利阅读需求占一定比例，但是文学、历史、哲学等通识类的经典图书需求仍然占据绝对领先优势。因此，图书馆在购置文献资源时，除了要考虑学科建设、科学研究、课程需求等因素以外，仍然需要继续重视经典阅读需求相关的文献资源采购。

7. 绝大多数新生乐于分享阅读感受

在受访新生中，30.04%的新生读书之后经常与人分享或讨论，60.62%的新生读书后偶尔会与人分享或交流。这表明，绝大多数新生在读书后有与人分享交流的习惯，乐于分享知识，因此图书馆可以多举办读书分享、交流活动。如果图书馆举办读书会，新生将是潜在参与用户群体，能否吸引新生参与，在于读书会主题内容及举办形式对新生是否有吸引力。

8. 新生感兴趣的是图书馆丰富的文献资源、个性化服务和阅读推广活动

在受访新生中，80.08%的新生对丰富的文献资源最感兴趣，26.77%、27.81%的新生分别对个性化服务与阅读推广活动感兴趣，仅 14.07%的新生对信息素养培训感兴趣。此外，一些新生填写了他们最感兴趣的图书馆服务，包括自修室、不定期活动、讨论组、深入阅读、安静的阅读环境、真

人图书馆等。因此，图书馆有必要加强建设读者感兴趣的传统服务资源，推广信息素养这一类有价值却尚未被普遍认识的服务。

9. 图书馆有必要向新生举办阅读推广活动

为了考查新生在中学时期的课外书主题阅读活动情况，评估新生的中学阅读成长环境，问卷中设置了问题"您在中学时期学校是否组织课外书主题阅读活动"。调查结果不尽如人意，在应试教育主导下许多中学生忙于课程学习，没有太多的时间精力投放在学习与考试之外的阅读教育。在受访新生中，只有 15.70%的新生每学期至少有 1 次的主题阅读活动，44.92%的新生表示偶尔举办，39.38%的新生表示学校从来没有组织过课外书主题阅读活动。这表明新生在中学时期的课外书主题阅读活动很少，成长环境相对缺乏阅读活动氛围，图书馆有必要面向新生举办阅读推广活动，从而营造阅读氛围。

10. 新生是图书馆文化活动的潜在参与者

在受访新生中，34.07%的新生对图书馆组织的文化活动非常感兴趣，会尽量参加；64.97%的新生表示一般兴趣，看情况参加；仅有不到 1%的新生表示没兴趣，不会参加。这表明，图书馆组织的文化活动在新生群体中具备大量的潜在参与用户，能否吸引他们参与，在于活动是否切合读者的兴趣，以及举办的时间、地点，甚至举办形式等。

11. 较多新生对书展、观影会和读书会感兴趣

表 5-1 是本次调查为了考查新生对图书馆活动的兴趣及比例设置的多项选择题。其中，72.5%的新生选择书展；57.9%的新生选择观影会。这两项活动的共同点在于：参与没有难度，可自控时间。受访新生中 45.5%的新生对读书会感兴趣，39.4%的新生对专题讲座感兴趣，说明这两项活动也具有较大吸引力。仅 15.9%的新生对书评或征文比赛感兴趣，因为参与该类活动的难度较大、时间成本较高。仅 17.2%新生对图书馆资源服务培训感兴趣，说明新生对该类服务的认知度不高，或者对培训的形式缺乏兴趣。这项调查表明新生可能对参与难度不高、耗时较短的活动更感兴趣。

表 5-1　新生感兴趣的图书馆活动及比例

选项	数量/人	占总数百分比	
A 书展	1598		72.5%
B 读书会	1004		45.5%

续表

选项	数量/人	占总数百分比	
C 书评或征文比赛	351		15.9%
D 专题讲座	870		39.4%
E 图书馆资源服务培训	380		17.2%
F 观影会	1277		57.9%

12. 新生对图书馆提出的建议

本次问卷调查和现场采访收集到新生提出的具体建议共 117 条，在分析、整理、归纳之后，得出新生的建议主要有：①自修室管理问题，要求增加自修座位，整顿霸位现象，笔记本电脑与非电脑自修区域分开，保持自修室环境安静等；②馆藏建设问题，要求丰富图书种类，提高更新速度，增加热门图书副本等；③便民服务问题，增加更多的设备、咨询处、垃圾桶、指示牌等；④图书推荐、检索及查找问题，要求个性化推送，搜索引擎里设置"猜我喜欢"书目推荐，提供专业人员现场为学生解疑，志愿者帮忙找书等；⑤读者培训问题，要求图书馆培训读者获取电子资源的技巧，希望新生培训更加深入、细化等。

综上所述，新生群体的图书馆使用倾向和读者需求较为多元，一些新生对图书馆知之甚少，馆员可开展针对性更强的、可选择的信息素养培训；一些新生对图书馆有一定的了解，但对常规服务之外的活动不太了解，馆员应提供更多的指导，尝试吸引新生参与图书馆其他活动；一些新生则对图书馆有较多的了解，有人甚至提出"整顿霸位"的建议，说明他们经常到访图书馆，对部分读者不良习惯深有感触，这些新生比较热衷于向图书馆提建议，也可能参与图书馆的管理，将他们招纳进助理管理员、志愿者的队伍当中，也未尝不可。

二、对 39 所高校图书馆新生延伸服务的调查研究[①]

本次调研范围是国内 39 所高校（原"985 工程"高校）图书馆，通过浏览图书馆官方网站、微信、微博、BBS（bulletin board system，电子公告板系统）、馆讯及相关论文等公开资料，对其面向新生开展的延伸服务情况

---

① 植素芬. 2017. 基于三维延伸视角的高校图书馆新生服务探究. 图书馆研究，47（3）：69-72.

进行调研，分别从时间、空间、内容三个维度研究高校图书馆新生延伸服务实践，并提出相应的发展策略。

（一）新生服务的时间延伸

高校图书馆对新生的传统服务时间一般从新生入学报到开始，但部分高校图书馆提倡把服务时间提前延伸到暑期。通过对 39 所高校图书馆 2015 年的新生服务时间进行调研，发现其中 10 所图书馆在暑期对新生进行了延伸服务（表 5-2）。在服务对象方面，3 所图书馆对研究生新生开展了延伸服务，2 所图书馆对高考生开展了延伸服务，6 所图书馆对本科新生开展了延伸服务；在服务时间方面，4 所图书馆开展的新生延伸服务持续整个暑期，服务时间连贯，并与开学迎新工作衔接；在服务形式和效果等方面，厦门大学图书馆新生延伸服务经过周密策划后颇具特色，该馆将暑期的微博、微信主题设置为"迎新"[①]，推送多条关于新生利用图书馆资源与服务的信息，并将"遇见未来的自己"明信片随录取通知书一起寄给新生。四川大学图书馆通过官方微博向高考考生、已录取的新生推送服务信息，并进行线上互动，为他们提供建议，相关服务具有较强的时效性和互动性。

表 5-2   10 所高校图书馆暑期新生延伸服务详情表

图书馆 所在大学	新生 报到日	延伸服务 时间	图书馆新生延伸服务形式及内容
清华大学	8 月 19 日	7 月 6 日	为已录取的研究生新生开放暑期入馆阅览的权限
北京大学	9 月 5 日	8 月 19 日	微博推送 3 条关于高校图书馆阅读推广的新生教育书目信息
厦门大学	8 月 25 日	7 月 17 日	将图书馆"遇见未来的自己"明信片随录取通知书一起寄给新生；通过微信、微博推送多条面向新生的图书馆资源与服务信息
武汉大学	9 月 8 日	8 月 22 日	微博推送 2 条关于图书馆新生服务的信息，与刚收到录取通知书的新生互动
山东大学	9 月 4 日	6 月 8 日	微博推送 1 条向高考生推广图书馆资源的信息
中国人民大学	9 月 9 日	6 月 12 日	微博推送 1 条关于获得硕士/博士研究生录取资格的本校 2015 届毕业生可以申请暑期入住学校的通知
重庆大学	9 月 10 日	7 月 10 日	对继续读研的本校本科应届毕业生开放暑期借阅图书的权限
四川大学	9 月 11 日	7 月 11 日	微博推送 9 条针对高考考生、新生群体的服务信息，并与其互动
北京师范大学	9 月 6 日	8 月 25 日	微信推送关于图书馆资源的服务简介及迎新系列活动宣传的信息
中国农业大学	9 月 6 日	8 月 31 日	微博推送 1 条关于大一新生必备物品清单的服务信息

[①] 黄国凡，龚晓婷，毕媛媛，等.2015. 高校图书馆暑期微博运营的实践与启示：以厦门大学图书馆为例. 上海高校图书情报工作研究，25（1）：44-47.

此外，受访高校图书馆中有 29 所未在暑期对新生开展任何形式的延伸服务，表明高校图书馆的暑期延伸服务整体意识不强。总之，高校图书馆对新生提供服务的时间延伸不充分，相关项目缺乏规划，形式单一，表现出较强的随机性。

（二）新生服务的空间延伸

高校图书馆新生服务在空间上的延伸，主要指物理空间的延伸和虚拟空间的延伸两个层面，这个划分不是绝对的，而是互为交织的。

1. 新生服务的物理空间延伸

高校图书馆新生服务的物理空间延伸，是指将新生服务的物理空间延伸至图书馆的传统服务区域之外，或者物理围墙之外。图书馆将新生服务进行物理空间延伸，主要表现形式是在校园内设立专门的迎新点。例如，上海交通大学李政道图书馆在新生报到日分别在图书馆和新体育馆举办了一系列精彩的迎新活动[①]；大连理工大学图书馆在多个校区的分馆和教学楼设置迎新点，推出了新生见面礼、讲座展览、借阅竞答等 13 项迎新活动[②]。图书馆突破物理空间限制，在馆内、馆外迎接新生，有望更快与新生建立联系，有助于提升图书馆迎新整体效果。

2. 新生服务的虚拟空间延伸

高校图书馆新生服务的虚拟空间延伸，是指图书馆通过门户网站、微信、微博等平台对新生进行网络虚拟延伸服务。相较于物理空间而言，新生服务在虚拟空间上的延伸实现方式更加多样。39 所高校图书馆中有 29 所图书馆在门户网站上开设新生专栏，约 20 所图书馆同时通过微信、微博等公众平台发布新生季服务信息。其中，清华大学图书馆通过网上新生专栏，提供图文并茂的中英文读者手册、微视频教程、微电影展播、常见问题答疑、开通借书权限、登记邮件和手机等联系方式、迎新活动简介、迎新简讯、留言互动等多个服务项目，内容具体全面，网页界面友好，是图书馆通过新生专栏进行延伸服务的典范。上海交通大学图书馆在迎新日通过微信、微博线上实时发布迎新盛况，厦门大学图书馆也通过微信、微博推送新生服务信息，成为充分利用微信、微博进行线上虚拟延伸服务的典型代表。

① 《李政道图书馆喜迎 2015 级新生》，http://tdlee.lib.sjtu.edu.cn/getNewInfo.do?dotype=newinfo&newid=745，2024 年 12 月 3 日。
② 《你好，新同学！图书馆迎新季最全活动预告请查收》，https://lib.dlut.edu.cn/info/1730/3957.htm，2024 年 12 月 3 日。

此外，一些图书馆利用虚拟平台在迎新季开展线上主题活动，吸引大量新生参与，如表 5-3 所示，这些活动加强了图书馆与新生之间的互动，延伸了新生入馆教育，提高了新生延伸服务的辨识度。调查结果显示，部分高校图书馆的网站未设置新生专栏，近半数图书馆尚未利用微信或微博对新生进行延伸服务。高校图书馆大多通过网站、微信、微博等进行新生延伸服务，但仅限于发布公告信息，缺乏与新生互动，服务形式单一。仅少数图书馆充分利用了网络虚拟空间，将新生服务与活动进行线上延伸，高校图书馆新生服务的虚拟空间延伸尚待发展。

表 5-3   部分高校图书馆虚拟延伸服务优秀案例

服务项目	主办单位	服务方式	延伸服务内容及效果
"拯救小布"新生游戏	武汉大学图书馆	图书馆网站	新生在以图书馆实景为背景的虚拟游戏中学习和探索图书馆的资源与利用；游戏参与人数合计 6058 人，共 5505 名新生顺利通关
"新生有奖答题"活动	吉林大学图书馆	图书馆网站	从图书馆资源利用的在线知识题库随机抽取 20 题，答题满分者可以参加抽奖一次，每人最多可以答题 5 次；共收到有效答卷 1739 份，其中满分获奖者达到 974 人次
"我借到的第一本书"活动	重庆大学图书馆	图书馆微博、微信公众号	和自己借的第一本书合影，撰写 50 字以内的"阅读宣言"并 @重庆大学图书馆新浪微博，或发送给重庆大学图书馆微信公众号，可参加每周抽奖；活动共收到近 200 份阅读宣言
"微信答题"活动	华东师范大学图书馆	图书馆微信公众号	图书馆开发了微信答题系统和"我是新人"关键词回复等功能，帮助新生快速了解图书馆服务，活动中有 1000 多人参与微信答题，700 多人参与发送"我是新人"活动

（三）新生服务的内容延伸

新生服务的内容延伸是指高校图书馆在常规性的新生服务基础上，在一定时期内特别开展的针对性较强的、内容更丰富的新生服务与活动。部分高校图书馆开展的新生导览活动，体现了新生服务在内容上的延伸。例如，北京师范大学图书馆在开学季的上午、下午、晚上三个时段安排志愿者在图书馆进行现场引导和讲解，帮助新生解决各种疑惑[①]；清华大学[②]、

---

① 《2015 年图书馆迎新志愿者招募啦!》，http://mp.weixin.qq.com/s?__biz=MjM5MDE1OTU0MA==&mid=213449847&idx=2&sn=f9b5bd1e9106181fca855f5ee531b0c8&scene=23&srcid=0612JuelQaJnYUk0bzFEgTHv#rd，2024 年 12 月 3 日。

② 《2024 年开学季：研究生新生参观图书馆计划》，https://lib.tsinghua.edu.cn/info/1073/7079.htm，2024 年 12 月 3 日。

上海交通大学[①]、中山大学[②]图书馆还为留学生开设了英文导览专场等。

除常规导览活动之外，一些高校图书馆还开展了更多的迎新活动，吸引新生积极参与（表 5-4）。这些活动以游戏、体验为主，提升了趣味性，注重学习过程的互动，有助于新生了解和利用图书馆资源与服务，是传统新生培训在内容、方式上的延伸。

表 5-4　部分高校图书馆新生延伸服务优秀案例

项目名称	主办单位/时间	延伸服务内容及效果
"新生体验日"	厦门大学翔安校区图书馆/9月19日	新同学按照明信片的地图提示，分别到自助借还书机、自助文印机、总服务台、语言学习区、信息素养区、摄影棚、智慧空间、研讨间八个服务点亲身观察和实践利用图书馆；活动当天有500多名新生参与活动
"百战书虫"	东南大学图书馆/9月4~14日	线上初赛题库以"读书、阅读"为核心，根据成绩选拔，10名选手进入决赛；现场决赛包括"风采展示、分组辩论、实时抢答"等环节；为新生提供了学习图书馆利用与展现自我的舞台
"We are family 同游图书馆"	武汉大学图书馆/9月7~11日	图书馆邀请新生及家长一起参观图书馆；共接待新生和家长2000余人次，图书馆官方微博和微信也增加了大批新粉丝
"我是找书达人"	武汉大学图书馆/10月24日	新生通过游戏比赛的方式学习索书号知识，从而更好地利用图书馆；100余名新生参加
"图书馆零距离"	电子科技大学图书馆/10月22~23日	新生在工作人员带领下依次参观了博约书屋、流通服务台、密集书库、创客中心、三品堂、多媒体视听室等读者最需要了解的特色区域；新生与图书馆常用服务及设施亲密接触
"初来乍到嘉小图"	同济大学图书馆/9月14~18日	活动采用了"定向越野"活动理念，新生可在图书馆入口处自行领取"游戏导航卡"，卡片上有五个涉及图书馆资源服务与布局的问题，新生依次到达指定位置即可完成"打卡"任务；快速了解图书馆资源布局

图书馆延伸服务在内容维度上的延伸，被认为是最有潜力可挖的领域。本次调查结果表明，高校图书馆新生服务的内容延伸主要集中在开学季的相关服务及迎新活动。尽管部分图书馆的新生服务与活动较具新意。但是，总体而言，新生延伸服务存在各馆发展不均衡、内容不全面的不足之处。在时间方面，多数图书馆将相关工作向暑期延伸的意识不足；在空间方面，部分图书馆相关工作向虚拟空间延伸的潜质尚未得到充分开发；在服务内容方面，多数图书馆仍然主要侧重于开学季的迎新推广，涉及面不宽，有待进一步地深化与细化。

---

① 《留学生图书馆导览及数据库检索培训活动举办》，https://news.sjtu.edu.cn/zhxw/20181120/90237.html，2024 年 12 月 3 日。

② 《MBBS 全英导览欢乐落幕》，http://mp.weixin.qq.com/s?__biz=MzA3NDA2NzIyMA==&mid=400587780&idx=1&sn=30d228c0f3b5e6f92836cb3623f8e646&scene=23&srcid=0612mz0HhfRbuW9V4qYCWXiF#rd，2024 年 12 月 3 日。

三、高校图书馆新生服务的多样化延伸

2020 年初暴发的席卷全球的公共卫生安全危机，给全球各领域、各行业带来了冲击，图书馆领域也难以幸免。全球各国的各类图书馆都做出及时应对，主要有以下几种。①照常开放。强调卫生清洁及防疫意识，包括在馆内提供洗手液、消毒剂；对各类馆藏进行表面消毒；建议身体不适的馆员和读者回家休息；在网站上为读者提供可靠医疗信息的有效链接；提高读者的媒体素养，合理辨别网络潜在虚假信息。②有限制地开放。策划在线"讲故事"或线上研讨会等活动；维护图书馆公共卫生，撤走易携带病毒的公用物品；关闭自习室；准备应对进一步的限制措施，如为馆员提供远程工作的条件、通过数字化手段提供服务等。③最低限度服务。完全封闭馆舍，仅开放一个服务台或通过自助设备提供图书借还服务；只接受预约的读者；对归还图书采取隔离、消毒等措施；制定电子借阅、在线学习或远程教学等在线服务方案；开发和测试相关技术，使馆员实现远程工作。④彻底闭馆。所有馆员在家工作，特殊情况下必须到馆办公的人员则必须遵守保持社交距离的规定；图书馆员参与医疗保健、社会支援相关的志愿活动；为读者提供在线资源和服务；推广数字图书馆资源和相关工具；将图书馆空间和设备用于其他活动，如 3D 打印个人防护设备。⑤准备重新开馆。制订安全的逐步重新开馆的计划，开展风险评估并对图书馆政策进行修订；限制同时到馆人数，并实施提前预约、凭券入馆、设置单向通道、限制桌椅使用、关闭阅览室等措施；定期对馆内进行清洁、消毒工作；开设"预约借阅"或"即停即走"的服务，避免借书过程中过多接触；针对馆内人员出现新冠症状的情况制定应急预案；为馆员提供在线服务、居家办公条件和培训；强化推广在线资源和服务；制定一旦感染率再次提高则紧急闭馆的应急规划①。

我国高校图书馆在突发公共卫生事件的不同阶段，紧随当地相关部门的疾控政策，分别采取以上的应对措施。根据疾控要求，图书馆大多数服务保持在最低限度，包括新生相关服务和活动。新生延伸服务受影响较大，尽管如此，多数高校图书馆仍坚持开展相关工作，一些图书馆还取得了一定的突破。例如，东南大学图书馆于 2021 年面向新生举办了"爱上图书馆·环游探秘"活动，将图书馆"泛在化"的无序实体资源，通过系统化

---

① "COVID-19 and the global library field"，https://www.ifla.org/covid-19-and-libraries，2021 年 1 月 8 日。

的方式，整合为"规范化"的四个游戏集章环节，以沉浸式的体验加深新生对图书馆的印象，吸引了 3000 余名新生参加[①]，该项目获得国际图联 2022 年国际图书馆营销大奖，被评为 10 个最富创意的项目之一，为高校图书馆新生延伸服务工作树立了较好的参考典范。国内高校相关实践正持续向前发展，当突发公共卫生事件逐渐缓解直至最后消弭，高校图书馆新生服务将继续朝着多样化的方向延伸。

（一）突发公共卫生事件对高校图书馆新生延伸服务的影响

在突发公共卫生事件中，多数高校图书馆对新生延伸服务及相关活动进行了调整与重组。总体而言，突发公共卫生事件对高校图书馆新生相关工作产生的最大影响，就是明显促进了相关服务及活动的网络化，即虚拟延伸。

首先，新生培训方式的虚拟延伸。传统的新生入馆培训大多以学院或班级为单位，组织新生进入礼堂、报告厅、教室等场所，由馆员现场授课，有些图书馆则采取嵌入式教学的方式，将图书馆新生培训的内容嵌入到大学的新生教育当中。公共卫生事件暴发之后，为了避免大规模人群聚集而带来的病毒传播风险，大多数图书馆暂停了大规模的新生培训，缩小线下培训的规模，或者完全转向在线授课的方式，馆员则充分利用腾讯会议、雨课堂、Zoom 视频会议等在线授课工具，开展新生培训工作。

其次，新生入馆指南类服务及活动的虚拟延伸。一方面，传统的新生指南大多以活页、小册子为主要载体，向新生发放，为他们提供最基础的图书馆使用指引。随着智能设备的普及和各种社交媒体的兴起，纸质宣传早已有被网页宣传替代的趋势，突发公共卫生事件更加促进了这个趋势，大多数图书馆已经将新生指南转移到官网或微信公众号，不再印刷纸质材料。另一方面，馆员或志愿者开展的新生导览活动，在疾控期间也大多被暂停，或者缩小规模进行。同时，一些图书馆更加倚重虚拟馆员的形象大使作用，在官网、微信公众号等平台上进行在线的导览服务，或者通过智能问答系统解答新生咨询的问题。也有的图书馆由馆员出镜，拍摄相关的指引类短视频，为新生提供实景实地的引导。一些有条件的图书馆也尝试利用 AR/VR 技术，拍摄图书馆 360°互动虚拟现实全图景展现给新读者。

最后，其他各类新生素养教育及相关活动也更多地进行虚拟延伸。在

---

① 《东南大学图书馆 "Fall in love with Your Library: The SEU Library Stamp Rally" 项目获国际图联（IFLA）大奖》，http://lib.seu.edu.cn/bencandy.php?fid=263&id=8772，2022 年 5 月 2 日。

实践当中，高校图书馆开展了各种形式的新生素养教育及相关的活动，大致有新生微课、展览讲座、知识闯关、互动游戏、寻宝竞赛等类型，展现了图书馆新生服务在方式上和内容上无限延伸的可能性。高校图书馆更加倾向于利用社交媒体、网络平台、专用程序等工具，在虚拟空间上开展这些服务和活动，举办方式大多采取线下与线上同时开展的方式。

总之，高校图书馆的新生延伸服务及相关活动较以往更加倚重网络空间，相关工作的虚拟延伸在短期内就实现了最大化。不过，当突发公共卫生事件平息之后，相关服务和活动将重新回归线下，毕竟面对面的授课、情景式的教育、亲临现场的活动等产生的效果更加明显。不论采取线上还是线下的方式，高校图书馆新生服务将朝着多样化的方向延伸。

（二）高校图书馆新生延伸服务的多维度考量

高校图书馆新生延伸服务及活动需要新的规划，获得更多的发展，这既是由大学新生群体的特殊性所决定的，也是图书馆工作的不断延伸、自我突破、创新发展的要求所决定的。新生服务的多样化延伸，可分别从时间、空间、内容三个维度考量，进行策划和发展。

首先，高校图书馆可以从时间的维度开展新生延伸服务。具体可分为两个层次。其一，对本校已录取的大学新生提供服务和资源，这是目标群体明确的、有较强针对性的工作。一些图书馆已经进行了相关尝试，例如，将读者手册与大学录取通知书打包寄送给新生，这可能激发新生对图书馆的兴趣，进而通过官网、微信等平台提前了解图书馆。此外，也可尝试为新生提前开通部分电子资源的权限，这对于研究生新生可能非常重要，当然，大一新生应该也乐于在入学前就可以阅读图书馆的电子书刊。其二，对有意报考本校的考生提供适当服务，这是对潜在用户进行的、有一定针对性的工作。图书馆可以充分利用大学的暑期夏令营、开放日等活动，将图书馆的服务和资源嵌入这些活动，也可以关注附属中学或周边中学毕业班级的相关需求，适时地、适量地满足他们的读者需求。总之，高校图书馆可以根据实际情况进行策划、实施，使新生相关工作在时间方面得以延伸。

其次，高校图书馆可以从空间的维度开展新生延伸服务。这主要包括两个方面。其一，在物理空间方面，高校图书馆可以尝试突破馆舍围墙的新生延伸服务，例如，在迎新季参与大学校园的迎新活动，在校门口、广场、教学区、生活区等地设置图书馆的迎新"摊点"，向新生提供现场咨询、馆员答疑、开通账户等服务，这种做法在一些高校图书馆的实践中屡见不鲜。此外，一些图书馆设置了由学生主导的社团，如学管会、读书会、助管会等组织，这些学生组织的运转与图书馆工作密切相关，该类组织的招新活动有助于推动图书馆迎新工作，需要得到图书馆的鼓励与支持。其二，在虚拟空间方面，高校图书馆可开发、利用相关的工具或平台，将新生延伸服务进行最大化的延伸。多数图书馆在网站、微信公众号上设置了新生专栏，将新生需要了解的图书馆知识、最常用的资源、可能遇到的问题等进行分类、归纳，推送给新生。有些图书馆还专门架设了新生教育在线平台，将以上的信息、资源集合，同时将针对新生的 VR/AR 导航、教育视频、知识测试、互动游戏、虚拟社区等也整合进这个平台，以大学生喜闻乐见的方式，呈现给新生。总之，高校图书馆新生延伸服务可以从物理空间、虚拟空间两个方面考虑，具体实现的方式与手段则可以不拘一格。

最后，高校图书馆可以从内容的维度开展新生延伸服务。大致可从以下几个方向考虑。

（1）以兴趣导向交流的形式在迎新季开展延伸服务。兴趣导向交流平台是根据用户兴趣需求灵活举办的，为不同兴趣群体提供针对性服务的交流、互动平台。在迎新季，针对新生对图书馆的兴趣举办主题活动，为新生提供交流、互动、体验、共享的学习平台，可以帮助新生尽快掌握图书馆利用的技能，有助于缓解他们的不适与焦虑情绪，同时，还有利于新生在初入大学之际结识志趣相投的新朋友。

（2）对特殊新生群体开展更细化的延伸服务。对少数民族、留学生、残障学生等特殊新生群体或个体进行延伸服务。少数民族、留学生与汉族新生相比较，更容易在语言、文化上存在不同程度的障碍或不适应；而残障新生的数量不多，容易被忽视，他们在行动或交流中比普通新生存在更多的困难。对于特殊新生群体，图书馆有义务识别其不同的需求和倾向，为他们适时地提供不同层次的延伸服务，适当提供人文关怀。此外，针对目前国内高校普遍存在多个校区的情况，图书馆迎新的延伸服务对象不应仅包括大一新生，还应包括回迁新校区的其他年级学生，拓展服务对象范围。

（3）开展朋辈教育延伸服务。朋辈教育服务模式主要包括高年级朋辈教育者与新生朋辈教育者。高年级朋辈教育服务的模式主要在迎新季进行，由高年级学生带领新生参观图书馆，介绍图书馆资源与服务情况。而新生朋辈教育者作为新生中的一员，能切身了解新生的感受和需求，在班级深入地实施图书馆教育服务，随时随地引导新生去交流、思考、共同学习，共同掌握图书馆利用的知识技能。

（4）开展班级图书馆员延伸服务。班级图书馆员项目主要由国外的个人图书馆员项目演变而来。在国内新生与馆员比例严重失调的情况下，个人图书馆员项目实施的可能性不大。相比之下，班级图书馆员项目更加可行。国内高校图书馆可以采取一个馆员服务一个或多个新生班级的形式，结合朋辈教育服务模式，通过对新生朋辈教育者的联络与指导，对新生班级进行图书馆资源利用的长期指导与辅助，形成分级传授、层层递进的服务模式，使延伸服务进一步深化、细化。

（5）结合学校政策实施相应的延伸服务。有些高校每年的迎新政策可能采取新措施，图书馆应结合本校实际情况设置相应的新生延伸服务内容。例如，部分高校在暑期进行网上新生报到，图书馆可以相应地提前在暑期对新生开展虚拟延伸服务；还有些高校组织部分新生提前到校体验大学生活，这类活动多以"新生体验员""英才训练营""新生骨干培训"等形式进行，图书馆可参与其中，提前对这些新生进行入馆教育服务，为新生朋辈教育服务模式作准备。

综上所述，高校图书馆开展针对新生的延伸服务，可以从时间、空间、内容三个维度进行考量，这三个维度并非完全割裂，而是立体交叉、互为交织的。高校图书馆可根据本校实际情况，结合本馆在馆藏、技术、资源上所具有的特色，在新生服务工作上不断延伸、有所突破、获得创新。高校图书馆新生延伸服务是一个持续不断的、动态的、多样化的过程，值得本领域的学者和从业人员不懈地研究与实践。

第二节　高校图书馆毕业生延伸服务的实践研究

作为高校图书馆特定用户群体之一，毕业生的需求一直未被忽视，针对性较强的常规服务包括：毕业论文文献资源检索讲座与指导、学位论文馆藏、离校手续、接收赠书等。随着信息技术的发展和服务创新意识的提升，除上述常规性、基础性的项目之外，图书馆还可以根据毕业生的特殊读者需求，尝试开展更多的延伸服务。在毕业季期间，或者面向毕业生开展的常规服务基础之外的活动可被视作高校图书馆毕业生延伸服务。

高校图书馆毕业生延伸服务具有特殊性、重要性与意义。相关的实践与研究逐渐得到更多关注。本书对国内部分高校图书馆进行相关的抽样调查及实践研究，得出了一些结论，并且从业内实践的角度，提出高校图书馆毕业生延伸服务需要注意的几点问题。

一、高校图书馆毕业生延伸服务的特殊性、重要性与意义

将毕业生作为高校图书馆延伸服务的特定用户群体之一，是由其特殊性所决定的。因为，毕业生是即将完成学业，离开大学，走上人生新征途的特殊群体。所以，毕业生的图书馆需求具有特殊性。高校图书馆毕业生延伸服务的重要性与意义，也逐渐受到本领域的关注。

（一）高校图书馆毕业生延伸服务的特殊性

作为大学校园内的标志性"第三空间"，图书馆需要重视毕业生离校前的情感表达，并以此作为相关延伸服务的着力点，促进毕业生之间的交流，拉近毕业生与母校的感情，这是高校图书馆毕业生延伸服务最主要的特殊性所在。

同时，高校图书馆毕业生延伸服务的特殊性，可以从时间、空间、内容的层面得以体现。首先是时间层面，在每年5月、6月毕业季的基础上，可向前或者向后延伸，其中，向后延伸意味着将毕业生的部分读者权限的期限延长，如为已经办理离校手续的毕业生提供一些服务和部分资源，国外某些高校图书馆甚至直接将读者权限推迟到毕业后的半年或一年，为毕业生提供了继续学习、研究的条件。其次是空间层面，高校图书馆为毕业生开辟一定的专用空间，作为讨论、交流、研究等用途，是非常恰当的。例如，国内部分高校图书馆为毕业生提供"考研空间"，备受欢迎与好评；从虚拟空间的角度，虚拟馆员可以为毕业生提供专属服务，如信息咨询、文献传递等，以满足其特殊读者需求，图书馆还可以为毕业生提供电子资源的远程使用权限，或者提高下载数量的权限，以满足其毕业论文撰写的文献信息需求。最后是内容层面，高校图书馆可以基于毕业生的特殊性，为其设置特殊的读者服务内容，并根据具体情况与实际条件，进行相关的工作筹划与安排。

（二）高校图书馆毕业生延伸服务的重要性与意义

高校图书馆毕业生延伸服务非常重要，一方面，对毕业生而言，能够在离校之际得到图书馆的特别重视和特殊服务，满足他们继续深造的文献资源需求，会获益匪浅。图书馆对刚刚毕业的学生提供一些延伸服务，可满足他们初入社会的信息交流需求，同时有助于促进大学生终身学习的行为习惯。另一方面，对图书馆而言，为毕业生提供延伸服务，可彰显图书馆工作的个性化，以及对不同读者群体的人文关怀。另外，毕业生即将成

为大学校友，对该类群体开展延伸服务有助于高校图书馆的社会化延伸，进而提升图书馆的社会影响力。

2010 年以来，高校图书馆毕业生延伸服务的重要性逐渐显现，有关毕业生延伸服务或者毕业季活动的相关研究与实践，在国内图书情报界得到了更多关注。2013 年的一项研究显示，39 所"985 工程"高校图书馆中，有 11 所举办了 2013 年毕业季主题活动，占总数的 28.2%①。2016 年的一项相关研究表明"多数高校图书馆是从 2013 年开始开展毕业季主题活动的，截至 2015 年，已有 17 所高校图书馆先后加入这一行列，并将这一主题活动长项化、规范化"②。通过对比这两项研究的结果，可以看出，从 2013 年至 2015 年，开展毕业季活动的"985 工程"高校图书馆的数量从 28.2%增长到 43.6%。此外，2015 年还有一项研究对 116 所"211 工程"高校图书馆进行了网络调研，发现 2015 年开展过至少一项针对毕业生主题活动的高校图书馆有 37 所，占总数的 31.9%。这些数据表明，高校图书馆开展的毕业生相关工作逐渐增加。

国内高校图书馆针对毕业生或毕业季开展的延伸服务和活动正在兴起。并且，相关研究认为，高校图书馆毕业季专项工作的实践具有重要意义。例如，于静等指出毕业季主题活动的意义在于创新阅读推广活动模式、推动校园文化建设，以及对毕业生的心灵关怀①；都蓝等提到毕业季服务产生的"近因效应"影响毕业生对母校的整体回忆和情感，是图书馆服务坚守和创新的反映，也是人性化服务和人文关怀的重要体现之一③；黄艳华认为毕业季主题活动是阶段性读者服务工作的亮点，是图书馆核心价值的体现、升华和深入渗透，可以提升图书馆在校园文化建设中的影响力④；等等。

总之，本领域的研究人员和从业人员已经认识到了高校图书馆毕业生延伸服务或毕业季活动的重要性与意义。作为高校图书馆特定用户群体之一，毕业生的需求应该得到更多的重视和满足，以往针对毕业生开展的基础的、常规的服务已经不能完全满足该类用户的深层次需求。并且，开展

---

① 于静, 孙媛媛, 赵敏. 2013. 高校图书馆毕业季主题活动的调研、实践与思考. 大学图书馆学报, 31（6）：88-91.

② 张淼. 2016. 高校图书馆毕业季主题活动拓展服务研究：以"985"高校为例. 高校图书馆工作, 36（5）：67-71.

③ 都蓝, 肖丽萍, 李宾. 2015. 基于数据平台的图书馆毕业季服务实践研究：以暨南大学图书馆为例. 图书情报工作, 59（22）：79-83.

④ 黄艳华. 2017. 基于图书馆核心价值的高校毕业季读者服务实践与启示. 农业图书情报学刊, 29（6）：153-155.

毕业生延伸服务或毕业季活动，可以为高校图书馆突破传统服务理念和工作模式，摸索服务创新、提升服务水平、体现服务多元化提供更多的思路。

二、对高校图书馆毕业生延伸服务的调查研究

现有研究文献和数据显示，2010 年以来，国内高校图书馆开展毕业生延伸服务或毕业季相关活动逐渐兴起。除了前文中提到的"985 工程""211工程"高校的图书馆之外，其他高校图书馆开展毕业生延伸服务或毕业季相关活动也越来越多。

（一）对高校图书馆毕业生延伸服务的抽样调查

全国各类高校数量众多，针对毕业生开展延伸服务或毕业季活动的图书馆数量较多，为了解该类服务的最新情况，本书以 2017 年高校图书馆开展的毕业季活动新闻及相关推送作为考察对象，运用百度检索和微信搜索两种方式，进行了数据挖掘与信息归纳。网络搜索调查方法具有随机性，但是，鉴于国内图书馆服务的信息化、网络化程度较高，本次调查的抽样范围较大，仍有助于了解国内相关实践工作的概况和一些具体事项安排。

1. 高校图书馆毕业季相关网页的调查

国内公共搜索引擎——百度的功能较强、检索效率高，检索结果较为全面、可靠。2017 年 5 月 25 日至 7 月 1 日期间，本书将百度作为工具，输入检索词"图书馆*毕业季"，再对检索结果进行过滤，将大学图书馆的相关网页新闻主题/活动内容、发布时间、点击量等进行整理，以表格形式呈现，详情请参见表 5-5（数据截止时间为 2017 年 7 月 1 日）。

表 5-5　部分高校图书馆网页发布的毕业生延伸服务和活动

图书馆所在大学	新闻主题/活动内容	发布时间	点击量/次
贵州大学	"圕·游记"悦读纪念卡（借阅历史）、"六月"创意毕业照、"书香贵大，传一份青春记忆"（捐书）	5 月 15 日	259
河南财经政法大学	艺术系毕业作品展、书墙留言（推荐曾经读过的书）、书途而归纪念册（借阅历史纪念册）、毕业季电影放映周	5 月 12 日	157
重庆大学	毕业季系列活动盛大开启：那些年伴我们飞的图书馆、重大记忆、校友服务宣传、毕业季捐书、书香留影、"我的书斋"积分换礼、"不见不散"毕业歌会、重大足迹	6 月 8 日	——
暨南大学	图书馆阅读数据——惦念·我的图书馆时光、毕业生离校指引——顺利毕业、图书馆毕业墙——暨南园的青春与回忆、"晒晒毕业照——定格青春，留念暨图"、毕业生电影展播、"毕业生图书捐赠——分享图书，传承阅读"、图书馆爱心水——杯水情深	——	——

续表

图书馆所在大学	新闻主题/活动内容	发布时间	点击量/次
湖南师范大学	2017年图书馆毕业季活动方案：毕业季图书超期归零活动、"图书馆时光·阅读档案"湖南师范大学毕业纪念、真人图书馆——聊聊"毕业那些事儿"	6月5日	200
北京大学	图书馆2017毕业季系列活动开始啦：【感】"毕业有期 燕缘无尽"毕业墙、【影】"燕然笑语"2017年毕业摄影展、【忆】"书·时光"毕业纪念卡套装、【动】毕业季主题快闪、【享】图书漂流	—	—
贵州民族大学	不说再见·图书馆2017毕业季系列活动：青春·纪念（毕业明信片）、青春·寄语（留言墙）、悦享·影视（电影放映）	6月5日	—
西安建筑科技大学	2017年建大图书馆毕业季活动：定制悦读纪念卡"那些年我曾经读过的书"、发放校友阅卡"回味书香"、毕业纪念书签、青春光影"图书馆里的静谧时光"（书库留影）	6月2日	706
陕西师范大学	书香陪伴·一七启航：追忆墨香（定制借阅历史纪念卡）、心语心愿（留言墙）、定格芳华（开放阅览室及艺术馆供留影）、阅读达人（名单、达人推荐书目、达人寄语）	4月28日	1329
北京外国语大学	"不负韶华，青春悟语：悦读·悟语 悦读感言征集"、青春·印记 打印一份属于自己的书单、话别·启航 毕业心语留言墙	6月6日	140
哈尔滨师范大学	图书馆举办毕业季主题活动："打包智慧行囊、伴君扬帆远航"（为毕业生提供电子资源校外使用权限）	6月23日	477
曲阜师范大学	"书写青春，图划未来"主题活动强势来袭。青春的印记——留下你的身影和寄语：1.晒晒四年前的你（们）和四年后的你（们）；2.话语的时间旅行（时光邮筒）。青春的声音——说出你的青春故事：1.征集有关微视频、音频、经典美文；2.建立毕业季话题讨论区（微博跟帖）。青春的远望——展开翱翔的翅膀：1.送你一场与书的相遇；2.CNKI数据库新功能介绍（讲座）；3.Taylor & Francis数据库检索竞赛	—	—
曲阜师范大学（日照校区）	毕业季之信系情谊、微平台——话题互动、"那年·今日，风华正茂——致最美毕业生"、跳蚤市场	5月19日	584
电子科技大学（成都）	成电格子（班级毕业纪念展示）、写给未知的你——毕业寄语、书香成电（终身阅读账号）、毕业班级VR体验、图时光（电子纪念册）、毕业班级定制电影专场、毕业主题图书推送	5月27日	551
福建中医药大学	离开也是出发——2017图书馆毕业季主题活动："河洛图光"借阅记录、图书推荐、真情留言墙、"最美毕业照"征集、图书捐赠	6月7日	102
东北农业大学	毕业季主题活动——用爱助力未来：毕业生专属阅读档案、毕业季"品悦"书推荐、毕业生签名墙	6月2日	756
湖南科技大学	"往昔拾遗，悦读记忆"（打印借阅图书清单）、"毕业了，将书香传递进行到底"（赠书）、"致我们在图书馆的岁月"（照片留念）、大一到大四对比照片 记录青春最美毕业生	5月11日	272
南方医科大学	"南图相伴，蓝图到岸"毕业季活动开始啦："我最喜爱的图书馆一本书"有奖征文、"我最喜爱的图书馆一本书"主题书展、阅·时光——阅读纪念卡、分享"阅·清单"、"毕业生留言和照片征集、毕业季，告白有礼！"（网络空间真情告白）、书香·情缘——毕业季图书馆捐赠活动、"情系校友，不说再见：校友卡办理"	6月5日	77

续表

图书馆所在大学	新闻主题/活动内容	发布时间	点击量/次
西安电子科技大学	"青春不毕业，阅读不散场"：主题喷绘、阅读大数据、手绘地图"、"花香书海"明信片、朋友圈拍照立牌、旧书和笔记回收	6月19日	205
上海大学	读·青春 毕业季活动开启：毕业季留言板、我的图书时光、"赠一本书，寄一份情"——漂流图书征集、毕业书签与纪念章、值得回味的大学校长经典毕业寄语	6月9日	1097
浙江财经大学	"书·纪"（借阅记录）、"我与它的故事"（摄影作品征集）"毕业声"（采访优秀毕业生代表）、我想对你说（留言板）、"忆年华"（优秀毕业生交流会）	6月8日	—
上海对外经贸大学	人生·召唤——毕业季系列活动："一语系贸大"微信留言墙、"青春·记忆"书香档案、"爱与梦想的召唤，写给未来的自己"——邮寄明信片活动、"悦读经典 乐享思源"主题书目推荐："2017 毕业导航"	3月30日	—
上海海事大学	嫁给/迎娶图书馆（拍照场景和照片自助打印）、毕业留言板、借阅档案、时光信件、薪火相传（图书捐赠）、毕业季电影放映	6月28日	54

2. 高校图书馆毕业季相关微信推送的调查

微信在国内的用户数量和普及程度均较高，大多数高校图书馆都通过微信平台发布公告与信息，或者通过微信公众号定期地进行各类新闻信息的推送。本书作者在微信平台搜索"图书馆*毕业季"，还关注了部分图书馆微信公众号，以接收订阅号消息，得到大量有关高校图书馆毕业季的信息和推送，经过细致的浏览、筛选、摘录，挑选出一些关注程度较高的微信推送，对相关主题/内容、推送时间、阅读量进行梳理，归纳得出表 5-6（数据截止时间为 2017 年 7 月 1 日）。

表 5-6　部分高校图书馆毕业生延伸服务和活动的微信推送

图书馆所在大学	主题/内容	推送时间	阅读量/次
厦门大学	告别梦幻校园 欢送 2017 届毕业生交响音乐会	5月27日	734
	"圕·故事"征集	5月27日	2854
	"美好校园·美丽厦大"美术作品征集大会	6月2日	1120
	"我爱你，再见"毕业影展	6月7日	2234
	"圕·时光"留言墙	6月19日	1658
武汉大学	毕业图书捐赠	5月31日	1955
	一封来自小布的毕业情书	6月3日	17110
	寻找"最美毕业照"	6月4日	2992

续表

图书馆所在大学	主题/内容	推送时间	阅读量/次
山东大学	最美好的四年，感谢有你陪伴·阅品书香 青春留影	5月26日	1234
	那些和"毕业"有关的漫画（阅读推荐）	5月28日	1079
	手工书签制作活动	6月3日	999
	微话题 你的未来你做主（微信留言墙）	6月4日	322
	最好的青春 是当年的盛夏（毕业照展示）	6月24日	955
北京师范大学	北师大二十四节气手绘明信片抢先看	6月7日	848
	珍藏你专属的"木铎记忆"	6月13日	889
	毕业读书卡——毕业季彩蛋大放送	6月15日	998
	与你分别时，毕业墙站立成一首诗	6月23日	548
中山大学	书韵康乐 图书导读	6月9日	464
	留言墙强势来袭	6月13日	1542
	青春不散场，图书馆里留记忆	6月13日	439
	毕业季：我们不说再见	6月15日	1143
	毕业旅游专题导读	6月21日	305
	毕业季，送上这份理财书单，助你赢在社会起跑线上！	6月23日	594
复旦大学	我与复旦图书馆的二三事（留言征集）	6月9日	997
	毕业季特别企划：带你撩一波文艺心（留言板和半命题填句、特藏巡回展、档案袋及火漆加印、DIY工坊）	6月13日	875
	拿什么存放你，我的青春——图书馆"毕业记忆档案袋"可供	6月16日	825
	首届古籍保护与修复专业硕士研究生毕业作品展	6月20日	853
华东师范大学	厉害了Word毕业生（阅读之星or泡馆达人）	5月24日	6054
	毕业季 一起去旅行（阅读推荐）	6月2日	642
	论把图书馆带走的 N 种方法（书签、图集、定制合照、我的图书馆记忆）	6月22日	1595
清华大学	毕业季 可爱的读书人（摄影展）	5月17日	1737
	毕业季专题 纪录片放映	5月27日	983
	毕业季专题书架（2次）	6月13、15日	753
	"你好·再见"写下你的毕业心声	6月20日	1166
	毕业季 美术图书馆推荐图书	6月26日	679
	读过的青春（借阅历史）	6月27日	1320
四川大学	2017毕业季照片墙：如何占领图书馆大屏幕？	6月15日	2452

续表

图书馆所在大学	主题/内容	推送时间	阅读量/次
厦门理工学院	毕业·迹、图书捐赠	6月7日	943
南京财经大学	南财朗读者——毕业季的感动：一纸"家书"	6月11日	1545
西南石油大学	图书馆，我想对你说……（电子留言墙）	6月17日	562

（二）高校图书馆毕业生延伸服务和活动的实践研究

由于一些高校网站访问权限的问题，公共搜索引擎的检索结果有限。同时，相关主题的微信推送相对较为零散。另外，也不排除一些大学图书馆并未通过官网、微信公众号发布或推送毕业季相关工作。尽管存在以上的不确定因素，但是鉴于国内高校图书馆服务的信息化、网络化程度已经较高，因此，本次调查的可信度较高。本次调查的时间跨度为 38 天（2017 年 5 月 25 日至 7 月 1 日），使用的两种检索工具——百度搜索引擎、微信平台及公众号的普及率也较高，因此，本次调查可视作较大范围的抽样调查，表 5-5 和表 5-6 中列出的图书馆可作为随机抽样的样本，两个表格中列出的相关信息和数据真实可靠，反映了部分国内高校图书馆开展的毕业生延伸服务或毕业季活动的情况。在以上调查结果的基础上，本书进行更细致的分析与研究，初步得出了以下研究结论。

1. 高校图书馆毕业生延伸服务或毕业季相关活动受到不同程度的关注

表 5-5 和表 5-6 的数据显示，最早的相关网页新闻发布时间是 3 月底或者 4 月底，但是大多数高校图书馆开展毕业生延伸服务或毕业季相关活动的时间为 5 月和 6 月，距毕业生离校时间约 2 个月，这个时段开展毕业季相关的服务和活动，比较容易引起毕业生的情感共鸣、关注和参与，因此，大部分高校图书馆将 5 月和 6 月作为推出毕业生延伸服务或毕业季相关活动的时间。

表 5-5 和表 5-6 中分别列出被调查图书馆毕业季新闻和微信推送的点击量和阅读量，这些数据一方面反映了网页新闻的宣传效果明显低于微信公众号推送的效果，例如，表 5-5 中网页新闻宣传点击量最多为 1329 次、最少 54 次，而表 5-6 中微信公众号推送的阅读量最多可达 17110 次、最少也有 305 次；另一方面，表 5-5 和表 5-6 中点击量和阅读量的数值差距较大，这表明 2017 年高校图书馆推出的毕业生延伸服务或毕业季相关

活动受到的关注程度极为不同。点击量和阅读量的数据可以间接说明相关服务或活动参与程度的不同，以及影响力的不同。因此，如果不考虑毕业生总人数、专业分布、个体倾向等这些来自受众客体的变量因素，仅从实施主体的角度而言，各图书馆毕业生延伸服务工作的效应存在较大差距。

2. 有些高校图书馆将毕业生延伸服务或活动嵌入其他主题活动

表 5-5 和表 5-6 列举的是部分高校图书馆将毕业季作为一个系列服务或者专题活动来开展的情况，而且，从新闻和微信推送的内容和次数来看，多数图书馆开展毕业生延伸服务是经过较为系统的、细致的策划的，其中，一些图书馆在相关工作中已经形成了一定的品牌意识，将毕业季服务和活动打造成主题明确、针对性强的图书馆系列服务和活动，这有助于提升该项工作的影响力和参与度。

但是，有一些图书馆将毕业季相关活动嵌入其他主题活动。例如，兰州大学图书馆在"书香兰大"阅读节系列活动中加入"书香之恋"毕业生电子纪念册、武汉科技大学图书馆在其"书香校园 悦读科大"全民阅读系列活动中开展毕业季"换书集市"活动、沈阳航空航天大学图书馆推出校园读书节的重要活动之一是为毕业生提供的"致读过的青春"（借阅历史）、山东大学图书馆文化节活动中的"阅品书香·青春留影"是为毕业生提供预约拍摄毕业照的服务等。由于每年的 4 月 23 日是"世界读书日"，很多高校图书馆会在这个时间段策划一系列的活动，有些活动持续时间较长，自然就与毕业季重叠。不过，本书认为在条件许可的情况下，将毕业季服务和活动作为专题来开展，对即将成为校友的毕业生而言，具有更重要的特殊意义。

3. 高校图书馆毕业生延伸服务或毕业季活动中具有部分同质化的倾向

对比表 5-5 和表 5-6 中高校图书馆毕业季相关新闻和微信推送，发现常见的毕业生延伸服务或毕业季活动类型有：借阅历史、留言墙、毕业照、阅读推荐、图书捐赠及纪念章等。这些类型的服务和活动采用不同的主题词、宣传语，如借阅历史类型的标题有：圕·游记、图时光、书香档案、阅读档案、读·青春、阅读大数据、书·纪等，主要是为毕业生提供其在读期间的图书馆使用情况和数据，一般有纸质清单和电子纪念册两种方式，其中后者还提供分享链接、自助打印等功能。另外，留言墙也成为高校图书馆毕业季系列中最为常见的活动，虽然标题各异、展现形式不同，但都是为毕业生提供一个表达情感、话题讨论、信息交流的平台。借阅历史、留言墙、毕业照、阅读推荐、图书捐赠及纪念章等服务和活动常见于图书馆毕业季工作，虽然宣传方式和实施方法不尽相同，但内容和实质大同小异。

当然，由于针对的用户本身具有相同的特征、需求趋同，所以，各高校图书馆在毕业季工作策划上有些雷同，这是无可厚非的。此类同质化的服务和活动连续举办多年，或者越来越多的图书馆竞相模仿，相关的工作将发展成为常规工作。届时，高校图书馆毕业季相关工作的努力方向就在于方式、方法上的延伸和创新。

4. 部分高校图书馆毕业生延伸服务或毕业季活动中的创新实践案例

前文提到高校图书馆毕业生延伸服务或毕业季活动具有部分同质化的情况，不过，也有一些创新实践案例，相关数据显示读者关注度较高，侧面反映这些案例已经较具影响力。例如，武汉大学图书馆毕业季活动之一是"寻找'最美毕业照'"，图书馆在微信公众号上第一次推送时间是6月4日，阅读量为2992次，由于该活动的持续时间较长，微信公众号又做了几次后续推送，分别是：6月14日推送的"'毕十三'毕业照拍摄13式"，阅读量为5073次；6月20日推送的"@毕业生：不一样的情书"，阅读量为4026次；6月22日推送的"毕业造型诗之手语"，阅读量为2684次；6月23日推送的"送你一份专属记忆"，阅读量为6590次；6月28日推送的"寻找'最美毕业照'TOP10揭晓"，阅读量为5028次（数据截止时间为2017年7月1日）。从这几次微信公众号推送的阅读量来看，这一项活动受到的关注度较高，据介绍，图书馆收到近2000张参选毕业照，微信推文的读者留言多、与管理员的互动较好，这些都显示该项活动的参与度较高，已较具影响力。厦门大学图书馆从5月27日至6月12日在微信公众号上也做了毕业照相关的推送，共计5次，推文题目和阅读量分别是："我与圕"，阅读量为2980次；"我爱你，再见"，阅读量为2740次；"回味我的圕时光"，阅读量为1816次；"学弟学妹们，我们毕业啦"，阅读量为4036次；"不舍"，阅读量为2814次（数据截止时间为2017年7月1日）。虽然该活动不是以有奖评选的方式举行的，但也受到了一定程度的关注。

2017年高校图书馆毕业季延伸服务和活动中的创新实践案例还有以下几个。重庆大学图书馆的"书香留影"活动，为毕业生免费提供复古学生装、汉服、旗袍等，让他们拍摄各种风格的毕业照，这在高校图书馆中并不多见；南方科技大学图书馆为毕业生提供"我和我的图书馆"拍立得赠送服务，能够让毕业生即时获取毕业留影相片，弥补了电子照片的质感缺憾；电子科技大学图书馆为毕业生班级举办毕业 VR 派对，将新潮的可穿戴视听设备运用到毕业季延伸服务中，具有创新意义；广东外语外贸大学图书馆为毕业生搭建创意拍摄背景墙、班级毕业照"无人机"航拍服务和"雨心录"毕业生随访视频拍摄、制作与传播，在校园内获得了较高的关注度、参与度和多数毕业生的称赞，吸引其他图书馆的效仿；等等[①]。

总之，2010 年以来，国内高校图书馆毕业生延伸服务或毕业季活动开始兴起，全国各高校图书馆的相关实践方式各不相同，部分图书馆将毕业季作为主题活动，品牌意识较高。受各种因素影响，高校图书馆毕业生延伸服务受到的关注度、参与度及其效应存在较大差异。国内高校图书馆的相关案例具有一定的同质化倾向，该类型的服务与活动可能将发展成为常规性、基础性的图书馆工作。尽管如此，部分图书馆进行了一些具有创新性的实践尝试，为高校图书馆毕业生延伸服务的突破、创新提供了可操作性较强的参考案例。

三、高校图书馆毕业生延伸服务的最新实践及相关建议

为调查国内高校图书馆毕业生延伸服务的发展情况，本书于 2022 年 12 月至 2023 年 1 月期间再次对部分图书馆进行专项调研，得出 2020～2022 年高校图书馆毕业生延伸服务的实践与特点。同时，结合自身实践经验，提出高校图书馆毕业生延伸服务相关工作的建议。

（一）2020～2022 年高校图书馆毕业生延伸服务的实践与特点

本书选取国内具有代表性的 39 所高校图书馆作为调研对象，通过对图书馆官网、微信公众号的相关信息进行检索、浏览及汇总，考察 2020～2022 年这些高校图书馆开展毕业生延伸服务的实践情况，并将相关主题/内容进行整理归纳，得出表 5-7 与表 5-8。

表 5-7 2020～2022 年部分高校图书馆毕业生延伸服务实践情况（官网新闻）

图书馆 所在大学	2020 年 主题/内容	2021 年 主题/内容	2022 年 主题/内容
清华大学	毕业生赠书	"读过的青春"（个人阅读报告）、毕业生赠书	毕业生读者在线座谈会、毕业生专题书架、"读过的青春"（阅读报告）、毕业生赠书

---

① 罗亚泓. 2018. 高校图书馆"毕业季"延伸服务的调查与思考. 图书情报工作，62（1）：88-95.

续表

图书馆所在大学	2020 年主题/内容	2021 年主题/内容	2022 年主题/内容
北京大学	"燕缘未结·此心偕行"：毕业留痕（毕业墙留影留言）、毕业留影（线下拍照活动）、独家记忆（专属图书馆纪念卡）、燕圕展卷（毕业借阅纪念卡）、书香流韵（图书漂流）、薪火相传（给新生的图书馆达人指南）	"燕向四海·情深今夏"：岁月定格（毕业墙留影留言）、书香迢递（图书漂流）、"读"家记忆（毕业借阅纪念卡）、"悦"读年华（成为图书馆专属代言人）、青春永铭（专属纪念卡）	"燕飞万里·书寄相思"：书韵流传（图书漂流）、光影留痕（毕业墙留影留言）、青春"阅"历（毕业借阅纪念卡）、"读"家共享（对我影响最大的一本书）、图绘书香（海报展）
厦门大学	"圕·时光"（微信小程序个人阅读报告）	"圕·时光"（微信小程序个人阅读报告）、毕业生捐书	—
南京大学	还书免罚活动	—	—
南开大学	图书逾期免单、邮寄还书	—	—
西安交通大学	"圕情书忆"（在线生成专属纪念册）、"微书房"（终身享受数字阅读服务）、"青春纪念册"（在线毕业生照片墙）	"氤氲书香，锦绣前程""圕情书忆"（在线生成专属纪念册）、"微书房"（终身享受数字阅读服务）、"青春纪念册"（在线毕业生照片墙）	"圕情书忆"（在线生成专属纪念册）、"微书房"（终身享受数字阅读服务）、"青春纪念册"（在线毕业生照片墙）
武汉大学	毕业生图书捐赠	毕业书囊、"来自小布的毕业情书"、毕业论文致谢辞征集、"山水一程，珞珈留爱"（毕业生图书捐赠）、毕业季真人图书馆；校友专属福利：文献传递、座位预约、征集校友作品、校友书架、真人图书馆	"青衿之志，履践致远"（毕业单）、毕业生校园作品征集、实习岗位（信管专业毕业生）；毕业开通校友服务：文献传递服务、座位预约使用、"珞珈文库"（校友学术作品）
上海交通大学	—	—	本科生毕业设计（论文）信息素养专题培训（线上）
湖南大学		与图书馆来一场华丽告别：书香流韵（图书捐赠）、图缘未了（图书过期欠款取消）、语短情长（毕业留言墙）	
吉林大学	"青春阅读记忆"、专题讲座（毕业论文答辩PPT[1]制作）	专题讲座（毕业论文答辩PPT制作）	—
重庆大学	《青春时光纪念册》（电子、纸质）	《青春时光纪念册》（电子、纸质）	《青春时光纪念册》（电子、纸质）
中山大学	邮寄还书、毕业生赠书	毕业生赠书	—
兰州大学	—	"书香之恋"毕业生电子纪念册	"书香之恋"毕业生电子纪念册、本科优秀毕业论文收录
东北大学	—	—	毕业照征集活动
西北工业大学	—	毕业图书捐赠、免除图书逾期费	"阅读·纪"毕业专属纪念卡、毕业合影邀请
大连理工大学	—	一次性免除超期罚款	—

续表

图书馆 所在大学	2020 年 主题/内容	2021 年 主题/内容	2022 年 主题/内容
北京航空 航天大学	—	—	毕业寄语，情深意长
北京师范 大学	—	—	邮寄还书、校门口设置临时还 书车
同济大学	"毕业再扬帆，定制书单送 你远航！"、"嘉园讲坛：毕业 生们和研究生们关注的主 题"（系列讲座）	毕业季·信息素养论坛（系 列讲座）	点对点还书、预约还书上门取 书、毕业论文开题文献检索与 利用讲座（线上）
国防科技 大学	—	"毕业学员成长助力工程- 图书馆文献资源服务平台"	"毕业季重磅福利！图书馆免 费为你们拍毕业'大片'"
中央民族 大学	邮寄还书、图书超期费全免	—	邮寄还书、图书超期费全免
华东师范 大学	"毕业生·校园记忆之我的 图书馆生活"、"毕业了不要 忘了我"（主题书展）	—	
西北农林 科技大学	—	为毕业生赠送"终生阅读卡" （电子书）	本科毕业生"阅读之星"评选 活动

1）PPT，即 PowerPoint，幻灯片

表 5-8　2020～2022 年部分高校图书馆毕业生延伸服务实践情况（微信推送）

图书馆 所在大学	2020 年 主题/内容	2021 年 主题/内容	2022 年 主题/内容
复旦大学	"毕业和图书馆的合影"、法 定节假日（端午节）照常开 放、接收毕业生赠书	"新馆畅想之毕业生专场" （座谈活动）、接收毕业生赠 书、"临别前拍一拍，留下你 的足迹"	毕业"感言"（电子留言墙）、 校外毕业生快递还书（到付）、 延期还书（不影响办理毕业手 续）、接收毕业生赠书、"毕业 季——领'证'必备之毕业论 文引注规范及快速排版" （培训）
天津大学	"图书馆'拍了拍'你，果 然毕业论文的致谢才是最精 彩的"、"毕业生借阅数据"、 "毕业留言，定格青春"、快 递还书、"名师讲座，助你扬 帆起航"、"有没有那么一首 歌，会让你轻轻跟着哼"、 "叮！你有一份'图书馆毕 业照'模板大礼包！"	"那些年我们的'到此一 游'"、"毕业论文致谢大赏"、 "收下你的时光纪念，带走小 图的无尽思念"、"在北洋的六 月离别"和"花式合影，你更 pick 哪一个？"	"毕业论文致谢大赏"、"叮 咚，你有一份毕业生图书馆数 据报告请查收"、"校友福利： 可终身访问的数据库！"、"留 一张图，说一段话|我要对学弟 学妹们说……"、"知学悦读| 毕业季书单"、"小图喊你来领 专属图书馆时光纪念证书啦" 和"图书漂流，薪火相传"
浙江大学		图书馆毕业纪念照故事、"我 想对你说"（毕业祝福 vlog[1]）、 "浙大图书馆×盐梅工作室| 在图书馆定格你的光阴"	"毕业季，送你一缕书香"（专 题书单）、"浙大图书馆×盐 梅毕业纪念照|定格与绵延"、 "来这里拍毕业照，九宫格都 放不下！"

续表

图书馆 所在大学	2020 年 主题/内容	2021 年 主题/内容	2022 年 主题/内容
东南大学	"你和图书馆的独家记忆"、"毕业照~再见东南大学图书馆"、"你带着梦想再出发，把书捐给图书馆吧"、"毕业留言征集|该走啦，少年啊！"、"毕业生阅读之星"、毕业免罚、快递寄还书、阅读对账单	"你的图书馆毕业回忆"、"毕业限定盲盒，看看你能开出什么？"（摄影空间与技术指导）、毕业留言墙、"人海·书缘"（毕业生赠书）、"闭馆音乐大放送"	"追光剧场·毕业季电影周"、"毕业生阅读对账单"、离校绿色通道（线上处理图书超期、图书遗失赔偿、校外毕业生图书寄还、电话咨询）、"毕业前，留下你想说的话吧"（签名墙）、"毕业生对新生说"、"人海·书缘"（毕业生赠书）、毕业生摄影比赛、"毕业了，图书馆的文献资源照样用！"
中国人民大学	"关于人图，关于你、关于我"留言活动、"赠人书本，手留余香"赠书活动、"人图与我，定格永远"摄影活动	"人图与我，定格永远"摄像/摄影活动、"赠人书本，手留余香"赠书活动、"关于人图，关于你我"留言活动、邮寄还书	邮寄还书、"手把手教你毕业论文排版"
山东大学	—	"记忆书写——毕业生优秀笔记征集活动"、毕业生图书捐赠、毕业生专属礼物（毕业纪念册、立体滴胶行李牌、定制文艺布袋）、"求职指南"（专题书单）	邮寄还书（到付）、"毕业季·致最好的你"（微信寄语）、"留存青春韶光"（毕业留念场景）、"毕业生留言板"、"创意毕业照"、"传承薪薪之火"（征集留存学子笔记）、毕业生图书捐赠
电子科技大学	毕业纪念册、"让您的旧书，'漂'向新的希望之旅"、免除部分图书超期费、邮寄还书	"用一首歌的时间 Say Goodbye！"（闭馆音乐）、"快来查收你的毕业纪念册！"、"毕业季主题书展——阅青春"	"用一首歌的时间 Say Goodbye！"（闭馆音乐）、邮寄还书、"快来推荐伴你青春岁'阅'的心底之书！"、"毕业季图书漂流"、"毕业季主题书展——阅青春"
四川大学	"乘风破浪，共克时艰|毕业对账单"、免除图书超期费、"云中记：线上毕业照征集展览"、"勇往职前·大学生就业技能竞赛"、"书香川大：母校送你终身书房"	"聆听红色经典 共迎百年华诞"（钢琴音乐诵读会）、"毕业情书：毕业阅读对账单查询服务"、"书香川大：母校送你终身书房"、"毕业捐书：书香留夏，知识传承"、"毕业小礼物（公交卡、文创布袋、鼠标垫、充电线）"、"毕业论文？别慌，小图祝你 carry 全场！"（系列讲座与培训，内容涵盖选题、查资料、文献管理软件及其他论文写作相关工具）	"毕业留香：赠书母校·手留余香"、"毕业情书：毕业阅读对账单查询服务"、"毕业铭记：拓印我心中的川大"（图书馆各时期各类印章）、"明远清音：'毕业季不说再见'主题朗诵"、"毕业留影：毕业照片征集展示"
华南理工大学	邮寄还书、毕业生阅读大数据	邮寄还书、"毕业生阅读排行榜"、"毕业季主题阅读：为你职场赋能！"、"图书馆毕业照打卡墙"、"留住毕业'声'"、"记录在图书馆读过的青春"	毕业照背景墙和拍摄场景、"毕业生阅读数据大揭晓"、邮寄还书

续表

图书馆所在大学	2020 年主题/内容	2021 年主题/内容	2022 年主题/内容
哈尔滨工业大学	逾期图书免罚	"心语树下"(书签留言)、"飞鸿踏雪，书香传递"(毕业生捐书)、逾期图书免罚	"青春记忆：图书馆拍照打卡指南"、"签里寄相思"(书签留言)、逾期图书免罚
华中科技大学	邮寄还书、图书逾期免罚、"随身微书房"(数字图书馆账号)	"随身微书房"(数字图书馆账号)	毕业生阅读报告、毕业阅读卡(数字图书馆账号)
中国海洋大学	"我的图书馆成绩单"(到馆次数与借阅记录)、邮寄还书	毕业留言墙、"图书馆成绩单"	"图书馆成绩单"
中南大学	"毕业生好书推荐"	"毕业生好书推荐"	—
中国科学技术大学	—	"学习资源大礼包，为你职场赋能！"	
中国农业大学	—	—	邮寄还书

1）vlog，即 video weblog，视频博客

　　调查结果证明，国内部分高校图书馆对毕业生的服务进行了更多的延伸，一些高校图书馆增加了邮寄还书的服务方式。此外，部分图书馆已经多年持续探索开展毕业生延伸服务及毕业季主题活动，2013 年，39 所高校图书馆中，有 11 所举办了毕业季主题活动，占总数的 28.2%[①]。2015 年则有 17 所高校图书馆开展了毕业季主题活动[②]，占总数的 43.6%。2020～2022 年，连续两年开展毕业季延伸服务的图书馆有 26 所，约占总数的 66.7%，而至少开展了一项毕业季延伸服务的图书馆达到 38 所，占总数的 97.4%。由此可见，越来越多的高校图书馆在开展毕业生延伸服务及相关活动。表 5-7 与表 5-8 列出了部分高校图书馆在 2020～2022 年举办的毕业季相关延伸服务和活动，从中可以分析概括得出近几年相关实践呈现出的一些特点。

　　1. 毕业生还书的方式与时间得到延伸

　　为了不影响毕业生在特殊时期办理毕业手续，部分图书馆增加了邮寄还书的服务，一些高校图书馆还免除了图书逾期罚款，或者开展超期还书

---

① 于静，孙媛媛，赵敏. 2013. 高校图书馆毕业季主题活动的调研、实践与思考. 大学图书馆学报，31（6）：88-91.

② 张淼. 2016. 高校图书馆毕业季主题活动拓展服务研究：以"985"高校为例. 高校图书馆工作，36（5）：67-71.

豁免周等活动。另外，毕业生还书的方式与时间也有所延伸，如北京师范大学图书馆在校门口设置还书箱[①]；同济大学图书馆安排馆员到学生宿舍进行"点对点"还书以及预约上门还书、取书等个性化还书服务[②]；复旦大学图书馆为住在校外的毕业生提供快递还书方式且采用快递费到付办法，还提供图书借阅期限延长、违约清零等服务[③]。总之，图书馆采取各种办法，尽量方便毕业生办理还书手续，尽管这些措施大多不会持续开展，但是，此类做法可作为先例放入图书馆应急方案中，以应对将来可能发生的紧急事态。

2. 毕业生服务更加侧重远程、线上的实现方式

由于网络化程度的加深与智能手机的普及，高校图书馆在毕业季开展的一些常规服务更加侧重远程、线上的方式进行，突发公共卫生事件的暴发，更加促使图书馆相关工作以远程、线上的方式来进行。具体相关实践包括远程清缴欠费、在线毕业墙留影或留言、在线生成读者阅读报告、微信小程序生成毕业纪念册等，以及针对毕业生的在线讲座或培训，如围绕毕业论文的选题、文献检索、文字排版、工具利用的讲座或培训。此外，一些高校图书馆针对毕业生推送就业相关信息、知名校友简介等，以及求职相关公益讲座、就业技能培训或教程等，这些服务及活动大多以线上的方式开展。

3. 毕业生延伸服务中重视各种交流活动

情感交流是毕业生延伸服务的重点之一，这种交流既可以是在图书馆与毕业生之间进行，例如，清华大学图书馆举办毕业生读者在线座谈会，与毕业生代表在线畅谈，图书馆向代表们介绍校友服务，代表们则对图书馆提建议[④]；也可以是在不同年级学生之间进行，一些图书馆尤其重视"传承"，积极引导毕业生与新生、低年级学生之间的情感交流与资料传递，如东南大学图书馆策划的"毕业生对新生说"活动[⑤]，将明信片作为毕业生与

---

① 《图书馆2022届毕业生离校通知》，http://www.lib.bnu.edu.cn/xwdt/a33ed541563c4e23b4b0b577424fad2a.htm，2023年1月15日。

② 《毕业还书助离校"疫"线服务暖人心》，https://www.lib.tongji.edu.cn/index.php?classid=11979&newsid=32712&t=show，2023年1月15日。

③ 《毕业季 | 如何办理图书清缴手续？》，https://mp.weixin.qq.com/s?__biz=MzA5NjQ2MjUzMQ==&mid=2650603980&idx=1&sn=00a573f57746900aa40debe512e0fdfa&chksm=88a61260bfd19b761fe76824fd1fbf4db30ce423cd10162e359f79f301a86888df8f508bc393&scene=27，2024年12月3日。

④ 《图书馆举办2022届毕业生读者座谈会》，https://lib.tsinghua.edu.cn/info/1202/5785.htm，2023年1月16日。

⑤ 《离开校园前，我想对你说……》，https://mp.weixin.qq.com/s/o6dhGbLBR7OlMnVzYJVbDQ，2023年1月16日。

新生交流的载体，拉近两类读者群体的距离；山东大学图书馆"传承薪薪之火"活动，征集留存学子笔记，制作成 PDF 或图片等格式，作为馆藏特色资源的一部分，提供给学弟学妹作为学习参考①；哈尔滨工业大学图书馆组织的"心语树下"和"签里寄相思"活动，以书签寄语的方式促进毕业生与其他年级同学的交流②，还有很多图书馆进行的毕业感言、毕业生捐书、图书漂流等活动，大大促进了毕业生与在校生之间的情感交流和资料传递。

4. 与校内社团组织或专业人员合作开展毕业生延伸服务

图书馆延伸服务理论中的"向内延伸"的概念强调各类机构之间的合作与交流，以及图书馆工作内在的深化和延伸。通过吸纳其他专业领域的个人或者团队进驻图书馆，以合作的方式共同开展延伸服务，可以更好地体现图书馆服务的多样性和专业性。部分高校图书馆在开展毕业季延伸服务的过程中，通过与校内社团组织或专业人员合作，为毕业生提供更专业、更个性化的服务，相关实践尤其体现在毕业摄影类的活动中。例如，北京大学图书馆与大学的青年摄影学会合作，为毕业生拍摄更专业的照片，并从中挑选出优秀作品，为获奖人颁发奖品，使其作为图书馆代言人③；国防科技大学图书馆联合摄影艺术家，为毕业生拍摄毕业留影，定格军校青春④；浙江大学图书馆与大学的校园棚拍摄影工作室——盐梅工作室合作，为毕业生拍摄图书馆定制毕业纪念照⑤，这类活动不仅为毕业生提供了更专业的服务，同时也为相关组织和个人提供了展现平台，可谓一举两得。

5. 毕业生延伸服务与校友服务相对接

大四毕业生走出校园，其身份即转换为校友，大学校友也可以是高校图书馆延伸服务的对象群体，因此，为了更好地服务该类群体，一些图书馆已开始有意识地将毕业生延伸服务与校友服务相对接。目前，高校图书

① 《"青年奋楫•百舸竞发"｜2022 山东大学图书馆毕业季活动来袭～》，https://mp.weixin.qq.com/s/hyMbULTcFQW2XOsadMDSUQ，2023 年 1 月 16 日。

② 《毕业季｜"签里寄相思"：你的书签待领取》，https://mp.weixin.qq.com/s/2ybYF3ozG8d3_-Stuzj_mg，2023 年 1 月 17 日。

③ 《燕向四海，情深今夏｜北大图书馆 2021 年毕业季系列活动》，https://mp.weixin.qq.com/s/OrR6gtB6GP3PtU6AdcV-ug，2024 年 12 月 3 日。

④ 《毕业季重磅福利！图书馆免费为你们拍毕业"大片"》，https://library.nudt.edu.cn/engine2/d/9121917/14337/0?t=1400396&w=13165&p=14132，2023 年 1 月 17 日。

⑤ 《浙大图书馆×盐梅工作室｜在图书馆，定格你的光阴》，https://mp.weixin.qq.com/s?__biz=MzA5MzM5NDYzMw==&mid=2649333740&idx=2&sn=02f72e8c17d462fc4c50faa5bc14f65b&chksm=8843bc4abf34355c73be9f971096c673c0d083104a37b08ab202fce819a9826d4a3501a8c506&scene=27，2024 年 12 月 3 日。

馆校友延伸服务大多聚焦在数字资源和文献传递类型的业务上，在毕业季期间，向即将毕业的学生推送该类资源与服务，作为他们即将开启人生新征程的礼物，受到毕业生的喜爱与珍视。近几年相关的实践案例有：西安交通大学图书馆的"微书房"项目，为毕业生提供终身享受数字阅读服务，促进毕业生的终身学习[①]；国防科技大学图书馆的"毕业学员成长助力工程-图书馆文献资源服务平台"，作为贯彻落实该校"成长助力工程"相关要求的重要举措，有助于毕业生感受到母校关怀，并促进他们在新的岗位上成功成才[②]；西安工业大学图书馆联合掌阅精选公司为毕业生准备了"终生阅读卡"，为其终生阅读保驾护航[③]；四川大学图书馆的"书香川大：母校送你终身书房"活动，为毕业生和校友终身免费提供"书香川大"和"龙源期刊"两大数据库资源，被称为"最长情"的毕业礼物[④]；华中科技大学图书馆为毕业生提供"书香华中大"数字图书馆，包括数字图书馆、有声图书、期刊等资源，成为毕业生的终身"微书房"[⑤]；东南大学图书馆通过"江苏省工程技术文献信息中心"平台为毕业生以及校友提供文献传递服务，以共知共享共建的方式，为毕业生和校友构建了文献信息资源保障服务体系[⑥]。总之，高校图书馆推出该类型的资源与服务，一方面有利于保持毕业生与母校的情感纽带，另一方面可促进毕业生的终身学习，因此，意义非凡。

（二）高校图书馆毕业生延伸服务相关建议

回顾 2017 年部分高校图书馆开展毕业生延伸服务和毕业季相关活动的情况，以及最近几年部分高校图书馆的相关实践情况和特点，再结合相关工作经验，本书提出高校图书馆毕业生延伸服务与毕业季活动的实践工作建议。

---

① 《图书馆为毕业学子送上惊喜礼盒：〈圕情书忆〉和"微书房"》，http://www.lib.xjtu.edu.cn/engine2/general/6898440/detail?engineInstanceId=361785&typeId=2493362&pageId=34094&websiteId=27676&currentBranch=0，2024 年 12 月 3 日。

② 《毕业学员成长助力工程-图书馆文献资源服务平台账号申请流程》，https://library.nudt.edu.cn/engine2/d/7134913/14337/0?t=1400396&w=13165&p=14132，2023 年 1 月 17 日。

③ 《行万里路，读万卷书：图书馆为毕业生送上"终生阅读卡"》，https://lib.xatu.edu.cn/info/2198/8220.htm，2024 年 12 月 3 日。

④ 《毕业留香 | 四川大学图书馆 2022 年毕业季系列活动》，https://mp.weixin.qq.com/s/w0j5aykXj1eJ2HQNAsjcmw，2023 年 1 月 18 日。

⑤ 《【毕业季】2022 年，70 周年校庆纪念专版毕业阅读卡来啦！》，https://mp.weixin.qq.com/s/77bDn7n3GXKTmZaSUPcCGA，2023 年 1 月 18 日。

⑥ 《毕业了，图书馆的文献资源照样用！》，https://mp.weixin.qq.com/s/2M2cAq_e65K2GIy-yMoCDg，2023 年 1 月 18 日。

1. 开展毕业生延伸服务及活动需要专项经费和运营团队

在高校图书馆开展的毕业生延伸服务和毕业季相关活动中，很多项目需要经费支持，如布置展板、定制纪念品、设置活动奖项等实物支出，还有开发一站式离校系统、设计电子纪念册等虚拟产品费用，所以，提前设置专项经费并妥善分配，是高校图书馆开展毕业季相关工作的重要保障。同时，由于毕业生延伸服务和活动属于阶段性工作，而且还可能需要跨部门协作，所以，抽调人力组成专门的运营团队也是该项工作的重要保障。在图书馆人力资源紧张的情况下，借助学生社团、志愿者，甚至专业公司等多方力量，也是可取的，但是，各方资源和力量需要由图书馆毕业季工作运营团队来统一指导和调配，以保证毕业生延伸服务的质量和毕业季活动的相关性。

2. 毕业生延伸服务需要馆员投入情感与精力

毕业生延伸服务和毕业季活动的出发点在于照顾毕业生离校前的情感（不舍、期待、迷茫等复杂情绪），区别于常规的公式化服务，如典藏学位论文、催还图书、缴清滞纳金、办理离校手续等。因此，该类工作项目的策划和实施要求馆员在情感上与毕业生更加贴近，切实地从毕业生的角度来思考，为毕业生在校园的最后时光中提供贴心的延伸服务和活动，这些都将构成毕业生的大学美好回忆。从部分高校图书馆的实践情况来看，有一些项目需要馆员投入足够的时间和精力才得以完成，例如，毕业专题阅读推荐需要精心挑选相关书目；微信公众号留言告白类型的活动需要时刻关注并及时回复；电子毕业纪念册的设计包括后台系统搭建、数据导入、文案创作和艺术设计等各个环节；视频采访类型的活动包括准备采访内容、实地拍摄、视频剪辑与播放推送等工作；等等。所以，作为个体的馆员对毕业季工作需要投入情感和精力，这是毕业生延伸服务和毕业季活动顺利实施、完美收官必不可少的要素。

3. 可以将经典项目作为毕业生延伸服务的基础

较早的毕业生延伸服务和毕业季活动有图书捐赠漂流、毕业留言墙、借阅记录等，例如，北京大学图书馆从 2010 年开始布置毕业墙留言板和举办图书漂流活动、清华大学图书馆从 2011 年开始发放"读过的青春"（借阅历史）、重庆大学图书馆从 2013 年开始开展"重大记忆"（个人物品封存）等，这些服务和活动持续开展，为每一届毕业生创造共同的回忆，已经成为经典项目，是毕业生延伸服务的基础。近几年，一些经典项目再次得到延伸发展，如以下几种。①把毕业留言类的活动延伸到网络社交平台上，有微信留言墙、在线真情告白等形式；②从纸质借阅记录延伸到互联网和可分享的社交媒体上，有电子纪念册、阅读大数据报告等形式；③针对毕业生的讲座从围绕毕业论文撰写的主题进行延伸，增加与求职和就业相关的专题讲座、技能培训等类型；④将校友卡功能进行延伸，在保留进馆阅览的基础上增加电子资源校外使用账号、云阅读账号的功能。这些都是在以往项目基础上实现方式与内容的延伸。

4. 可尝试推进更多的毕业季创意服务

随着信息技术的发展和读者偏好的迁移，在坚持发展经典服务项目的同时，有些高校图书馆尝试开展更多的创意服务，类型大致有：①围绕拍摄毕业照展开的服务，包括设置拍照背景墙、提供服装道具、创意毕业照评选、无人机航拍毕业照等方式；②搭建读者交流平台服务，包括毕业生交流会、阅读达人寄语、主题快闪、真人图书馆、换书集市等；③专题展览活动，包括毕业作品展、特藏巡回展、手工制品展等类型；④视听欣赏活动，包括主题电影播映、纪录片放映、音乐会欣赏、毕业歌会等；⑤阅读推荐服务，包括借阅排行榜、毕业旅行、理财类和毕业有关的漫画等书目分类；等等。这些类型的毕业生延伸服务和毕业季活动有一定的创意，且具有较强的操作性和可复制性，可以互相借鉴。

5. 可将毕业生延伸服务与校友延伸服务相对接

校友（校外）作为特定用户群体，在情况许可下，图书馆可以考虑对其开展更多的延伸服务。高校图书馆为校友开展延伸服务至少有三方面的积极意义：①促进校友终身学习，不断提高素养，增强其社会竞争力；②可以促进高校图书馆社会化延伸服务的开展，提高图书馆资源利用率，增强图书馆社会影响力；③维系并强化校友和母校的情感纽带，促进校友之间交流，提升大学的凝聚力。从情感的因素来考虑，校友服务和毕业生延伸服务的目的较为一致。所以，将毕业生服务和校友服务对接好，并且尝试做更多的突破和延伸，是高校图书馆延伸服务的新思路。目前，高校图书馆对校友开展的常见延伸服务主要有发放校友卡和典藏学位论文等，有部分图书馆也在尝试对校友开展"云阅读"账号、部分数据库访问权限等服务，这都是校友延伸服务的初步尝试。图书馆还可以继续尝试对校友开展纸质资源借阅、数字资源远程访问权限、信息推送、赠书馆藏、参考咨询及其他个性化服务。

6. 树立并推广毕业季服务品牌可促进相关工作长效的、可持续化的发展

为了让毕业生延伸服务和毕业季活动得以长效的、可持续化的发展，必须强化品牌意识，树立主题鲜明、目标明确、连贯又具新意的毕业季服务品牌，使其成为校园文化的组成部分。常见于各高校图书馆的有文化节、读书节、新生培训、1小时讲座等类型的系列活动和服务，有些已经连续举办多年，在大学校园已经形成了一定的品牌效应。毕业季服务和活动应该受到更多重视、用心规划和实施，逐渐打造成高校图书馆服务品牌。服务品牌的运营和推广是密不可分的，将表5-5中的点击量和表5-6的阅读量进行对比，数据显示：官网宣传的效果明显低于微信公众号的推广效果。因此，在毕业季阶段，高校图书馆需要更多地利用新兴媒体，以毕业生喜闻乐见的方式，对毕业生延伸服务和毕业季活动进行全方位的推广，吸引更多的关注和参与，以此促进相关工作长效的、可持续化的发展。

第三节　高校图书馆虚拟延伸服务的实践探索

虚拟读者泛指利用各种终端设备，通过互联网与图书馆产生联系，在线检索图书馆文献、获取数字资源和使用读者服务，以及在图书馆各种网络平台与馆员或其他读者进行交流的人。

虚拟读者是高校图书馆延伸服务抽象的特定对象之一，不过，实际上大多数虚拟读者是大学图书馆的常规用户——教师、研究人员及学生等，也包含部分网络"游客"，这些虚拟读者或多或少地与大学有一定的联系，对该校图书馆的资源和服务有一定的需求。虚拟读者的图书馆需求是其常规图书馆需求在网络虚拟空间的反映，不容忽略。

虚拟延伸服务是指图书馆利用各种新兴的网络媒介、社交媒体、智能终端及信息技术，为网络在线的虚拟读者提供具有创新意义的服务，虚拟延伸服务是对传统的图书馆官方网站、数字资源和手机图书馆等有关服务的延伸、突破和创新。

本书探讨国内高校图书馆利用微信平台开展的延伸服务，嵌入微信平台的延伸服务的类型较多，如宣传推送、资源推介、阅读推广、查询服务、自助服务和信息咨询等。在此基础之上，有些高校图书馆尝试了更多基于微信的个性化延伸服务，如"云阅读"、校车时刻表、快递查询、新生教育视频、书目检索等。此外，本书还尝试设计利用微信平台的"图书定位系统"，对移动AR技术在图书馆延伸服务中的应用进行探讨，开发了基于移动 AR 技术的嵌入 Android 手机应用的"图书馆导览系统"，并进行测试和试用。本书对虚拟延伸服务方式和方法的尝试，为国内其他高校图书馆提供了一些借鉴。

一、基于微信平台的高校图书馆虚拟延伸服务

（一）微信的时兴及其对高校图书馆的影响

诞生于 2011 年 1 月的微信是目前国内较为时兴的智能终端即时通信应用程序，作为最受欢迎的手机 APP 之一，微信的用户量庞大，截至 2024 年上半年，微信及 WeChat 的活跃用户数量超过 13 亿人，就年龄占比来看，24 岁以下的用户约占 22.30%，25 岁至 30 岁的用户占比为 13.70%，31 岁至 40 岁的用户占比为 22.00%[①]，由此可见，微信在年轻人中很受欢迎。另外，一项 2014 年的研究指出微信用户群中大学生的占比高达 84.7%[②]，因此，高校图书馆利用微信开展服务的受众面较广、用户黏度较高。

此外，从技术实现手段、传播特征优势等角度来看，高校图书馆利用微信作为服务平台还具有较高的可操作性和可延伸性。①微信支持语音短信、视频、图片和文字等各种媒体形态，信息传播的方式多样，在智能终端的支持下，信息传播速度、质量、效果相较于其他形态都较高；②微信程序的兼容性较高，目前可支持 Mac、Android、iOS、Windows、BlackBerry、Symbian、Series 等系统，基本涵盖了现行各类型、各大品牌移动终端平台，能够全方位覆盖不同用户；③微信向用户免费开放端口，并提供开发模式，使用户可根据需要开发、设计、拓展不同的功能模块。"万能的"微信小程序，使开发者尝试到开发程序的乐趣，也给用户带来更多的美好体验，为大众的工作、生活、娱乐带来了非常多的便利。

所以，高校图书馆可以充分发挥微信的作用和功能，将部分传统的网页服务和人工服务项目延伸到智能移动终端上，以适应新生代大学生获取、交流信息的习惯。

（二）高校图书馆微信服务概况

2014 年的一项研究显示，全国 2200 多所普通高等学校中共 84 所开通

---

① 《微信社交平台的未来展望，2024 微信的重点发展趋势》，https://www.163.com/dy/article/J2GJ7R6Q0553SRT0.html，2024 年 12 月 3 日。

② 郑晓娜. 2014. 大学生微信使用现状调查与分析：以全国 208 所高校为例. 思想理论教育，（2）：83-86.

了微信公众账号，其中"211 工程"高校图书馆有 55 所[①]，同时，另一项研究发现，截至 2014 年 8 月 5 日，39 所"985 工程"高校图书馆中已有 25 所图书馆开通了微信公众平台服务[②]，高校图书馆利用微信平台开展各类服务虽然属于起步阶段，但是发展趋势不容小觑，很多高校图书馆将常规工作通过微信平台延伸至用户的智能手机上，为读者提供更为便捷的资源、信息、服务的获取方式。

由于微信具备信息传播、实时沟通的特质，近几年越来越多的高校图书馆开设了微信官方公众号，利用微信平台开展相关服务，常见的微信服务项目主要有以下几类。①宣传推送：目前最为常见的微信服务是图书馆利用微信平台发布新闻、公告和通知等，以及举办书展、读书节、文化节或其他活动信息的推送。利用微信进行新闻宣传、信息推送可以发挥较高的时效性，有利于相关工作的开展。②资源推介：对图书馆纸质资源、数字资源、新型设备、特种馆藏等资源进行定期的推介，使读者能够逐渐深入了解馆藏、掌握资源动态。③阅读推广：微信具有很好的交互性，部分高校图书馆在微信平台设置书评投稿专栏、新书推荐、经典好书、微信读书会等栏目，以拓展阅读推广工作的方式。④查询服务：大部分高校图书馆微信平台都具备馆藏查询、书目查询、借阅信息查询等功能，而且多数采取"指令查询"方式，即输入简单的代码，获取相应的检索界面。将传统的计算机查询服务项目通过简单指令延伸到智能手机上，非常受读者的欢迎。⑤自助服务：一些高校图书馆通过微信平台为读者提供自助借还、预约图书和自助预约自习位、研修间及讲座预约等服务，这既提高了读者自主性和参与度，又使图书馆有效的资源得到优化配置和充分利用。⑥信息咨询：通过微信平台进行各类信息咨询服务主要分为两类，一类是互动咨询，即馆员保持在线，及时回复读者的提问和建议；另一类是 FAQ（frequentry asked questions，常见问题解答）虚拟参考咨询，即虚拟馆员通过读者提问的关键词，自动给出相应回复，两种方式各有优劣，能起到日常信息咨询的作用，解决读者的一般性咨询问题。

二、嵌入微信平台的个性化延伸服务

部分高校图书馆在常规的微信服务之外，充分开发微信的功能，开展

---

① 韩娟娟. 2015. 高校图书馆微信公众账号服务研究：以"211"高校为例. 图书馆学研究,（11）：78-85，29.

② 郭军. 2015. 基于微信公众平台的"985"高校图书馆服务现状调查与分析. 图书馆学研究,（4）：71-76，81.

各种基于微信平台的个性化延伸服务，其中不乏较具个性化的栏目及延伸服务。

（一）嵌入微信平台的"云阅读"服务

随着电子资源的日益丰富，以及新生代大学生阅读方式的变化，一些高校图书馆于 2015 年左右就开始尝试探索将部分馆藏电子资源如电子书、电子刊物、综合数据库等迁移到微信平台上。常见的方式以"云阅读"为主，例如，武汉大学图书馆、中山大学图书馆、西南大学图书馆等微信平台设置了"云阅读"栏目，支持直接阅读电子书及杂志、观看视频公开课等功能，将部分电子资源转接至移动终端，使读者能够方便快捷地获取，这是未来图书馆传播信息资源的趋势。

近些年来，已有越来越多的高校图书馆在做相关工作的尝试，只是由于资源、技术、资金等方面的差异，各馆的微信"云阅读"服务开展的程度和效果，不尽相同，主要体现在资源的配置程度不一。将馆藏所有电子资源全部迁移到微信平台的实现目前较为困难，各馆根据自身情况，在资源的配置上采取各自的方式。常见的有两种方式：一种方式是以专库的方式，另行购买以"流媒体"为主的电子资源，嵌入到微信平台中；另一种方式是以链接推送的方式，将最受欢迎的热门电子书题录在微信平台上展示，并提供链接，与后台全文库对接，或者与 OPAC 库对接，引导读者进入手机 APP 全文阅读或者借阅纸质版本图书。

（二）嵌入微信平台的新生入馆教育

本书在研究中发现，很多高校图书馆十分重视利用微信平台开展新生入馆教育。例如，清华大学图书馆通过微信平台在开学季设置新生专栏并配有真人语音的"馆长寄语"，以此为新生读者开启图书馆之旅，比较具有新意；华东师范大学图书馆微信平台上的"新生入门微视频"，以三个八分钟的短视频，对新生进行个人账户、预约图书、自助借还图书等内容的演示，也成为高校新生入馆教育的新思路；厦门大学图书馆微信平台中也设置了"新生专栏"，以视频、PPT、在线测验等多种方式进行新生培训，新生可以根据个人需求进行自我入馆教育；北京师范大学图书馆微信平台设置的"新生专栏"，用动态手绘图、短视频的方式呈现图书馆的简介、资源利用指南、攻略等信息，画面温馨、富有艺术气息。

以上这些案例都是高校图书馆利用微信平台开展新生入馆教育的经典方式，这些方式使得图书馆在很短时间内就能吸引大量的微信公众号用户。

在新生入学期间就吸引他们关注图书馆微信公众号，能够及时有效地建立新生与图书馆的直接联系，有利于扩大图书馆微信公众号的影响力，便于图书馆其他业务工作的开展。

（三）嵌入微信平台的其他实用功能设置

除以上提及的嵌入微信平台的延伸服务之外，部分高校图书馆还拓展思路，在微信平台上做了其他一些实用的功能设置或链接，这类延伸服务往往从细微处入手，让用户体验到图书馆服务的用心之处。例如，中国科学技术大学图书馆微信平台提供校车时刻表、天气、快递查询等延伸服务，这些小的功能设置，既能够为用户提供方便，又有助于提高微信平台的访问量；西安交通大学图书馆微信平台的"钱图快讯"中可以实时查询两个分馆各楼层各区域自习座位的使用情况和剩余空位，为读者提供实时空余座位的指引，可促进图书馆空间利用的最优化；厦门大学图书馆微信平台的"查询"栏目内设置"失物招领"，此项服务着眼细节、非常实用，不仅可以使读者尽快找回失物，更有助于增加读者对图书馆的好感；北京大学图书馆通过微信平台介绍和预告"周末 3D 电影展播"活动，可以凸显图书馆活动的娱乐性和趣味性等。

这些嵌入微信平台的功能设置不胜枚举，而且具有很多的可能性，会随着各个图书馆服务内容的延伸而不断延伸。例如，在微信平台上提供座位指引，这个功能目前又有所延伸，有些高校图书馆在此基础上推出了"微信选座"的服务，包括南京大学图书馆、华东理工大学图书馆、南通大学图书馆、西北民族大学图书馆、深圳大学图书馆、广西中医药大学等。

此外，有研究还对高校图书馆基于微信平台的个性化延伸服务做了更多的设想，如微信漂书、课表查询、超期图书查询与扣款、线下图书直接互借、扫描条形码直接借阅等[①]。总之，高校图书馆嵌入微信平台的延伸服务将会随着读者的需求、图书馆业务的拓展、微信平台功能的优化而不断得以延伸、突破和创新。

三、虚拟延伸服务实践探索：微信图书定位系统

高校图书馆利用微信平台开展虚拟延伸服务具有较高的可行性和操作

---

① 陈文文，李燕，周欢. 2015. 微信环境下高校移动图书馆信息服务的创新. 图书馆建设，（5）：80-83.

性，是嵌入式服务理念的践行方式之一。广东外语外贸大学图书馆微信公众平台创建于 2013 年 1 月，其功能列表中展示了较常见的微信服务项目，如书目查询、个人信息、新书推荐，还有自助文印、信息共享空间预约、架位导航等延伸服务项目。

其中的架位导航服务，通过读者输入的索书号、书目关键词等信息，可以呈现出相关图书的书目信息、馆藏地等。此外，"贴心馆员小立"则是具有创新意义的微信延伸服务平台，能为读者提供精准的图书定位服务，读者通过输入索书号，可获取图书的具体架位和所属类别等信息。该系统是国内高校图书馆领域利用微信平台，开发图书定位功能最早的尝试之一。

（一）系统基本架构和功能

图 5-2 是微信图书定位系统的基本架构，该系统在图书馆原有 OPAC 系统的外部，增加了"图书架位数据库""开放性图书聚合分类数据库"两个数据库，其中，"图书架位数据库"与 OPAC 系统数据进行对接，可以实现从索书号到图书架位的精准定位。将架标数据录入"图书架位数据库"，并根据调架情况进行实时更新。由于使用了同样的数据源，书架上所贴架标信息与读者通过微信查询到的架标信息完全一致，服务内容更准确，用户可以获得良好的体验。

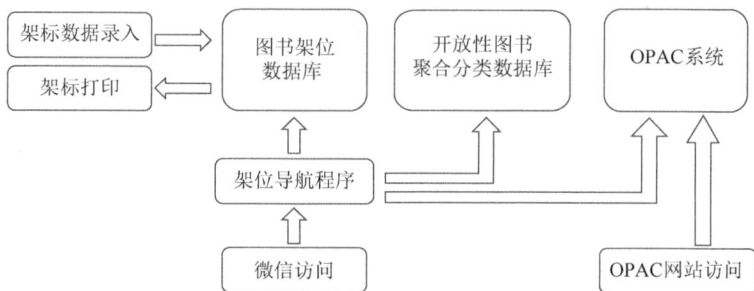

图 5-2 微信图书定位系统的基本架构

读者通过索书号查找图书需要基本的图书分类知识，同时还要对馆藏布局有一定的了解，目前，大部分高校图书馆有多个楼层、多个书室或多个分馆，索书号有时不能完全、直接、精准地反映图书的具体架位。通过使用微信图书定位系统，读者只需要在微信平台输入简单的字符，就可以获取相应图书的书目信息、馆藏地点和具体架位。

同时，从图书馆内部业务和后台工作流程的角度来看，该微信图书定位系统具备的最实用、最有效的功能和作用还有两个方面：一方面是通过添加打印接口，可以将图书架位数据库中的架标直接打印出来，实现了图书馆架标打印、排版的办公自动化；另一方面是该系统的定位数据还可以整合到目前的 OPAC 系统中，在 OPAC 系统的查询书目信息中显示具体架位，可弥补传统 OPAC 只有分类号或索书号，却没有实际物理地址的不足。

此外，"开放性图书聚合分类数据库"是该馆微信平台服务的又一创新，目前还在设想阶段，其探索如何为注册用户开通相应权限和接口，使读者可以自行给部分书架贴电子标签（类似豆瓣网的标签），其他读者通过各种电子标签，定位到对应的书架去查阅自己感兴趣的书籍。这个功能模块可为读者提供交互式用户体验，增加读者的参与度和互动性。

（二）后台数据的录入与维护

在与 OPAC 系统数据对接的基础上，编写微信图书定位系统后台程序，馆员核对架位和架标之后，可输入、查询"新架标"并进行定期维护。图 5-3 是系统后台架标录入工作界面，在"自定义编辑范围"检索框中输入识别号，可以查询、修改数据库中相应架位及架标数据，其中的库室、架号、列号、层号等字段由系统自动生成并排序，架标信息则需要馆员通过手动输入的方式进行编辑和维护。

架标录入与维护

修改架标 | 打印架标 |

自定义编辑范围：0101201　　　　　查询

总共查询到6笔结果。

识别号	库室	架号	列号	层号	旧架标	新架标	状态
010120101	南校中文外借分馆（三楼）	12	1	1	B821-49/X1	B821-49/X1	
010120102	南校中文外借分馆（三楼）	12	1	2	B821-49/X4	B821-49/X4	
010120103	南校中文外借分馆（三楼）	12	1	3	B821-49/X4	B821-49/X4	
010120104	南校中文外借分馆（三楼）	12	1	4	B821-49/Y1	B821-49/Y1	
010120105	南校中文外借分馆（三楼）	12	1	5	B821-49/Y2	B821-49/Y2	
010120106	南校中文外借分馆（三楼）	12	1	6	B821-49/Y8	B821-49/Y8	

第1/1页 首页 上一页 下一页 尾页 转到第　　页 跳转

图 5-3　微信图书定位系统后台架标录入工作界面

　　在后台数据的录入、维护的基础上，微信图书定位系统还设置了相应的"架标打印"功能，该模块界面简洁、操作方便，对打印设备无特殊要求，只需要连接打印接口，即可将架标进行输出、打印。图 5-4 是相关的架标打印后台工作界面，在"自定义打印范围"检索框中输入相应架标，添加进打印工作表中，可逐条打印架标，也可批量打印架标。打印工作表为临时文件，该表条目的增加或删减不影响数据库原始数据。

架标录入与维护

修改架标 | 打印架标 |

自定义打印范围：　　　　　　　　　　[查询]

总共有41个标签待打印。如果有不需要的标签，可以点击右边的"删除"按钮。
请放心，该操作不会导致数据库的内容被删除，只对本次打印起效。

识别号	架标	操作
010422001	D914.02/H	删除
010422002	D914.04/C1	删除
010422003	D914.04/C3	删除
010422004	D914.04/C3	删除
010422005	D914.04/F	删除
010422006	D914.04/H	删除
010422102	D914.04/L42	删除
010422103	D914.04/L48	删除
010422104	D914.04/M	删除

图 5-4　微信图书定位系统后台架标打印工作界面

（三）用户使用方法与微信平台显示

　　读者通过微信平台除了可以进行查询馆藏书目信息等操作之外，还可以对感兴趣的图书进行书架定位，使用图书定位系统十分简单、方便，图书定位系统分为模糊检索和精确检索两类，检索方式可按照索书号或者关键词等方式。其中，模糊检索可显示相关图书推送及馆藏书架区间，精确检索则可实现单种图书的架位精准定位。

　　使用步骤如图 5-5 所示，关注广东外语外贸大学图书馆微信平台"贴心馆员小立"，收到"感谢关注"等内容提示语，直接输入索书号/关键词，得出相应图书馆藏架位及所属图书类别。在对话框中输入图书分类号，系统能够自动显示所查找图书的馆藏地点、具体架位和图书分类等信息。如果在对话框中输入图书关键词，系统则会自动显示所输入关键词图书的分类号、馆藏地点、具体的架位等信息。

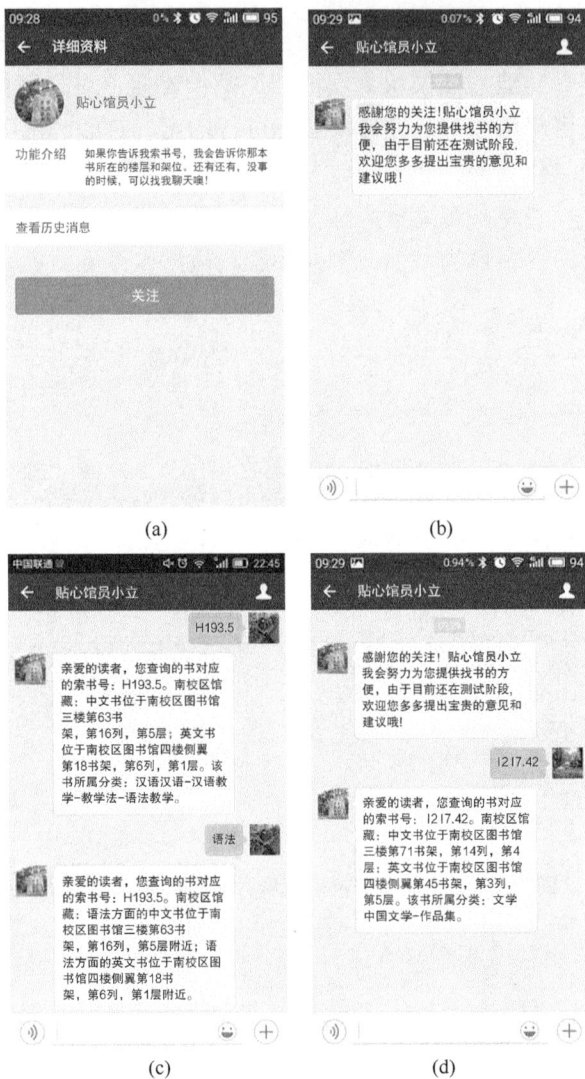

图 5-5 微信图书定位系统使用步骤

该图书定位系统之前一直处于测试阶段,后台数据涵盖广东外语外贸大学南校区图书馆的 OPAC 系统数据和物理馆藏信息,如馆藏地、楼层、架位等。已试用过该系统的读者反响普遍较好,认为微信图书定位系统使用简便、有较高价值,但也有同学提出问题和建议,如目前用户最关心的问题是:为什么按照指示去相应的架位有时候找不到书?实际上,图书在流通过程中可能遇到一些不可抗力的因素,如正处于馆内阅览的状态、暂存于图书缓存架或自助还书箱、上架错误,甚至有被极个别读者有意藏匿等情况。

因此，微信图书定位系统的正常运转除后台数据输入及维护之外，也有赖于图书馆流通部门对书库整体秩序的有效管理。在为读者提供查找图书、兴趣导读、阅读推广等服务的时候，馆员的积极参与是不可完全替代的，只有将虚拟系统服务与人工主动服务相结合，才能使读者获得最佳用户体验。

（四）后期系统升级和优化

广东外语外贸大学图书馆在微信平台上嵌入图书定位系统功能，经过一段时间的试用之后，逐渐得到读者的认可，此后，该馆将全部馆藏图书数据导入图书定位系统，方便读者查询不同校区图书馆的图书架位情况，这使得跨校区图书数据管理与维护同步化得以实现。同时，开发人员在分析图书定位系统用户的使用习惯和微信平台行为方式的基础上，尝试对系统进行过多次升级和优化。

目前，该馆将图书定位系统升级之后直接嵌入图书馆微信公众号主界面"资源"栏目当中，点开"资源"的"书刊检索"，进入资源统一检索界面"图书馆中心"，该界面整合了之前部分手机图书馆的功能模块，读者还可以查询自己的当前借阅、历史借阅、图书馆使用历史等信息。在检索框输入关键词，可检索并定位文献的架位，具体步骤详见图 5-6 和图 5-7。

(a)　　　　　　　　　(b)　　　　　　　　　(c)

图 5-6　广外图书馆微信平台的书刊检索功能展示

图 5-7　广外图书馆微信显示图书的书目、馆藏地、架位等信息的功能展示

图 5-6 展示的是广东外语外贸大学图书馆微信平台的书刊检索功能，点击微信公众号主界面的"资源"栏目，再点击弹出框中的"书刊检索"，进入"图书馆中心"，在检索框中输入关键词"三体"，点击检索，得出有关的图书结果共 13 条，检索结果显示页面可以看到图书的作者、出版、ISBN 的简单书目信息，同时还有"馆藏"和"位置"两个信息的点击进入按键，点击其中的"馆藏"则会显示该本图书的具体馆藏地点和状态；点击图书名称，则会进入到该本图书具体的介绍页面，会显示图书封面、具体书目信息、简介（图 5-7），部分图书还可显示图书目录以及电子书链接（与电子书数据库关联）。

与最初的微信"贴心馆员小立"图书定位系统相比，广东外语外贸大学图书馆新版的微信书刊检索功能不再是独立的运行系统，而是直接地嵌入微信公众号平台，成为微信平台的功能模块之一，读者在使用时更直接，同时，微信书刊检索功能模块显示的信息量更大，还预留了图书目录、电子书等其他功能链接口，为下一步的"云阅读"延伸功能留下了发展的空间。

广东外语外贸大学图书馆微信平台的功能在不断地完善中，平台的书刊检索模块经过几年时间的打磨已经趋于成熟，在此基础上发展的"查询"功能模块，继续延伸发展并增加了以下功能：书刊检索、文章检索、我的借阅、校外访问、服务大厅；而"服务"功能模块，则嵌入了图书馆最新的、最常用的服务如自助文印、空间预约、座位管理、人脸注册等功能；另外其"悦读"功能模块，包含京东阅读、书香广外、中科考试、超星阅读等功能。广东外语外贸大学图书馆微信公众号平台是高校图书馆嵌入微信的虚拟延伸服务中较为成功的案例之一。

通过微信平台开展虚拟延伸服务是高校图书馆基于嵌入式服务的理念，并结合时兴社交媒体而做出的新尝试。图书馆在利用微信平台开展宣传推送、资源推介、阅读推广、查询服务、自助服务、信息咨询等工作的同时，需要进一步分析和利用微信平台的功能和特性，并开发个性化延伸服务。高校图书馆应该紧跟读者需求，将图书馆最受欢迎的一些资源和服务迁移到微信平台中。此外，在此基础上还可以再开发其他的功能模块，提供更多的延伸服务，如电子标签、图书漂流、线下图书互借、条形码借阅图书、自助缴费等。

四、基于增强现实技术的延伸服务的实践探索

由于新的技术、设备、应用等层出不穷，图书馆虚拟延伸服务的发展方向也是多元的，其中，"虚拟+现实"是必然出现的一种方向。本书提出的"虚拟+现实"延伸服务是指图书馆利用最新的可视化技术为用户提供的将虚拟世界和现实世界双重信息集成展示的服务，即基于人工现实技术的延伸服务，目前相关技术包括：VR、AR 和 MR 等。

其中，AR 技术是指通过电脑技术，将虚拟信息应用到真实世界，实时叠加到同一个画面或空间同时存在。尽管 AR 技术在技术层面的进展尚未取得革命性的突破，但是目前已经在一些领域得到尝试或运用，例如，虚拟仿真教学、医学临床、虚拟现实营销、娱乐游戏、科普型阅读等。目前，出现了较多的 AR 游戏和 AR 读物，颇受青少年儿童的欢迎。AR 技术可以实现"立体 3D 阅读"的方式，突破甚至是颠覆了以往的"平面二维阅读"的方式。从这个角度而言，本书认为，AR 技术——尤其是移动 AR 技术运用于图书馆服务的方向具有多种可能性。

（一）将增强现实技术嵌入 Android 手机应用的图书馆导览系统实现

高校图书馆馆藏空间大、资源丰富、布局多样，随着高校的多校区发展，同一所高校有着一座或者两座以上的图书馆已成一种常态。物理空间的限制，客观导致读者在使用图书馆资源时存在一定的困难。读者在使用图书馆资源和服务之前，要率先了解图书馆的空间区域划分、馆藏资源布局。为了让读者快速掌握图书馆物理空间布局和资源服务概况，开展读者导览服务十分必要。

据调查，现有高校图书馆导览大致有以下几种形式。①实地导览。这种方式是最传统的导览方式，最大的优点是可以实地参观，最为真实和详细，国内很多高校图书馆在新生入学期间提供此类服务，其中较为知名的有清华大学图书馆开展的"迎新导览培训"[1]和武汉大学图书馆的"同游图书馆"[2]。实地导览也存在缺点，第一，受到时间与空间的限制，读者需要在开放时段亲临图书馆；第二，图书馆需要投入人力资源，安排馆员或志愿者带领读者并提供讲解服务；第三，导览过程中可能产生噪声，如果一次性进入图书馆的人数过多，可能有损图书馆的安静氛围。②导航图。随着电脑等电子产品成熟、Photoshop等制图软件及海报打印的普及，各个图书馆都制作了导航图海报，以满足参观图书馆的读者的导览需求。更有部分图书馆将导航图放在互联网上，供来馆或者想预约来馆的读者下载浏览。导航图的出现开启了读者通过互联网了解图书馆的导览方式。③视频导览。随着各类视频制作软件的成熟，大部分图书馆都将馆舍和资源制成视频放在官网上供大家下载浏览。不过，如今视频导览在形式和内容上越来越偏重图书馆的宣传方面，导览的功能则越来越少。例如，2017年华东师范大学制作了一个视频宣传片，在微信公众号上推送了一篇题为"一份来自图书馆的自我介绍"的资源宣传[3]，详细地介绍了图书馆某些资源或者设备的使用。④动态导览图。动态导览图与视频导览是同时代的产物，用一幅幅连续动态的图片来介绍图书馆的馆舍布置与资源。读者点击某个部门就可以出现部门的场景，能比较直观地看到各处馆舍部门的场景，但鉴于当时的设备与软件限制，动态导览图不能左右移动浏览整个场景，是平面的场景。⑤全景视频导览。这种导览可以在电脑或者手机上点击，进行一帧帧的画面或者场景浏览，制作全景视频需要全景摄像机或者几台摄像机一张张拍下图书馆的照片，并进行合成，制作效果虽然精细，但不够立体化，不能俯视全局，只能一次次点击实现各个场景的逐个切换。⑥VR导览。随着VR技术的发展及硬件设备的成熟，VR导览成为最时兴的导览方式。有部分高校图书馆正在做此类尝试，例如，新加坡国立大学（National University of Singapore）图书馆、美国的辛辛那提大学（University of Cincinnati）图书馆、我国的清华大学图书馆等均开通了网上漫游图书馆

---

①　《图书馆欢迎新同学》，https://mp.weixin.qq.com/s/3g_ftJkLLQfon6atDFxCAQ，2017年8月25日。

②　《印象图书馆 | We are family 同游图书馆》，https://mp.weixin.qq.com/s/uQsMUaaDL145yZ8LwYTykA，2017年9月3日。

③　《一份来自图书馆的自我介绍》，https://mp.weixin.qq.com/s/UiPEMToA2OIVP_QO-D3TrA，2017年9月18日。

栏目；2017 年北京大学图书馆布置了"VR 全景体验展"，拍摄制作了图书馆内外景全景图片，让读者可以进行两种方式的体验，一是实体体验，通过 VR 实体操作展示台和 VR 眼镜等设备进行体验，二是在线体验，通过手机屏幕配合 VR 眼镜观看①。VR 导览虽然能有身临其境的沉浸感觉，让用户感到仿佛浸入了现实中，但用户观看时需要额外的穿戴设备，如VR 眼镜等。另外，制作 VR 视频对用户的拍摄、合成技巧和制作设备要求较高，投入成本和产出效益比较差，且以目前的技术仍无法解决用户观看 VR 视频时产生的晕眩感。⑦AR 导览。前文提到的国内外图书馆运用AR 技术开展的延伸服务的共同点是：必须基于实地进行书籍查找或图书导航，即用户必须在图书馆内使用，无法随时随地地了解馆舍布局及馆藏。此外，这些案例仅将 AR 技术运用在图书馆的某项服务中，用户无法了解图书馆的整体概况和资源布局。如何开发一种 AR 系统既让用户不受地域限制地了解图书馆，又可让用户选择自己感兴趣的部门资源进行详细探究呢？本书就是以这个目的为出发点而开发的"图书馆增强现实导览系统"。

1. 图书馆增强现实导览系统设计思路

开发人员尝试将 AR 技术嵌入到手机图书馆中，设计出基于 Android 系统的移动 AR 图书馆增强现实导览系统（以下简称 TSGDL 系统），通过该系统，用户只需要利用 Android 智能手机，扫描识别图即可呈现虚拟三维图像，通过对虚拟三维图像的互动操作，可以更直观地了解图书馆的空间概况，并进行有针对性的预约或者知识获取。这种方式不受时间和空间的限制，同时兼具趣味性，能够帮助读者更好地了解图书馆空间布局、资源分布等。

用户在 Android 手机上下载并安装 TSGDL 系统，将手机摄像头对准扫描网站、现场或者宣传活页上提供的识别图（图片或者二维码），就会在屏幕上展现图书馆的每个楼层的三维虚拟图像，点击各个楼层的虚拟三维图，可放大进入每个楼层，详细地了解图书馆，查找、浏览相应的空间区域，从而对图书馆的馆舍空间有更加直观的认识。

任何图片、照片及二维码都可以被设定为系统的识别图，识别图可以是电子图像也可以是纸质图片，TSGDL 系统选用广东外语外贸大学南校区图书馆的图片作为识别图（图 5-8）。同时由于该系统基于本地数据，用户在一次下载之后可无限使用、较少流量访问。

---

① 《迎新活动 | 图书馆 VR 全景体验展》，https://mp.weixin.qq.com/s/dDM_oVp7VvuvEVIAkQjbog，2017 年 9 月 4 日。

图 5-8　TSGDL 系统识别图

2. 基于 AR 技术的嵌入 Android 手机应用的 TSGDL 系统实现

TSGDL 系统选用目前较为流行的 Vuforia 软件开发工具包，并以 Unity3D 作为主要开发引擎，从而实现 TSGDL 系统的识别功能，同时运用 C#（又称 C Sharp）作为互动组件程序编译语言。系统开发工具的具体介绍如下。①Unity3D 2017.1.0f3。Unity3D 是由 Unity Technologies 开发的一个可以创建建筑可视化、实时三维动画等类型互动内容的多平台的综合型系统的开发引擎。Unity 是利用交互的图形化开发环境为首要方式的软件，故该系统基于 Unity 平台进行开发建设。②Vuforia6.5 SDK。Vuforia 软件开发工具包——Vuforia SDK 是高通公司（Qualcomm）推出的针对移动设备扩增实境应用的软件开发工具包，一款供开发者开发的 AR 软件开发工具包。目前开发 AR 应用的软件主要有苹果公司旗下的 Metaio，美国参数技术公司（Parametric Technology Corporation，PTC）的 Vuforia、ARToolKit、HiAR 等。由于 Vuforia 平台技术支持响应快，服务器延迟小，在具体的图像识别和追踪、三维动画模型渲染、视频叠加、特效方面比较成熟[①]，所以选用 Vuforia 作为开发 TSGDL 系统的工具。③3ds Max 2016。3ds Max 全称 3D Studio Max，3ds Max 软件是美国 Autodesk 公司开发的一款三维制作和渲染软件，在该系统中用于搭建图书馆三维模型。④C#开发语言。C#是微软公司发布的一种面向对象的、运行于.NET Framework 之上的高级程序设计语言。C#适合为独立和嵌入式

---

① 《AR 玩具的三大关键：技术、场景、内容》，http://www.eeworld.com.cn/qrs/article_2017082037296. html，2017 年 9 月 20 日。

的系统编写程序，从使用复杂操作系统的大型系统到特定应用的小型系统均适用。该系统就通过在 Unity 引擎中使用 C#开发语言实现 TSGDL 模型的各种互动功能。⑤Android5.0 SDK。Android SDK 指的是 Android 专属的软件开发工具包，用来生成适用于 Android 平台智能手机的软件包。

3. TSGDL 系统主要模块流程设计

TSGDL 系统设计的主要设计思路分为以下三部分。①三维建模：该系统以广东外语外贸大学图书馆为例建立图书馆的三维模型。②图像识别：识别选定的识别图像显示图书馆的三维模型（即 TSGDL 模型）。③TSGDL 模型的功能实现：读者需要与生成的 TSGDL 模型进行互动才能了解图书馆的各种功能。图 5-9 是该系统的主要流程，在完成主要设计步骤后，在 Unity 引擎中对终端（该系统选用 Android 平台智能手机）进行测试，测试成功后方能实现 TSGDL 系统。如果测试失败则要重新检查生成步骤、软件与程序设置，逐一排除问题并修正系统。然后，进入修正之后的系统重新展开测试，直至测试成功实现 TSGDL 系统。

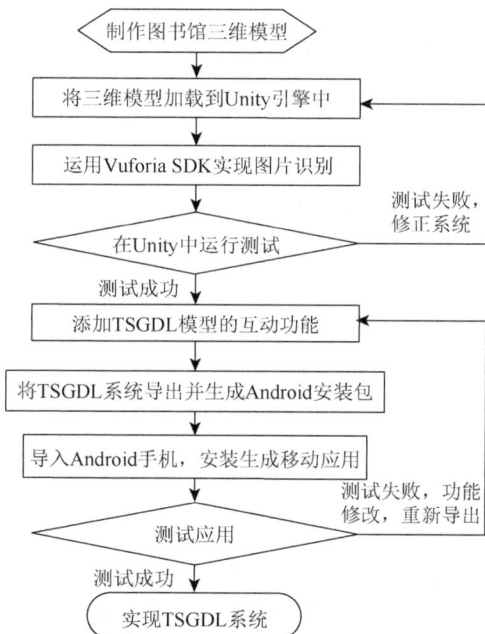

图 5-9　TSGDL 系统流程图

该系统用 Android 平台智能手机作为 TSGDL 系统的显示设备，因为手机端的 AR 程序不需要读者添加额外的硬件成本，如昂贵、不实用、可能产生眩晕感的 AR 眼镜。因此，采用裸眼就可以实现的 AR 技术，既节约成本、方便用户使用，对于显示效果的提升也有裨益。

4. TSGDL 系统技术架构

TSGDL 系统的工作架构如图 5-10 所示，打开移动手机应用，通过手机摄像头扫描识别图进行图像识别，生成的 TSGDL 模型与手机摄像头拍摄的真实场景进行融合，将融合后的场景通过手机屏幕传递到读者眼中，读者就可以触摸屏幕与虚拟的 TSGDL 模型进行互动。TSGDL 系统将原本在现实世界中难以体验的实体信息（即 TSGDL 模型）通过 AR 技术叠加到现实世界中被人类感官感知并与之互动，使其体验到一个感官效果真实的、虚实结合的新环境，增加了读者的求知欲和兴趣。

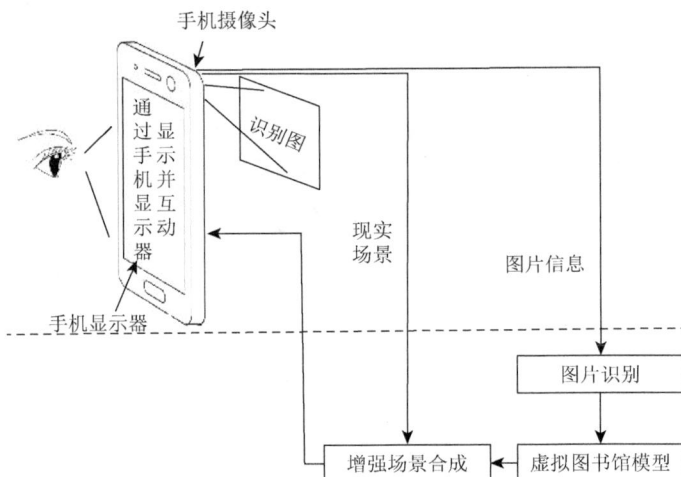

图 5-10　TSGDL 系统的工作架构图

5. 系统结构设计

系统结构设计主要分为以下三大部分。①TSGDL 模型的设计。设计以广东外语外贸大学南校区图书馆的建筑模型与布局为例，用 CAD（computer aided design，计算机辅助设计）做出图书馆的平面图，导入 3ds Max 软件中，制作出图书馆的三维模型即 TSGDL 模型。TSGDL 模型可与读者进行直接互动，是整个 TSGDL 系统的核心部分，更形象与具体地展示了 AR 技术的直观性。②图像识别功能的设计。图像识别借助于 Vuforia SDK，Vuforia 可提供较为直接的图片识别方法。对于每一个用 Vuforia 开发的 AR 程序来说都有一个唯一的 license key（密钥），首先在 Unity 引擎 AR Camera

中输入这个唯一的 license key 之后，则可使用 Vuforia 进行识别。其次，在 Vuforia 提供的数据包中上传所需要的识别图片，再进入 Unity 引擎进行配置与调试，并利用手机摄像头扫描识别图片。最后在显示设备中生成预先导入在 Unity 的 TSGDL 模型。③TSGDL 模型互动功能的设计。在第一次 Unity 运行测试中，扫描识别图生成的 TSGDL 模型可以让读者更直观地了解图书馆的布局，但是不能具体地呈现每个库室的空间细节，如果要实现 TSGDL 模型的交互式功能，则需要在 Unity 引擎中通过 C#语言对 TSGDL 模型进行交互功能模块的编译，让读者可以与 TSGDL 模型互动，真正让 TSGDL 模型"活"起来。

6. 功能模块的划分

该系统由制作模块、识别模块、互动模块三个模块构成，每个模块实现的功能依次是：制作图书馆三维模型、目标图片识别、实现系统模型的互动功能。

该系统三大模块分别如下。①制作模块。制作模块即"TSGDL 模型制作"是 TSGDL 系统的基础模块。TSGDL 系统通过 3ds Max 软件来制作 TSGDL 模型，3ds Max 是最常用的建模工具之一，常用的三维建模工具除了 3ds Max 外，就是美国 Autodesk 公司的 Maya（玛雅）了，虽然同是 Autodesk 公司的产品，但 3ds Max 主要是场景建模、室内设计方面的软件，而 Maya 侧重三维动画，所以该系统选用 3ds Max 制作图书馆三维模型。图书馆三维模型在 3ds Max 中制作完成后导入 Unity 并给模型上色，最终完成 TSGDL 模型制作模块。②识别模块。识别模块是该系统的关键模块。该系统借助 Vuforia SDK 来实现这一模块功能。Vuforia 是一个能让应用拥有视觉的软件平台，开发者借助它可以很轻松地为任何应用添加先进计算机视觉功能，借助 Vuforia 软件开发工具包让系统自动识别图片和物体。该系统就是通过 Vuforia 的这一功能在 Unity 引擎中实现对平面图像进行识别的，识别完成后就会在屏幕中显示 TSGDL 模型。③互动模块。互动模块是该系统的核心模块。用户通过与 TSGDL 模型进行互动，了解图书馆的布局及资源，提高该系统功能的同时，也增强读者的使用体验。该系统选择的 C#语言有着优秀的基于应用的面向对象的设计思想，这使 C#开发语言迅速成为开发各类应用软件的最理想开发工具之一[①]。该系统通过在 Unity 引擎中使用 C#开发语言实现 TSGDL 模型旋转、分层显示等功能，实现用户与 TSGDL 模型进行互动。

---

① 杨国强. 2016. 基于 AR 技术的手机卡牌游戏的设计与实现. 长春：吉林大学：4-6.

7. TSGDL 系统的实现具体步骤

该系统实现的具体步骤主要有以下三个阶段。

1）第一阶段：TSGDL 模型的搭建

为了更直观地表现内容，该系统使用三维模型作为互动演示模型。在 3ds Max 中对建筑进行建模，本阶段的工作主要为程序中虚拟模型的搭建。为了保证最终应用程序在运行中尽量少地占用读者手机系统资源以及虚拟模型的直观性，应当对相关模型部分区域简洁化处理。

本书以广东外语外贸大学南校区图书馆为例，具体的搭建步骤与注意事项如下。①将广东外语外贸大学图书馆的 CAD 图纸导入 3ds Max 中进行建模，为避免出现额外的图层误导读者，应删去原建筑图纸中多余的线条和不必要的图层，仅保留建筑物轮廓图和导览必要内容的构件即可。②为保证图层的统一性，应当将构建好的图纸中的对象进行"全选"，并移到空间坐标的原点。③冻结图层时，被冻结图层的线条自动转为灰色，与背景颜色相近，为了加大对比度方便三维建模，应将被冻结图层的线条颜色改为黑色。④为了保证所生成的三维模型的整体性，必须对所需要表现的建筑轮廓进行画线，让每条直线都处于闭合状态。⑤为避免干扰三维模型，构建好模型所需的轮廓线条后，必须解冻并隐藏导入的 CAD 图纸。⑥依次点选平面图各部分的闭合边框，按下"挤出"键，并输入相应的高度，得到图书馆楼层的三维模型后，将图形用 3ds Max 导出，导出格式为.fbx。同时为了保证系统进一步开发时不产生混乱，所导出的.fbx 格式文件应有规律地命名（如 4th floor.fbx 等）以便后续 TSGDL 模型的生成与调用。⑦依次建立其他楼层的三维模型并导出，导出文件格式均为.fbx。

2）第二阶段：利用 Unity 和 Vuforia 创建 TSGDL 应用

第二阶段的系统实现过程与具体步骤如下。

（1）新建 Unity 工程,命名为 TSGDL。将 Vuforia SDK 导入新建的 Unity 中，打开 Vuforia 官网 https://developer.vuforia.com，完成注册信息等步骤并登录，点击页面中的 Downloads，在链接下载列表中选择 Download for Unity。在 Unity 的菜单栏中选择 Assets—ImportPackage—Custom Package，然后再选择.unitypackage 文件来导入插件。将 Vuforia SDK 成功导入后就可以开发 TSGDL 系统的识别模块[①]。

（2）运用 Vuforia SDk 实现图像识别，具体的实现步骤如下。①回到

---

① 张克发，赵兴，谢有龙，等. 2016. AR 与 VR 开发实践. 北京：机械工业出版社：4-14，33-37.

Vuforia 官网 https://developer.vuforia.com。②创建应用，命名"library"；点击自己创建的应用名，进入"license key"页面，复制生成的"license key"。③点击"Target Manager"，创建一个新的数据库；给数据包命名，数据包名与新建的应用名相同，以便于后期查找和导出。创建好后打开新建的数据包，添加识别目标；该系统选择用"Single Image"即"单个图片"作为识别图；将命名为"library-s"的识别图片上传。④勾选已上传图片，点击"Download Database"，然后导入 Unity 工程中。⑤在 Unity 中选择 Vuforia—Prefabs 文件夹，并将 ARCamera 和 Image Target 两个预制件拖入层级视图 Hierarchy 中，同时将场景自带的 Main Camera 删除。点击 ARCamera，在 Inspector 面板中找到 license key，将步骤②中创建应用时生成的 license key 复制并粘贴到该区域。点击 Image Target，在 InSpector 面板中进行各种参数设置。⑥将之前在 3ds Max 里导出的模型 4th floor.fbx 复制到 Unity 项目所在文件夹中的 Assets 文件夹下。用 Unity 自带的着色器（shader）与材质球（material）对三维模型进行颜色和材质的设置。⑦鼠标拖动 4th_floor 到场景中，保持选择状态，按键盘"F"键，物体自动放大到场景的最大点。使 TSGDL 模型的大小与手机屏幕中的识别图片的尺寸相匹配。读者扫描识别图片可在手机屏幕上显示出比例合适的 TSGDL 模型。⑧按下运行键进行测试，将识别图放入摄像机时，就会自动识别，识别后在屏幕中显示出图书馆楼层的三维模型。再用相同的方法将其他各楼层模型依次导入 Unity 中，并用新的材质球给模型上色，完成 TSGDL 模型在 Unity 中的制作和上色。

　　3）第三阶段：TSGDL 模型互动功能的实现

　　实现 TSGDL 模型的显示功能之后，读者通过与模型互动了解图书馆的功能。该系统开发的交互功能有虚拟按钮功能、TSGDL 模型脱卡功能、触屏控制模型的旋转和缩放功能等。

　　（1）虚拟按钮功能。为了使交互更加直观，该系统将交互按钮设置在真实的识别图像上，点击识别图像的左右两边生成不同的三维模型图（分别以图书馆三维模型和第四层模型为例）。该系统使用 Vuforia SDK 的 Virtual Button 功能来实现这样的交互，实现步骤如下。①将 Project 视图中 Vuforia 的 Prefabs 下的 Virtual Button 预制件拖入 Image Target。将第二阶段中在 Image Target 下创建的两个 TSGDL 模型（即图书馆全景三维模型 lib_model 和图书馆第四层模型 4th_floor）调整到合适大小并使他们的位置相同。②在 Virtual Button 的 Inspector 界面里分别设置两个 Virtual Button 的名字，分别为"btnLeft"（识别图形左侧的虚拟按钮）与"btnRight"（识别图形右侧的虚拟按钮）。③在 Project 下新建一个 C#脚本，命名为 VirtualButtonEventHandler.cs。在脚本中添加代码，实现 IVirtualButtonEventHandler 这个接口。其中这个接口包含两个方法：

　　public void OnButtonPressed（VirtualButtonAbstractBehaviourvb）

　　public void OnButtonReleased（VirtualButtonAbstractBehaviourvb）

分别定义虚拟按钮的按下和释放事件。④创建两个 GameObject 类型的字段，分别对应之前创建的图书馆三维模型 lib_model 和第四楼层模型 4th_floor，并在程序开始前将两个三维模型设置为隐藏模式。⑤实现 OnButtonPressed 方法中的功能具体代码如下，将获取的按键名称与场景中的创建名进行对比，就可以知道按下的是哪个虚拟按键，再显示相对应的三维模型。

　　switch（vb.VirtualButtonName）{

　　case "btnLeft"：

　　lib_model.SetActive（true）；

　　4th_floor.SetActive（false）；

　　break；

　　case "btnRight"：

　　lib_model.SetActive（false）；

　　4th_floor.SetActive（true）；

　　break；}

⑥OnButtonReleased 实现方法与 OnButtonPressed 实现方法基本相同。⑦在 Unity 引擎中点击"运行"进行测试，扫描识别图，点击识别图左侧会出现图书馆全景三维模型，点击右侧会出现图书馆第四层模型。

　　（2）TSGDL 模型脱卡功能。读者通过手机扫描识别图片后，TSGDL 模型会出现在手机屏幕的中间，当读者将手机离开识别图，TSGDL 模型也随之消失。在该系统中需要在识别图片移开后，将 TSGDL 模型停留在手机屏幕中，让读者与之进行旋转、放大、移动等交互活动。实现这个功能就是 TSGDL 模型的脱卡功能。

　　TSGDL 模型的脱卡功能可以通过两种方法实现。①第一种方法：建立两个摄像机，在识别图片移除后，取消其作为 TSGDL 模型的父物体关联，再用另一个相机进行渲染，完成一个相机坐标系的转换，也就是脱离识别图之后的物体是完全在另外一个相机坐标系下的。②第二种方法：识别图从摄像头中移开后，在主相机中创建一个空物体作为脱离后模型的目标位置，这种方法相对简洁些。该系统采用第二种方法实现了 TSGDL 模型脱卡功能。

（3）触屏控制模型的旋转和缩放功能。在实现模型脱卡功能后，TSGDL模型会停留在手机屏幕的中心，读者可以通过手势控制其旋转和缩放。实现手势控制功能的方式有几种，可以借助一些插件如 Lean Touch、EasyTouch 等快速地实现手势控制效果，也可以使用 Unity3D 自带的 Input类与 Touch 类进行编译实现模型缩放。TSGDL 系统就是在 Unity3D 中使用LeanTouch 插件进行触屏控制：①在 Unity3D 的 Asset Store 中下载 Lean Touch 插件，并导入 Unity3D 工程中；②点击菜单栏 GameObject—Lean—Touch；③将项目面板中 Lean Touch 文件夹下的 Examples 子文件中所要用到的代码拖拽到 TSGDL 模型上即可实现触屏控制。

4）第四阶段：程序打包导出及测试

下载并安装最新版的 Android SDK，具体导出步骤如下。①将 TSGDL系统从本地存储中导出。②生成 Android 系统下运行的软件安装包，保存为 apk 类型。③将此安装包导入手机，并安装测试，生成名为"TSGDL"的移动应用，点击并打开移动应用后，将手机摄像头扫描识别图片，点击识别图左侧可生成图书馆三维虚拟模型，效果如图 5-11 所示。移开识别图片后，TSGDL 模型仍停留在手机屏幕，用手指触动屏幕可与之互动，初步实现图书馆 AR 导览服务。

图 5-11　TSGDL 系统实现效果图

（二）基于增强现实技术的图书馆导览系统的优点与前景

开发 TSGDL 这一综合性的导览系统，既需要开发者具有工程制图等图形设计基础，如 3ds Max 三维模型的建立；也需要开发者能掌握 C#等计算机语言、有 Unity 开发引擎的使用经验。目前该系统已在基于 Android 系统的移动设备上安装与测试成功，测试结果说明该系统技术路线切实可行、实现方法具体有效，现已实现了不受地域限制的图书馆空间布局导览、资源介绍与书目检索等功能。

在系统开发过程中，发现 TSGDL 系统有如下优点。①打破了传统导览对时间、空间及工具等的要求，随时随地用手机、平板等个人移动设备就可以体验观赏。②三维效果展现图书馆，不但使馆藏空间与区域布局一目了然，而且用户通过使用移动手机应用获得的趣味性更多。③功能模块可以继续扩展，该系统实现了模型脱卡、旋转与缩放，在此基础上可以嵌入视频、书目导览与图书 AR 简介等功能，通过对每位读者检索和点播信息的记录进行大数据模型分析，可以进一步开发针对每位读者的个性化信息推送、图书书目信息、图书被借阅历史、书评信息及读者之间的在线实时沟通等功能。

TSGDL 系统开发完成之后，图书馆邀请了部分读者试用该系统。用户反映通过该系统可以非常直观地了解图书馆的空间布局与功能分区，体验较好；也有读者反映该系统互动功能仍有待完善。开发人员也在思考如何完善 TSGDL 系统的知识图谱和知识库，相信随着人工智能算法的引入和数据模块的不断强化，系统的互动功能将进一步提高。

作为一种新型信息技术，AR 技术利用三维定位、高度交互性、虚实结合的特点，不仅缩短了现实世界和虚拟世界的距离，也扩展了现实世界的信息展示空间，具有广泛的应用前景和巨大的商业价值。在飞速发展的移动互联网环境下，图书情报领域应采取开放的态度，积极跟踪技术发展，结合自身的业务特点，努力探索移动 AR 技术在图书馆中的应用，开发基于此类技术的图书馆延伸服务项目，并最终引领图书馆的业务工作不断创新。

第四节　高校图书馆交流平台延伸服务的实践研究

在网络时代，读者越来越多地通过虚拟空间获取各类信息资源，他们实地到访图书馆的动机将逐渐淡化，甚至消散，图书馆物理空间的存在价值受到挑战。同时，在数字资源日趋完善的情况下，图书馆正在逐步地降低纸质文献的比例，在一些国家和地区，图书馆已实现"无纸化"。这些发展趋势不容小觑，因此，延伸服务的重要性不言而喻。高校图书馆的用户以大学师生为主，读者信息素质相对偏高，图书馆需求的层次也相对偏高。

除了文献信息、空间资源、技术支持等方面的基本需求之外，大学用户更高层次的需求也有待挖掘。

用户需求是以兴趣为导向的，因此，图书馆可以基于读者的兴趣，进一步激发其用馆需求。本书提出的交流平台是抽象的特定用户之一，实际上是指图书馆为用户打造、建构各类交流平台，并通过这些交流平台向用户提供延伸服务，这有利于图书馆充分发挥"第三空间"的功效。经过调查得知，国内高校图书馆为读者建构的兴趣交流平台种类多样，充分体现了延伸服务的多样性。

各类视频程序或视频网站可作为高校图书馆延伸服务的交流平台，其中，抖音作为短视频平台的代表，哔哩哔哩作为视频网站的代表，两者都拥有大量的网络用户，本书调查国内高校图书馆利用这两个平台的情况，抽取其中案例进行研究与分析，归纳得出相关实践的主要内容和总体特点，并提出基于视频交流平台延伸服务工作相关建议。

一、高校图书馆兴趣交流平台延伸服务的实践案例研究

兴趣交流平台是指图书馆围绕"一切以用户为中心"的服务理念展开的，针对用户不同的兴趣需求而建构的，便于共同兴趣爱好群体围绕特定兴趣主题进行学习、交流、互动、分享的活动平台。兴趣交流平台延伸服务直接以读者群体的多层次需求为着眼点，交流主题与活动形式随读者群体的兴趣需求特征改变，是以读者的兴趣需求为核心的，针对各种特定兴趣用户群体的延伸服务。这种由用户兴趣导向的交流平台在一定程度上能够满足用户对图书馆的多样化、多层次、逐级递增的使用需求，从而保持图书馆对用户的持久吸引力。

本书针对 2300 名新生进行问卷调查，回收了 2204 份问卷，其中仅 21 名受访者表示对图书馆组织的文化活动没兴趣，不会参加，占总人数的 0.95%；仅 75 人表示对"读书会"没兴趣，占总人数的 3.40%；另外，有 206 名受访者表示读书之后没有与人分享或讨论的习惯，占总人数的 9.35%。调查结果反映了新生的需求倾向，表明图书馆建构兴趣交流平台存在大量潜在用户，吸引他们参与的关键在于交流活动的主题与形式是否切合其兴趣需求。

（一）高校图书馆兴趣交流平台延伸服务实践案例分析[①]

为探寻高校图书馆兴趣交流平台延伸服务的实践情况，本书考察了

① 植素芬. 2016. 高校图书馆兴趣导向交流平台延伸服务初探. 图书馆学研究，（7）：72-79.

39 所图书馆相关案例，通过浏览官方网站、微信、微博、BBS、馆讯以及阅读相关论文资料，对其开展的兴趣交流平台活动进行研究，发现高校图书馆兴趣交流平台延伸服务总体开展不均衡，有些图书馆举办的相关活动次数多、兴趣导向多样化，其中不乏较新颖的、富有吸引力的平台活动案例，产生了一定的影响力；有些图书馆则仍以传统的服务推广活动为主，缺乏对读者多样化兴趣需求的考虑，活动形式以讲座为主，忽略了读者间互动、交流、分享、体验的过程。

　　本书对 39 所高校图书馆于 2015 年开展的兴趣交流平台进行搜集、整理，选取切合读者兴趣需求，吸引大量参加者的优秀案例，并将其按手工技艺、经典阅读、视频拍摄、游历、教职工亲子、英语、游园与游戏、信息素养、学科专业九个兴趣导向进行分类。表 5-9 详细列举了这些平台名称及活动内容、举办单位、读者参与情况等相关内容。

表 5-9　39 所高校图书馆兴趣交流平台优秀案例列表

兴趣	平台名称及活动内容	举办单位	读者参与情况
手工技艺	跟我学做线装书：现场体验亲自 DIY 一本手工书	四川大学图书馆	每天 5 个名额，25 个名额提前抢空
	技多不压身之动手学丝绸手工扎染：学习丝绸扎染的知识和技艺流程，亲自动手扎染	浙江大学图书馆	限额 30 名，名额瞬间被师生抢完，后来加办了一次活动
	盘扣发簪现场展示及制作体验：旗袍兴趣小组现场教学制作盘扣；汉服社现场教学制作发簪	华东师范大学图书馆	分别两个校区总共举办四场次，读者参与情况不详
	纸墨烟云——传拓体验活动：古籍部老师演示石碑传拓的基本步骤，指导同学们动手体验传拓	华东师范大学图书馆	聚集了很多前来体验的学生，大家对传拓都颇感兴趣
	绒绣技艺的教学活动：展示绒绣作品，并传授绒绣工艺，让读者亲身体验	华东师范大学图书馆	现场挤满了路过和闻讯而来的师生
	"闻学知行堂"扇面绘画初体验：图书馆老师教授绘画技巧，指导学生们进行创作，在扇子上画画	同济大学图书馆	吸引了本校师生及校外媒体单位国画爱好者报名参与
	信笔图雅——交大秘密校园涂色活动：现场配备彩绘文具和作品展示墙，读者亲手涂绘	上海交通大学图书馆	无需绘画基础，名额有限，报名参加活动
经典阅读	"爱读书·爱分享"诵读及书评分享大赛：比赛包括原著诵读和书评分享两部分	天津大学图书馆	100 多名在校学生报名参加，10 人进决赛展示
	古诗词朗诵大赛：古诗词汉语朗诵，需制作和朗诵内容相应的 PPT 并配以背景音乐现场展示	上海交通大学图书馆	预赛参与情况不详，来自各学院的 24 组选手进入决赛
视频拍摄	"读史、读经典"微电影大赛：用光影品味历史沉淀的精华，用镜头复活简牍中的典故	中国人民大学图书馆	参赛作品 26 件，评出 5 个奖项
	"微拍电子书"活动：拍摄或制作与"阅读"相关的 60 秒微视频	四川大学图书馆	44 条视频，105 人参与活动

续表

兴趣	平台名称及活动内容	举办单位	读者参与情况
游历	游武昌古城：参观农讲所旧址、毛泽东旧居纪念馆、中共武大会址以及辛亥革命博物馆	武汉大学图书馆	限 100 人，通过微信、微博或学生社团报名参与
	圈之旅：邀请毕业生参观三个校区图书馆，重温书香岁月，回味阅读时光，聆听毕业回响	厦门大学图书馆	仅限毕业生，安排三辆 50 座校车
教职工亲子	"快乐拼图，搜索李馆"：由参观、快乐拼图、"小小讲解员"、亲子互动四部分活动组成	上海交通大学图书馆	原本限额 20 人，但实际共 30 名交大教职工子女及家长参加
	亲子阅读活动：由面向家长的亲子阅读讲座和面向孩子的听姐姐讲故事及绘画两部分组成	重庆大学图书馆	35 个家庭，约 100 名家长与小朋友（5~8 岁）参加
英语	TALK!：英语交流沙龙，由最新话题畅聊、益智游戏共享、雅思学习小组互帮互助等活动组成	厦门大学图书馆	每期限 30 人，需筛选报名，有外籍留学生参与
	Crazy Weekend：英语演讲训练营，英文游戏、演讲加辩论，在轻松愉悦的气氛中训练口语，交朋友	武汉大学图书馆	有外籍留学生参与，参与人数每期约 30 人
游园与游戏	虎溪馆赶大集活动：活动共设十个环节，分为赶大集积印章区域和休闲娱乐区域，设有各种奖品奖励	重庆大学图书馆	现场门口处可领券，凭券入场，500 多人参加
	图书馆密室逃生：将图书馆设置成密室逃脱游戏场景，由参与者进行解密。在馆内贴满谜题，部分谜题不是光靠已有线索就能解答，还必须了解一些书本及阅读常识才可以解开	北京大学图书馆	700 多人参加
		中国科学技术大学图书馆	800 多人参加
信息素养	安徽省高校研究生信息素养夏令营：培养信息获取、分析、处理水平，增强语言能力，提升国际视野	中国科学技术大学图书馆	来自安徽省内 21 所院校 200 多名师生参加
	学术搜索之星："号角吹响"全民暖身赛、"虚拟之战"网络选拔赛、"精英计划"总决赛选拔以及"巅峰对决"现场总决赛	武汉大学图书馆	共 891 人参与网上选拔，前 50 名选手参加精英集训营，并参与决赛资格选拔
学科专业	"观影说法"活动：放映司法制度相关的英文电影，并邀请专业老师进行点评，进行自由讨论	中国人民大学图书馆	参与人数不详

1. 基于手工技艺兴趣的交流平台

基于手工技艺兴趣的交流平台列举了线装书、丝绸手工扎染、盘扣发簪手工制作、传拓、绒绣工艺、扇面绘画、校园涂色等七个案例，都是对传统手工技艺的学习与体验活动。这类交流平台广受读者欢迎，但举办难度大，需要专门的技艺人员现场指导。由于举办条件要求高，图书馆可与校内外机构或学生社团合作。例如，华东师范大学图书馆与学生社团旗袍兴趣小组、汉服社合作开展发簪盘扣制作活动，与华东师范

大学社会发展学院民俗学研究所合作举办绒绣工艺体验活动；浙江大学
图书馆举办的丝绸手工扎染互动活动，邀请了中国丝绸博物馆的老师为
大家讲解丝绸扎染的知识和技艺流程，并作示范演示；上海交通大学图
书馆联合上海途涂文化传播有限公司，共同举办涂色活动。也有部分图
书馆老师具备相应技艺专长，如四川大学图书馆举办的"跟我学做线装
书"活动、同济大学图书馆举办的扇面绘画初体验活动，都是图书馆老
师进行指导的。图书馆举办的手工技艺平台活动，受人员与材料的限制，
大多需要预约参与。

2. 基于经典阅读兴趣的交流平台

有别于传统的书评、征文类活动，基于经典阅读兴趣导向的交流平
台的主要特点是为经典阅读爱好者提供展示、交流的平台，读者可以根
据自身的优势和特长，进行个性化的展示，因此报名参与活动的积极性
较高。例如，上海交通大学图书馆的古诗词朗诵大赛，参赛选手们在朗
诵古词的基础上，还各自发挥创意，进行个性化的展示，他们制作了靓丽
的 PPT 背景图，并配上悠扬的背景音乐，营造出丰富多彩的氛围；有的选
手身着精致的古代服饰，为朗读活动增添角色代入感；有的选手则采用独
具特色的吴语诵读方式，充分展现地方文化特色，总之，这些参赛选手的
个性化表现方式令人耳目一新。

3. 基于视频拍摄兴趣的交流平台

基于视频拍摄兴趣的交流平台为新媒体爱好者提供了展示平台。高
校图书馆举办的视频拍摄类活动的主题大多与图书馆或者阅读相关，如
中国人民大学图书馆的微电影大赛的主题是"读史、读经典"；四川大学
图书馆的"微拍电子书"活动与数字阅读推广有关。由于这类交流平台
举办的活动要求参与者掌握一定的拍摄技能，因此可能会让一些读者感
到无法参与，针对这种情况，四川大学图书馆为有志参加活动的读者还
专门举办了视频拍摄技能培训，由图书馆老师为零基础的读者准备视频
拍摄剪辑技巧，活动参与者获得了一些拍摄、剪辑视频的技能，图书馆
的交流平台也可以吸引到更多的参与者，以及激发他们持续参与相关活
动的兴趣。

4. 基于游历兴趣的交流平台

基于游历兴趣的交流平台为旅游爱好者提供了实地考察、立体阅读的
交流平台。这类平台开展相关活动的难度较大，需要一定的人力、物力、

财力的支撑。在实践中，有的图书馆采取与其他机构合作的方式开展此类活动，如"游武昌古城"活动由武汉大学图书馆与武昌区委宣传部、武汉大学团委、珞珈山街道办事处等多家机构联合举办；有的图书馆则将此类活动发展为品牌活动，如厦门大学图书馆的"圕之旅"跨越思明、漳州、翔安三地，该馆租用三辆 50 座的大客车，由多名馆员带领毕业生参观各校区，这本是毕业季活动之一，但是，由于收到大量其他年级读者的报名请求，图书馆于是扩大受众面，将这个活动发展成为图书馆的品牌活动，不定期举办，每次限 60 人[①]。

5. 基于教职工亲子兴趣的交流平台

高校图书馆为大学教职工及其子女打造亲子阅读与相关活动的平台，其作用与影响不容小觑。亲子阅读活动平台在为孩子们带来快乐的同时，还拉近了父母与子女、孩子们与科学知识之间的距离，充分发挥了图书馆的教育支撑作用。相关案例如上海交通大学图书馆举办的"快乐拼图，搜索李馆"活动、重庆大学图书馆亲子阅读活动等，颇受用户的欢迎，已连续多年举办，具有较强的延续性。此外，这类平台的活动还具有一定的延伸性，例如，重庆大学校区虎溪图书馆的亲子阅读活动不仅面向大学教职工家庭，还面向附近社区家庭开放，是大学图书馆向社区延伸服务的探索。

6. 基于英语兴趣的交流平台

基于英语兴趣的交流平台为英语爱好者提供了英语学习、口语训练的交流平台，其特点是图书馆采取与学生社团合作的模式进行，例如，厦门大学图书馆与 U-Talk 协会联合举办英语交流沙龙，武汉大学图书馆与WHUMSA 社团合作举办的英语演讲训练营。这类平台的活动形式多样，包括英语沙龙、学习小组、英文游戏、英语演讲或辩论等，活动参与者的共同目标是锻炼英语交流能力、提升英语水平。因此，英语兴趣交流平台主要面向有一定英语口语基础的大学生。此外，相关活动也可吸引部分留学生读者参与，他们可以通过活动结识当地朋友，这有助于留学生融入国内的大学环境。

7. 基于游园与游戏兴趣的交流平台

基于游园与游戏兴趣的交流平台是较为大众化活动的平台，它面向所

---

① 《图书馆英语交流沙龙 "Talk"》，https://dxs.moe.gov.cn/zx/a/ds_dspdtg/230330/1834117.shtml，2024 年12 月 4 日。

有用户，参与人数较多。基于游园兴趣的活动平台主要是为了让师生以更丰富的形式来体验图书馆，如重庆大学虎溪校区图书馆组织赶大集活动，活动包括图书集市、粽香乐、汉服演绎、集市里看大戏、笔下有真功、猜灯谜、组队踢毽子、游戏、书之星一战到底现场踢馆、经典电影滚动播放等环节，使师生们从书本到亲身体验，全方位参与图书馆的文化之旅。基于游戏兴趣的交流平台，主要是通过探索寻宝、密室逃生类的游戏为读者提供科技体验，为科技爱好者提供参与、挑战与交流的平台。北京大学图书馆、中国科学技术大学图书馆分别举办了相关活动，吸引了大量学生参与。中国科学技术大学图书馆是在周六下午闭馆之后开展的活动，未对读者造成困扰。而北京大学图书馆举办活动的时间是在开馆期间，尽管活动举办很成功，却对在馆学习的读者造成了干扰，引起部分读者的吐槽，建议在晚上九点以后进行。总之，基于游园与游戏兴趣的交流平台相关的活动需要注意场地、时间的安排。

8. 基于信息素养兴趣的交流平台

基于信息素养兴趣的交流平台主要是图书馆为信息素养爱好者提供能力测试与提升的学习交流平台。例如，信息素养竞赛就广受欢迎，读者覆盖面广，一般先通过网络预赛选拔，再逐级晋级到决赛现场比拼。相关的案例有：中国科学技术大学图书馆牵头举办的安徽省高校研究生信息素养夏令营，具有一定影响力；武汉大学图书馆举办的学术搜索之星活动，参与人数较多，设置了全民暖身赛、网络选拔赛、总决赛选拔以及现场总决赛等环节，吸引了读者的深度参与。此外，同济大学图书馆、北京大学图书馆、兰州大学图书馆、东南大学图书馆等也举办了类似活动。一些图书馆还举办信息素养训练课、技能培训等，提高参与者的竞技水平。基于信息素养兴趣的交流平台是信息素养教育的延伸方式。

9. 基于学科专业兴趣的交流平台

基于学科专业兴趣的交流平台，是针对读者对特定学科专业的兴趣需求而专门搭建的交流平台。图书馆从嵌入式学科服务出发，举办相关的活动，并采取与学生社团、校内外组织或个人合作的方式进行。例如，中国人民大学图书馆开展的观影说法活动，是图书馆与法学院青年志愿者协会进行合作，共同为爱好法学的读者搭建的常规交流平台。相关研究还有此类案例，例如，西北政法大学图书馆创办影像读书沙龙，其教学团队与读书促进会合作，从法学、哲学、社会学等学科的专业知识进行延伸，以及就业、考研、司法考试等主题进行交流与讨论[①]；北京大学图书馆与艺术学院和多个学生社团合作，共同打造影像阅读服务体系[②]，聚焦影视艺术专业，并邀请导演、制片人、主演等主创团队，以及专家学者、影评人等专业人士，来现场与读者交流。这种多方共建、多方参与的学科专业兴趣交流平台能够精准定位受众群，凸显了活动的学科专业性。

（二）高校图书馆兴趣交流平台延伸服务的相关建议

根据用户兴趣需求，兴趣交流平台为不同的群体提供针对性的交流、互动平台，相关活动有助于丰富大学校园生活，提升读者的文化素养与综合素质，体现了高校图书馆延伸服务的理念。随着现代图书馆功能概念的不断延伸，高校图书馆的延伸服务亟须寻找新的生长点，作为以用户兴趣需求为中心的新型延伸服务方式，兴趣交流平台值得特别关注。为更好地推进相关实践发展，在调查研究的基础上，本书提出兴趣交流平台延伸服务的相关建议。

1. 相关平台的兴趣导向应注重多元化与个性化

兴趣交流平台以用户的兴趣需求为出发点而建立，在相关案例中，各馆兴趣交流平台的主题与活动形式多种多样，正因为切合读者的个性化兴趣需求，才吸引了众多读者的热情参与。高校图书馆根据读者不同的兴趣需求设立多元的主题与活动形式，开展个性化交流平台活动，一方面可以满足各种特定兴趣需求的用户群体，保持平台对广大读者的吸引力；另一方面还可以保证读者综合素质水平的全面提升。为此，图书馆在建构相关平台的同时，应尽可能地分析读者的兴趣需求，并充分调动各方的积极性，在读者兴趣导向方面则应注重多元化与个性化，方能保持兴趣交流平台的持续性与延续性。

2. 图书馆可以与校内外组织或学生社团共同建构兴趣交流平台

基于读者兴趣交流平台的活动开展难度大，通常需要配备相应的专门技艺人才、工具材料以及财力支撑等。因此，兴趣交流平台的相关活动可采取由图书馆与校内外组织，或者与学生社团合作的方式进行。图书馆与校内外组织合作开展相关活动，一方面可以保证平台具备充足的软硬件资源支撑，另一方面可以提升平台在校内外的辨识度与影响力。

① 王爱霞. 2011. 大学图书馆"影像读书·沙龙"教学实践与启示：以西北政法大学图书馆为例. 图书馆论坛，31（5）：9-12.
② 胡希琴，陈立人，汪聪. 2022. 电影艺术为核心的高校图书馆影像阅读服务探索：以北京大学图书馆影像阅读服务体系的建构为例. 图书馆学研究，（12）：67-74.

图书馆与学生社团合作开展活动，既可以发挥社员特长，让其参与平台活动的组织策划，提供技艺指导，减轻图书馆组织工作的压力；又可以通过学生社团扩大平台的宣传面，有效提高相关活动的参与度。因此，图书馆应积极寻求与校内外组织或学生社团的合作，共同建构兴趣交流平台。

3. 兴趣交流平台举办的活动应考虑参与人数及读者的参与能力

兴趣交流平台举办的相关活动原本不应该设置参与人数限制，但是，由于人力、物力、资源、场地等各种软硬条件的限制，除了竞赛类、游园游戏类活动以外，相关活动大多限定参与人数。如何在保证平台活动质量的前提下，最大限度地满足读者的参与需求，让更多读者有机会参与，是有待解决的问题。常见的解决办法是根据条件增加活动场次，或增加分会场，或临时增加参与名额，有部分平台已发展成常态化平台，每周固定举办。兴趣交流平台相关活动也不应该对读者参与能力作要求。然而，一些活动可能需要参与者具备相关能力，如视频制作、素养大赛、英语交流等活动，需要读者具备相关能力。为此，图书馆可以考虑为零基础读者开设相应的培训课，或安排专业人员在现场指导，以保障活动开展顺利。

4. 图书馆应强化兴趣交流平台活动秩序的管理

兴趣交流平台举办的活动大多重在参与者之间的交流与互动，现场气氛热烈，甚至造成喧嚣，这与图书馆为读者提供安静的阅读环境相冲突。因此，图书馆必须加强管理兴趣交流平台举办相关活动的秩序，对于活动的时间与地点，做出合理的安排。例如，将活动时间安排在闭馆期间，这可以让活动的参与者更尽兴，活动的氛围更欢快；或者专门开辟出相对封闭的、隔音效果好的专属空间用来开展相关活动，以避免给其他在馆内阅读、学习的读者带来干扰。此外，对于参与人数较多的、大型的活动，图书馆还需要安排专人在现场维持秩序，以保障所有参与者的人身、财物安全。

5. 兴趣交流平台可以与学科服务相结合

基于学科专业的交流平台值得高校图书馆尽力建构，将兴趣交流平台与学科服务相结合具有必然性与可行性。一方面，高校图书馆受大学的学科建设影响，也具有一定的学科倾向，学科服务是高校图书馆的重要工作之一，所以，将兴趣交流平台与学科服务相结合具有必然性；另一方面，开展以各个学科专业兴趣需求为导向的交流平台，既有吸引力又能满足专业需求，图书馆根据自身的各种资源优势，打造基于某专业的兴趣交流平台，具有较高的可行性。并且，图书馆可以与学院教师合作，结合教学进度安排，举办临时课堂、专题座谈会、小组讨论会等活动，将这些活动嵌入教学过程，实现兴趣交流平台与嵌入式学科服务的完美结合。

6. 高校图书馆兴趣交流平台可以向社区延伸

国内高校图书馆建构的兴趣交流平台及其相关活动，大多面向校内师生用户，但也有一些图书馆尝试将兴趣交流平台的对象从大学校园延伸至附近社区。在实践案例中，有部分平台的服务对象不仅限于校内读者，相关活动允许校外的读者、非大学师生用户参与，这是国内高校图书馆通过兴趣交流平台向社区延伸服务的现象。在国外一些高校图书馆的相关实践中，向社区进行延伸服务早已成为常规工作，例如，美国佛罗里达大学（University of Florida）图书馆走进中小学，定期举办学生与家长的读书交流会[①]，美国新墨西哥州立大学（New Mexico State University）走进社区，举办儿童节阅读活动[②]，都是基于用户的亲子阅读兴趣导向，而走进社区开展的高校图书馆延伸服务。国内外相关实践表明，高校图书馆以兴趣交流平台的形式向社区提供延伸服务，是切实可行的。

综上所述，通过对高校图书馆兴趣交流平台相关活动的案例进行分析，本书归纳出九种类型的兴趣交流平台。在实践中，各高校图书馆为用户建构的兴趣交流平台并不仅仅局限于这些种类。各高校可以根据自身资源特色和大学的学科专业特色，结合用户的兴趣需求，进行相关的策划和运营，建构受用户欢迎的兴趣交流平台，依托平台为用户提供更加深层化、多元化、个性化的延伸服务。

二、高校图书馆基于视频交流平台延伸服务的实践研究

抖音和哔哩哔哩是目前国内较具代表性的视频平台，前者主要以短视频为特色，后者则以其弹幕（实时评论）功能而吸睛，两个平台都吸引了部分高校图书馆进驻，并发布了一些作品。通过对相关实践案例的研究，可归纳得出高校图书馆基于视频交流平台延伸服务的主要内容和总体特点，并提出相关建议。

---

① Malanchuk I. R. 2006. Academic librarians organize a sixth-grade reading club. Young Adult Library Services，4：13-17.

② Mahaffy M. 2009. In support of reading: reading outreach programs at academic libraries. Public Services Quarterly，5（3）：163-173.

（一）高校图书馆基于短视频交流平台延伸服务的实践——以抖音为例

2017 年左右，国内短视频平台迅速崛起，涌现出抖音、快手、西瓜、火山等以智能手机为主要载体的短视频平台。随着移动互联网和 5G（5th generation mobile communication technology，第五代移动通信技术）基础设施的持续深入发展，短视频消费将越来越多地依托移动终端。在短视频平台崛起的过程中，很多商业实体、自媒体团队以及个人能够审时度势，抓住时机，通过新的平台树立品牌形象、打造营销爆点、推动自我营销等，取得不错的效果。本领域的从业人员和研究人员也注意到短视频平台的作用与影响，并尝试开展相关的实践。

1. 抖音平台的兴起及其核心功能概述

抖音于 2016 年 9 月上线，定位为年轻人的音乐短视频社区，从 2017 年 3 月到 7 月，其用户迅速从 29 万人飙升至 173 万人，日均播放量突破 10 亿次。此后不久，抖音的姊妹版本 TikTok 在海外发行，跃居美国 APP 下载量第一位，并在日本、泰国、印度尼西亚、德国、法国和俄罗斯等地多次登上当地 App Store 或 Google Play 总榜的首位[1]。2020 年 5 月的统计数据显示，抖音及其海外版 TikTok，在全球 App Store 和 Google Play 应用程序商店的总下载次数已突破 20 亿次[2]。一项统计数据显示，截至 2024 年，TikTok 的全球下载量为 8.26 亿次，高居全球移动程序下载量排行榜之首[3]。从用户数量上来看，TikTok 以让人难以置信的速度上升为全球现象级的短视频平台，2018 年 1 月至 12 月，TikTok 的全球月活跃用户数量从 5500 万人跃升至 2.71 亿人。2019 年 12 月，TikTok 的全球月活跃用户数量涨到 5.08 亿人。到 2020 年 7 月，TikTok 的全球月活跃用户数量已达近 7 亿人。2021 年 9 月，TikTok 官方宣布其全球月活跃用户数量已突破 10 亿人大关[4]。总之，目前抖音在国内外都是备受欢迎的短视频平台，其下载量与用户数量也处于持续增长的态势。

① 《TikTok 成为美国下载量最高应用》，https://news.pedaily.cn/201811/437459.shtml，2022 年 11 月 6 日。

② 《抖音及海外版 TikTok 全球下载破 20 亿次》，https://www.zaobao.com.sg/realtime/china/story 20200501-1049888，2024 年 12 月 4 日。

③ Ceci L. 2025. Most downloaded mobile apps worldwide 2024. https://www.statista.com/statistics/ 1285960/top-downloaded-mobile-apps-worldwide/[2025-04-13].

④ 王萌萌. 2021. TikTok 全球月活跃用户超 10 亿. http://www.news.cn/fortune/2021-09/28/c_1127913583. htm[2023-03-30].

抖音的核心功能是发布短视频,用户可以在程序指导下拍摄约 15 秒长的视频,添加混剪、美颜、贴图等特效,并自选配乐,以此制作原创短视频;同时,抖音的朋友功能可以添加微信、QQ 好友,并可通过关注、收藏、评价、分享等环节形成短视频用户社区。抖音是专注于年轻人领域的短视频平台,相较于其他传统社交媒体,抖音侧重于应用更动态的、更互动的,即具有高度社交性的视频格式,以便更好地适应移动终端。

2. 国内高校图书馆抖音平台延伸服务的实践

图书馆服务在网络虚拟世界进行延伸有很多的实现方式,抖音的风靡引起了高校图书馆领域的注意。截至 2023 年 4 月,在抖音平台对关键词"大学图书馆"进行模糊检索并初步筛选,得出大学图书馆的抖音账户一共 56 个。在此检索结果基础上,选择筛选"企业认证"选项,得出大学图书馆账号 13 个。为了对高校图书馆的抖音平台延伸服务实践情况进行分析,本书参考教育部"第二轮'双一流'建设高校及建设学科名单"[①],选取其中147 所高校,在抖音平台的"用户"搜索框中逐一输入大学的名称进行精确检索,结果发现:147 所大学的图书馆中有 14 所图书馆建立了抖音用户账号并发布了作品,其中,经过抖音平台官方认证的账号为 7 个,未经官方认证的账号为 7 个。这些大学图书馆的抖音账号名称、粉丝数量、是否经过平台官方认证、第一次发布作品的时间、抖音作品总数量、抖音作品分类及主要内容的情况详见表 5-10(按学校代码排序,数据截止时间为2023 年 4 月 8 日)。

表 5-10　14 所高校图书馆抖音平台延伸服务实践案例列表

图书馆抖音账号名称/粉丝数量/是否经过平台官方认证	第一次发布作品的时间	抖音作品总数量/个	抖音作品分类及主要内容
清华大学图书馆[②]/9112 位粉丝(官方认证)	2020 年11 月 17 日	16	分馆推介(家麟音乐图书馆、美术图书馆、法律图书馆);图书馆 110 周年馆庆/空间及资源推介(逸夫馆、古籍阅览室、互动体验空间);活动现场("手工体验:一本书的前世今生"古籍修复与装订工艺体验活动);资源与服务推介(马克思恩格斯文献、信息化技术支撑环境纵览、座位管理系统使用攻略)、展览推介(刘仙洲先生诞辰 130周年纪念展)、现场实时情景(晚上八点半的清华图书馆);馆员风采;读者街采(最喜欢的图书馆、最爱读的一本书、图书馆的作用与意义)

① 《第二轮"双一流"建设高校及建设学科名单》,http://www.moe.gov.cn/srcsite/A22/s7065/202202/W020220214318455516037.pdf,2023 年 2 月 21 日。

② 《清华大学图书馆》,https://www.douyin.com/user/MS4wLjABAAAA4wU-rslGfoUINi7Syft8OyUoCX3RUCg9gbTGTyYen7ux8lvMZ6lKQ3-W8sddrk_E,2023 年 4 月 3 日。

续表

图书馆抖音账号名称/粉丝数量/是否经过平台官方认证	第一次发布作品的时间	抖音作品总数量/个	抖音作品分类及主要内容
南开大学图书馆①/353 位粉丝位（官方认证）	2020 年 11 月 20 日	1	图书馆系列活动（沙画）
河北工业大学图书馆②/579 位粉丝（未官方认证）	2020 年 10 月 13 日	19	校园美景；分校区图书馆推介；河北工业大学 118 周年纪念短片；学生组织及相关活动推介（思源阅读会）；世界读书日宣传；活动获奖作品（我眼中的图书馆）；活动与讲座现场（新生入馆游、知识产权讲座）；读者交流会采访；新年烟花
山西大学图管会③/462 位粉丝（未官方认证）	2021 年 6 月 14 日	50	图书馆建筑与空间；节假日相关；城市、校园美景；图管会相关（图管会招新、换届大会现场、日常宣传）；读者风采
哈尔滨工程大学图书馆④/814 位粉丝（官方认证）	2020 年 11 月 30 日	125	校园美景、图书馆建筑及室内场景；数字资源推介（科学文库、"小图书房"）；空间资源推介（素养教育教室、传统文化教室、读书沙龙、环廊阅览学习区、图书借阅区、休闲区）；"情景式"的服务推介（咨询组业务、"一本委托书的旅程"、馆外文献精准获取、有道词典笔免费借用、"上书分三步"、扫码借书、预约书柜）；馆员或读者"今日书推介"；信息素养教育（程小图说检索、程小图微课、人文素养教育课程）；展览推介（水声工程专业书展、书法艺术展、中外文数据库宣展、党史图片展）；活动现场情景（枫叶贴画活动、辽宁舰十周岁生日送祝福、诗词吟诵活动、端午喜乐会、礼仪课、"阅快阅好"读书比赛、插花庆教师节、趣味运动会、公文写作课、"春韵茶语"、读书奖励计划、毕业生时光胶囊、"翰墨书香，粽情端午"、音乐赏析课）；迎新生系列活动（新生服务指南、新生扫码有礼、1 对 1 答疑解惑、新生游馆、《如何使用图书馆》讲座、新生采访）；毕业季系列活动（毕业照合集、毕业寄语、DIY 创意学位帽）；节假日祝福与读者感想；教职工活动
东林图书馆⑤/615 位粉丝（官方认证）	2020 年 3 月 21 日	11	校园美景、图书馆建筑及室内场景；空间资源推介（图书馆研修间/面试录播间、知识产权工作坊）、"情景式"的服务推介（图书检索与借阅、特殊时期图书逾期归还）；专利服务月活动推介（知识产权宣传图片展、启动知识产权工作坊、知识产权书籍推送、专利知识专题讲座）；教职工活动（写福字送春联、"我为读者办实事"服务创新案例大赛）

---

① 《南开大学图书馆》，https://www.douyin.com/user/MS4wLjABAAAAQyx1Imanui0eVWyxMXwVZbZxbWFf5scx8Wy1KPjLkqGKn9Aif6HaLW0A-EZ7O8Yr，2023 年 4 月 3 日。

② 《河北工业大学图书馆》，https://www.douyin.com/user/MS4wLjABAAAALUhTQwA3vojglXo0Pdoxi86QC_jKrAjN4LCmTatvRCSTLzlAQ62QRsJEyEgZkyTU，2023 年 4 月 3 日。

③ 《山西大学图管会》，https://www.douyin.com/user/MS4wLjABAAAAEPJRBdJqCDM2c-xfi5WVZEUab5DVNr8hu8lOAIHu_1s9E6GEqwbR0tf-wT2aDrYC，2023 年 4 月 4 日。

④ 《哈尔滨工程大学图书馆》，https://www.douyin.com/user/MS4wLjABAAAApsfTtTGzui5xm5ibckHmXjQSPLk1N_Pac8l-2k37fUWbFNyJoOWFXCTu31QtZ_dm，2023 年 4 月 4 日。

⑤ 《东林图书馆》，https://www.douyin.com/user/MS4wLjABAAAAYbbxcj1zD9sdTxYoUDzqWyUGpQV_G_aBQjvmoUP6SLc，2023 年 4 月 5 日。

续表

图书馆抖音账号名称/粉丝数量/是否经过平台官方认证	第一次发布作品的时间	抖音作品总数量/个	抖音作品分类及主要内容
李政道图书馆①/91 位粉丝（官方认证）	2020 年5 月 8 日	39	数字资源推介（"四史"电子书、学"习"书单）；活动回顾与图片混剪（科学与艺术讲座、"鲜悦"系列活动）；活动与展览推介（科学与艺术作品展、交图珍籍展系列、图书馆吉祥物征集活动、科技节系列、图书签售会、李政道图书展区）；科普小视频［同步辐射、广义相对论、宇称不守恒、量子与拓扑、时间反演对称性、光的粒子性、粒子的自旋、Finding the Magic in Liquid Crystals（发现液晶的魔力）］；科普之声系列（李政道坎坷求学路、油画中的李政道故事、李政道的诺贝尔奖章、抗战中的小老师）；毕业季系列（采访毕业生）；馆员推荐（阅读书目、李政道密码的故事）
南京航空航天大学图书馆（将军路校区）/134 位粉丝（未官方认证）	2021 年10 月 14 日	24	校园美景、图书馆建筑及室内空间；图书馆实时场景；"情景式"的服务推介（自助借书、书刊消毒、手机扫码进馆、存包柜）；图书推荐及排行榜；活动现场（击拳有惊喜、迎新年手工活动）
南京林业大学图书馆②/26 位粉丝（未官方认证）	2022 年4 月 23 日	4	图书馆室内空间场景；世界读书日宣传
中国海洋大学图书馆③/211 位粉丝（官方认证）	2021 年5 月 28 日	65	所有作品分成三个合集：学海濯浪（各类数字资源推介共19 集）、书馆寻迹（空间及服务推介共 9 集）、愉悦（采取视频加讲解的方式推荐图书共 37 集）
郑州大学图书馆④/85 位粉丝（未官方认证）	2019 年10 月 15 日	4	图书馆场景视频；活动现场（青椒书话）
成都理工大学图书馆⑤/305 位粉丝（未官方认证）	2020 年1 月 1 日	7	图书馆建筑及室内空间；"情景式"的服务推介（图书借阅）；好书推荐；新年祝愿（读者采访）

① 《李政道图书馆》，https://www.douyin.com/user/MS4wLjABAAAAOq0GwfYgxZLraRwFLOawKNlf5i4fsKs-ksLjMqa_V7M，2023 年 4 月 5 日。

② 《南京林业大学图书馆》，https://www.douyin.com/user/MS4wLjABAAAAHABx-xDwISNAb1TQPR3yIoT7U8doqdapx1HoYghdad1_nIbHAUjxCDRLCXqGfaCf，2023 年 4 月 6 日。

③ 《中国海洋大学图书馆》，https://www.douyin.com/user/MS4wLjABAAAAAyyaQgkuOMIJdI37l6HrWJXnYEkBlN85HhQ7PafLkh2l3YAAL-wjOYDKiCiOrTE2，2023 年 4 月 6 日。

④ 《郑州大学图书馆》，https://www.douyin.com/user/MS4wLjABAAAAPvoXjZo5Z6J7-k6vqQ5cG1y2ujqHYdYAqQVUTpeurwtgaOIvBPDgC615QyGI_cCu，2023 年 4 月 7 日。

⑤ 《成都理工大学图书馆》，https://www.douyin.com/user/MS4wLjABAAAAkOGS4C1wB2w1FZVHBandimm6bXSkxc5wA6kFIpFVo90LeiYx8tWntSc3UXaoPjlJ?from_tab_name=main，2023 年 4 月 7 日。链接内容官方名称现更新为成都理工大学。

续表

图书馆抖音账号名称/粉丝数量/是否经过平台官方认证	第一次发布作品的时间	抖音作品总数量/个	抖音作品分类及主要内容
西安交通大学图书馆①/233 位粉丝（官方认证）	2022 年 4 月 15 日	44	校园美景、图书馆建筑及室内空间；展览推介（古籍特藏展览、光影流年摄影作品展播）；活动推介（藏在樱花树下的古诗词、樱花季云朗诵、iLibrary Club、书香交大·心悦读、人体解剖学绘图比赛、"我与图书馆的故事"、21 天读书会、万象更新书评、读书达人寄语）；情景式服务推介（图书预约借还系统、主页新功能、朗读亭、虚拟馆员）；信息素养教育推介（致知讲堂）；情景式新生教育（入馆第一课、座位预约、预约借书、借阅查询、查找图书）
石河子大学图书馆②/190 位粉丝（未官方认证）	2019 年 10 月 18 日	5	读者采访（以校园美景、图书馆建筑及室内空间为背景）

（二）高校图书馆基于视频网站平台延伸服务的实践——以哔哩哔哩为例

哔哩哔哩网站的英文名称是 bilibili，简称 B 站，是创建于 2009 年 6 月的弹幕视频分享网站。B 站早期是以 ACG［animation（动画）、comics（漫画）、games（游戏）］的创作与分享为主要内容的视频网站，经过十多年的发展，该网站围绕用户、创作者和内容，构建了一个源源不断产生优质内容的生态系统，目前已经成为中国年轻世代高度聚集的综合性视频社区，截至 2023 年 4 月，该网站 94%的视频播放量来自其用户创作的视频，内容涵盖生活、游戏、时尚、知识、音乐等数千个品类和圈层。根据艾瑞咨询报告，2020 年 B 站 35 岁及以下用户占比超 86%。截至 2021 年第四季度，B 站月均活跃用户达 2.72 亿人。作为中文互联网极具独特的存在，B 站多个季度蝉联 QuestMobile "Z 世代偏爱 APP" 和 "Z 世代偏爱泛娱乐APP" 两项榜单第一位，同时入选 "BrandZ" 报告 2019 最具价值中国品牌 100 强③。

1. B 站内容板块分区分类与网站主要特色

B 站设置的内容板块有 30 多个分区，包括番剧、电影、国创、电视剧、综艺、纪录片、动画、游戏、鬼畜、音乐、舞蹈、知识、科技、美食、汽车、时尚、运动、动物圈、VLOG、搞笑、单机游戏、虚拟 UP 主、公益、

---

①　《西安交通大学图书馆》，https://www.douyin.com/user/MS4wLjABAAAAKeHHzjeHOyQP9npz5eceq7 JM2jF26aaN_XJ3s9d1LMA?from_tab_name=main，2023 年 4 月 8 日。

②　《石河子大学图书馆》，https://www.douyin.com/user/MS4wLjABAAAASIbsluH0XKvgU9EGM4_ 0KcoS9zCdfEXs-yAvroTVJh8?from_tab_name=main，2023 年 4 月 8 日。

③　《关于我们》，https://www.bilibili.com/blackboard/aboutUs.html，2023 年 4 月 8 日。

直播、课堂、社区中心等。这些板块分区内还有更细化的分类，例如，"知识"板块的分类有科学科普、社科·法律·心理、人文历史、财经商业、校园学习、职业职场、设计·创意、野生技能协会，在每个分类主页之下，还有按照学科、专业或主题等更细化的分类，每个细分类的主页则以最新动态、最近投稿、热门等方式呈现相关视频；而"课堂"板块则包括通识科普、兴趣生活、语言学习、考研、考试·考证、影视·创作、IT 互联网、职业职场、个人成长等分类，在各分类主页之下，还有更细化的学科、专业、语种、科目、主题等分类。由于用户上传的视频种类繁多，这种先按照板块分区，再按照主题分类，进而再细分的多级呈现方式，可以让用户根据自身需求搜索、浏览、观看多元化和个性化的视频。

　　游戏机制构成的社区文化是 B 站的主要特色，该网站的视频主要由用户自制并上传，这些用户被称为 UP 主。B 站社区文化的三大构成包括以下几个方面。①多级会员制度。用户以游客、注册会员、正式会员、大会员的身份使用该网站，不同级别的会员所享有的权限也不同。拥有身份是构成社区文化的重要因素，B 站的会员制度能够让用户拥有不同的身份，并产生不同层次的归属感。②官方的虚拟人物形象和 logo（标识）。22 娘和 33 娘是哔哩哔哩的官方"站娘"，她们诞生于 2010 年举办的"bilibili 娘投票活动"，作为代表 B 站的二次元角色，出现在各类官方活动与作品中，也成为 B 站用户衍生创作的对象。B 站的 logo 是一个小电视，它的脸蛋是方形显示器，有两只圆圆的眼睛，头顶还有两条天线状的触角。虚拟人物形象和 logo 使得 B 站更具人性化和辨识度，成为 B 站社区文化的核心构成。③弹幕生态环境。B 站的特色是悬浮于视频上方的实时评论，即弹幕。用户可以在观看视频时发送弹幕，也可以看到其他用户发送的弹幕。弹幕可构建出一种共时性的关系，形成一种虚拟的部落式观影氛围，让 B 站成为极具互动分享和二次创造的文化社区。弹幕让 B 站从一个单向的视频播放平台，变成了双向的情感连接社会型平台①。

　　2. 国内高校图书馆 B 站平台延伸服务的实践

　　B 站拥有庞大的用户群和较为完善的功能模块、技术架构，为了更好地向用户提供视频类延伸服务，近些年来一些高校图书馆进驻 B 站。在该网站的用户板块搜索框上输入关键词"大学图书馆"，可得出大学图书馆账号 36 个，在此检索结果之上，选择"认证用户"类别，同时以"粉丝数由高到

---

　　①　《bilibili 完全攻略本 超决定版！》，https://www.bilibili.com/read/cv5842084/，2023 年 4 月 8 日。

低"的方式排序，得出检索结果页面（检索时间为 2023 年 4 月 9 日），由此可知，经过 B 站认证的、并已发布视频的大学图书馆有 15 所。

通过进入这些图书馆的 B 站主页，观看其中的视频，搜集、整理、归纳相关数据与信息，可得出国内部分高校图书馆 B 站平台延伸服务的实践情况，具体请参见表 5-11（按粉丝数由高到低排序，数据截止时间为 2023 年 4 月 13 日）。

表 5-11 15 所高校图书馆 B 站平台延伸服务实践案例列表

账户名称	视频总数/个、播放数/次	最新发布时间/最早发布时间	视频合集（或分类）、数量/个、主要内容
武汉大学图书馆小布①	93/10 万	2023-04-10/2020-10-03	新生导航/9/师姐带你云游图书馆、借阅达人养成攻略、揭开馆藏古籍的神秘面纱等；学习科研好助手/21/NoteExpress 文献管理软件、信息线索分析与五步搜索法、PubMed 等医学网络资源应用等；实用技能/32/Python 入门第一讲、知识图谱入门介绍等；大学生科研训练营/3/怎样撰写文献综述、如何写好项目申报书、本科生如何进行科研选题；学术搜索挑战赛/1/；歌诗研习坊/2/；真人图书馆/4/
清华大学图书馆②	13/8446	2022-12-12/2020-11-17	空间及资源推介/5/家麟音乐图书馆、美术图书馆、古籍阅览室、马克思恩格斯文献、法学学术资源；读者采访/1/你想对图书馆说什么；图书馆 110 周年/2/馆庆宣传片、图书馆巡游；服务与技术推介/3/图书馆到馆服务不停歇、信息化技术支撑环境纵览、座位管理系统使用攻略；活动推介/1/古籍修复与"京平装"装订工艺体验
四川大学图书馆③	106/11.9 万	2023-03-21/2020-04-26	明远讲座之研究生系列/25/数字图书馆不求人、创建你的学术身份、数据可视化等；明远讲座之工具/13/Photoshop、视频后期剪辑、Citespace 等；明远讲座信息资源/16/国内外学位论文、SciFinder Scholar、标准文献及学位论文等；明远讲座之信息辨伪/2/人物篇、产品篇；明远讲座之知识产权/11/专利情报分析、专利申请和审查概述、如何规避图片侵权等；明远讲座之基础服务/7/学术资源一站获取、挖掘学习、研究宝库等；微视频系列/12/专利的分类、专利号码、专利保护期限等；知识产权大赛/1/；知识产权体验官/2/
中国人民大学图书馆④	60/7 万	2022-05-05/2020-12-21	人图讲座/13/新媒体服务与资源概览、Scopus&SciVal 为研究生赋能、获取健康科普信息等；智慧教学/2/运维服务保障团队、智慧教室；馆员论坛/3/部室介绍/7/新媒体部、数字化与文印部、资源建设部等；图书馆使用攻略/4/读者云书房小 tips、学习室文明使用小贴士、研修室企业微信预约攻略等；新媒体设备/2/互动照片墙、智能钢琴；"微电影"大赛获奖作品/12/

① 《武汉大学图书馆小布》，https://space.bilibili.com/87890370?spm_id_from=333.337.0.0，2023 年 4 月 8 日。

② 《清华大学图书馆》，https://space.bilibili.com/495322869?spm_id_from=333.337.0.0，2023 年 4 月 8 日。

③ 《四川大学图书馆》，https://space.bilibili.com/479092903?spm_id_from=333.337.0.0，2023 年 4 月 8 日。

④ 《中国人民大学图书馆》，https://space.bilibili.com/522748020?spm_id_from=333.337.0.0，2023 年 4 月 8 日。

续表

账户名称	视频总数/个、播放数/次	最新发布时间/最早发布时间	视频合集（或分类）、数量/个、主要内容
浙江工商大学图书馆[1]	94/15.6 万	2023-03-17/2021-07-01	信息素养培训/55/如何利用图书馆资源开展文献调研、中国法学核心科研评价来源期刊 CLSCI、科技学术论文写作基础等；阅读推广/10/开学季、阅读马拉松、商小图工作室系列等；新生入馆培训/8/学长有话说、商小图学堂、薪火相传系列等
华东师范大学图书馆[2]	89/5.6 万	2022-03-20/2020-04-19	知识迎冬奥系列/5/自然科学、人文科学、社会科学；微书展/6/《感知力》《海边的卡夫卡》《推拿》等；师生短视频荐书大赛/60/教师组系列、学生组系列；江南人文艺术通识课堂/6/词曲昆唱的发展、苏东坡与宋代文人茶、昆曲等；宣传推广/2/图书馆欢迎您、图书馆 B 站开播啦；以书会友在线读书会/2/；真人图书馆/1/
南开大学图书馆官方号[3]	59/2.6 万	2023-04-06/2020-06-28	丽泽读书短视频/20/《故都的秋》《夜晚的潜水艇》《像哲学家一样生活》；丽泽微课堂/14/迎新季 vlog 系列、学术资源离你并不远系列等、毕业季相关；知识产权微课堂/12/专利权的保护、专利权人的权利与义务；专利优先权等；馆长导读/2/；宣传片/2/
新疆医科大学图书馆[4]	15/6909	2023-04-07/2022-04-23	信息素养教育/10/Web of science 检索与利用、文献管理软件 EndNote、专利基础知识及专利资源获取等；服务与资源推介/5/外文全文数据库推介、服务与资源概览、电子资源概览等
温州大学图书馆[5]	82/5.1 万	2023-04-10/2022-07-20	我是国奖生/14/优秀学生读者交流与分享；温文尔雅/17/教授对其治学历程与学术成果的介绍；识缺读书·后学/4/读者荐书；宣传片/2/范范带你逛图书馆、研究生毕业学长+新晋辅导员带你逛图书馆
哈尔滨工程大学图书馆[6]	74/1.5 万	2023-04-10/2021-04-30	素养教育/31/程小图说检索系列、听枫微讲堂系列、读书爱书馆如家等；服务推介/7/图书馆服务指南、咨询组业务、一本委托书的旅程等；各类活动与展览推介/6/美育课题结题汇报成果展、杨士莪院士图片展、枫叶贴画活动等；资源推介/2/科学文库、"小图书房"上线啦；校园美景、图书馆建筑与空间/13/校园美景、图书馆内部空间、读者采访等；节日祝福/8/

[1] 《浙江工商大学图书馆》, https://space.bilibili.com/2087754176?spm_id_from=333.337.0.0, 2023 年 4 月 8 日。

[2] 《华东师范大学图书馆》, https://space.bilibili.com/525188672?spm_id_from=333.337.0.0, 2023 年 4 月 9 日。

[3] 《南开大学图书馆官方号》, https://space.bilibili.com/410905913?spm_id_from=333.337.0.0, 2023 年 4 月 9 日。

[4] 《新疆医科大学图书馆》, https://space.bilibili.com/1236246254?spm_id_from=333.337.0.0, 2023 年 4 月 9 日。

[5] 《温州大学图书馆》, https://space.bilibili.com/1526981201?spm_id_from=333.337.0.0, 2023 年 4 月 9 日。

[6] 《哈尔滨工程大学图书馆》, https://space.bilibili.com/382827685?spm_id_from=333.337.0.0, 2023 年 4 月 9 日。

续表

账户名称	视频总数/个、播放数/次	最新发布时间/最早发布时间	视频合集（或分类）、数量/个、主要内容
成都大学图书馆①	4/1272	2021-04-30/2020-04-24	校园美景及采访/2/成大图书馆的二三事、春光碎片；讲座/2/跟我学论语、向着光明而生向着理想而行
南京师范大学图书馆②	17/3287	2022-11-25/2022-03-21	各类活动与展览推介/3/读书节系列沙龙、研究生信息检索大赛、校庆120周年大家文献展；讲座/9/敬文讲坛系列；荐书/4/敬文寻宝系列；图书馆形象宣传/1/最美图书馆
哈尔滨商业大学图书馆③	44/9458	2023-03-21/2021-07-09	信息素养教育/5/新生入馆教育、全球学术快报、寻知平台等；服务推介/7/选座指南、自助借还机使用、志愿服务等；各类活动与展览推介/8/快速精准查找文献讲座、数字资源宣传月、线上朗读大赛等；校庆70周年/2/宣传片、校庆Logo发布；校园美景、图书馆建筑及内部空间/8/2021第一场雪、披荆斩棘的自习室、阳光大厅自习区等；通知及提示/9/笔杆网延期通知、科学戴口罩、如何收快递等
江南大学图书馆④	12/1839	2022-12-13/2021-04-28	空间资源与服务推介/7/阅读推广品牌宣传、我和我的图书馆系列MV、图书馆有你认真的模样系列MV等；信息素养教育/2/研究生新生信息素养、数字资源推广月；活动及展览推介/3/书展
上海大学图书馆⑤	4/344	2023-02-16/2021-10-21	2022年邵逸夫奖系列/3/颁奖礼、生命科学与医学奖、数学科学奖；活动现场/1/2021年上海大学图书馆敬老节活动

（三）高校图书馆基于视频交流平台延伸服务的主要内容、总体特点及相关建议

表 5-10 和表 5-11 分别展示了部分国内高校图书馆在抖音和 B 站上发布视频的情况，体现了相关实践的概况。经过分析与归纳，本书初步得出高校图书馆基于视频交流平台延伸服务的主要内容、总体特点，并提出一些相关建议。

1. 高校图书馆基于视频交流平台延伸服务的主要内容

通过观看并分析各馆在抖音和 B 站两个平台上发布的视频，可将其主

---

① 《成都大学图书馆》，https://space.bilibili.com/335601957?spm_id_from=333.337.0.0，2023 年 4 月 9 日。

② 《南京师范大学图书馆》，https://space.bilibili.com/7837631?spm_id_from=333.337.0.0，2023 年 4 月 9 日。

③ 《哈尔滨商业大学图书馆》，https://space.bilibili.com/1549210995?spm_id_from=333.337.0.0，2023 年 4 月 9 日。

④ 《江南大学图书馆》，https://space.bilibili.com/697534736?spm_id_from=333.337.0.0，2023 年 4 月 10 日。

⑤ 《上海大学图书馆》，https://space.bilibili.com/94009371?spm_id_from=333.337.0.0，2023 年 4 月 10 日。

要内容大致归纳为以下几方面。①图书馆形象营销。各馆发布的视频作品中有大量关于校园美景、图书馆建筑及内部空间的视频，用户可以从中感受到图书馆在校园中的重要地位、图书馆建筑的外观美和内部空间的舒适性等。一些视频配有图书馆的历史、风格、面积、藏书量、特色空间等简介，以及悠扬的、令人愉悦的音乐背景，使读者在全面了解图书馆的同时，对图书馆产生美好遐想并心之向往。②资源及服务推介。这包括数字资源、纸质资源、特藏资源以及软硬件资源等在内的各种图书馆资源，通过视频在读者、用户面前得到展现。各馆的常规服务、特殊时期服务则大多以"情景式"的视频进行推介，即从读者需求出发，展示在某种情况、特定场景下获得相关服务的步骤与方法，情景式的推介能够引起读者的代入感，使其快速有效地熟知图书馆服务。③展览及活动推广。高校图书馆举办的各类展览和活动，以图片花絮混剪或现场视频回放的方式，通过抖音和 B 站两个平台得到推广，这类作品既包括事前的预告类型，也包括事后的回放类型，前者可使读者及时得知展览和活动的讯息，后者则可使读者回顾已举办的展览和活动。④信息素养教育。在抖音和 B 站两个平台上，各馆发布了很多有关读者信息素养教育的视频，包括检索微课、信息技能培训、新生指南等信息素养类视频，以及专业讲座、文化论坛、通识课堂、科普短片等素质教育类视频，用户可随时随地学习，十分方便。⑤馆员及读者风采。这一类的视频大多以馆员、教师、学生作为主角，视频内容则是多样的，例如，馆员或师生推荐阅读书目、馆员对其工作业务进行描绘、优秀大学生分享学习经验、教授介绍其治学历程与学术成果、学长对新生说的话、随机采访读者等，相关视频可以激发读者对阅读、学习、科研的兴趣，也可以促进不同读者群体之间的交流与了解。⑥问候与祝福。这类视频既有在法定节假日与传统节日、读书节与文化节、各种庆典、寒暑假期间的问候与祝福，也包括对不同类型读者，如新生、毕业生、备考生、教师的问候与祝福，充分体现了图书馆对读者、用户的人性化关怀。

2. 高校图书馆基于视频交流平台延伸服务的总体特点

目前，国内各类专业视频网站平台层出不穷，其中，抖音是以智能手机为主要载体的短视频平台，具有架构简洁、功能实用、传播快速等优势；B 站则不限上传视频的时长，具备高性能、高可用的架构，并因其弹幕开源推送服务而特别吸睛。这两个平台的用户数量庞大，可作为视频交流平台的代表，通过对表 5-10 和表 5-11 中列举的相关案例进行分析，本书归纳得出国内相关实践有以下两大总体特点。①高校图书馆基于视频交流平台延伸服务尚处于起步阶段。一是从图书馆开通账户的数量上来看，在两个平台上开通了官方账户，或经过机构认证的高校图书馆数量不多；二是从已开通账户图书馆最早发布视频的时间来看，表 5-10 显示 14 所图书馆中最早在抖音平台发布视频的时间是 2019 年 10 月 15 日，表 5-11 显示 15 所图书馆中最早在 B 站发布视频的时间是 2020 年 4 月 19 日，高校图书馆开展相关实践均不超过 6 年。②高校图书馆基于视频交流平台延伸服务的程度不同。从各馆在两个平台上发布视频的数量、频率、内容等方面来看，一些图书馆明显更为重视相关工作，不仅发布各类视频的数量较多、更新较快，而且视频内容涵盖了图书馆形象营销、资源及服务推介、展览及活动推广、信息素养教育、馆员及读者风采、问候与祝福等各个方面；而一些图书馆则对两个平台的利用不太充分，发布视频数量少、更新慢，或者视频内容单一。总之，国内高校图书馆领域已经开始利用视频交流平台开展服务，但是各馆相关实践的程度不同。

3. 高校图书馆基于视频交流平台延伸服务的相关建议

经过相关调查与研究，本书着重对账户设置、运营团队、作品内容三个主要问题进行思考，并提出相关建议，以促进高校图书馆基于视频交流平台延伸服务的可持续发展。

（1）视频交流平台账户设置方面的建议。一方面，高校图书馆应重视视频交流平台，开通账户并开展相关的延伸服务。视频交流平台的作用和影响与日俱增，其传播效应相较于其他社交媒体更加快速有效。然而，表 5-10 和表 5-11 显示高校图书馆在抖音、B 站上开设账户的数量不多，说明本领域尚未充分重视利用视频交流平台开展工作。因此，高校图书馆对相关工作应该引起更多重视。另一方面，高校图书馆应尽快向视频平台申请本馆账户为官方认证或注册机构用户。在抖音、B 站两个平台的主搜索框上输入关键词"大学图书馆"，可检索得出大量相关结果，其中包括个人用户上传的有关视频，也有冠以××大学图书馆的自媒体或个人账户发布的视频，为了避免混淆视听，杜绝个人抢注账户，高校图书馆应将本馆账户进行官方认证或注册机构用户。此外，如果大学拥有多个校区图书馆，可以分别开通账户并进行认证。不过，出于对资源、技术、人力等成本的考虑，在一个平台上开通一个总的账户即可，再在平台上对不同校区图书馆上传的视频进行分类，这不仅有助于读者全面了解各分馆资源与服务，也有助于本馆账户的作品总数、更新时间、粉丝数量、播放量、收藏量等数据的提升，进而扩大本馆账户的影响力。

（2）视频交流平台运营团队方面的建议。基于视频交流平台开展延伸服务需要专业的运营团队，团队成员应包括负责策划、文案、编导、摄影、剪辑、特效等涉及视频拍摄与制作的人员，根据视频内容可能还需要主持人、演员等出镜人员。除人力、技术资源之外，还需要配置一些软、硬件设备资源，如摄影器材、拍摄道具、后期制作工具、存储设备等。构建这样专业的运营团队实属不易，这也是目前国内高校图书馆开展相关实践不多的重要原因。因此，在人力、技术资源方面，图书馆既要培养相关专业馆员，打造核心运营团队，同时也要发掘、吸纳具备相关技能的大学生，充实运营团队力量；在软、硬件设备资源方面可根据情况进行基本配备，如果在工作过程中需要更专业的、不常用的设备，则可通过租赁方式获取。此外，还可以根据拍摄视频的内容与要求，依托不同的运营团队，制定不同的实现策略。例如，图书馆形象宣传片可采取外包方式聘请专业影视制作团队完成；常规的资源及服务推介、展览及活动推广、信息素养教育等相关视频主要由图书馆相关部门制作完成；而涉及馆员及读者风采、问候与祝福等类型的视频则可以采取多主体制作、不拘一格的方式实现。

（3）视频交流平台发布作品方面的建议。高校图书馆在抖音和 B 站上传的视频内容包括图书馆形象营销、资源及服务推介、展览及活动推广、信息素养教育、馆员及读者风采、问候与祝福等各个方面，基本涵盖了图书馆资源与服务。例如，在抖音平台上发布视频较多且内容丰富的有哈尔滨工程大学图书馆、中国海洋大学图书馆、西安交通大学图书馆等账户。在 B 站平台上，武汉大学图书馆小布、四川大学图书馆这几个账户发布的作品都超过90 个，视频的内容涵盖面更广。相较之下，其他图书馆发布的作品数量不多，内容较单调。

高校图书馆应该更大地发挥视频交流平台的作用与影响，在发布视频作品的方面，本书提出以下几点具体的建议。①增加发布作品的总数量。各馆发布的视频既有 2～10 分钟的短视频，也有长达 1～2 小时的长视频，这是由作品内容决定的，图书馆可以根据平台的性质和功能，选择在不同平台分别发布视频，例如，在抖音平台发布短视频，在 B 站平台发布长视频。不过，这样可能会使作品数量分散，因此，在条件允许的情况下，应在两个平台都尽量发布更多的视频，提升账户发布作品总数量。②注意发布作品的频率与时机。账号应定期发布作品，让读者看到及时更新的视频。如遇节假日、寒暑假、各种庆典、开学季、毕业季等，则可利用时机发布相关视频，为读者送出关爱与祝福，营造情感共鸣与身份认同。③对发布作品的品质进行把控。视频作品可采取多主体制作、不拘一格的方式完成，但是图书馆相关部门在最终审核、上传的环节，需要把控视频的质量和内容的相关度。尤其是对学生团队或者读者个人创作的视频，需要甄选后再决定是否发布。④注意对作品进行分类和归集。这样做既方便用户浏览和观看，又方便图书馆对所有作品进行管理，更有助于图书馆树立服务品牌。例如，中国海洋大学图书馆在抖音上发布的 65 个作品，分成三个合集："学海濯浪"包括各类数字资源推介共 19 集，"书馆寻迹"包括图书馆空间及服务推介共 9 集，"愉悦"则是采取视频加讲解的方式推荐图书共37 集。四川大学图书馆在 B 站平台上共发布 104 个作品，包括明远讲座之研究生系列、明远讲座之工具、明远讲座信息资源、明远讲座之知识产权、明远讲座之基础服务等系列作品；南开大学图书馆的 B 站官方号发布的57 个作品中，包括丽泽读书短视频、丽泽微课堂、知识产权微课堂等系列。⑤利用平台增强读者的交互体验。视频交流平台的重要功能之一是可实现与用户的交流与互动，馆员应注意读者留言、视频弹幕等信息，尽量及时予以回应。此外，也可对平台的直播功能进行探索与利用，尝试进行实时的传播与互动。增强读者的交互体验有助于提升账户的粉丝数量、关注度、浏览量、播放量等，并可以进一步营造图书馆虚拟社区氛围。⑥探索利用平台的其他功能。多数视频交流平台还具备收藏、订阅、评价、转发、分享等功能，图书馆可进行探索并加以利用。例如，关注大学其他部门的账户，以及相关自媒体或读者个人的账户，分享他们发布的与图书馆有关的好作品，可以强化图书馆账户与相关账户的互通性与关联性，有利于提升账户的活跃度、影响力，并扩大图书馆账户的"朋友圈"。

第六章　高校图书馆延伸服务的愿景

　　图书馆延伸服务的初衷是对弱势群体和特殊群体进行倾斜。因此，高校图书馆延伸服务的实质是向特定用户提供更有针对性的、个性化的资源与服务，是对基础服务和常规业务的延伸，并最终实现突破和创新。高校图书馆延伸服务的特定用户包括具体的特定用户与抽象的特定用户两大类型，在前面的章节中，本书既探讨了高校图书馆对留学生、新生、毕业生等具体的特定用户开展的延伸服务，也探讨了高校图书馆对虚拟用户、教学科研项目、交流平台等抽象的特定用户开展的延伸服务。同时，还从空间的角度探讨了高校图书馆在物理空间、虚拟空间两个层面的延伸。随着相关研究与实践的持续发展，高校图书馆服务的延伸将更具广泛性、多元性。

　　如今，高校图书馆延伸服务早已突破图书馆物理围墙，泛在于大学的校园。以此为基础，高校图书馆的资源与服务超越大学范围，并实现社会化，被认为是本领域的重要发展趋势。在全面社会化之前，高校图书馆服务的社会化延伸是必然的过程，具有重要的实践价值。高校图书馆特定用户的定义及分类可以为相关实践提供指向。一方面，高校图书馆服务的社会化延伸可以指向具体的特定用户，包括与大学有关联的社会用户，如校友，以及与大学关联性不明显或者有潜在关联的群体，如青少年。向大学校友、青少年倾斜是高校图书馆社会化延伸服务的着力点和重要方向。另一方面，高校图书馆服务的社会化延伸可以指向抽象的特定用户，如社区、社会组织，这两者是构成社会有机体的重要基本单元，将资源与服务向社区、社会组织延伸可以更好地体现高校图书馆的社会价值。

　　图书馆是一个生长着的有机体，除了馆藏、读者、馆员这三个生长着的有机构成部分，图书馆空间自身也在不断生长。高校图书馆空间主要有物理空间、虚拟空间两个层面，伴随着图书馆两个层面空间的再造与延伸，基于空间的图书馆服务也得以延伸。图书馆空间的不断生长一方面表现在物理空间的扩容和创新利用，包括对纸质馆藏空间和非纸质资源空间的再造及相关服务的延伸；另一方面表现在虚拟空间的扩展和推陈出新，元宇宙（metaverse）为图书馆虚拟空间的延伸提供了新的场域，人工智能成为虚拟空间延伸的重要角色。

第一节　高校图书馆服务的社会化延伸

一直以来，本领域的研究者与实践者都十分关注高校图书馆服务社会化的相关问题。由于在规模、资源、意识、目标等各方面存在差异，在短期内让所有高校图书馆向全社会提供全面的、全方位的服务是不现实的。

不过，现阶段相关的实践表明，在高校图书馆服务全面社会化之前，将其资源与服务进行社会化延伸具有一定的必然性和较高的实践价值。高校图书馆服务的社会化延伸是多向度的，而且具有无限的可能性。参照高校图书馆特定用户的定义及分类，本书将大学校友、青少年视作具体的特定用户，将社区、社会组织视作抽象的特定用户，探讨高校图书馆服务社会化延伸的两大重要指向。

一、高校图书馆服务社会化延伸的必然性及实践价值

高校图书馆的主要功能是为大学的教学、科研提供支撑，满足大学师生的读者需求，是高校图书馆的基本工作宗旨。因此，高校图书馆的资源与服务是否要向全社会开放，曾经是备受争议的话题之一。高校图书馆社会化服务存在政策法规不健全、传统思想观念的束缚、资金设备的短缺这几大困难与障碍[①]。因此，要实现高校图书馆服务的全面社会化，目前仍较为困难。不过，在服务全面社会化之前，高校图书馆服务的社会化延伸成为必然，相关实践价值也越来越凸显。

（一）高校图书馆服务社会化延伸的必然性

在高校图书馆资源与服务向全社会开放之前，必然先从其服务社会化延伸开始。如果高校图书馆服务全面社会化是一个远景目标，那么，高校图书馆服务社会化延伸则是正在发生的、必然的阶段。同时，还可以从两个方面理解高校图书馆服务社会化延伸的必然性。

一方面，高校图书馆服务社会化延伸是时代发展的必然趋势。世界范围内，社会知识更新的周期在逐渐缩短，终身学习的理念被广泛认同。时代的发展要求大学敞开校门、打破围墙，为社会上更多群体提供文化教育、

---

① 王宇，吴瑾，丁振伟. 2014. 高校图书馆社会化服务研究. 北京：中国社会科学出版社：121-146.

科学交流的机会，而高校图书馆也相应地需要进行更多的社会参与，让更多的用户享受专业的资源与服务。并且，就其本质而言，高校图书馆具有公共产品的属性，因此，社会人士与高校的教师、学生在应用高校图书馆的权利上是平等的[①]。总之，高校图书馆可以作为构建"学习型社会"的重要场所，高校图书馆资源与服务的社会化延伸可以促进所有群体的终身学习，并进而推动社会发展。

另一方面，高校图书馆服务社会化延伸是图书馆自身服务体系化发展的必然要求。相关实践表明，高校图书馆的资源与服务不再局限于大学内的用户，而正在向与大学相关的群体，或者潜在用户开放，并将朝着其他社会群体延伸，这是由于高校图书馆服务本身正朝着体系化方向发展。同时，在满足大学用户的读者需求的基础上，高校图书馆服务一定会产生"溢出"效应，其馆藏的专业性、服务的多样性必将吸引社会各界人士的到访，无论是作为用户，还是作为合作方。正是在与这些社会各界人士产生联系的过程当中，高校图书馆的资源与服务也在朝着社会化方向延伸。

（二）高校图书馆服务社会化延伸的实践价值

从理论层面来看，高校图书馆服务社会化延伸是必然的，这是时代发展的必然趋势，也是高校图书馆自身服务体系化发展的必然要求。从实践层面来看，高校图书馆服务社会化延伸具有重要价值，主要体现在以下几点。

1. 提高馆藏资源与服务的利用率

高校图书馆服务社会化延伸毫无疑问地可以提高馆藏资源与服务的利用率。不论是数字资源还是纸质资源，到馆服务还是"递送式"服务，高校图书馆的各类资源与服务，可以通过社会化延伸，提高整体利用率，并产生更大的价值与效应。反之，如果高校图书馆的资源与服务仅仅面向大学用户，其利用价值无法实现最大化，甚至造成一定的资源浪费。

2. 凸显图书馆资源的专业性

一些社会人士在公共图书馆无法完全满足其读者需求的情况下，会考虑利用高校图书馆。尤其是某些专业人士，其读者需求具有较强的专业性，只能从具有相关专业馆藏资源优势的高校图书馆中得到满足，而高校图书馆也能够及时获取相关的专业读者需求，有针对性地进行专业资源的建设。

---

① 云玉芹. 2021. 新时代高校图书馆社会化服务与创新. 长春:吉林人民出版社:30.

所以，高校图书馆服务的社会化延伸，可以凸显其资源与服务的专业性，并且也可以体现高校图书馆与公共图书馆的资源互补性。

3. 展现图书馆服务的创新性

高校图书馆服务的创新性可以在其社会化延伸的过程中得到展现。一方面，高校图书馆服务的社会化本身就是读者范畴的扩大，面对不同的、更为多样化的社会读者群体，高校图书馆的服务内容、方式等都必须有所拓展，进而达到一定的创新性；另一方面，高校图书馆服务的社会化还意味着图书馆将校内、校外的用户进行连接，不同读者之间的互动与交流，则会给图书馆带来不同的挑战，在应对这些挑战的过程中，往往可探索得出创新性的路径。

4. 体现高校图书馆的社会责任

在这个互联互通的时代，高校图书馆不能墨守成规，闭门自足于大学校园，而是要进行更多的社会参与，并且，高校图书馆的经费大多来源于国家与社会，所以应该承担更多的社会责任，彰显知识、信息的平等性。通过将资源与服务进行社会化延伸，高校图书馆既避免了与社会脱节，又对社会发展要求进行了积极回应，体现了高校图书馆的社会责任意识，以及出于这种责任意识而进行的种种努力。

5. 提升高校图书馆的社会影响力

在实践中，具有较大辐射面、较高影响力的高校图书馆，其资源与服务的社会化延伸程度、水平往往更高。在高校图书馆资源与服务的社会化过程中，它为满足社会用户的需求进行了各种努力，当这些努力有所成效，并得到社会用户的认可和持续利用之际，自然而然地，图书馆的社会辐射面就得到扩大，社会影响力就得到提升。因此，高校图书馆服务社会化延伸的程度、水平与图书馆的社会辐射面、社会影响力呈正相关态势，并且可相互促进。

二、高校图书馆服务社会化延伸的指向

高校图书馆服务社会化延伸是多向度的，具有无限的可能性。总体而言，高校图书馆服务可以向具体的特定用户延伸，以及向抽象的特定用户延伸。其中，大学校友、青少年可代表具体的特定用户，是高校图书馆服务社会化延伸的着力点和重要方向；社区、社会组织可代表抽象的特定用户，这两者是构成社会有机体的基本单元，将资源与服务向其延伸可以更好地体现高校图书馆的社会价值。

（一）高校图书馆服务向具体的特定用户延伸

高校图书馆具体的特定用户是指有具体概念、实际存在的、身份特殊的个体或群体，这一类特定用户具有生物特征，具有较高的显像性和辨识度，他们的图书馆需求特征比较容易归纳和分析。其中，校友是与大学有关联的社会用户，青少年则是与大学关联性不明显，或者有潜在关联的群体。高校图书馆向大学校友、青少年这两类特定用户提供延伸服务，在国内外相关实践领域早已屡见不鲜。

1. 高校图书馆服务向大学校友的延伸

大学校友是与高校图书馆有关联的特定用户，他们曾经是正式的、常规的读者，他们与高校图书馆有着天然的情感纽带。尽管其身份已经是社会人士，但是他们极有可能寻求高校图书馆以满足其读者需求。

高校图书馆的资源与服务向大学校友倾斜是非常有必要的，主要在于以下原因。

首先，为大学校友提供延伸服务是高校图书馆毕业生延伸服务的继续。高校图书馆在毕业季提供一系列的延伸服务及相关活动，其中，有些项目可延续至毕业生离开大学、进入社会之后的一段时间甚至终身，这些服务项目本身具有一定的延续性，就自然而然地转成图书馆为校友提供的延伸服务。

其次，为大学校友提供延伸服务是高校图书馆服务社会化延伸的着力点。高校图书馆服务的社会化延伸是多向度的，具有无限的可能性，但是，相关实践要针对哪些人、从哪里着手进行？校友是与图书馆有密切关联的社会群体，为他们提供相应的资源与服务，可有效推动高校图书馆服务的社会化发展进程，所以，为大学校友提供延伸服务是相关实践的着力点。

再次，为大学校友提供延伸服务是对高校育才本质要求所进行的回应。高校图书馆向校友进行资源与服务的延伸，可以促进校友持之以恒的终身学习。甚至，大学校友与高校图书馆的关系对校友是否取得成功产生影响[①]。大学校友虽然已经不在校，但作为高校培育出的人才，在其终身学习的过程当中，可以继续向母校寻求支持。为了对高校的育才本质要求进行回应，高校图书馆为校友提供延伸服务，责无旁贷。

---

① Griffith A S，Kealty C. 2018. Are academic libraries utilized to produce engaged alumni？. Library Management，39（3/4）：200-206.

最后，为大学校友提供延伸服务有利于高校图书馆事业的发展。为大学校友提供延伸服务是高校图书馆服务人性化的体现之一，不仅如此，相关实践非常有利于图书馆各项事业的发展。在现实中，捐建图书馆大楼、捐赠书籍资料、为图书馆提供技术外联、莅临图书馆各类庆典活动的大学校友，比比皆是。由此可见，大学校友可成为高校图书馆的经费、馆藏、技术、人力等各种资源的重要来源，所以，为校友群体提供延伸服务，具有非常的必要性。

鉴于校友曾经是正式常规的用户身份，图书馆向校友进行资源与服务的延伸，是可实现性非常高的业务。具体而言，高校图书馆向大学校友提供的社会化延伸服务的主要内容和实现方式包括但不局限于以下几个方面。

（1）可预定的空间服务。大多数情况下，校友可凭校友卡、毕业纪念卡等进入高校图书馆公共空间，进行自修、资料查阅、多媒体阅览等。不过，由于在校生对图书馆空间的需求旺盛，尤其是在备考阶段，学生们占据了绝大部分的自习座位。因此，高校图书馆可以为校友提供基础空间服务之外的、可预定的空间服务。具体实现可以采用系统预约、现场确认的方式，并对使用时长进行合理的限定设置，以免造成空间资源的浪费。

（2）在线的数字资源服务。为大学校友提供在线的数字资源服务，是国外一些高校图书馆的基础业务。一项覆盖 115 所美国高校图书馆的相关研究（2016 年）显示，尽管存在法律、技术、财务和管理等问题，但所有这些图书馆都为校友提供电子资源服务[①]。尽管相关实践程度具有差异性，部分国内高校图书馆也为校友提供数字资源服务，如电子资源的校外使用权限，或者专门为校友打造的书刊数据库，以文献资源平台、掌上图书馆、微信资源库、"微书房"、终身阅读卡等方式提供给校友使用。

（3）专业的信息推送。作为社会上重要的知识消费群体，大学校友通常处于信息市场的高消费端，他们渴望获得需要一定资质与能力才可以掌握的专业信息和知识资源[②]。因此，高校图书馆针对大学校友提供专业的、前沿的信息推送，受到用户的欢迎。这一类延伸服务的价值是否被认可的关键在于相关信息是否具有专业性、前沿性、持续性。并且，高价值的、及时的、定向的信息推送，在用户许可的情况下，可以采取付费获取的方式，通过电子邮箱或手机短信向校友推送。

---

① Stachokas G. 2016. Electronic resources for alumni: a review of ARL academic library websites. The Serials Librarian, 71（1）: 14-19.

② Flegg C. 2012. Alumni, libraries and universities: whereto the relationship. The Journal of Academic Librarianship, 38（1）: 60-62.

（4）交流与展览活动。作为各类读者、用户的交流平台和各种展览活动的重要举办场所，高校图书馆也可以吸引大学校友的光临。因此，交流与展览活动是高校图书馆向校友提供的延伸服务的重要种类之一。在某些情况下，大学校友甚至可以成为交流与展览活动的主要角色，例如真人图书馆、就业指导活动、专业作品成果展览、专业性较强的实践类讲座、校友聚会等。所以，高校图书馆是大学校友进行交流与展示的重要场所，相关延伸服务很好地体现了图书馆作为"第三空间"的作用与价值。

（5）各种定制化的延伸服务。高校图书馆可以为大学校友提供各种定制化的延伸服务，并视情况决定是否设为收费项目。基于空间、馆藏、技术、人力等各种资源优势，同时也根据用户的具体需求，高校图书馆以互联网在线的方式，或者在馆提供的方式，甚至是递送式的方式，向校友提供的各种定制化延伸服务充分发挥了图书馆业务的个性化与多样性，值得深入地探索与不懈的尝试。

2. 高校图书馆服务向青少年的延伸

一般情况下，青少年与高校图书馆没有太大的关联性。不过，居住在大学校园内的教职工子女，以及大学附属学校的中、小学生，与高校图书馆有潜在关联。此外，一些参加大学夏令营或短期游学的青少年，也可能成为高校图书馆的潜在用户。高校图书馆向青少年进行资源和服务的延伸，被认为是"深度介入全民阅读的重要举措"和"对社会开放的最佳切入点"[①]，相关实践具有较高的价值与意义，主要可从以下四个方面来理解。

第一，青少年是国家、社会的未来，所有教育机构都有责任与义务在青少年的成长过程中提供支持，高校图书馆为青少年提供延伸服务，是履行其应尽的社会责任。通常情况下，青少年的读者需求应该从中小学图书馆、专门图书馆、公共图书馆等获得满足，但是，当上述图书馆无法完全满足青少年的读者需求，尤其是某些专业性较强的文献资源需求的时候，高校图书馆就可能成为青少年寻求帮助的场所。高校图书馆可以向青少年提供更专业的、学术性更强的资源与服务，这是国家、社会对高校图书馆的要求和期盼。

第二，高校图书馆为青少年提供延伸服务可搭建中等教育与高等教育的桥梁。在具备完善教育体系的国家，中等教育与高等教育之间多少存在一些间隔，高校图书馆可以发挥较好的桥梁作用，缩小不同阶段教育的间

---

① 刘薇，杨乃一，李思雨，等.2019.未成年人阅读、学习与赋能国际研讨会综述.图书馆建设，（3）：65-73.

隔。而在不具备完善教育体系的国家，或者教育资源相对匮乏的国家，在缩短教育阶段的间隔、弥合教育资源差距、促进教育机会公平等方面，高校图书馆可以发挥更大的作用。

第三，高校图书馆为青少年提供延伸服务可能对青少年产生终身影响。青少年大多爱好广泛，接受新事物的能力强，整体的可塑性高，对知识的渴求欲也高，他们对未来的发展方向不确定，正处于人生的关键成长期，在这个关键时期，高校图书馆为青少年进行资源与服务的延伸，对其造成的影响不仅仅是在当时，而可能将延续一生。

第四，青少年是高校图书馆的潜在用户，当他们中的一部分在中学毕业之后进入大学阶段，将直接转为高校图书馆的正式用户，高校图书馆为青少年提供延伸服务可以让新读者提前掌握必备的图书馆相关知识，初步了解图书馆资源与服务，有助于缓解新读者的图书馆焦虑。所以，从时间延伸的角度来看，为青少年提供延伸服务，实际上是高校图书馆提前延伸了为一部分正式用户服务的时间。

相关实践案例显示，国内外部分高校图书馆已经开展了较多的青少年延伸服务，并取得良好效果。然而，各馆开展这类工作的程度、水平存在较大差异，并且，相关实践具有一定的分散性、偶然性，远未形成常态化发展的趋势。尽管如此，向青少年开展延伸服务是高校图书馆服务社会化的重要发展方向，相关实践的常态化、可持续化发展是关键。在策划相关工作的过程中，可从时间、空间、内容三个维度予以交叉考量。

（1）时间层面的考量。青少年大多为在校中、小学生，他们平时的课余时间非常有限，因此，周末、节假日、寒暑假期间是高校图书馆青少年延伸服务的最佳时段。并且，根据相关活动内容，还可以进行更细致的安排，例如，参观、讲座、游戏类型的活动，可以在半天或 1 天内举办，这类活动的举办时间较为灵活，大多数可以安排在周末举办；而信息素养课程、培训班、夏令营类型的活动，可能需要几天或一周的时间，因此必须安排在寒暑假期间举办。

（2）空间层面的考量。多数情况下，高校图书馆向青少年提供延伸服务以在馆服务为主，也就是吸引青少年到访图书馆的物理空间。物理空间的服务包括可长期提供阅览自习位，以及短期提供参观与展览、交流与讲座类的活动，由于受到地理距离的限制，高校图书馆向青少年延伸服务以短期提供的活动及服务为主。此外，在虚拟空间层面，并不会受到地理距离的限制，图书馆的资源和服务可以通过互联网向青少年提供，包括数字资源、技术支持、咨询服务等，可视具体情况而作具体的安排。

（3）内容层面的考量。总体而言，高校图书馆应以提升青少年数字素养能力和开展具有高校特色的阅读推广活动为突破口①。具体而言，为青少年提供延伸服务的内容可以是多样化的、不拘一格的，可以体现在以下几个方面。①高校图书馆可以与没有图书馆的中学建立联系，并提供长期的、定向的服务，或者与大学附属中、小学协同合作，共同为青少年提供长期的图书馆服务，这对于青少年产生的影响也将是长期的；②高校图书馆可以参与开展具有公益性质的游学类活动，例如，广西师范大学图书馆参与大学举办的"独秀游学行致远，教育帮扶促成长"筑梦研学活动②，为来自乡村的中小学生安排参观学习活动，很好地履行了高校图书馆的社会责任；③高校图书馆可以举办科普类型的讲座、课程、比赛等，例如，上海交通大学李政道图书馆面向中、小学生举办系列科普讲座和"小小科艺家"大奖赛③，大大发挥了高校图书馆资源的专业性和学术性；④高校图书馆可以采取各种方式搭建平台，促进中、小学生与大学生的交流与互动，这样可以直接帮助青少年了解大学、形成对高等教育的看法，并为他们作为大学生的未来角色做好准备，例如，武汉大学图书馆召集大学生担任"书香大使"，鼓励他们利用寒暑假返乡的机会组织阅读分享会④，这不仅有利于当地青少年的成长，也有利于大学生培养社会使命感和责任感；⑤高校图书馆可以为青少年建设特色资源库，提供专业的参考资料，例如，嘉应学院图书馆结合馆藏优势，建设青少年足球战术训练设计案例资源库平台，促进了当地青少年足球训练实践与创新，同时也促进了本校足球教育与训练专业的学科发展⑤；⑥在条件许可的情况下，高校图书馆也可以为青少年打造专门馆藏空间，并基于专门空间开展各类延伸服务和活动，例如，沈阳师范大学图书馆建立的"创意星空绘本馆"，集教学辅助与阅读推广于一体，同时开设"经典阅读绘本与鉴赏"课程，举办"我与我的绘本剧"主题沙龙及卡通形象设计大

①　邵剑彬，黄国凡. 2020. 高校图书馆未成年人服务的实践与思考：以厦门大学图书馆为例. 图书馆杂志，39（5）：75-80.

②　《【乡村振兴】独秀游学行致远，教育帮扶促成长——我校邀请对口帮扶村中小学生走进大学校园开展筑梦研学之旅》，https://www.gxnu.edu.cn/2023/0601/c11796a269181/page.psp，2023年6月1日。

③　《〈李政道〉结课讲座暨首届上海交通大学李政道"小小科艺家"大奖赛征集通知发布在线上举行》，https://www.lib.sjtu.edu.cn/f/content/detail.shtml?id=7187&lang= zh-cn，2023年4月9日。

④　张珈利，涂艳玲. 2020. 书香育人　点亮未来：武汉大学"书香大使"社会实践活动入选2020年IFLA国际营销奖创新案例. 高校图书情报论坛，19（4）：20.

⑤　欧阳鹏. 2018. 提升高校图书馆的社会服务功能：以嘉应学院图书馆青少年足球战术训练设计案例资源库的理论框架构建为例. 科技视界，（7）：82-85, 50.

赛等活动①,专门馆藏空间以及相关延伸服务与活动,有效提升了高校图书馆对青少年的吸引力。

(二)高校图书馆服务向抽象的特定用户延伸

高校图书馆抽象的特定用户是指概念抽象、表征笼统的、虚拟存在的个体、组织或机构,抽象的特定用户是不具有生物特征的个体、组织或者机构,但是,抽象的特定用户是由具体的个人或群体构成的,这些个人或群体是图书馆延伸服务的实施对象。其中,社区、社会组织是构成社会有机体的重要基本单元,为了体现社会价值、提升社会影响力,高校图书馆可将资源与服务向社区、社会组织延伸。

1. 高校图书馆服务向社区的延伸

高校图书馆不仅可以构建自身的文化社区,而且可以将其专业资源与服务延伸至大学社区,甚至校外其他领域社区。社区是具有某种互动关系的和共同文化维系力的,在一定领域内相互关联的人群形成的共同体及其活动区域。从特定用户的概念来看,社区应被视为抽象的特定用户之一,社区是不具有生物特征的组织,社区用户的需求是不确定的,尽管如此,高校图书馆向社区延伸具有必要性和可操作性。相关实践表明,高校图书馆向社区提供延伸服务的方向是多样化的,需要图书馆视情况制定服务内容和实现策略。

(1)高校图书馆向社区延伸具有必要性和可操作性。一方面,高校图书馆向大学校园内或附近社区延伸非常有必要。大学图书馆事业的基本价值之一是多样性,在倡导和支持包容性校园社区方面有着悠久的传统②。一些高校图书馆为了促进大学的多元化,有意识地向校园内非主流文化群体的活动或组织,及其相关的族裔社区进行延伸,这不仅体现了图书馆延伸服务的意义,还可以体现大学校园的包容性,促进大学用户的跨文化意识。同时,高校图书馆有必要为大学附近社区提供延伸服务,因为这些社区的多数成员与大学存在一定联系,如退休教职工、教职工家属与子女等,为他们提供延伸服务,有助于提升社区整体文化素质,有助于构建文明和谐社区,更好地体现了图书馆的社会价值。

---

① 王玉杰,史伟. 2018. 大学图书馆绘本馆构建实践与思考:以沈阳师范大学图书馆为例. 图书馆学刊,40(10):104-108.

② "Equity, diversity, inclusion: an interpretation of the library bill of rights", https://www.ala.org/advocacy/intfreedom/librarybill/interpretations/EDI,2023 年 5 月 6 日。

另一方面，高校图书馆向社区延伸具有可操作性。高校图书馆向大学校园内或附近社区延伸具有较高的可操作性。从空间与时间层面来看，不论是吸引社区读者入馆，还是走进社区服务用户，高校图书馆为大学校园内或附近社区提供延伸服务都比较容易实现；从内容层面来看，高校图书馆向大学校园内或附近社区提供的延伸服务可以是多样化的，根据用户需求进行具体的安排，服务内容可涉及空间服务、馆藏利用、咨询服务、讲座培训、素养教育、技术支持等各方面。此外，专业性社区的需求主要与图书馆专业馆藏相关，相较于其他图书馆，具有较强专业性馆藏资源的高校图书馆为专业性社区提供延伸服务，其相关性和针对性更强，因此可操作性也更高。

（2）高校图书馆向社区延伸的实现。"了解社区需求，融入社区，为社区服务"是全球图书馆的服务内容和普遍共识[①]。因此，向社区延伸是高校图书馆的重要发展趋势之一。高校图书馆需要根据自身馆藏、用户的情况，以及社区用户的具体需求，规划向社区提供延伸服务的内容以及实现方式。

国内外的相关实践显示，高校图书馆向社区延伸服务可以从范围、内容、方式与作用等方面进行考察，主要有以下种类。①向当地社区居民开放图书馆各类资源。在图书馆资源相对有限的地区，高校图书馆可以发挥公共图书馆的作用，将其资源向当地社区居民开放。例如，商洛学院图书馆将当地社区居民与校内师生同等对待，提供图书馆资源与服务，增加了群众文化活动的多样性，提高了当地社区居民的生活满意度[②]。向当地社区居民开放，不但可以提升图书馆资源利用率，还可以提升图书馆的社会影响力。②"亲子阅读"活动及相关服务。该类活动通常局限于校内社区，服务对象主要是校内教职工及其子女，例如，四川大学图书馆举办的"书香川大，亲子悦读"系列活动[③]，贵州民族大学图书馆举办的"暑期亲子阅读季"主题活动[④]，河南工业大学图书馆举办的"给最珍贵的你"亲子阅读活动[⑤]等，这既是对青少年群体的延伸服务，也是对大学社区的延伸服务，

① 《全球愿景报告摘要：十大亮点和十大机遇》，https://www.ifla.org/files/assets/GVMultimedia/publications/gv-report-summary-zh.pdf，2023 年 5 月 6 日。

② 窦小龙. 2015. 中美高校图书馆社会化服务比较研究. 合肥：安徽大学：21.

③ 《"书香川大·亲子悦读"主题阅读活动第 54 期顺利举行》，https://lib.scu.edu.cn/node/116066，2024 年 12 月 4 日。

④ 《图书馆 2021 年"暑期亲子阅读季"主题活动完满结束》，http://lib.gzmu.edu.cn/info/1107/3693.htm，2023 年 5 月 8 日。

⑤ 《"给最珍贵的你"：河南工业大学图书馆首届亲子阅读活动》，https://www.haut.edu.cn/info/1065/29400.htm，2023 年 5 月 8 日。

相关活动的主题内容还可结合传统节假日、寒暑假或者其他阅读推广主题，举办的方式以在馆服务为主，高校图书馆"亲子阅读"类活动及服务受到大学社区用户的欢迎，可发挥促进大学社区整体和谐氛围的作用。③有关少数族裔群体的活动及服务。该类活动通常围绕大学附近的少数族裔社区进行，服务对象则包括校内外的读者和用户。并且，大多采用联合其他单位、组织共同举办的方式推进。例如，美国东华盛顿大学（Eastern Washington University，EWU）图书馆与多个校内单位、附近少数族裔社区共同举办了少数族裔文化遗产月活动[①]，在举办活动的同时向少数族裔社区进行延伸，搜集、整理、展示相关活动资料，促进了大学社区的包容性。④有关保健信息的延伸服务。一项研究（2022 年）显示，最近十年以来，美国高校图书馆正在越来越多地向校园社区提供健康信息延伸（health information outreach，HIO）方面的服务，并应该考虑将图书馆延伸服务与国家健康目标相结合[②]。在新冠疫情流行期间，全球很多高校图书馆都通过在线的方式向用户提供信息服务，该类服务的对象以网络虚拟用户为主。同时，高校图书馆也通过与社区成员合作、与相关组织建立伙伴关系，促进社区在新冠疫情之后的复原和复苏[③]。当然，在条件允许的情况下，一些医药类高校图书馆可深入到社区，为社区用户提供保健类讲座、信息咨询等延伸服务。在开展方式上，有的高校图书馆采取与公共图书馆联合的方式，共同为当地社区居民提供与保健相关的信息服务[④]。⑤向专业领域社区延伸。高校图书馆可以向专业领域的社区提供延伸服务，尤其是拥有较强专业性馆藏资源的图书馆，可以为相关专业的社区提供专业性、针对性更强的延伸服务。例如，师范类院校或综合性大学图书馆可向中、小学校教师社区提供有关教育、教学类的延伸服务[⑤]；音乐院校图书馆可向音

① Stellwagen Q H，Bingo S. 2023. Supporting an inclusive campus community：an academic library's co-sponsorship of Asian American and native Hawaiian/Pacific islander heritage month celebrations. Journal of Library Administration，63（3）：358-370.

② Jameson J，Duhon L. 2023. A 10-year follow-up survey of US academic libraries highlights the COVID-19 experience and greater interest in health information outreach. Health Information and Libraries Journal，40（3）：275-291.

③ Peñaflor J，Labangon D. 2021. Community outreach and engagement in the time of COVID 19：efforts & approaches of academic libraries. University Library at a New Stage of Social Communications Development. Conference Proceedings，（Ⅵ）：30-39.

④ Swanberg S M，Bulgarelli N，Jayakumar M，et al. 2022. A health education outreach partnership between an academic medical library and public library: lessons learned before and during a pandemic. Journal of the Medical Library Association，110（2）：212-221.

⑤ Cameron L，Montgomery L，Bauer A，et al. 2019. Spectrum of value：state university libraries supporting K-12 teachers. portal：Libraries and the Academy，19（4）：565-575.

乐协会或相关社区提供有关音乐的延伸服务[①]；医药院校图书馆可向医院、疗养院等社区提供与医药、保健相关主题的延伸服务；法学类院校图书馆可向公检法部门、律师事务所延伸，向执法人员、律师社区提供法学资源的延伸服务；军事院校图书馆可向军营、部队、教官等社区提供军事主题的延伸服务[②]；高校图书馆也可向监狱社区延伸，提供纸质和数字资源、培训与讲座的延伸服务[③]等。高校图书馆向专业领域社区延伸，有利于提高专业资源的利用率，也有助于资源建设的专业化发展。

2. 高校图书馆服务向社会组织的延伸

作为构成社会有机体的重要基本单元，社会组织是人们为了有效地达到特定目标按照一定的宗旨、制度、系统建立起来的共同活动集体，它有清楚的界限、明确的目标，内部实行不同分工，并确立了旨在协调成员活动的正式关系结构，如政府、企业、商店、工厂、公司等。高校图书馆向社会组织延伸与向社区延伸，有时可能重叠。从特定用户的概念来看，社会组织也是抽象的特定用户之一，它是不具有生物特征的组织，其用户需求是零散的、不确定的。尽管如此，高校图书馆向社会组织延伸仍具有可行性和主观能动性。

（1）高校图书馆向社会组织延伸具有可行性和主观能动性。一方面，高校图书馆向社会组织延伸具有可行性。高校图书馆馆员的专业水平和综合素质越来越高，除了图书情报专业的人才，其他领域专业的人才也进入图书馆工作，这使得高校图书馆具备了相当的人才优势。并且，由于国家与社会的持续投入，高校图书馆内各种类型的馆藏资源比较丰富，设备齐全且更新快。高校图书馆的人才、资源、设备等方面的优势，使其具备发挥更大社会作用的可行性。同时，在社会组织的持续发展过程中，其对图书馆的空间、馆藏、信息、技术、教育等服务的需求在变化、提升，当社会组织的图书馆需求无法从公共图书馆中得到完全满足时，必然会寻求高校图书馆，以获取更具专业性、学术性的图书馆服务。另一方面，高校图书馆向社会组织延伸需要发挥主观能动性。社会组织的图书馆需求

① Kostagiolas P A，Lavranos C，Martzoukou K，et al. 2015. Keeping the score：outreach services and collaboration for academic music libraries in financially straitened times. Library Management，36（6/7）：495-510.

② Rod-Welch L J，Weeg B E，Keith G P，2017. Library outreach and instruction to academic departments of military science and ROTC cadets. Internet Reference Services Quarterly，22（2/3）：93-105.

③ Izuchukwu Mr. A C，Holmner M A，Agu B O. 2021. The role of the academic library in providing outreach services to prison inmates by means of mobile tools and technologies. Library Philosophy and Practice（e-journal）：6715.

具有零散性、不确定性，因此，高校图书馆向社会组织延伸需要发挥自身的主观能动性，结合图书馆的资源优势，积极探索向各类社会组织进行延伸，具体实现方式则是多样化的，可以是图书馆主导式的、社会组织主导式的、双方互动式的，或者采取联合其他组织、机构等共同发展的方式。总之，高校图书馆向社会组织进行延伸，不以某种固化的方式实现，也不一定形成某种既定的发展模式。

（2）高校图书馆向社会组织延伸的实现。高校图书馆向社会组织提供延伸服务是可行的，需要图书馆发挥主观能动性，积极探索、大胆尝试，合理配置自身的馆藏、人力、技术、设备等资源优势，根据用户的需求，制定延伸服务项目和实施办法。相关实践显示，高校图书馆向社会组织延伸的实现方式包括但不局限于以下几类。①为政府提供延伸服务，发挥"智库"作用。例如，广州大学图书馆为广州市委、广州市人民政府、广州市社会工作委员会、广州市档案局、广州市公安局、广州市教育局等政府部门提供个性化的媒体舆情信息服务，为政府了解舆情，科学决策提供信息支持，获得了用户的好评，取得了社会效益和经济效益[①]。上海财经大学图书馆提供政府决策信息服务，采用两种方式实现，一是通过参与建设大学的政府资政型智库；二是直接为当地区委领导提供决策咨询信息[②]。将信息咨询功能向社会组织延伸，有助于高校图书馆社会价值的体现。②为政府存储信息，并向公众开放，发挥资源"集散地"作用。例如，美国高校图书馆中有 800 多所"托管图书馆"（depository library）从政府部门获取信息、存储信息，并以纸质或在线方式提供给公众查询[③]。为政府部门提供信息归集与分散的服务，可作为高校图书馆向社会提供延伸服务的实现方式。③参与社会组织举办的公益活动，关爱特殊群体。例如，四川大学图书馆参与由中共四川省委政法委员会和新希望集团共同主办的"四川政法英烈子女公益游学活动"，为游学成员量身定制"图书馆发现之旅"主题活动，包括"图书馆红色文化探寻""智慧图书馆体验""中图法分类连连看"等活动环节，参与关爱英烈子女，这有利于推动全社会形成尊重英模、崇尚英模的良好氛围[④]。高校图书馆参与社会组织举办的公益活动，可以发挥专业资源

① 陶晶雯. 2017. 图书馆政府舆情信息服务纵深化发展探究：以广州大学与广州市社工委合作开展舆情工作为例. 图书馆工作与研究，（11）：123-128.

② 赵珊珊. 2022. 高校图书馆为政府提供决策信息服务研究：以上海对外经贸大学图书馆为例. 图书馆，（2）：37-43.

③ 蔡金燕. 2014. 美国高校图书馆政府信息服务的调查及分析. 图书与情报.（3）：87-91，109.

④ 《"四川政法英烈子女公益游学"项目子活动："图书馆发现之旅"在四川大学江安图书馆顺利举行》，https://lib.scu.edu.cn/node/105385，2023 年 5 月 9 日.

优势，履行图书馆的社会责任。④为企业提供信息服务，助力科技成果转化。例如，上海交通大学图书馆与上海交大科技园有限公司合作，共建知识产权信息服务中心，促进知识产权信息资源和服务共享、提升师生及中小企业知识产权意识、助力科技成果转移转化和区域创新[1]。高校图书馆向企业提供信息服务、科技查询服务，可以整合大学相关院系、专家等资源，搭建相关平台，以发挥更大的服务功效。⑤向各类组织、机构延伸，提供定制化、个性化的服务。高校图书馆可充分发挥各种资源优势，积极探索向各类组织、机构如媒体、公司、非政府组织、慈善机构等进行延伸，向其提供资源与服务，或者与其联合向公众、向特殊群体提供延伸服务，最大化地发挥高校图书馆的社会作用，提高、扩大图书馆的社会影响力。

第二节　高校图书馆空间再造与服务延伸

"空间即服务"是高校图书馆领域的新兴概念，该观点将图书馆空间视作一种服务，它支持用户聚集在一起，基于不同目的而使用图书馆[2]。传统观点认为图书馆建筑及内部空间是静态的，包括阅览桌椅、各类库室以及设备等，而发生在馆内的活动才是动态的，即馆员向读者提供的各种服务才是动态的图书馆服务。然而，在混合学习模式的大学环境中，为适应用户更加多元化的需求，图书馆空间也可以成为动态的服务。高校图书馆必须重新思考其空间的内涵与功能，对物理空间——包括纸质馆藏空间和非纸质资源空间进行再造；对虚拟空间——包括新的场域和重要角色进行探讨，以促进图书馆两个层面空间服务的延伸。

一、高校图书馆物理空间再造及服务延伸

随着大学不断发展，很多高校图书馆的物理空间一再扩容，其基本实现方式大多为建造新的分馆，或者对现有馆舍进行扩建。在此基础上，多数图书馆还进行内部空间的再造，以此实现物理空间的创新。图书馆空间创新不仅仅是重新装修内饰、更换桌椅与书架、替换与添置最新设备等工作，而是根据用户需求的变化，对图书馆空间的内涵意义、功能格局、资源配置等问题进行综合性的再思考，并做出调整与安排，使图书馆能够适

---

① 《上海交通大学图书馆与上海交大科技园有限公司合作备忘录签约仪式成功举行》，https://www.lib.sjtu.edu.cn/f/content/detail.shtml?id=6887&lang=zh-cn，2023 年 5 月 9 日。
② Connaway L S, Faniel I M, Cantrell J, et al. 2021. New model library: pandemic effects and library directions. OCLC Research Briefing: 31-32.

应用户的变化，同时满足原有的读者需求和新产生的读者需求。

2020 年的一项美国相关调查显示，大学生在图书馆花费时间最多的五个地方是：安静的学习空间（58.6%）、计算机实验室（37.8%）、阅览室（35%）、咖啡厅（33.8%）和小组学习空间（32.2%）[①]。尽管在不同国家、不同规模、不同类型的高校图书馆中，对于物理空间的再造有不同的实践基础和发展方向。但是，通常情况下，高校图书馆物理空间的再造主要分为两大板块。一是纸质馆藏空间的再造，包括报刊库室、特藏空间、引导阅读区、密集书库等；二是非纸质资源空间的再造，包括学习空间、共享空间、创客空间、个性化空间等。

（一）纸质馆藏空间再造及服务延伸

由于纸、电资源配比的变化，高校图书馆馆藏空间变化的趋势之一就是纸质馆藏库室的空间一再被压缩。尽管如此，再造馆藏空间的重要性却进一步地提升。传统的纸质馆藏库室大多按照资源类型分库，并遵循既定的图书馆分类法安排图书架位。现在，为了有效提升空间利用率，引导读者的阅读行为，越来越多的高校图书馆倾向于对馆藏空间进行重新调整与布置，并提供相应延伸服务。

1. 纸质报刊库室空间的缩减、撤并或转型

很多高校图书馆缩减了纸质报刊阅览室的空间，一些图书馆甚至不再单独设置纸质报刊阅览室，而是将纸质报刊并入书库。例如，南宁师范大学图书馆于 2021 年 11 月向读者发出通知，宣布明秀校区图书馆五楼期刊阅览室撤销，各类期刊并入图书借阅区，将原期刊阅览室空间改为公共自习室。英国考文垂大学兰彻斯特图书馆也未设置报刊库，而是将期刊融入读者学习空间。

缩减、撤并纸质报刊库室空间是高校图书馆较为明显的发展趋势，这一方面是由于用户对电子报刊资源利用率的不断提高；另一方面是高校图书馆为了适应智慧图书馆建设而做出的调整。被释放出来的原纸质报刊库室空间，则被用于向其他功能空间转型，例如，用作学习空间、休闲区、交流平台等。与此同时，过期纸质报刊库室的空间也相应地被大幅缩减，被用于密集书库空间扩容。

---

① Sens T，Moll K. 2021. University library research results: what you don't know might hurt you. https://universitybusiness.com/university-library-research-results-what-you-dont-know-might-hurt-you/[2023-05-19].

2. 特藏空间的强化与多功能化

具备特殊馆藏的高校图书馆更加注重发挥特藏的优势，多方筹集资金，打造精品特藏馆，并将特藏馆多功能化，从古籍装帧、特藏展览、学术交流、特藏数字化等方面进行延伸。例如，北京大学图书馆于 2021 年打造了约 1000 平方米的大钊阅览室，配备了 76 个专题展柜，陈列了珍贵的报刊与图书原件，以及部分相关珍稀书籍与文献，同时组建"书说党史"专题书架，供读者开架阅览，此外，还开辟了沙发区域和研讨间，用作读者自由研讨、学生工作坊等用途。值得一提的是，大钊阅览室还在特定时段提供志愿者讲解服务①。北京大学图书馆着力加强大钊阅览室的建设，促进了党建工作与业务工作融合发展，提升了革命文化教育功效②。暨南大学图书馆发挥大学的"侨"资源特色，于 2016 年打造了面积约 1700 平米的"世界华侨华人文献馆"，该馆依托特藏文献与实物，并长期致力于华侨华人文献的收集、整理与研究，经过长期的不懈努力，已成为海内外知名的华侨华人文献重镇，2021 年，该馆获命名"广东省爱国主义教育基地"③，较好地展现了特藏空间的教育功能。一些国外高校图书馆也非常重视特藏空间的强化与多功能化，发挥大学的特色和图书馆资源优势，设置各类特藏空间，并提供相关延伸服务。例如，英国考文垂大学图书馆的"互动档案展览馆"、谢菲尔德大学图书馆的地图特藏区、曼彻斯特城市大学图书馆的用户自主设计品收藏空间等。

高校图书馆强化特藏空间，多数基于大学的重点学科以及自身特色馆藏，有意识地凸显重点、特色，同时，特藏空间收藏、展示的资源不局限于单一种类，而是集报刊、书籍、图片等纸质资源与影像、录音、实物等非纸质资源于一体，有些还建设专门的数字资源库。因此，这类特藏空间可以发挥馆藏陈列、专题展览、档案保存、读者研讨、教育教学等诸多功能，成为高校图书馆开展相关延伸服务的重中之重。

3. 打造引导阅读区域

为了引导读者的阅读行为，高校图书馆越来越重视发展阅读推广相关工作，除了开展相关的活动与服务，图书馆还有意识地打造专门的空间，

---

① 《我为师生办实事｜图书馆完成大钊阅览室专题展览布局升级》，https://news.pku.edu.cn/xwzh/40187fb139af48458ea592aad0385178.htm，2024 年 12 月 4 日。

② 郑清文.2023. 北京大学图书馆大钊阅览室革命文化教育功效初探. 大学图书馆学报，41（2）：19-24.

③ 《本馆现况》，https://lib.jnu.edu.cn/Home/ServiceDetail/92，2024 年 12 月 4 日。

展示相关图书资源，吸引读者浏览、借阅。在国内高校图书馆中，较为常见的有新书区、借阅榜图书区，以及各类主题图书展示借阅区等。国外一些高校图书馆还设置馆际交流图书区、教参书区、畅销图书区等。

为了引导读者阅读而专门设置区域，打破了传统的按照图书分类法对库室空间进行划分的方式。当然，区域内图书如果涉及多个学科、专业，在具体排架方式上还需采用图书分类法。高校图书馆打造引导阅读区域应该注意以下问题。①选址安排。一般情况下，引导阅读区域安排在较为显眼的位置，例如，图书馆一楼大堂、总服务台附近、自助借阅设备旁边、书库入口附近等。不过，如果相关书籍资料需要配合其他阅读推广活动，则可更加灵活地安排空间，例如，在讲座或活动现场、工作坊设置相关的书架，方便读者取阅。②营造氛围。在条件允许的情况下，各馆可根据相关主题和读者需求，为引导阅读区域营造不同的氛围，并额外配备诸如书架、桌椅、沙发、绿植等，能够提升读者的舒适度，引导、激发其阅读兴趣。③区域维护。应该重视对引导阅读区域的日常维护工作，一方面是对该区域环境氛围的维护，即保持区域的卫生整洁，及时清理读者个人物品等；另一方面是对该区域书籍资料的维护，即保持图书的更新率和流动性。相关区域的维护需要推广、流通、保洁等各部门相互配合，为读者提供舒适整洁的环境和时常换新的书籍。

4. 密集书库空间的现状及改造方向

国内高校图书馆的密集书库大多采用闭架借阅、预约取书的方式，即由读者通过 OPAC 系统或专门系统预约图书，由馆员入库查找，在系统发送消息通知读者前来办理借阅手续。这种密集书库开放方式已经延续多年，是最常规的方式，短期内应该不会发生颠覆性的改变。然而，国外高校图书馆对密集书库空间的改造呈现出两个不同的方向。一种改造方向是将部分密集书库完全向读者开放，有些图书馆还将传统的手摇式密集书架替换成具有自动感应功能的智能书架，使读者和馆员能够更方便、更安全地使用密集书库，例如，英国考文垂大学图书馆在其二楼的书库空间中，将近一半的空间设置为密集书库，并应用智能书架。读者和馆员通过点击书架侧面的电子架标显示屏，可实现书架自动平移，书架还有感应功能，当有人站立在两个书架之间的时候，书架不会移动；另一种改造方向则是将密集书库完全仓储化，使用长、宽、高都大于常规书架的模块组装式的高密度书架，为了空间最大化利用，书籍资料按照物理尺寸决定书架位置，而不是按照图书分类法排架。仓储化密集书库的功能主要是为了储存馆藏，在管理体系上对书目数据、架位精准、温度湿度等要求较高。一些美国高校图书馆采取联合建立仓储库的方式，并成立专门组织机构进行管理。例如，研究藏品及保存协会（The Research Collections and Preservation Consortium）由纽约哥伦比亚大学（Columbia University in the city of New York）、哈佛大学、纽约公共图书馆（The New York Public Library）、普林斯顿大学（Princeton University）共同建设，截至 2023 年，该协会拥有超过 13.4 万个书架，存储了 1700 多万份图书馆和档案馆藏，这是以共享馆藏的方式建立的仓储式书库，它为读者提供文献的借阅方式包括纸质材料借阅、数字文献发送、在馆阅览等①。

（二）非纸质资源空间再造及服务延伸

伴随着网络化、数字化时代的不断发展，高校图书馆内的非纸质资源空间逐渐拓展，其呈现方式及相关延伸服务则日益多样化。目前，较为常见的相关空间包括学习空间、共享空间、创客空间和个性化空间等。

1. 学习空间再造及服务延伸

高校图书馆学习空间的主要形式是自修区或阅览室，对于学生读者尤为重要。高校图书馆对学习空间的再造主要趋势有如下几种。①营造安静的学习氛围。高校图书馆比较重视营造安静的学习氛围，为此而采用隔音材料对内部空间进行改造。国外一些图书馆专门划出"静读区"为图书阅览的读者所用，并禁止在该区域使用笔记本电脑，因为电脑键盘的敲击声会破坏安静的氛围。②设置 24 小时开放学习空间。欧美国家大多数高校图书馆都设有 24 小时开放区，并配备相应的设施与设备。国内部分高校图书馆也设置了 24 小时开放学习空间，其中，北京航空航天大学图书馆是北京地区首个设置 24 小时开放区的高校图书馆②。一些高校图书馆的 24 小时开放区短暂关闭，现今已恢复开放，如西安交通大学图书馆③、上海大学图书馆④等。③打造个人研修空间。个人研修空间分为全封闭式、半封闭式、开放式几种类型，高校图书馆越来越重视打造个人研修空间，以满足用户的个体性、独立性的需求。其中，打造全封闭式的个人研修间对图书馆的场地、设

---

① "About ReCAP", https://recap.princeton.edu/about，2023 年 5 月 25 日。
② 《北航之最 | 首创！这个地方 7×24 小时 "不打烊"！猜猜是哪儿……》，https://mp.weixin.qq.com/s/7jCZMPMFmQ544pA5eB1Vbg，2023 年 5 月 19 日。
③ 《关于图书馆恢复 24 小时开放服务的通知》，http://web.lib.xjtu.edu.cn/info/1060/14927.htm，2023 年 5 月 19 日。
④ 《24 小时学习空间恢复开放通知》，https://lib.shu.edu.cn/info/1022/3634.htm，2023 年 5 月 19 日。

施要求最高，开放式的个人自习座位则是最容易实现的方式。在笔者走访的国内外高校图书馆中，半封闭式的个人研修空间比较容易构建，并受到读者的追捧，尤其是"卡座式"的个人研修区，往往是满座率最高的区域。

2. 共享空间再造及服务延伸

高校图书馆的共享空间最早以信息共享空间的形式出现，通过划分专门区域，并配备电脑、显示屏、网络端口、打印扫描机等设备。如今，信息共享空间逐渐被学习共享空间替代，后者更加强调小组讨论、汇报展示的功能，以及对移动设备的利用。一项 2018 年的相关调查表明，本科生中91%的人拥有笔记本电脑，95%的人拥有智能手机[①]。2021 年另一项关于大学生利用移动设备的调查显示，81%的人将笔记本电脑作为主要设备，56%的人将智能手机作为第二设备进行学习或研究[②]。这些研究表明，大学生几乎完全转向了移动设备。因此，在对共享空间的再造过程中，高校图书馆将减少台式计算机、网络端口的数量，甚至完全取消这类设备，转而为用户提供笔记本电脑租借服务，并且，越来越趋向于为用户自带的移动设备进行电源、Wi-Fi、数据端、移动应用程序等资源的配置。当然，图书馆不会完全摒弃台式电脑，在公共检索区、自助服务区、馆员工作区等区域，台式电脑依然是必不可少的设备。

3. 创客空间再造及服务延伸

高校图书馆对创客空间进行改造，侧重于对相关软件、硬件设备的配备、升级和置换，相关延伸服务则是由图书馆专业团队主导，或联合其他机构、个人共同为用户提供指导或教学。英美高校图书馆创客空间发展较为成熟，其主要特点如下。①注重实操层面，为用户提供各种先进的设备和资源。例如，马里兰大学（The University of Maryland）图书馆提供 3D 打印机、激光切割机、VR 头盔、AR 沙盒及各类工具箱[③]；北卡罗来纳州立大学图书馆提供 3D 扫描机、数字切割与雕刻工具、电子缝纫与纺织机器、数字媒体工具[④]等。②具体功能不尽相同。创客空间的主旨是激发用户的创新性、创造力和创业精神，但在具体功能上存在差异。例如，肯特州

---

① Galanek J D，Gierdowski D C，Brooks D C. 2018. ECAR study of undergraduate students and information technology，2018. Educause Center For Analysis And Research：7.

② Robert J. 2021. EDUCAUSE quickPoll results：flexibility and equity for student success. https://er.educause.edu/articles/2021/11/educause-quickpoll-results-flexibility-and-equity-for-student-success [2023-05-21].

③ "Makerspace initiative"，https://makerspace.umd.edu/，2025 年 4 月 13 日。

④ "Makerspace"，https://www.lib.ncsu.edu/services/makerspace，2023 年 5 月 23 日。

立大学（Kent State University）图书馆创客空间的功能是培养初创企业家、实现学生创业项目[①]；威斯康星大学麦迪逊分校图书馆的设计实验室的功能是帮助学生开展音视频制作、平面设计、科学传播、社交媒体营销等[②]。③结合大学特色学科，打造专业工作室。例如，爱丁堡大学图书馆专门设置了音乐创作室，并配备电子琴、钢琴、耳机、电脑以及录音调音设备等；利兹贝克大学图书馆特别设立了建筑技术工作室，专门配备大尺寸屏幕电脑、高清海报打印机、大幅彩色打印机、大型裁纸机等。④重视用户的参与以及与公司的合作。创客空间不仅为用户提供设备，还重视引导用户的深度参与，并注意吸引相关公司的资助，例如，佐治亚理工学院图书馆创客空间配备了各种设备以及会议空间、休息室等，鼓励用户团队研讨和深度参与，截至2023年，吸引了30多家公司的捐款和支持[③]。

4. 个性化空间再造及服务延伸

高校图书馆个性化空间主要是为了满足用户的文化欣赏、休闲娱乐，以及其他个性化需求。个性化空间的表现形式主要有艺术展示空间、休闲交流空间、多元特色空间、无障碍学习空间等类型，对于个性化空间的再造，高校图书馆应侧重于空间的灵活性和多功能性。一方面是个性化空间的灵活性，在高校图书馆有限的空间内，要实现个性化，就必须采用尽量可灵活调整的设计和设施，例如，设置可移动的阅览桌椅和隔音墙，可以轻松地重新配置空间；运用多维采光及智能照明系统，可营造不同的氛围；安装额外的电源插座、数据输入端和 Wi-Fi 全覆盖，可以最大化地满足用户使用移动设备和连接网络的需求。另一方面是个性化空间的多功能性，即让图书馆不同的空间实现各种不同的功能，高校图书馆空间的主要功能有馆藏与利用、学习与研究、交流与讨论等，而个性化空间则是在此基础上进行延伸，实现展示与展览、休闲与疗愈，以及其他个性化的功能延伸。在具体实践中，高校图书馆的个性化空间再造以及相关的延伸服务，各馆可根据现实条件、读者需求、大学要求等进行，并充分展现图书馆空间服务的个性化和人性化。

---

① "Makerspace at KSU Tuscarawas: home"，https://libguides.library.kent.edu/c.php?g=440118&p=2998898，2024 年 12 月 5 日。

② "About us"，https://designlab.wisc.edu/about-us/，2023 年 5 月 23 日。

③ "Georgia tech's makerspace is a model for higher education"，https://makezine.com/article/education/georgia-techs-makerspace-is-a-model-for-higher-education/，2023 年 5 月 23 日。

二、高校图书馆虚拟空间延伸的新场域及重要角色

图书馆虚拟空间的延伸主要表现在空间场域的扩展，以及技术、载体的推陈出新。网络化、数字化、智能化时代的不断纵深发展，使得高校图书馆虚拟空间及相关服务的延伸也永无止境。这是一个动态的过程，需要图书馆从业人员与研究人员时刻保持敏锐的视角、开放的心态，结合新出现事物对虚拟空间及延伸服务进行不断尝试和探讨。

（一）高校图书馆虚拟空间延伸的新场域——元宇宙

元宇宙这一概念备受关注，该词出自 1992 年的科幻小说《雪崩》（*Snow Crash*），是"meta"和"universe"的合成词。受 Web 3.0 影响，元宇宙是对互联网世界的一种假设迭代，即 Web 1.0 产生了互联网，Web 2.0 为人们提供了移动网络和社交连接，Web 3.0 将给世界创建一个通过 VR、AR、MR、扩展现实（extended reality，XR）等设备进入的沉浸式三维在线环境。在这个环境中，由化身代表的用户在虚拟空间中进行交互[①]。

元宇宙图书馆能够拓展文明生长空间、延伸知识服务维度、促进服务均等化，是可期待的另类文明空间[②]。元宇宙图书馆可为用户——尤其是数字新生代用户提供沉浸式体验，它是现实世界和虚拟世界的融合，允许用户构想出存在和不存在于现实世界的各种数字镜像。

1. 元宇宙为图书馆领域带来的机遇和挑战

2021 年，元宇宙概念引爆了网络信息科技领域，并引起全球瞩目。2021 年 3 月，元宇宙第一股罗布乐思（Roblox）在美国纽约证券交易所上市；2021 年 5 月，Facebook 表示将在五年内转型为元宇宙公司，并在10 月宣布正式更名为"Meta"；微软也在 2021 年 5 月表示其正在打造"企业元宇宙"，11 月宣布 Xbox 游戏平台将加入元宇宙中。英伟达（NVIDIA）、腾讯、字节跳动等互联网科技巨头也纷纷宣布入局元宇宙。元宇宙风靡网络信息科技领域，引起了图书情报领域的关注，本领域的业界和学界进行了相关的探讨与尝试，目前已经形成了总体的共识，即元宇宙为图书馆带来的不仅有发展机遇，也有风险挑战。

一方面，元宇宙为图书馆带来了发展机遇，尤其体现在图书馆虚拟空

---

① Ritterbusch G D，Teichmann M R. 2023. Defining the metaverse: a systematic literature review. IEEE Access，11：12368-12377.

② 只莹莹. 2022. 元宇宙图书馆：可期待的另类文明空间. 图书馆理论与实践，259（5）：71-76，84.

间、智慧图书馆、"第三空间"等的发展。元宇宙强调虚拟与现实的融合，即"数（虚）实融合"，智慧图书馆在元宇宙数实融合空间中体现了大成智慧①。元宇宙在理念、技术、场景与发展策略上赋予虚拟图书馆新的动能，核心理念包括虚实融合、随时随地、技术整合、人人可及；基础技术包括感官赋能的接入类技术、算力赋能的构建类技术、内容赋能的映射类技术、生态赋能的应用类技术；局部应用场景包括可视化的资源检索系统、能动型的自主学习空间、虚拟化的参考咨询社区、参与式的远程教育服务、交互式的个性化推荐服务；元宇宙赋能虚拟图书馆发展策略包括以技术融合促进底层支撑，以资源开发完善基础建设，以人才优化增加人力储备，以管理提升确保可持续发展等②。此外，元宇宙蕴含自由、平等、个性化、多元化、社交属性、展示属性的"第三空间"理念，因此，它可以重塑参考咨询服务、教育体验、内容生产、数据保护和社交场景，构建五大图书馆"第三空间"场景③。总之，元宇宙是数智时代创造出来的平行于自然宇宙的虚拟空间，它超越自然宇宙而存在，图书情报学科的发展和技术革新密不可分，与作为新技术代表的元宇宙存在同频共振、价值共生的美好前景④。

另一方面，元宇宙为图书馆带来了风险挑战。元宇宙本身具有"黑暗"的一面，它可能加剧人们的贫富悬殊和智能鸿沟，产生信息窄化和群体极化等信息茧房效应，造成社会团结失效和集体意识困难，带来数字劳动剥削和社会深层次异化的风险等⑤。具体而言，元宇宙让图书馆面临的隐忧和问题主要有以下几点。①成本与技术之忧，包括软硬件设施的更新与维护成本，以及馆员的技术、能力的隐忧；②图书馆关联方之忧，即元宇宙环境下图书馆如何与新兴的关联方谋求新型合作关系；③脱实向虚之忧，即如何有效引导用户平衡虚拟世界与现实世界的问题；④知识产权之忧，即资源数字化可能带来的知识产权风险、数字资源的确权、特色资源的产权归属和保护等问题；⑤图书馆两极分化之忧，即元宇宙赋能"大馆"可能会加剧"大馆"与"小馆"的两极分化；⑥信

① 吴江，陈浩东，贺超城. 2022. 元宇宙：智慧图书馆的数实融合空间. 中国图书馆学报，48（6）：16-26.

② 郭亚军，李帅，张鑫迪，等. 2022. 元宇宙赋能虚拟图书馆：理念、技术、场景与发展策略. 图书馆建设，（6）：112-122.

③ 梁洁纯，许鑫. 2023. 临境图开：元宇宙视域下图书馆"第三空间"建设. 图书馆论坛，43（2）：98-107.

④ 马费成. 2022. 图书情报学与元宇宙：共识 共创 共进. 中国图书馆学报，48（6）：4-5.

⑤ 许可，乔利利，赵星. 2023. 元宇宙的黑暗面及对图书馆应用的启示. 图书馆杂志，42（1）：16-23.

息安全与隐私保护之忧，即在元宇宙的大量高速信息流之中如何保护用户的各类信息和隐私的问题[1]。此外，元宇宙图书馆还可能面临读者的纸质阅读偏好问题。在一些宗教国家，宗教领袖对科技的负面评价也是元宇宙图书馆的发展障碍[2]。总之，元宇宙为图书馆带来的风险与挑战是多层次、全方位的。随着技术不断进化和社会持续发展，图书馆元宇宙化在演进过程中还面临不可预测、突如其来的风险与挑战，这些问题有待本领域进一步地研究、探索与解决。

2. 高校图书馆元宇宙相关实践及未来愿景

李洪晨等指出，使图书馆元宇宙化，即在元宇宙中创建图书馆，把图书馆服务延伸至元宇宙中[3]。2006 年，国外图书馆在基于元宇宙概念的平台"第二人生"中建立了"第二人生图书馆"，其中包括一些美国高校如加利福尼亚大学伯克利分校（University of California，Berkeley）、哈佛大学、斯坦福大学等的图书馆[4]。然而，由于资金、人力等方面的限制，这些早期实践并未坚持太久。2011 年，"第二人生"平台停止对非营利组织账号费用的折扣，导致许多图书馆、教育机构和非营利组织退出该平台。虽然，"第二人生"平台于 2014 年重新恢复对非营利组织账户费用的折扣，但是，大多数图书馆没有回到该平台。因为在预算紧缩时期，虚拟空间被视为少数机构负担得起的装饰品，并且，虚拟图书馆的服务并没有被"用户化身"大量使用[5]。尽管如此，这些早期实践为高校图书馆虚拟空间向元宇宙延伸积累了一定的经验。

钱丹丹等指出，图书馆元宇宙的内涵是通过区块链、数字孪生、人工智能、物联网、通信 5G/6G[6]、XR 等技术叠加，复刻一个平行于现实图书馆的实时、永续虚拟空间，可实现数据存储、信息服务、社交娱乐、阅读场

① 纪超. 2023. 元宇宙时代图书馆的"喜"与"忧". 大学图书情报学刊，41（1）：94-99.
② Adetayo A J，Adekunmisi S R，Abata-Ebire B D，et al. 2023. Metaverse academic library：would it be patronized？. Digital Library Perspectives，39（2）：229-240.
③ 李洪晨，许可，张闯，等. 2022. 元宇宙图书馆 一座看得见的天堂："天堂的具象：图书馆元宇宙的理想"论坛综述. 图书馆论坛，42（7）：1-6.
④ 宁岩，王群. 2012. 国外图书馆基于 Second Life 的服务实践研究. 图书与情报，（5）：70-74.
⑤ Schultz R. 2018. The rise and fall of library use of Second Life：what happened to all the libraries that used to be in Second Life and other virtual worlds？. https://ryanschultz.com/2018/08/13/the-rise-and-fall-of-library-use-of-second-life-what-happened-to-all-the-libraries-that-used-to-be-in-second-life-and-other-virtual-worlds/[2023-06-10].
⑥ 6G，即 6th generation mobile communication technology，第六代移动通信技术。

景的沉浸体验，是未来图书馆的全息数字具象①。尽管现阶段元宇宙图书馆仍处于计划、实验、雏形的阶段②，但是，元宇宙可作为高校图书馆虚拟空间及服务延伸的新场域，相关的技术形态如 VR、AR、MR 等已得到较多的实践应用。高校图书馆虚拟空间及延伸服务元宇宙化建设实践主要包括以下几大类。①馆藏资源数字化、全息化。将数字资源摆放在虚拟书架上供读者查阅、下载，或者将珍稀馆藏置于虚拟的展柜或展厅中，辅以拉近、放大、全息影像等功能，使在线用户可近距离、全方位欣赏展品。②打造沉浸式体验空间。在图书馆专属空间配备虚拟现实硬件和人机交互设备，为用户提供沉浸式体验服务，如新加坡国立大学图书馆打造了思维虚拟现实体验馆，美国西密歇根大学沃尔多图书馆创设了虚拟现实实验室③，可为用户提供虚实结合的沉浸式体验。③图书馆场景服务的虚实结合。将图书馆场景下的读者服务同步延伸至虚拟空间，如馆藏空间全景导览服务、嵌入游戏的信息素养教育、虚拟馆员参考咨询服务、基于虚拟交流平台的各类讲座与分享活动等。

随着元宇宙持续演进，图书馆元宇宙化具有无限的可能性，其终极目标是建成所有应用完全联通、人场物各元素自由融通的统一平台，真正实现万物互联的自由利用状态。元宇宙平台基础架构搭建完成之后，高校图书馆在元宇宙开展多元化的知识服务是本领域未来发展的重点④。元宇宙的技术体系将加速现阶段智慧图书馆建设的步伐，智慧图书馆为大学用户提供融合所有资源、服务与技术的虚实共生空间，支持师生进行跨越时间、空间的教学科研与创新实践，在校内外的所有用户中构筑交流平台，并最终将图书馆完全融入元宇宙的世界。

（二）高校图书馆虚拟空间延伸的重要角色——人工智能

早在 1956 年，人工智能就作为一门学科被确立，该领域的发展经历了几波起伏，相关研究已经尝试并抛弃了许多不同的方法，包括模拟大脑、模拟人类解决问题、形式逻辑、大型知识数据库和模仿动物行为等。进入 21 世纪以来，人工智能领域取得了突破性进展。2015 年是人工智

① 钱丹丹，王丽华，刘炜. 2023. 元宇宙图书馆智慧生态系统构建与典型应用探索. 图书馆建设，（4）：59-66.
② Anna N E V, Harisanty D, Ismail N. 2023. Libraries on metaverse, do they exist? Library Hi Tech News, 40（6）：1-2.
③ 杨敏然，张新兴. 2023. 国外高校图书馆元宇宙虚拟共享空间的建设与启示. 图书馆，（3）：16-23.
④ 严丹，徐亚苹，虞晨琳，等. 2023. 元宇宙图书馆的理论进展、实践问题与未来展望. 图书馆杂志，42（2）：4-12, 21.

能发展具有里程碑意义的一年,谷歌内部使用人工智能的软件项目数量从2012年的"零星使用"增加到 2700 多个项目,这主要归因于云计算基础设施、研究工具和数据集的增加导致的类神经网络数量的增加。在 2017 年的一项调查中,五分之一的公司报告称,他们"在某些产品或流程中纳入了人工智能"①。另据统计,2015 年至 2019 年,人工智能相关研究的总出版物数量增长了 50%②。迄今为止,人工智能领域大部分仍然未得到探索,有巨大的增长潜力。人工智能大致分为三类。①狭义人工智能(artificial narrow intelligence,ANI),被称为能力范围狭窄的弱人工智能,是目前唯一可用的人工智能类型,应用于面部识别、语音识别/语音助手、驾驶汽车、智能建筑等领域。②通用人工智能(artificial general intelligence,AGI),被称为强人工智能,具有模仿人类智能或行为来解决问题的能力。目前,强人工智能还没有出现,但研究人员正在努力提高机器的观察、理解和学习能力。③超级人工智能(artificial supper intelligence,ASI),是假想的人工智能,它超越人类的智力与能力,且具有自我意识,其对人类的影响仍不确定。

目前,越来越多图书馆正在应用人工智能技术,人工智能从内容索引、文献匹配、引文体系、内容摘要、服务品质、影响因子、运作效率等方面改变了传统的图书馆工作③。

1. 高校图书馆对人工智能的应用

高校图书馆可以在移动检索、搜索引擎、知识发现、语音助手、用户管理、机器自动化、智慧图书馆等方面应用人工智能④。具体而言,人工智能为高校图书馆工作带来的变化主要体现在以下几方面。①内容索引的自动生成。图书馆的重要工作之一是创建目录、索引等数据集以揭示其馆藏资源,人工智能可以弥补传统的人工标记和索引方法中的局限性,减少由馆员个人因素导致的标记错漏,同时还可以实现跨学科信息的关联与标注。②馆藏检索与发现系统的优化。人工智能检索工具结合了更复杂精密的搜

---

①　Ransbotham S,Kiron D,Gerbert P,et al. 2017. Reshaping business with artificial intelligence. https://sloanreview.mit.edu/projects/reshaping-business-with-artificial-intelligence/[2023-06-10].

②　UNESCO. 2021. Unesco science report:the race against time for smarter development. https://unesdoc.unesco.org/ark:/48223/pf0000377433/PDF/377433eng.pdf.multi[2023-06-10].

③　"7 ways artificial intelligence is changing libraries",https://iris.ai/academics/7-ways-ai-changes-libraries/,2023 年 6 月 12 日。

④　Cox A. 2023. How artificial intelligence might change academic library work:applying the competencies literature and the theory of the professions. Journal of the Association for Information Science and Technology,74(3):367-380.

索引擎算法，它可以深度分析内容并自动匹配关键词，还可以利用大数据挖掘和提炼研究成果中的图像、元数据，帮助用户找到更具体、准确、有价值的信息。③机器人（虚拟馆员）的辅助功能。一些弱人工智能已经可以替代馆员承担部分工作，例如，目前较为成熟的人脸识别技术被广泛应用于识别读者身份并提供相应服务；聊天机器人则包括在线虚拟馆员和在馆机器人，他们能够胜任较简单的信息咨询工作，为读者提供指南服务，节约了馆员解答重复问题的时间，并延长了图书馆网络服务时间；图书盘点机器人解决了传统人工盘点图书的人力、效率等实际问题，在馆藏管理和读者服务中发挥了效能优势[①]。④读者信息素养教育的拓展。越来越多的高校图书馆将信息素养教育与人工智能相结合，一方面是在教学方式上结合人工智能技术，例如，在教学过程中利用大数据分析工具、机器人助教、智能管理系统、人工智能游戏等，丰富教学手段、提升教学效果；另一方面是在教育内容上延伸，在数字素养教育中增加人工智能素养（AI literacy）内容，例如，加拿大麦吉尔大学（McGill University）图书馆举办的"跟上人工智能"（keeping up with artificial intelligence）系列研讨会，主题为人工智能素养、人工智能伦理与偏见、人工智能研究，通过线上、线下的方式向全校用户开放[②]；澳大利亚天主教大学（Australian Catholic University）图书馆定期为学生用户举办在线"人工智能工作坊"（AI workshops），引导学生正确使用人工智能工具进行学习[③]等。⑤图书馆空间的延伸。人工智能在虚拟空间的延伸主要是相关技术推进虚拟图书馆的发展，例如，美国斯坦福大学图书馆的"人工智能工作室"（AI studio）聚集学科专家和技术专家，应用人工智能进行馆藏信息处理，包括用主题模型描述古典文学作品、自动转录珍贵音频馆藏、图像标记和考古对象识别等项目，帮助用户发现和分析馆藏[④]；人工智能在物理空间的延伸主要体现在以人工智能为主题的创客空间或个性化空间，例如，美国罗德岛大学（The University of Rhode Island）图书馆设立"人工智能实验室"（AI Lab），为

① 陆亚红，马灵，杨婉茹，等. 2023. 智能图书盘点机器人技术的实践与应用研究：以上海交通大学图书馆为例. 大学图书馆学报，41（1）：44-51.

② Wheatley A，Hervieux S. 2022. Separating artificial intelligence from science fiction: creating an academic library workshop series on AI literacy//Hervieux S，Wheatley A. The Rise of AI: Implications and Applications of Artificial Intelligence in Academic Libraries. Chicago: Association of College and Research Libraries：63-64.

③ "AI workshops for students", https://library.acu.edu.au/news/2023/10-ai-workshops-for-students，2023 年 6 月 13 日。

④ "How academic libraries use AI to improve their services", https://blog.pressreader.com/libraries-institutions/academic-libraries-use-artificial-intelligence-to-improve-their-services，2024 年 12 月 5 日。

大学用户进行人工智能跨学科学习与研究提供场所，并探索人工智能新兴技术对社会、伦理、经济、艺术产生的影响[①]等。总之，人工智能应用于图书馆领域，并且在高校图书馆工作中的实践日益增多。但是，相关探索目前仍处于初级阶段，本领域对人工智能的研究及应用潜力尚未得到充分发挥。

2. 人工智能应用于高校图书馆的悖论及前景

人工智能的应用在高等教育中是有争议的话题，尤其是对 ChatGPT 之类的智能文本生成器的利用，虽然方便了用户进行信息查询、文字编撰等工作，但引发了对学术诚信风险的质疑。在高校图书馆领域，也不乏对相关话题的思考、争论。本领域在对人工智能的探索与应用过程中，已意识到并正在探讨相关问题，尤其是其中存在的自相矛盾、似是而非的悖论。

首先，人工智能可强化数据监管，但是却威胁数据的安全。人工智能可以将图书馆的馆藏、业务、用户等所有数据相互连接，并置于统一的、强大的监视与管控之下，它可以提升图书馆的自动化程度和运转顺畅度，提高整体工作效率，强化虚拟空间的互通性与安全性。但是，人工智能为图书馆数据构筑的防护网，其牢固性将影响所有数据的安全性。在传统的相对封闭、独立的网络环境下，即使数据信息泄露，造成的危害也有限，而在人工智能倚仗的大数据环境下，网络安全问题则是全局性的，它面临的硬件故障、病毒攻击、数据泄露、权限篡改、恶意滥用等风险不仅限于校园内，产生的负面影响和危害无法估量。

其次，人工智能提供信息的准确性更高，但其真实性与适用性得不到保障。人工智能为用户提供的信息基于大数据分析，智能搜索引擎具备精密算法功能，因此，相较于馆员的信息咨询工作和普通页面的检索功能，人工智能有着明显的技术性优势，它推送结果的关联度和准确性更高，有助于高校用户的学术研究。但是，人工智能的信息推送服务无法完全保障信息的真实性和检索结果的适用性。一方面，人工智能基于庞大的网络信息数据库和所有馆藏内容，它向用户推送信息的真实性取决于它抓取内容的真实性，其中如果包含错误内容、虚假信息或伪造数据，人工智能无法进行判断和筛选；另一方面，人工智能对用户需求的理解主要基于用户对问题的描述，如果用户表述不清或词不达意，人工智能提供的结

① "AI Lab"，https://web.uri.edu/ai/，2023 年 6 月 13 日。

果则可能答非所问，更无法提供有学术深度的回复，因此它对高校图书馆用户不适用。

最后，人工智能可以为图书馆降低运营成本、节约人力资源，但是，智能系统的搭建、维护需要投入更多的资金和人力。人工智能可以实现流程自动化和馆藏管理优化，提高工作效率、降低运营成本。机器人可以承担一些重复性事务，回答常见的读者问题，它还可以为用户提供资源自动推送服务，满足用户科研文献信息需求。人工智能在很多常规业务上可以替代馆员，似乎可以减轻馆员工作负担，并节约图书馆人力资源。但是，随着人工智能应用逐渐增多，馆员不得不强化学习，以适应人工智能工作环境；图书馆不得不投入更多的资金购置相关软件、硬件，并增加智能系统维护的岗位，同时相应地减少非技术类和学科性的岗位，非技术类馆员可以为学生提供人性关怀，学科馆员则可以为科研人员提供专业化、学科化服务，高校图书馆减少这两类馆员的岗位，得不偿失。

除以上悖论之外，本领域还面临着人工智能带来的其他威胁和不确定因素。尽管如此，大多数研究者和从业者对人工智能的应用持乐观心态。人工智能可以实现图书馆管理与业务流程的重构[1]，并且给图书馆的信息资源建设、服务、馆员、建筑与环境等各方面带来新的变革[2]，它还有助于高校图书馆构建智慧型学科服务空间[3]。总之，人工智能在高校图书馆的应用前景总体趋好。除此之外，人工智能并非单一的技术，而应该被理解为一个广泛的、不断发展的理念，其本身是多元的和动态的，相关技术的持续演进以及其他外部因素，将影响本领域应用人工智能的进程。

---

① 王红，袁小舒，雷菊霞. 2019. 人工智能：图书馆应用架构和服务模式的重塑. 现代情报，39（9）：101-108.
② 茆意宏. 2018. 人工智能重塑图书馆. 大学图书馆学报，36（2）：11-17.
③ 董同强，马秀峰. 2019. "人工智能+图书馆"视域下智慧型学科服务空间的构建. 图书馆学研究，（2）：83-88，46.

后　记

　　图书馆延伸服务的实践起源是流动图书馆及递送式服务，随着时代变迁和科技进步，流动图书馆的形式、内容都发生了变化，但其影响与作用依然深远；图书馆延伸服务的法理来源主要体现在两个层面，即国际社会层面的宣言、声明类官方文件和国家层面的法律、法规。探讨图书馆延伸服务的实践起源和法理来源，是对图书馆延伸服务实践与理论的溯源。

　　国外和国内相关实践与研究成果中都涉及高校图书馆延伸服务的问题，其中，国外部分高校图书馆延伸服务的社区化、社会化发展，高校图书馆和公共图书馆职能界限的模糊，使得相关研究的界限也慢慢模糊，呈现出逐渐一体化的趋势；国内有关高校图书馆延伸服务的讨论并不十分充分，相关研究存在视角不广、体系化欠缺、理论支撑不强等不足之处，有待更加细致、深入地探讨和多维度、体系化地研究。

　　图书馆延伸服务的实践和研究是一个内涵丰富、与时俱进的课题。本书重点讨论高校图书馆延伸服务，并建构了高校图书馆延伸服务的理论分析框架。首先是概念问题，本书认为高校图书馆延伸服务是面向特定用户的具有外延性质的服务，是对基础服务和常规业务的延伸、突破与创新。其次，高校图书馆延伸服务的对象是特定用户，其可大致划分为具体的特定用户和抽象的特定用户两大类。再次，高校图书馆延伸服务具有丰富的、多维的内涵，高校图书馆服务主要从时间、空间、内容三个维度进行延伸与突破，这三个维度不是相互割裂的，而是相互交叉的、立体的，其中以内容延伸为主。因为，图书馆服务的时间延伸和空间延伸这两个方面，最终将在延伸服务的内容上得到体现。最后，高校图书馆延伸服务的研究可以参考相关理论、视角，得出新的理论观点：①嵌入式延伸，是指高校图书馆开展的嵌入教学过程或科研项目的延伸服务；②虚拟延伸，指图书馆利用各种新兴的网络媒体、社交媒体、智能终端及信息技术，为在线虚拟读者提供的具有创新意义的服务，虚拟延伸服务是对传统的图书馆网站、手机图书馆和数字图书馆等有关服务的延伸、突破与创新；③基于 VR 和 AR 技术的延伸，是指图书馆利用 VR 和 AR 技术为用户提供的将虚拟空间和现实空间融为一体的集成式服务；④基于空间视角的延伸，其一是物理空间延伸服务，即图书馆物理空间的扩容和创新利用，其二是虚拟空间延伸服务，即图书馆虚拟空间的扩展和推陈出新，其三是基于"第三空间"角度的延伸服务；等等。

在理论研究的基础上，本书对高校图书馆延伸服务实践进行了探索与研究。一方面，对国外高校图书馆延伸服务的实践研究进行探讨，包括以下几个方面。①留学生延伸服务。通过对国外相关研究概况及研究特点进行分析，总体把握国外高校图书馆留学生延伸服务相关实践研究。同时，抽取了一些具有代表性的国外调查研究和实践研究进行分析，归纳出国外高校图书馆留学生延伸服务的经验。②应用社交媒体开展延伸服务。其表现在咨询与荐购、教学与互动等，以及利用 Facebook 进行图书馆的营销、用户社区的构建等。此外，本书还对社交媒体延伸服务引发的争议，如个人隐私、使用上瘾、数字不平等，以及学术性、专业性的问题进行了探讨。③嵌入教学科研的延伸服务。国外高校图书馆嵌入教学过程的延伸服务主要实现方式是嵌入大学的学习管理系统；嵌入科研项目的延伸服务主要表现是 RDM 相关服务。④图书馆空间及服务的延伸。本书对英国部分高校图书馆空间的延伸以及相关服务进行了考察和研究，并归纳得出高校图书馆物理空间延伸的表现和虚拟延伸服务的方式。

另一方面，对国内高校图书馆延伸服务的实践研究进行了探讨，包括以下几个方面。①新生延伸服务。围绕新生延伸服务进行了点、面结合的调查研究，从时间、空间、内容三个维度，细致描绘了高校图书馆新生延伸服务的图景，提供了经典案例与可操作性的策略，以及最新实践的特点与多样化延伸的发展策略。②毕业生延伸服务。经过持续多年的研究与归纳，得出高校图书馆毕业生延伸服务的基本特点、创新实践案例，以及近几年呈现出的新的实践特点，并提出了毕业生延伸服务相关实践建议。③虚拟延伸服务。大多数高校图书馆已充分利用微信开展各类服务，有些高校图书馆还尝试了基于微信的个性化延伸服务。本研究团队设计了基于微信的"图书定位系统"，还探讨了移动 AR 技术在图书馆延伸服务中的应用，开发基于移动 AR 技术的嵌入 Android 手机应用的"图书馆导览系统"，为相关实践提供借鉴。④交流平台延伸服务。这是指图书馆为用户打造、建构各类交流平台，并通过这些交流平台向用户提供延伸服务。高校图书馆兴趣交流平台种类多样，充分体现了延伸服务的多样性。此外，本书调查了高校图书馆对新兴网络视频平台抖音、哔哩哔哩的利用情况，抽取其中的案例进行研究与分析，归纳得出相关实践的主要内容和总体特点，提出了基于视频交流平台延伸服务相关建议。

随着相关研究与实践的持续发展，高校图书馆延伸服务将更具广泛性、多元性。高校图书馆的资源与服务超越大学范围，并实现社会化是重要的发展趋势。在全面社会化之前，高校图书馆服务的社会化延伸是必然过程，向大学校友、青少年倾斜是社会化延伸服务的着力点和重要方向；向社区、社会组织延伸可以更好地体现图书馆的社会价值。此外，图书馆空间的生长表现在物理空间方面，包括对纸质馆藏空间和非纸质资源空间的再造及相关服务的延伸；表现在虚拟空间方面，包括元宇宙这一新的延伸场域和人工智能这一重要角色。